高等院校精品课程系列教材

江苏省高等学校优秀精品教材
"十二五""十三五"江苏省高等学校重点教材

管理会计

理论·模型·案例

（第3版）

主编 温素彬

参编 邓德强 刘义鹃 石绣天 唐婉虹
　　　柳世平 张洪珍 徐光华

图书在版编目（CIP）数据

管理会计：理论·模型·案例 / 温素彬主编．—3版．—北京：机械工业出版社，2018.9
（2025.7重印）
（高等院校精品课程系列教材）
ISBN 978-7-111-61273-5

I. 管… II. 温… III. 管理会计 – 高等学校 – 教材 IV. F234.3

中国版本图书馆CIP数据核字（2018）第244186号

本书全面、系统地介绍了现代管理会计的理论、方法及其应用，共分四大部分：基础篇包括管理会计导论、成本性态分析与变动成本法、本量利分析；预测与决策篇包括预测分析、经营决策、资本预算决策；控制与评价篇包括全面预算管理、成本管理与控制、供应链成本管理、责任会计、绩效评价；前沿篇包括战略管理会计、环境管理会计。

本书的特色是将理论、方法、案例分析和模型设计紧密地结合起来，注重管理会计的分析决策功能，突出了计算机工具尤其是Excel高级计算分析功能在管理会计中的应用，实现了科学性和趣味性相结合、理论性与操作性相统一。

本书可以作为高等学校经济与管理类专业本科生、研究生、MPAcc、MBA等学生的教学用书，也可供广大财会工作者阅读参考。

出版发行：机械工业出版社（北京市西城区百万庄大街22号 邮政编码：100037）
责任编辑：贾 萌 责任校对：殷 虹
印　　刷：北京建宏印刷有限公司
版　　次：2025年7月第3版第12次印刷
开　　本：185mm×260mm 1/16
印　　张：23.5
书　　号：ISBN 978-7-111-61273-5
定　　价：69.00元

客服电话：（010）88361066　68326294

版权所有·侵权必究
封底无防伪标均为盗版

新时代，新挑战，新机遇，集理论与方法前沿，谋管理创新；

践发展，践融合，践转型，重模型与案例推广，夯会计实践。

本书第 1 版是"江苏省高等学校精品教材"建设项目，并被评为"江苏省高等学校优秀精品教材"；第 2 版是江苏省"十二五"重点教材；第 3 版是江苏省"十三五"重点教材。

我们面临的是大（大数据）、智（智能化）、移（移动互联网）、云（云计算）、物（物联网）、区（区块链）、环（环境与生态文明）的新时代。跨界和转型是这一时代的鲜明特征。迎接新时代，面对新挑战，抓住新机遇，会计必然走革命性转型的道路。财政部于 2014 年 10 月颁布了《关于全面推进管理会计体系建设的指导意见》（财会〔2014〕27 号），2016 年 6 月颁布了《管理会计基本指引》（财会〔2016〕10 号），2017 年 9 月颁布了 22 项管理会计应用指引（财会〔2017〕24 号）。在财政部的直接推动下，在理论界和实务界的积极响应下，我国管理会计进入一个新的战略发展时期。党的二十大报告深刻阐述了习近平新时代中国特色社会主义思想的世界观和方法论，即"六个必须坚持"。其中，"必须坚持问题导向"，对管理会计课程教学也有很强的指导意义。

本书的目标是：以素质教育为指导，坚持学以致用、用以促新、新以导学的目的，融理论思考、方法应用、实践操作、案例分析为一体，注重学生能力的全面发展，注重培养学生发现问题、分析问题、解决问题的综合应用能力和创新能力，注重培养学生运用现代信息技术解决管理会计问题的能力和综合数据分析决策能力。通过对本书的学习，学生既能掌握管理会计的基本理论、基本方法和基本分析技能，又能掌握管理会计的先进分析方法，还能有针对性地培养自身运用现代信息技术解决企业管理决策问题的能力。

为了实现上述目标，本书从结构到内容都有所突破、有所创新，主要体现在以下方面。

第一,教学理念新。本书突出学以致用的教学理念,注重对学生综合应用能力的培养。导入案例和案例分析能够激发学生的学习兴趣,培养学生分析问题的能力和实践应用能力;理论和方法的讲解能够培养学生的基本理论素养,增强知识的系统性;相关链接能够扩大学生的知识面,培养学生的创新能力;Excel 模型设计能够培养学生应用计算机技术解决管理会计问题的能力;推荐阅读为学生提供了课余学习的丰富资源。

第二,教学体系新。本书建立了教学流程和能力培养相结合的矩阵式的管理会计教学体系,如图 0-1 所示。

具体来讲,根据管理会计的地位和作用,主要实现四个方面的培养目标。①基本目标:基本理论、基本方法、基本操作技能的培养。②强化目标:分析决策能力的培养,培养学生发现问题、分析问题、解决问题的综合分析能力和决策能力。③辅助目标:计算机应用能力的培养,通过设计管理会计的 Excel 决策模型,实现理论与实践的结合,培养学生运用现代信息技术解决企业管理决策问题的能力。④创新目标:通过案例教学、前沿介绍、相关链接等,培养学生对学科前沿的理解能力和创新能力。为了实现这些目标,我们设计了相应的教学内容、教学方法、考核方式等模块,并且在本书中都得以体现。

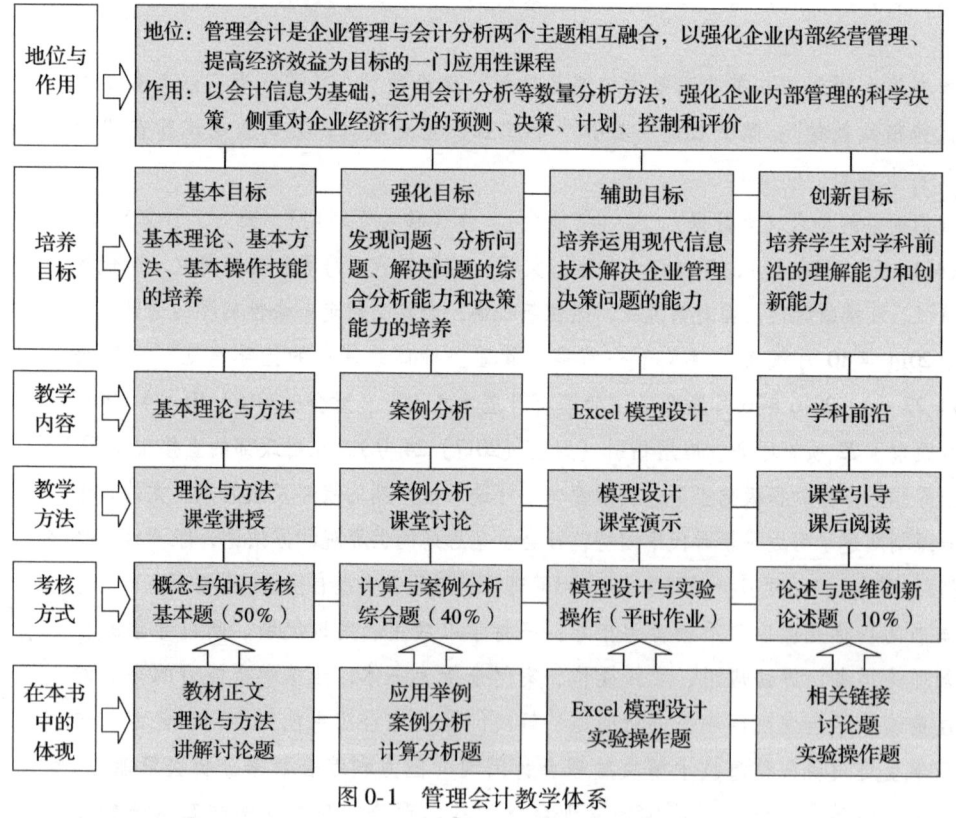

图 0-1 管理会计教学体系

第三,教学内容新。本书不仅包括变动成本法、本量利分析、经营决策、投资决策等管理会计的基本理论与方法,还包括管理会计的最新发展成果,如平衡计分卡绩效评价体系、绩效三棱镜评价体系、作业成本管理、战略管理会计、环境管理会计等。

第四,编写风格新。建立了"理论+模型+案例"的教材体系。本书通过 Excel 模型设计,将每一部分的理论方法与计算机建模紧密地结合起来，通过导入案例和案例分析，将理论方法与案例紧密地结合起来，形成了"理论与方法的讲解—Excel 模型设计—案例分析—课后练习与实验操作"的编写体例。每章由"学习目标""重点与难点""导入案例""正文"（穿插相关链接）、"案例分析""课后练习与实验操作""参考文献与推荐阅读"等部分构成，其中"课后练习与实验操作"包括讨论题、计算分析题、实验操作题。

第五，教学方式新。本书鼓励多种教学手段的综合运用。计算机多媒体、案例分析、课堂讨论、实验操作、行动学习、工作坊等都是本书教学所需要的教学方式。特别是，本书将理论教学和案例教学、计算机模型设计结合起来，学生通过亲自动手做，系统地设计管理会计的 Excel 模型，不仅掌握了数据分析软件的应用方法，而且强化了对管理会计方法的理解，起到了事半功倍的作用。

第六，教学素材多。本书是一部立体化教材，不仅包括纸质的教材，而且建设了相应的教学网站：http://wensubin.ys168.com。网站包括以下教学素材：①教学 PPT；②Excel 模型库；③案例库；④习题库；⑤实验与操作题库，并且实施动态更新。

第七，二维码的使用。本书充分运用二维码技术，在纸质版面有限的情况下大大扩充了教学资源，特别是补充了大量的案例，使读者可以通过扫描二维码，非常方便地将相关教学资源保存到电脑和手机端。因为篇幅有限，除纸质书中每章末选取的案例外，在教辅资源中，我们也会提供其他更多、更丰富的案例资源分享。

本书由温素彬主编，各章的分工如下：温素彬编写第 1 章、第 3 章、所有的 Excel 模型设计；柳世平编写第 2 章、第 5 章；张洪珍编写第 4 章；徐光华编写第 6 章、第 12 章；刘义鹃编写第 7 章、第 11 章；唐婉虹编写第 8 章、第 10 章；石绣天编写第 9 章；邓德强编写第 13 章、附录。

本书第 3 版在第 2 版的基础上修改而成，修订工作由温素彬总负责，主要修订内容包括：部分理论和方法的更新；新增"供应链成本管理"一章；所有 Excel 模型的更新和补充；案例分析部分所有案例的收集与整理；所有二维码的制作。

在编写过程中，我们参阅、借鉴了国内外的相关论著和教材，特别是案例部分重点参考了 IMA 教学案例和《工业和信息通信业管理会计案例集（2018）》，在此一并致以诚挚的感谢。

在编写过程中，我们尽了最大努力，但书中可能还存在疏漏之处，敬请读者批评指导，以使本书渐臻完善。

本书的 Excel 文件和其他教学素材都可以从网站 http://wensubin.ys168.com 下载。联系方式：wensubin666@163.com，欢迎来函。

教学目的

本课程坚持立德树人,以素质教育为目标,坚持学以致用、用以促新、新以导学的目的,融理论思考、方法应用、模型设计、实践操作、案例分析为一体,注重培养学生发现问题、分析问题、解决问题的综合应用能力和创新能力,注重培养学生运用现代信息技术解决管理会计问题的能力和综合数据分析决策能力。通过对本课程的学习,学生既能够掌握管理会计的基本理论、基本方法和基本分析技能,又能够掌握管理会计的前沿理论和先进分析方法,还能有针对性地培养自身运用现代信息技术解决企业管理决策问题的能力。

前期需要掌握的知识

管理学、微观经济学、统计学、财务会计、财务管理、成本会计等课程相关知识。

课时分布建议

教学内容	学习要点	课时安排	
		MBA	本科
第1章 管理会计导论	(1) 了解管理会计的产生与发展进程 (2) 掌握管理会计的目标和管理会计的内容 (3) 掌握管理会计和财务会计的区别与联系	1	2
第2章 成本性态分析与 变动成本法	(1) 了解管理会计的成本概念及其主要分类 (2) 掌握固定成本、变动成本、混合成本的概念及其构成 (3) 掌握混合成本的各种分解方法 (4) 掌握变动成本法与完全成本法的区别 (5) 掌握成本性态分析和变动成本法的Excel模型分析方法	1	2~4

(续)

教学内容	学习要点	课时安排 MBA	课时安排 本科
第3章 本量利分析	(1) 了解本量利分析的基本概念和框架 (2) 掌握和运用本量利分析方法进行实际问题的分析 (3) 掌握和运用本量利分析方法进行目标利润的多因素决策 (4) 了解非线性、随机条件的本量利分析 (5) 掌握运用 Excel 设计各种本量利分析模型的方法	2	2~4
第4章 预测分析	(1) 掌握成本、销售、利润、资金需求量等指标的预测 (2) 掌握回归预测法、趋势预测法、经营杠杆系数在管理会计中的应用 (3) 掌握运用 Excel 进行预测分析的方法	2	2~4
第5章 经营决策	(1) 了解短期经营决策的目标、决策方案的类型 (2) 掌握各种生产经营决策的基本方法 (3) 掌握产品定价决策的基本方法 (4) 掌握经济批量决策的基本形式及其各种变化形式 (5) 了解存货控制的方法 (6) 掌握经营决策的 Excel 模型设计方法	4	2~4
第6章 资本预算决策	(1) 了解货币时间价值与投资风险价值及其计算方法 (2) 理解并掌握现金流量的预测原则和估算方法 (3) 掌握项目投资决策的评价指标的运用 (4) 掌握项目投资决策敏感性的分析方法 (5) 掌握运用 Excel 设计各类投资决策模型的方法	4	4~6
第7章 全面预算管理	(1) 了解全面预算的基础知识 (2) 掌握全面预算的编制方法与编制过程 (3) 掌握运用 Excel 进行预算编制的方法	4	4
第8章 成本管理与控制	(1) 了解成本控制的意义及基本原则 (2) 掌握标准成本的制定方法 (3) 掌握标准成本差异的计算与分析 (4) 掌握作业成本法的原理与应用方法 (5) 了解时间驱动作业成本法的原理与应用 (6) 掌握作业成本法与传统成本法的区别 (7) 掌握运用 Excel 进行成本分析与管理的方法	4	4~6
第9章 供应链成本管理	(1) 了解供应链管理的基本原理 (2) 掌握供应链成本管理的原理与方法	2	2
第10章 责任会计	(1) 了解责任会计的基本内容、基本原则、实施基础 (2) 理解责任中心的类型及其划分 (3) 掌握责任中心的业绩评价与考核 (4) 掌握内部转移价格的制定方法	2	2
第11章 绩效评价	(1) 了解绩效评价的概念、特点和相关理论 (2) 掌握基于利润的绩效评价方法 (3) 掌握基于 EVA 的绩效评价方法 (4) 掌握基于战略的绩效评价方法	2	2~4
第12章 战略管理会计	(1) 了解战略管理会计的发展背景 (2) 了解战略管理会计的内涵、特征与基本内容 (3) 了解战略管理会计的主要方法	2	2

(续)

教学内容	学习要点	课时安排	
		MBA	本科
第13章 环境管理会计	（1）了解环境管理会计的发展、概念与内容框架 （2）了解环境管理会计的基本方法 （3）掌握环境成本会计的基本理论与方法 （4）掌握环境绩效评价的基本理论与方法	2	2~4
课时总计		32	32~48

说明：

（1）根据不同学校的培养方案的不同，对于 MBA 可以是 32 学时（2 学分）；

（2）对于经济管理类专业本科生，建议安排 32~48 学时（2~3 学分）的课堂教学；

（3）讨论、案例分析已经包含在各章节的教学时间中。

（4）教材中的 Excel 模型设计可根据实际情况安排教学，可以进行课堂演示性教学，也可以不占用课堂教学时间，由学生进行实验操作。

前言

教学建议

基础篇

第1章 管理会计导论 ………………… 2

学习目标 …………………………… 2
重点与难点 ………………………… 2
导入案例 …………………………… 2
1.1 管理会计的产生与发展 ………… 3
1.2 管理会计的内容和目标 ………… 4
1.3 管理会计和财务会计的关系 …… 7
案例分析 …………………………… 9
课后练习与实验操作 ……………… 9
参考文献与推荐阅读 ……………… 9

第2章 成本性态分析与变动成本法 …… 10

学习目标 …………………………… 10
重点与难点 ………………………… 10
导入案例 …………………………… 10
2.1 成本及其分类 …………………… 11
2.2 混合成本的分解 ………………… 17
2.3 变动成本法 ……………………… 19

2.4 成本性态分析的 Excel 模型设计 …… 26
Excel 模型二维码 …………………… 30
案例分析 …………………………… 30
课后练习与实验操作 ……………… 30
参考文献与推荐阅读 ……………… 31

第3章 本量利分析 …………………… 32

学习目标 …………………………… 32
重点与难点 ………………………… 32
导入案例 …………………………… 32
3.1 本量利分析概述 ………………… 33
3.2 线性本量利分析 ………………… 37
3.3 本量利分析的扩展 ……………… 41
3.4 目标利润规划 …………………… 43
3.5 本量利分析的 Excel 模型设计 …… 48
Excel 模型二维码 …………………… 56
案例分析 …………………………… 56
课后练习与实验操作 ……………… 57
参考文献与推荐阅读 ……………… 58

预测与决策篇

第4章 预测分析 ……………………… 60

学习目标 …………………………… 60

| 重点与难点 ························ 60
| 导入案例 ························ 60
| 4.1 预测分析概述 ················ 61
| 4.2 销售预测 ···················· 63
| 4.3 成本预测 ···················· 72
| 4.4 利润预测 ···················· 76
| 4.5 预测分析的 Excel 模型设计 ······ 79
| Excel 模型二维码 ·················· 83
| 案例分析 ························ 84
| 课后练习与实验操作 ················ 84
| 参考文献与推荐阅读 ················ 85

第 5 章 经营决策 ················ 86

学习目标 ························ 86
重点与难点 ······················ 86
导入案例 ························ 86
5.1 决策分析概述 ················ 87
5.2 生产决策 ···················· 89
5.3 定价决策 ···················· 99
5.4 存货决策 ···················· 105
5.5 短期经营决策的 Excel 模型
　　 设计 ························ 115
Excel 模型二维码 ·················· 131
案例分析 ························ 131
课后练习与实验操作 ················ 131
参考文献与推荐阅读 ················ 133

第 6 章 资本预算决策 ············ 134

学习目标 ························ 134
重点与难点 ······················ 134
导入案例 ························ 134
6.1 长期投资决策概述 ············ 135
6.2 资金时间价值与风险价值 ······ 136
6.3 投资项目的现金流量预计 ······ 142
6.4 资本预算决策方法 ············ 146

6.5 资本预算决策方法的运用 ······ 152
6.6 资本预算决策的 Excel 模型设计 ··· 159
Excel 模型二维码 ·················· 168
案例分析 ························ 168
课后练习与实验操作 ················ 168
参考文献与推荐阅读 ················ 171

控制与评价篇

第 7 章 全面预算管理 ············ 174

学习目标 ························ 174
重点与难点 ······················ 174
导入案例 ························ 174
7.1 全面预算概述 ················ 175
7.2 预算编制方法 ················ 178
7.3 全面预算的编制 ·············· 183
7.4 预算管理的 Excel 模型设计 ····· 192
Excel 模型二维码 ·················· 194
案例分析 ························ 194
课后练习与实验操作 ················ 194
参考文献与推荐阅读 ················ 196

第 8 章 成本管理与控制 ·········· 197

学习目标 ························ 197
重点与难点 ······················ 197
导入案例 ························ 197
8.1 成本控制概述 ················ 198
8.2 标准成本控制系统 ············ 201
8.3 作业成本管理 ················ 213
8.4 作业成本管理的特点与创新 ···· 223
8.5 时间驱动作业成本法 ·········· 227
8.6 成本管理与控制的 Excel 模型
　　 设计 ························ 231
Excel 模型二维码 ·················· 233
案例分析 ························ 233

课后练习与实验操作 …………………… 234
参考文献与推荐阅读 …………………… 236

第9章 供应链成本管理 …………… 237
学习目标 ………………………………… 237
重点与难点 ……………………………… 237
导入案例 ………………………………… 237
9.1 供应链成本管理概述 …………… 238
9.2 供应链成本分析 ………………… 240
9.3 供应链成本管理方法 …………… 244
案例分析 ………………………………… 249
课后练习与实验操作 …………………… 250
参考文献与推荐阅读 …………………… 250

第10章 责任会计 ………………… 251
学习目标 ………………………………… 251
重点与难点 ……………………………… 251
导入案例 ………………………………… 251
10.1 责任会计概述 ………………… 252
10.2 责任中心的设置与考核 ……… 256
10.3 内部转移价格 ………………… 262
案例分析 ………………………………… 269
课后练习与实验操作 …………………… 270
参考文献与推荐阅读 …………………… 271

第11章 绩效评价 ………………… 273
学习目标 ………………………………… 273
重点与难点 ……………………………… 273
导入案例 ………………………………… 273
11.1 绩效评价概述 ………………… 274
11.2 企业绩效评价体系的演进过程 … 280
11.3 以利润为核心的绩效评价 …… 286

11.4 以 EVA 为核心的绩效评价 …… 288
11.5 基于战略的绩效评价 ………… 296
案例分析 ………………………………… 310
课后练习与实验操作 …………………… 311
参考文献与推荐阅读 …………………… 312

前沿篇

第12章 战略管理会计 …………… 314
学习目标 ………………………………… 314
重点与难点 ……………………………… 314
导入案例 ………………………………… 314
12.1 战略管理会计概述 …………… 315
12.2 战略定位分析 ………………… 321
12.3 战略管理会计主要方法 ……… 328
案例分析 ………………………………… 334
课后练习与实验操作 …………………… 334
参考文献与推荐阅读 …………………… 335

第13章 环境管理会计 …………… 336
学习目标 ………………………………… 336
重点与难点 ……………………………… 336
导入案例 ………………………………… 336
13.1 环境管理会计概述 …………… 337
13.2 环境成本会计 ………………… 343
13.3 考虑环境因素的投资决策 …… 351
13.4 环境管理会计的绩效评价 …… 356
案例分析 ………………………………… 362
课后练习与实验操作 …………………… 362
参考文献与推荐阅读 …………………… 363

附录 课后习题参考答案 ………… 364

基础篇

第 1 章　管理会计导论
第 2 章　成本性态分析与变动成本法
第 3 章　本量利分析

第1章

管理会计导论

> 决策是管理的心脏,管理是由一系列决策组成的,管理就是决策。
>
> ——[美]赫伯特·西蒙
>
> 抓住时机并快速决策是现代企业成功的关键。
>
> ——[美]艾森哈特

■ **学习目标**

1. 了解管理会计的产生与发展过程;
2. 理解管理会计的目标和管理会计的内容;
3. 理解管理会计和财务会计的区别与联系。

■ **重点与难点**

1. 管理会计的目标和内容;
2. 管理会计与财务会计的关系。

■ **导入案例**

20世纪90年代,美国著名会计学家威廉 H. 比弗提出这样一个观点:财务呈报正处在从经济收益计量观向信息观转变的过程中。它由之前向投资者提供用以评价管理当局受托责任履行情况的报告,转向帮助投资者决定如何在当前消费和投资之间分配财富,以及如何在各种证券之间配置所需资金。比弗将这一过程称为会计革命。他还针对21世纪的财务报告提出了一个有趣的问题:如果废弃掉传统的资产负债表和利润表,采用综合数据库方法加以展示的话,那财务报告将会是什么样子?遗憾的是,他并没有给出答案。

美国《管理会计公告》的出现,使得这一困扰迎刃而解。管理会计更多地着眼于提升企业内部经营管理水平、增加企业价值、防范企业风险的需要,其服务对象是企业内部的各级决策者。它涵盖了企业的管理决策、设计规划与绩效管理系统,管理会计师可利用其在财务报告与控制方面的专业技能帮助管理者制定及实施组织战略。可见,管理会计的范畴要远大于财务报告，几乎涵盖了企业需要运用到分析和决策的所有领域，它给企业各级决策者提供了强有力的决策支持。

然而，企业革命已然发生，会计革命也势在必行。有人调侃说，中国会计人员的失业率将取决于 SAP 产品的降价幅度。让人难以轻松的是，这个调侃很有可能变成现实。目前中国 1 400 万财会人员中，90% 的人员的知识结构可能在未来 5 年内完全过时。而剩下的 140 万会计人员，如果不能保持持续学习的能力，也将在随后几年丧失竞争优势。

来自《中国经济导报》的报道显示，从会计走向管理是会计行业发展的必然趋势，而目前国内管理会计人才缺口高达 300 万。

1.1 管理会计的产生与发展

现代管理会计是从传统会计系统中分化出来的，现已成为一门与财务会计并列共生的相对独立的新兴学科，拥有比较完整的理论和方法体系，是随着科技进步和社会经济的发展而逐步形成和发展起来的。

1.1.1 管理会计的萌芽期

管理会计的起源可以追溯到受产业革命影响而产生的层级式组织，当时的管理会计重视加工成本，提供诸如每种加工工序及每名劳工的每小时成本，以及衡量加工工序效率的标准。

随着现代企业经营模式的产生与发展，19 世纪后 20 年和 20 世纪初，管理会计技术进一步发展，且与科学管理运动相联系。以泰勒为代表的科学管理研究表明：企业内部可以通过各项生产和工作的标准化，来提高生产和工作效率，尽可能地减少一切可避免的浪费，从而达到提高企业利润的目的。

20 世纪初期，集权功能式企业体制（U 型组织结构）开始出现，为管理会计系统的创新提供了机会。其中，影响最深远的管理会计创新是投资报酬率指标。投资报酬率为企业整体及各部门业绩评价提供了依据，同时也为管理当局进行资源分配提供了依据。

20 世纪 20 年代，被威廉姆森（Williamson）称为"美国资本主义在 20 世纪最重要的一项创新"的分权式企业组织结构——事业部制（M 型组织结构）开始出现，为管理会计的发展提供了土壤。

1.1.2 管理会计的形成期

一般认为，管理会计大致形成于 20 世纪 40 年代至 60 年代。在第二次世界大战结束后，随着科学技术的快速发展，社会生产力迅速提高，跨国公司不断涌现，市场的竞争日益激烈。与此同时，通货膨胀、银根紧缩、筹资困难、经济危机越来越频繁，客观上要求企业加强内部经营管理。于是，行为科学、数量管理等理论和方法开始被大量应用于企业管理实践。

管理会计的发展与演进同企业管理的发展密切相关。推动管理会计从原始萌芽状态迅速发展到相对成熟阶段的重要动力，是以西蒙为代表的管理科学理论的发展。人们日益发现，以泰勒制为核心的科学管理理论存在着重大缺陷，即只注重提高生产效率而忽视目标决策；强调物而忽视人的主观作用。这些缺陷使之在新的环境下必然要被管理科学理论所取代。

现代管理科学的发展及其在企业管理中的成功应用，为管理会计奠定了理论和方法基础。一方面，早期管理会计的技术方法得到了进一步的发展，标准成本系统发展为以目标管理为前提的标准成本制度。另一方面，管理科学理论进一步拓展了会计的管理职能，即从解释过去转向为控制现在和筹划未来，并借助运筹学中的有关理论和技术，建立了经营决策会计和投资决策会计的方法体系；借助职能管理和行为科学理论，建立了责任会计的方法体系。

至此，一个以强化内部管理、提高经济效益为目的的管理会计体系已经形成了。1952 年在伦敦举行的国际会计师联合会代表大会上，正式通过了"管理会计"这一专门术语，会计也因此被细分为财务会计和管理会计两大领域。

1.1.3 管理会计的发展期

从 20 世纪 60 年代末至今大致都可称作管理会计的发展时期。作为一门新生学科，管理会计学通过不断吸收现代管理科学，特别是系统论、控制论、信息论、决策论和代理理论等研究成果，使管理会计理论和方法体系日臻完善，在改革企业内部管理、提高经济效益方面显示了极大的优势。

20 世纪 80 年代中期以来，管理会计经历了侧重制造成本的管理会计、侧重预算与绩效考核的管理会计、侧重作业管理的管理会计、战略管理会计、环境管理会计等阶段。尤其是近几年来，战略管理会计和环境管理会计成为管理会计发展的新领域，风险控制和战略决策成为管理会计研究的重点。

由美国管理会计师协会发布的《管理会计公告》，将管理会计的内容归纳为价值观与道德规范、跨职能团队建设、竞争情报管理、会计信息化建设、作业成本管理、目标成本管理、精益成本管理、资源环境会计、供应链成本、价值链分析、绩效管理、标杆管理、质量成本管理、风险管理等多个方面。

中华人民共和国财政部于 2014 年 10 月颁布了《关于全面推进管理会计体系建设的指导意见》（财会〔2014〕27 号），2016 年 6 月颁布了《管理会计基本指引》（财会〔2016〕10 号），2017 年 9 月颁布了 22 项管理会计应用指引（财会〔2017〕24 号）。在财政部的直接推动下，在理论界和实务界的积极响应下，我国管理会计进入一个新的战略发展时期。财政部于 2016 年开始开展管理会计案例征集活动，并于 2018 年评选出一系列有代表性的管理会计案例。工业和信息化部工业文化发展中心与南京理工大学于 2016 年共同发起，由工业文化发展中心负责筹建成立工业和信息通信业管理会计推广应用联盟，并着手开展工业和信息通信业管理会计案例的征集活动，已经征集和整理了一批工业和通信业管理会计优秀案例，出版了第一套《工业和信息通信业管理会计案例集（2018）》（电子工业出版社，2018）。

1.2 管理会计的内容和目标

1.2.1 管理会计的基本内容

美国《管理会计公告》对管理会计的定义是：管理会计是一种深度参与管理决策、制订计划与绩效管理系统、提供财务报告与控制方面的专业知识以及帮助管理者制定并实施组织战略的职业。

一般认为，管理会计的基本内容大致可分为以对企业生产经营决策的预期效果进行综合分析为主要内容的"决策会计"和以对企业生产经营的整个过程和各个方面进行严格控制和考评为主要内容的"执行会计"这两个方面。

1. 决策会计

决策会计也称为预测决策会计，是指管理会计系统中侧重于发挥预测经济前景和实施经营决策职能的最具有能动作用的会计子系统。它处于现代管理会计的核心地位，又是现代管理会计形成的关键标志之一。其主要内容包括以下几个方面。

（1）经营预测。经营预测是指企业根据现有的经济条件和掌握的历史资料以及客观事物的内在联系，对生产经营活动的未来发展趋势和状况进行的预计和测算。通过经营预测，确定企业未来一定期间的各项具体经营目标。

（2）短期经营决策。短期经营决策是指决策的结果只会影响或决定企业一年或一个经营周期经营实践的方向、方法和策略，它是通过对有关可行性方案的经济性进行计量、分析和比较，为最大限度地改善经营管理、提高经济效益而选取的最优决策行动方案。短期经营决策以尽可能取得最大的经济效益为直接目标。

（3）长期投资决策。长期投资决策是指那些需要企业投入大量资金，获取报酬或收益的持续时间超过一年，能在今后相当长的一段时间内影响企业经营能力的投资决策。进行正确的企业长期投资，对企业的生产经营具有长远的意义。它从总体上确定了企业未来的经营方向、规模、资源配备以及长期发展目标等重大问题。

2. 执行会计

执行会计主要是以现代管理科学中行为科学原理为基础，运用一系列特定的工具与手段，通过编制计划、制定标准、划分责任、考评业绩等，为执行既定的决策方案而卓有成效地实施决策、执行计划、评价工作成绩，以确保预期目标顺利实现的管理会计子系统。其主要内容包括预算管理、成本控制、责任会计、绩效评价等内容。

（1）预算管理。预算是企业经营目标的具体化，它是从"决策会计"到"执行会计"的桥梁。它既是对已经选定的各个决策方案进行综合和概括，又是进一步分解、落实企业的总体目标，使总体目标具体化到企业内部各部门、各单位，以此作为它们开展日常生产经营活动和进行业绩评价的依据。

（2）成本控制。成本控制是管理会计的重要内容，主要包括标准成本系统、作业成本管理等内容。

（3）责任会计。责任会计是以强化企业内部控制为目的，将经济责任同会计数据相结合，全面评价和考核各责任单位的工作业绩的内部会计控制制度。通过实施责任会计，可以明确有关责任单位的权利和责任，并借助有关指标的计算和分析，来评价各责任单位的工作业绩，以便进一步改善未来的经营管理工作。

（4）绩效评价。绩效评价是责任会计的延伸，主要包括企业整体绩效评价、部门绩效评价、员工绩效评价等。战略管理会计和环境管理会计理论的发展为绩效评价提供了新的研究领域。

1.2.2 管理会计的目标

美国会计学会下设的管理会计学科委员会认为，管理会计的基本目标是：向企业管理人员提供经营决策所需要的会计信息，具体包括以下目标。

（1）为企业管理者制定决策和计划提供信息，并作为管理队伍的成员参与制定决策和计划过程。管理会计在战略和日常的决策中都起着重要的、积极的作用，管理会计人员在制定决策和管理企业的业务活动中成为具有战略性地位的成员。

（2）协助管理者指导和控制经营活动。对企业日常经营活动的指导和控制，需要反映日常经营活动执行情况的各种资料。尽管管理会计很少能解决决策问题，但它所提供的信息能够反映经营过程中存在的问题，并引起管理者对这一问题的注意，以便采取措施来解决这一问题。管理会计就是通过其"引导注意力"的功能来协助管理的。

（3）激励管理者和其他员工为实现企业的目标而努力。管理会计的一个重要目标就是激励管理者和其他员工努力完成企业的目标，调动他们的工作积极性，采取措施，以改善经营，降低成本，提高产品质量，提高经济效益。

（4）计量和评价企业的业务活动、部门、管理者和其他员工的业绩。通过计量和评价企业的业务活动、部门、管理者和其他员工的业绩，作为表扬、升职、加薪等绩效奖励的基础，这可以激励人们努力工作，达到实现企业目标的目的。

（5）评价企业的竞争力。当今的经济环境变化迅速，主要表现为全球性竞争、迅速发展的科技和诸如互联网之类的信息交流系统，致使企业在经营中所面临的竞争更加激烈，未来经营中的不确定因素大大增加。管理会计的一项重要工作就是要不断评价本企业在竞争中所处的位置，并从大量信息中获取企业成功的因素，促进企业在同行业中保持长期的竞争力。

相关链接

大数据来临

数据的价值正在成为企业成长的重要动力，它不仅提供了更多的商业机会，也是企业运营情况、财务状况的重要分析依据。

一名小伙子专门应聘上海高档小区的物业管理，自己配备扫描枪，每天盯着小区的垃圾堆，通过扫描垃圾上的条形码，整理出比如小区居民喝什么水、吃什么油、买什么衣服等的数据情况，将整个小区的消费种类和品牌偏好了解清楚，再形成报告卖给相关公司，报告价值数十万元。事实上，这个把垃圾变废为宝的小故事只是当下大数据时代中的一个缩影。2013年被认为是世界的大数据元年，在未来，数据将会像土地、石油和资本一样，成为经济运行中的根本性资源。

与此同时，随着数据数量的汇集，数据的管理和分析工作变得格外重要。数据的价值正在成为企业成长的重要动力，它不仅提供了更多的商业机会，也是企业运营情况、财务状况和管理决策的重要分析依据。

早在1980年，著名未来学家阿尔文·托夫勒便在《第三次浪潮》一书中，将大数据热情地赞颂为"第三次浪潮的华彩乐章"。不过，大约从2009年开始，"大数据"才成为互联网信息技术行业的流行词汇。美国互联网数据中心指出，互联网上的数据每年将增长50%，每两年便翻一番，而目前世上90%以上的数据是最近几年才产生的。此外，数据又并非单纯指人们在互联网上发布的信息，全世界的工业设备、汽车、电表上有着无数的数码传感器，随时测量和传递着有关位置、运动、震动、温度、湿度乃至空气中化学物质的变化，也产生了海量的数据信息。

大数据技术的战略意义不在于掌握庞大的数据信息，而在于对这些含有意义的数据进行专业化处理。换言之，如果把大数据比作一种产业，那么这种产业实现盈利的关键，在于提高对数据的"加工能力"，通过"加工"实现数据的"增值"。如何面对大数据的挑战，充分利用大数据带来的机遇，为企业决策服务，是管理会计面临的重大问题。

1.2.3 管理会计的体系

管理会计并非单纯是一套工具的集合，而是一个体系。该体系可以概括为：一个目标、四大基础、八大领域、若干工具、一套报告。

一个目标：为企业创造价值。

四大基础：管理基础、技术基础、数据基础、人才基础。

八大领域：战略管理、预算管理、成本管理、运营管理、投融资管理、绩效管理、风险管理、环境管理。

若干工具：本量利模型、变动成本法、作业成本法、平衡计分卡、绩效三棱镜等一系列管理会计工具。

一套报告：成本分析报告、绩效管理报告、预算执行报告等一套管理会计报告。

管理会计体系如图1-1所示。

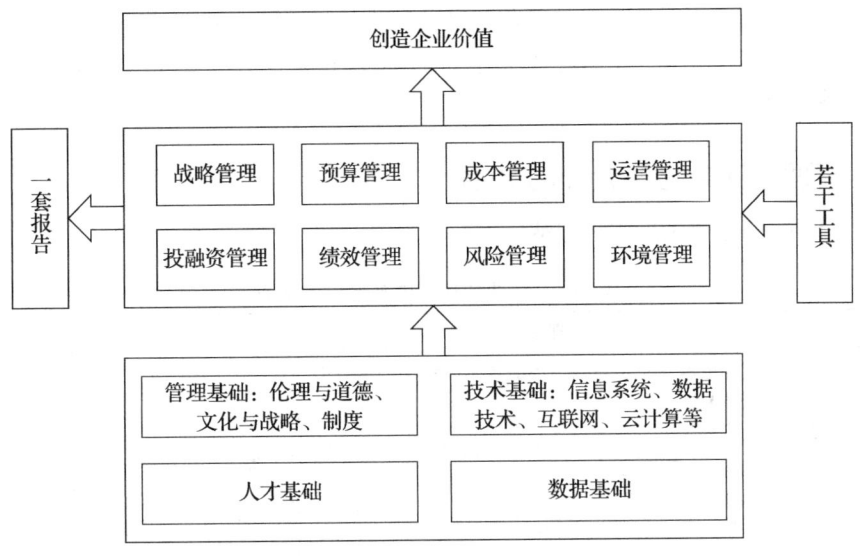

图1-1 管理会计体系

1.3 管理会计和财务会计的关系

一个企业的会计信息系统大体上具有两个主要的子系统：管理会计信息系统和财务会计信息系统。管理会计信息系统向内部信息使用者（如管理者、行政人员、其他员工等）提供信息，因此，管理会计可称为内部会计，而财务会计可称为外部会计。具体说来，管理会计和财务会计具有以下联系和区别。

1.3.1 管理会计与财务会计的联系

1. 管理会计与财务会计同属于现代会计

从逻辑上看，在管理会计产生之前，也无从谈起财务会计。从结构关系看，管理会计与财务会计两者源于同一母体，都属于现代企业会计，共同构成了现代企业会计系统的有机整体。两者相互依存、相互制约、相互补充。

2. 管理会计与财务会计的最终目标相同

从总的方面看,管理会计和财务会计所处的工作环境相同,都是现代经济条件下的现代企业;两者都以企业经营活动及其有价值的表现为对象;它们都必须服从现代企业会计的总体要求,共同为实现企业和企业管理目标服务。

3. 管理会计与财务会计相互分享部分信息

在实践中,管理会计所需要的许多资料来源于财务会计系统,它的主要工作内容是对财务会计信息进行深加工和再利用,因而受到财务会计工作质量的约束;同时,部分管理会计信息有时也列入对外公开发表的范围。如现金流量表,最初只是管理会计长期投资决策使用的一种内部报表,后来陆续被一些国家(包括我国)列作财务会计对外报告的内容。

4. 二者相互促进,共同发展

目前我国开展的会计改革,其意义绝不仅限于在财务会计领域实现与国际惯例接轨,而且在于这一改革能够将广大财会人员从以前那种单纯反映过去的、算"死账"的会计模式下解放出来,注重为管理决策服务。同时管理会计的发展反过来也对财务会计提出了更高的要求,促进财务会计的创新和发展。

1.3.2 管理会计与财务会计的区别

管理会计与财务会计的区别可归纳为表 1-1。

表 1-1 管理会计与财务会计的区别

项目	管理会计	财务会计
管理对象	多元资本(货币资本、人力资本、社会资本、生态资本)	单一资本(货币资本)
关注利益相关者	多元资本利益相关者(股东、债权人、员工、顾客、供应商、媒体、政府等)	货币资本利益相关者(股东、债权人)
职能	规划未来,属于经营管理会计,侧重于对未来的预测、决策、规划、控制、评价	反映过去,属于报账型会计,侧重于核算和监督
服务对象	向内部使用者提供信息,服务于内部各管理部门	向外部利益相关者提供信息
约束条件	很大程度上不受会计准则、会计制度的约束,具有很大的灵活性,管理会计提供的信息既可以是财务信息,也可以是非财务信息	受会计准则、会计制度的约束,灵活性较小,财务会计的信息输入和处理有明确的规定,必须遵从公认的方法和程序
时间定位	更注重提供未来事件的相关信息,管理会计的计划和决策职能要求它必须着眼于未来的经济活动及其信息	侧重于过去已经发生的经济活动和信息,记录和报告历史事件
报告期间	不受会计期间限制,可按小时、天、月、年,甚至若干年编制报告	需按规定会计期间,如月、季、年编制报告
会计主体	提供考评各实体、各生产线、各部门和管理人员业绩的措施和对内报表,会计主体呈现多层次性	从更加集中的角度,着眼于评价整个企业的整体业绩
信息精度	信息要求达到相对精度即可	信息力求精度和准确度
计量尺度	包括货币计量、非货币计量	主要是货币计量
报告责任	主要用于内部管理决策,不具有法律责任	按照规定的程序对外披露,具有法律责任

■ 案例分析

案例1-1　基于神经元反馈系统的管理会计系统构建
案例1-2　宝钢的管理会计实践

案例1-1　　　案例1-2

■ 课后练习与实验操作

讨论题

1. 管理会计在发展过程的不同时期特征有何不同？
2. 管理会计的基本内容有哪些？在新的发展时期，管理会计的内容有何新的发展？
3. 管理会计与财务会计之间的联系和区别有哪些？

实验操作题

1. 请用思维导图绘制本章的知识要点。
2. 了解一个制造企业的生产流程和组织结构，设计该企业的会计工作组织体系。

■ 参考文献与推荐阅读

[1] 马贵兰. 基于大数据思维的"业财融合"管理会计体系应用——以通信行业为例 [J]. 财会月刊：中，2015 (11Z)：24-26.

[2] 许金叶. 基于软件开发"顶层设计"理论的管理会计体系构建 [J]. 财务研究，2016 (1)：74-78.

[3] 潘飞，许宇鹏. 中国管理会计体系研究 [J]. 会计之友，2017 (11)：7-10.

[4] 甘永生. 围绕"三条链"管理打造我国企业管理会计体系 [J]. 会计之友，2016 (19)：13-17.

[5] 田高良，赵宏祥，李君艳. 清单管理嵌入管理会计体系探索 [J]. 会计研究，2015 (4)：55-61.

[6] 陈良华，张昉. 会计学是一门设计型科学 [J]. 会计研究，2011 (5)：3-9.

[7] 谢志华，敖小波. 管理会计价值创造的历史演进与逻辑起点 [J]. 会计研究，2018 (2)：3-10.

[8] 诸波，李余. 基于价值创造的企业管理会计应用体系构建与实施 [J]. 会计研究，2017 (6)：11-16.

[9] 孟焰，孙健，卢闯，等. 中国管理会计研究述评与展望 [J]. 会计研究，2014 (9)：3-12.

[10] 盛继明. 工业和信息通信业管理会计案例集（2018）[M]. 北京：电子工业出版社，2018.

第 2 章

成本性态分析与变动成本法

成本记录的是竞争的吸引力。

——[美] 弗兰克·奈特

■ **学习目标**

1. 掌握管理会计的成本概念及其主要分类标志；
2. 掌握固定成本、变动成本、混合成本的概念和构成内容；
3. 掌握混合成本的各种分解方法；
4. 掌握变动成本法的概念以及变动成本法与完全成本法的区别；
5. 掌握成本性态分析和变动成本法的 Excel 模型设计方法。

■ **重点与难点**

1. 成本按成本性态的分类；
2. 混合成本的分解方法：线性回归法；
3. 变动成本法与完全成本法下营业利润差额的变动规律；
4. 成本性态分析的 Excel 模型设计。

■ **导入案例**

某上市公司连续两年亏损，总经理召集有关部门的负责人开会研究扭亏为盈的办法，其间大家纷纷发言献计献策。

总经理：我厂去年亏损 1 000 万元，比前年更糟，今年如果不能扭亏为盈，上市公司连续三年亏损将要被迫退市。

销售经理：问题的关键是我们的产品以每件 600 元的价格出售，而每件成本是 700 元，如果提高价格，面临竞争，产品将卖不出去，因此出路就是要想方设法降低成本，否则销售越多，亏损越多。

生产经理：我不同意。每件产品的制造成本只有 550 元，公司的设备和产品工艺是国内最先进的，技术最强，熟练工人多，控制物耗成本的经验得到业内专家的认可。问题在于生产线的设计能力是年产 20 万件，目前因为销路打不开，去年只生产 8 万件，所销售的 10 万件中，含有 2 万件是前年生产的。

财务经理：每件产品的变动成本是 350 元，整个公司的固定制造费用是 1 600 万元，销售和管理费用是 1 500 万元。我建议，生产部门满负荷生产，通过提高产量来降低单位产品负担的固定制造费用。这样，即使不提价、不扩大销售也能使企业扭亏为盈，实现利润 200 万元，度过危机。

总经理：成本究竟是怎么回事？

2.1 成本及其分类

2.1.1 管理会计中的成本概念

成本问题在管理会计中占据特别重要的地位，成本是衡量经济效益的一个综合性指标。什么是成本？在我国的财务会计学中，成本是指企业为生产一定种类、一定数量的产品所发生的各种生产耗费，即制造成本。从内容上看，它包括直接材料、直接人工、制造费用。

管理会计对成本的概念不同于财务会计，管理会计成本的含义是随着管理上的需要而发展的。管理会计的职能与财务会计不同，它着重为企业管理部门提供预测、决策、控制和业绩考核等职能服务。由于各种管理职能的目的不同，因而履行这些职能所需的成本信息也不同，这样就需根据管理职能的要求来核算和提供符合各种用途的成本信息，从而促成了管理会计成本概念和成本计算口径的多样化。

2.1.2 成本的不同分类

根据企业管理的不同要求，管理会计所需提供的成本信息可以通过按以下的标志进行成本分类而获得。

1. 成本按经济用途分类

在财务会计中，为了正确确定产品生产过程中的实际耗费和计算损益，通常将生产经营成本按经济用途分为产品成本和期间成本两大类。

（1）产品成本。产品成本是指在产品生产（制造）过程中发生的各项耗费，又称制造成本或生产成本，是对象化的成本，通常包括：直接材料、直接人工和制造费用三部分。

1）直接材料，是指直接用于产品生产、构成产品实体的原料及主要材料、外购半成品、有助于产品形成的辅助材料以及其他直接材料。

2）直接人工，是指在产品生产中直接改变原材料的性质或形态所耗费的人工成本。

3）制造费用，是指在产品生产过程中发生的，除直接材料、直接人工外的其他耗费。

制造费用可进一步划分为间接材料、间接人工和其他间接费用三部分。间接材料，是指在产品生产过程中耗用，但不能归属于某一特定产品的材料成本，如各种物料用品的消耗；间接人工，是指为生产服务而不直接进行产品生产所发生的人工成本，如维修、清洁及警卫人员的工资；其他间接费用，是指在产品生产过程中发生的，除间接材料、间接人工以外的其他各项间接费用，如固定资产折旧费、设备保险费、设备租赁费、维修费等。

（2）期间成本。期间成本又称非制造成本，是指不计入产品成本的生产经营成本。期间成本不能经济合理地归属于特定产品，因此只能在发生当期全部计入损益，是"不可储存的成本"，是期间化的成本，因此也被称为"期间费用"。期间费用包括销售费用、管理费用和财务费用。

1）销售费用，是企业销售商品或提供劳务过程中发生的费用，包括运输费、装卸费、包装费、保险费、展览费和广告费、商品维修费、预计产品质量保证损失以及由销售本企业商品而专设的销售机构（含销售网点、售后服务网点等）的职工薪酬、业务费、折旧费等经营费用。

2）管理费用，是企业为组织和管理企业生产经营所发生的费用，包括企业在筹建期间内发生的开办费、企业的董事会和行政管理部门在企业经营管理过程中发生的，或者应由企业统一负担的公司经费（包括行政管理部门职工薪酬、修理费、物料消耗、低值易耗品摊销、办公费和差旅费等）、工会经费、待业保险费、劳动保险费、董事会费（包括董事会成员津贴、会议费和差旅费等）、聘请中介机构费、咨询费（含顾问费）、诉讼费、业务招待费、房产税、车船使用税、土地使用税、印花税、技术转让费、矿产资源补偿费、研究费用、排污费等。

3）财务费用，是企业为筹集生产经营所需资金而发生的费用，包括利息支出（减利息收入）、汇兑损失（减汇兑收益）以及相关的手续费等。为购建固定资产的专门借款所发生的借款费用，在固定资产达到预定可使用状态前按规定应予资本化的部分，不包括在财务费用内。

无论是产品成本还是期间成本，都是生产经营的耗费，都必须从营业收入中减除，但它们减除的时间不同。期间成本与营业收入的取得并不存在明显的直接因果关系，直接从当期收入中减除，而产品成本要待产品销售时才能减除。

产品成本按经济用途分类，有利于制造成本与期间成本的划分，有利于直接成本和间接成本的划分。这种分类方法，不仅是计算成本、确定期间损益的前提，而且能够反映产品成本的构成，便于考核成本计划的完成情况，分析成本升降的原因和寻求降低成本的途径。但是，这种分类不能从数量上揭示产品成本与产销量之间的内在联系，不能有效地将成本信息应用于经营决策过程，也不利于进一步挖掘企业的生产潜力。

2. 成本按成本性态分类

成本性态，是指在一定条件下成本总额与业务量之间的依存关系，亦称成本习性。

这里的"业务量"可以分为实物量、价值量和时间量等形式，可以是产量、销量，也可以是直接人工工时、机器工作小时等。为简化核算，管理会计中业务量大多指产销量。这里的"成本总额"包括产品成本和期间成本。这里的"一定条件"是指相关范围，不会改变或破坏特定成本项目固有特征的时间和业务量的变动范围，即一定时间和一定业务量范围内。

成本按成本性态一般分为固定成本、变动成本和混合成本三类。

（1）固定成本。固定成本是指在一定时期和一定业务量范围内成本总额不受业务量的变动影响而保持不变的成本。企业按直线折旧法计提的固定资产折旧费、管理人员的固定工资、财产保险费、房屋租赁费、广告费、土地使用税等多为固定成本。

固定成本总额不因业务量的变动而变动，所强调的是成本总额保持不变，从单位成本看则恰恰相反，随着产量的增加，每单位产品分摊的固定成本份额将相应减少，因此，单位产品固定成本随业务量的变化而呈现反比例的变动。固定成本的特性如图2-1、图2-2所示。

企业在一定时期的固定成本按其支出数额大小是否受管理当局短期决策行为的影响，可进一步分为"约束性固定成本"和"酌量性固定成本"两类。

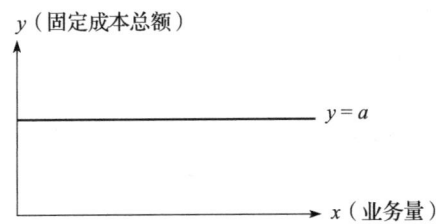
图 2-1 固定成本总额与业务量间的关系

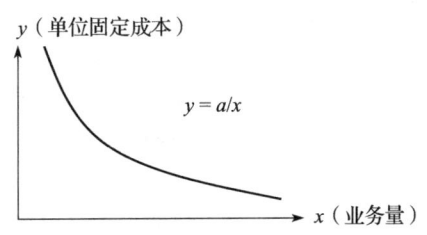
图 2-2 单位固定成本与业务量间的关系

1)约束性固定成本,亦称经营能力成本,是指支出数额不受管理当局短期决策行为影响的固定成本。如固定资产折旧费、保险费、财产税、管理员工的工资等都属于这一类。这些成本是企业生产经营活动中必须负担的最低成本,它是和整个企业生产经营能力的形成及其正常维护直接相联系的,直接受到企业已经形成的生产经营能力的制约,随着生产经营能力的形成,这类成本在短时期内不能轻易改变。

2)酌量性固定资本,亦称选择性固定成本,是指通过管理当局的短期决策行为能够改变其数额的固定成本,如企业的研究开发费、广告费、职工培训费等。从较长的经营期间看,这类成本支出数额的多少可以依据企业每一会计期间的生产经营实际需要和财务负担能力而改变,但一经确定,一般在一个特定的预算期内不变,并存在和发挥作用。

(2)变动成本。变动成本是指在相关范围内成本总额随业务量的变动而呈正比例变动的成本。企业生产经营过程中发生的直接材料、计件工资制下的直接人工、产品包装费,以及按销量多少支付的推销佣金等都属于变动成本。变动成本的特性是成本总额将随产量或销量的变动而呈正比例变动,而单位变动成本保持不变。变动成本的特性如图 2-3、图 2-4 所示。

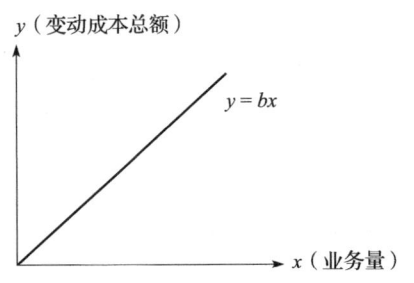
图 2-3 变动成本总额与业务量间的关系

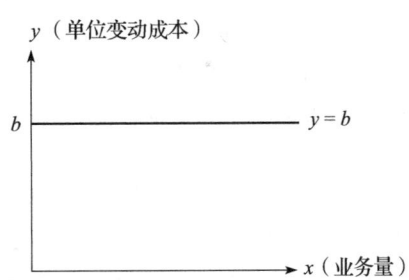
图 2-4 单位变动成本与业务量间的关系

(3)混合成本。混合成本是指其发生额虽然受业务量变动的影响,但其变动的幅度并不同业务量的变动成正比例关系,如,企业公用事业费支出(电费、水费)、设备维修费等。混合成本介于变动成本和固定成本之间,同时包括固定成本和变动成本两种因素。常见的混合成本有以下几种类型。

1)标准式混合成本,也称半变动成本,这类成本通常有一个不变的基数,即初始量,它类似于固定成本,在这个基数上,业务量增加,成本也随之增加,又类似于变动成本。如公用事业费(包括水电、蒸气、冷气、电话及其他相关服务)、机器设备的维护、修理费等基本上都属于这种情况。标准式混合成本性态模型如图 2-5 所示。

2)低坡式混合成本,也称延期变动成本,这类成本

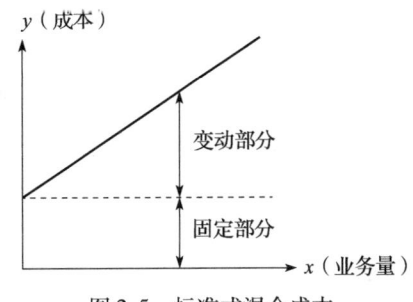
图 2-5 标准式混合成本

在一定的业务量范围内总额保持不变,一旦突破这个业务量限度,其超出部分的成本就相当于变动成本。此类成本通常有个基数,该基数也就是业务量未超出一定限度时保持不变的固定成本,如加班工资或津贴、超产奖金等就属于此类成本。其性态模型如图2-6所示。

3) 阶梯式混合成本,也称步增成本,这种混合成本随着业务量的增长呈阶梯式增长。当产量在一定范围内增长,其发生额不变;当产量增长超过一定限度,其发生额会突然跳跃上升,然后在产量增长的一定限度内又保持不变,直到突破了一定限度后,其总额又一步增长到新的水平。如保养工、化验员、检验员的工资,当产量增加超过一定限度就增加人员,这些人员的工资额就突然增加,这一类成本我们称为阶梯式混合成本。其性态模型如图2-7所示。

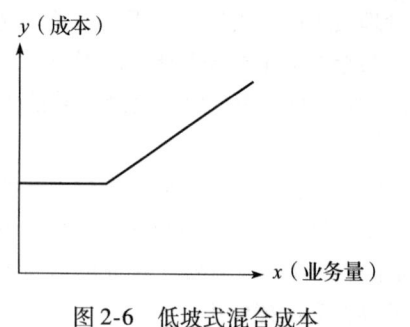

图2-6 低坡式混合成本

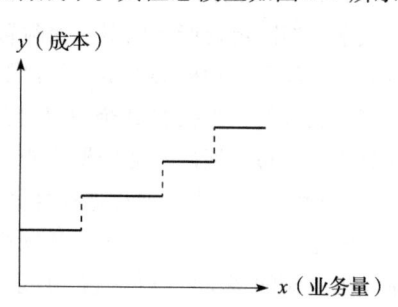

图2-7 阶梯式混合成本

4) 曲线式混合成本,此类成本虽然随着产量的增减而变动,但以非直线方式变动,称为曲线式混合成本。这类成本按照曲线斜率的不同变动趋势,又分为递减式混合成本和递增式混合成本。

a. 递减式混合成本。这类成本的增长幅度小于业务量的增长幅度,成本的斜率随业务量递减,反映在坐标图上是一凸形曲线。例如,热处理使用的电炉设备,每班都需要预热,因预热而耗用的成本(初始量)属于固定成本性质,而预热后进行热处理的耗电单位成本随着业务量的增加逐步下降,总成本呈一上凸曲线。递减式混合成本性态模型如图2-8所示。

b. 递增式混合成本。这类成本的增长幅度随业务量的增长而呈更大幅度变化,成本斜率呈递增趋势,在坐标图上呈凹形曲线。如各种违约金、罚金和累进计件工资等都属于这种成本。递增式混合成本性态模型如图2-9所示。

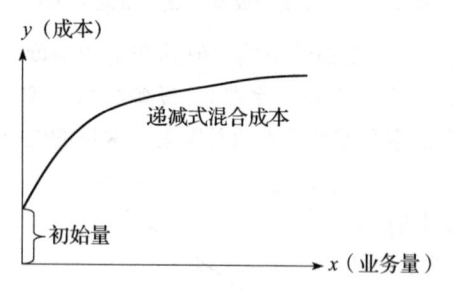

图2-8 递减式混合成本

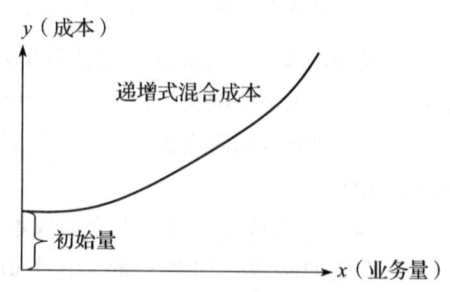

图2-9 递增式混合成本

(4) 关于"相关范围"。值得注意的是,成本按性态分类是在一定条件下的分类,这里的"一定条件"是指"相关范围",具体而言,是不会改变或破坏特定成本项目固有特征的时间和业务量的变动范围,即一定时间和一定业务量范围内。业务量在"相关范围"内,固定成本总额保持不变;业务量超过这个范围,固定成本也将发生变动,如图2-10所示。如果业务量超过现有的生产能力,势必要扩大生产经营能力,就要扩建厂房、增加设备或扩充必要的人员、机构,从而使固定成本相应地增加;变动成本也要研究成本与产量之间变动的"相关范围",在产量增长的初始阶段,变动成本就不一定表现为同产量成比例地增加,而是表现为成本的增长幅度小于产量的增长幅度,使其总成本线呈现一定的向下弯曲(其斜率随着产量的增加而减小);而在总产量达到一定数量以后再继续生产,也可能出现一些新的不经济因素(如按累进率多付计件工资或多付加班补贴等),使得单位产品的变动成本有所提高,从而使变动成本的总成本线呈现一定的向上弯曲(其斜率随着产量的增加而增大)。在产量增长的中间阶段,相关指标可能趋于平稳,使成本与产量之间呈现线性关系,这一业务量范围即"相关范围"。相关范围与变动成本的关系可以用图 2-11 表示。

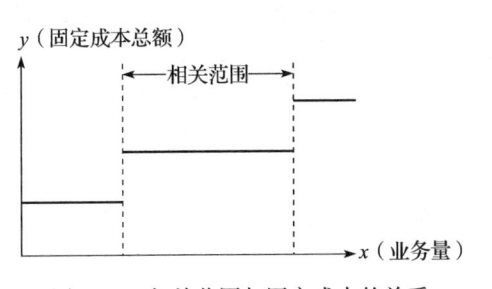

图 2-10 相关范围与固定成本的关系

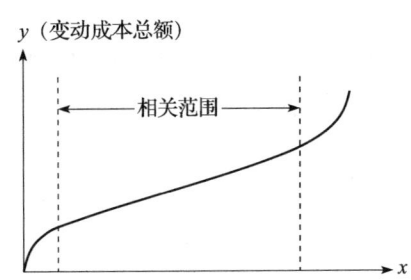

图 2-11 相关范围与变动成本的关系

3. 成本的其他分类

(1) 成本按可控性分类。成本按照可控性可以区分为可控成本和不可控成本两类。成本的可控与否是有条件的。成本按其可控性分类,是以一个特定的单位和一个特定的时期作为出发点的。

1) 可控成本:从一个单位或部门看,凡成本的发生,属于这个单位或部门权责范围内,能为这个单位(部门)所控制的,叫作这个单位(或部门)的可控成本。

2) 不可控成本:成本的发生,不属于某一单位或部门的权责范围内,不能为这个单位(部门)所控制的,叫作这个单位(或部门)的不可控成本。

成本按照可控性分类可以分清各部门,确定其相应的责任成本,考核其工作业绩。

(2) 成本按经营决策的不同要求进行分类。经营决策常常要运用一系列独特的成本概念,作为分析、评价有关方案经济效益大小的重要依据。以下是管理会计中常见的成本概念。

1) 沉没成本:沉没成本也称沉落成本或旁置成本,是指过去已经发生、无法收回的成本。这类成本一般都是过去已经发生的,当然就无法由现在或将来的任何决策所变更。例如,某企业原有一台机床,原价 10 000 元,累计折旧 4 000 元,账面价值 6 000 元,现因故作价出售或出租。此时,该机床的账面价值(净值)6 000 元,即为沉没成本。正因为这类成本一经支付就一去不复返,因而它与目前所进行的决策没有什么关系,在分析、评价有关方案的经济性时不需要考虑。

2) 付现成本:付现成本是指所确定的某项决策方案中,需要以现金支付的成本。在经营决策中,特别是当企业的资金处于紧张状态,支付能力受到限制的情况下,往往会选择付现成本最小的方案来代替总成本最低的方案。

3) 重置成本:重置成本是指按照现在的市场价格购买目前所持有的某项资产所需支付的成本。在定价决策时,必须认真考虑重置成本这一因素。

4）边际成本：从经济学的观点来看，边际成本是指成本对产量无限小变化的变动部分。在实践中，边际成本的实际计量，就是业务量增加或减少一个单位所引起的成本变动额。从这个意义上说，管理会计中的单位变动成本和差量成本都是边际成本的具体表现形式。

5）机会成本：机会成本是一种比较成本。选择 A 方案而不能选择 B 方案所放弃掉的收益，即是 A 方案的机会成本。机会成本并非实际支出，也不记入账册，但在决策时应作为一个现实的因素加以考虑。

6）假计成本：假计成本是机会成本的一种表现形式。它不是企业的实际支出，也不记账，是使用某种经济资源的代价。自有资金部分应计的利息就是假计成本的一种。假计成本也称应计成本。

7）专属成本与共同成本。①专属成本是指明确可归属于某种、某批或某个部门的成本，也称特定成本。②共同成本是指那些需由几种、几批或几个部门共同分担的成本。

8）相关成本与无关成本。①相关成本是指与决策有关的未来成本。例如，变动成本、付现成本、重置成本、差量成本、机会成本、假计成本、可避免成本、可延缓成本、专属成本等都属于相关成本。②无关成本是指过去已发生的、与某一特定决策方案没有直接联系的成本。例如，固定成本、沉没成本、不可避免成本、不可延缓成本、共同成本等均属于无关成本。

相关链接

警惕协和谬误

决策中沉没成本的概念是科学的，但沉没成本也可能导致协和谬误。

协和谬误即某件事情在投入了一定成本，进行到一定程度后发现不宜继续下去，却苦于各种原因而将错就错，欲罢不能。

沉没成本很可能会延续人们无畏的坚持。已经沉没的本该放弃，可惜大部分人有赌徒式的心理，相信阿基米德的杠杆终将启动。可惜他们在爬到足够撬动杠杆的支点之前，已经窒息了。协和谬误，倒是给了人们半途而废的理由，会不会有人担心它的滥觞会左右一些本该坚持的目标？的确有这个可能，但是应该相信人们足够理智，完全可以比较沉没成本、机会成本与未来收益的关系。看清了的人，必定会坦然地走出协和谬误。

例如，妈妈花 2 000 元给亚莉买了一架电子琴，可亚莉生性好动，对音乐没有什么兴趣，电子琴渐渐落了灰。不久，亚莉妈妈的同事介绍说有一位音乐学院钢琴专业的老师可以给亚莉做家教。这个时候你觉得亚莉妈妈会做何决定呢？亚莉妈妈决定请家教，理由是："电子琴都买了，当然要好好学，请一个老师教教，要不这台琴就浪费了！"于是，每月 500 元的付出又坚持了半年，最终不得不放弃了。为了不浪费 2 000 元的电子琴，亚莉妈妈继续浪费了 3 000 元的家教费。

当你做出一项不理性的行动后，应该忘记已经发生的行为和你支付的成本，只要考虑这项活动之后需要耗费的精力和能够带来的好处，再综合评定它能否给自己带来正效用。例如，进行投资时，把目光投向前方，审时度势，如果发现这项投资并不能盈利，应该及早停掉，不要惋惜已投下去的各项成本：精力、时间、金钱……

这就是亚莉妈妈的教训，她所陷入的困境，在博弈论上称为"协和谬误"。

2.2 混合成本的分解

2.2.1 混合成本分解的函数模型

成本性态分类将全部成本分为固定成本、变动成本和混合成本三大类，但这仍然不能满足企业对成本分析的要求，需要进一步将企业的全部成本区分为固定成本和变动成本两大类，并建立相应的成本函数模型，这就是成本性态分析。其中，最重要的是将混合成本进行分解。

混合成本的数学模型可以用线性方程式 $y = a + bx$ 表示。

其中：y 是总成本；x 是业务量；a 是总成本中的固定成本，包括真正意义上的固定成本与混合成本中的固定部分之和；b 是单位变动成本，bx 代表变动成本总额，包括真正意义上的变动成本与混合成本中的变动部分之和。

显然，在 $y = a + bx$ 这个直线方程中，业务量 x 是自变量，总成本 y 是因变量，固定成本 a 和单位变动成本 b 是常数。在分解中，只要能确定 a 和 b 的值，便可以确定混合成本的函数模型。

2.2.2 混合成本的分解方法

1. 会计分析法

会计分析法也称账户分析法，是指在成本发生的当时根据其性态对每项成本的具体内容进行直接分析，使其分别归入固定成本或变动成本的一种方法。此法在很大程度上属于定性分析，即根据各个成本项目及明细项目账户的成本性态，通过经验判断，把那些与固定成本较为接近的成本归入固定成本；把那些与变动成本较为接近的成本归入变动成本。至于不能简单地归入固定成本或变动成本的项目，则可以通过一定比例将它们分解为固定和变动两部分。

会计分析法有些粗糙且工作量较大，不适合规模较大企业的混合成本分解。

2. 技术测定法

技术测定法又称工程技术法，是指根据生产过程中投入与产出的关系，对各种物质消耗进行技术测定来划分固定成本和变动成本的方法。其基本做法是把生产过程中材料、燃料、动力、工时的投入量与产出量进行对比分析，用来确定单位产量的消耗定额，并把与产量有关的部分汇集为单位变动成本，与产量无关的部分汇集为固定成本。

采用这种方法可获得较为精确的结果，但应用起来比较复杂，工作量很大。因此，该法通常适用于没有历史数据可供参考的企业，或有现成的消耗定额资料可作为测定依据的情形。

3. 线性回归法

线性回归法属于历史数据分析法，即利用历史数据进行线性模拟的一种方法。

线性回归法也称最小二乘法或回归分析法，是通过回归方程来确定成本直线，用以分解混合成本的方法。它是根据若干期产量和成本的历史资料，运用最小二乘法原理，将某项混合成本分解为变动成本和固定成本的方法。

在利用这种方法之前，必须先通过绘制散点图和计算相关系数，大概确定 x 与 y 之间有无线性关系。若 x 与 y 线性相关性较强，则可进行分解；若 x 与 y 相关性较弱，则需要选择非线性模型进行分解。相关系数 r 的计算公式如下

$$r = \frac{n\sum xy - \sum x \cdot \sum y}{\sqrt{[n\sum x^2 - (\sum x)^2] \cdot [n\sum y^2 - (\sum y)^2]}}$$

r 绝对值的大小说明 x 与 y 这两个变量的相关程度。相关系数 r 的取值范围在 0 与 ±1 之间,当 $r=0$ 时,说明变量之间不存在依存关系;当 $r=\pm 1$ 时,说明变量之间存在完全的线性相关。

线性回归法的一般步骤如下。

设产销量为自变量 x,混合成本为因变量 y,它们之间的关系可表示为:$y = a + bx$。

列方程组

$$\begin{cases} \sum y_i = na + b\sum x_i \\ \sum x_i y_i = a\sum x_i + b\sum x_i^2 \end{cases}$$

解得

$$a = \frac{\sum y_i - b\sum x_i}{n}, \quad b = \frac{n\sum x_i y_i - \sum x_i \sum y_i}{n\sum x_i^2 - (\sum x_i)^2}$$

【例 2-1】 某企业 2017 年 1~12 月的某项混合成本与产量的有关资料如表 2-1 所示。

表 2-1 混合成本资料

月份	1	2	3	4	5	6	7	8	9	10	11	12
产量(万件)	6.0	5.5	5.0	6.5	7.0	7.0	7.5	6.0	8.0	7.5	9.0	9.5
维修费(万元)	500	475	450	520	550	600	610	600	700	580	750	800

根据以上资料,进行混合成本的分解。

首先,计算相关系数 r,以检验 x 与 y 的相关程度如何。

为了便于计算,现将有关数据计算列于表 2-2 中。

表 2-2 数据计算

月份	产销量 x_i(万件)	混合成本 y_i(万元)	$x_i y_i$	x_i^2	y_i^2
1	6	500	3 000	36	250 000
2	5.5	475	2 612.5	30.25	225 625
3	5	450	2 250	25	202 500
4	6.5	520	3 380	42.25	270 400
5	7	550	3 850	49	302 500
6	7	600	4 200	49	360 000
7	7.5	610	4 575	56.25	372 100
8	6	600	3 600	36	360 000
9	8	700	5 600	64	490 000
10	7.5	580	4 350	56.25	336 400
11	9	750	6 750	81	562 500
12	9.5	800	7 600	90.25	640 000
合计	84.5	7 135	51 767.5	615.25	4 372 025

$$r = \frac{n\sum xy - \sum x \cdot \sum y}{\sqrt{[n\sum x^2 - (\sum x)^2] \cdot [n\sum y^2 - (\sum y)^2]}} = 0.941\ 7$$

$r = 0.941\ 7$,接近于 1,说明 x 与 y 之间具有较密切的相关性,存在线性关系,可用直线方程 $y = a + bx$ 描述其变动趋势。

其次,根据直线方程 $y = a + bx$,建立回归方程。a、b 值的求解如下

$$b = \frac{n\sum x_i y_i - \sum x_i \sum y_i}{n\sum x_i^2 - (\sum x_i)^2} = 75.40(元／件)$$

$$a = \frac{\sum y_i - b\sum x_i}{n} = 63.67(万元)$$

得出混合成本的回归方程为：$y = 636\,700 + 75.40x$

利用回归直线法进行混合成本分解，由于其运用了"偏差平方和最小"的原理，所以结果比前两种方法更为精确。上述过程可借助 Excel 计算机软件来实现。

2.3 变动成本法

2.3.1 成本计算制度概述

成本计算制度，是成本管理的重要组成部分。为满足不同方面的需要，产生了不同的成本计算制度。其中包括以损益计算、报表编制为目的，产生的以成本职能为基础的完全成本法；以经营预测与决策、目标规划和控制为目的，产生的以成本性态为基础的变动成本法。

1. 变动成本法的含义

在管理会计中广泛采用的成本计算方法为变动成本法。所谓变动成本法是指在计算产品成本时，其生产成本和存货成本中只包括变动性生产成本而不包括固定成本的一种成本计算方法。在这种方法下，产品生产成本只包括直接人工、直接材料和变动制造费用，固定成本（包括固定制造费用）都作为期间成本列入当期收益表内，从营业收入中扣除。其理由是：固定费用是为企业提供一定的生产经营条件而发生的，不管这些条件的实际利用程度如何，有关费用照样会发生。它们与产品的实际生产无直接联系，而与时间的关系较密切，因而不应把它们计入产品生产成本而应作为期间成本在当期全部计入损益。

采用变动成本计算法，则引出了边际贡献的概念。所谓边际贡献，即增量贡献，是产品营业收入减去变动成本后的余额。边际贡献、营业收入和利润之间的关系如下

营业收入 − 变动成本 = 边际贡献

边际贡献 − 固定成本 = 税前利润

变动成本法能更有效地揭示产品的销售量、成本、利润之间的内在联系，使经营预测、决策、分析和控制大为简化，对生产经营活动的规划和控制能发挥重要作用。

2. 完全成本法的含义

完全成本法是相对于变动成本法而提出的成本计算方法。所谓完全成本法是指在计算产品成本时，其生产成本和存货成本中既包括变动性生产成本部分又包括固定部分的一种成本计算方法。在这种方法下，产品生产成本除了包括直接材料、直接人工、变动制造费用外，还包括固定制造费用。这种方法又称作制造成本法，在财务会计核算中被广泛地应用。

2.3.2 变动成本法与完全成本法的区别

1. 在成本划分的标准和成本构成上的区别

完全成本法将总成本按经济用途分类，区分为生产成本和非生产成本；变动成本法是将全部成本按成本性态来分类，区分为变动成本和固定成本。

两种成本法下产品生产成本的组成内容不同，完全成本法的产品生产成本是指产品生产过程中发生的全部生产成本，包括直接材料、直接人工、变动制造费用和固定制造费用；而变动成本法的产品生产成本只包括生产过程中发生的变动生产成本，即直接材料、直接人工和变动制造费用。两者的不同在于固定制造费用的归属对象，前者将固定制造费用归属于产品，计入产品成本；后者将固定制造费用归属于会计期间，作为期间成本处理。

两种方法的成本划分如表2-3、表2-4所示。

表2-3 变动成本法（按成本性态划分成本）

变动成本	直接材料	产品成本
	直接人工	
	变动制造费用	
	变动销售及管理费用	期间成本
固定成本	固定制造费用	
	固定销售及管理费用	

表2-4 完全成本法（按成本经济用途划分成本）

生产成本	直接材料	产品成本
	直接人工	
	全部制造费用	
非生产成本	销售及管理费用	期间成本

下面，举例说明两种成本计算方法在产品生产成本的组成内容上的不同。

【例2-2】 某企业2017年生产一种产品，其年生产量、销售量和成本资料如表2-5所示。

表2-5 生产量、销售量和成本资料

生产量（件）	20 000
销售量（件）	18 000
制造成本（元）：	
直接材料	120 000
直接人工	100 000
制造费用	140 000
其中：变动制造费用	80 000
固定制造费用	60 000

根据上述资料，两种成本计算法在产品生产成本组成内容上的差异如表2-6所示。

由于固定制造费用归属于期间成本，变动成本计算法的产品生产总成本比全部成本计算法低60 000元，单位产品生产成本低3元。

表2-6 两种成本计算法下的产品生产成本比较　　　　　　　（单位：元）

成本项目	变动成本法		完全成本法	
	总成本	单位成本	总成本	单位成本
直接材料	120 000	6	120 000	6
直接人工	100 000	5	100 000	5
变动制造费用	80 000	4	80 000	4
固定制造费用			60 000	3
合计	300 000	15	360 000	18

2. 在营业成本和存货成本计算上的区别

由于产品生产成本的组成内容不同，两种成本计算法的营业成本、存货成本也不同，在上例中假设2017年年初无存货，年末无在产品存货，2017年生产量20 000件，销售量18 000件，那么期末存货有2 000件，两种成本计算法下的营业成本、存货成本比较见表2-7。

表2-7 两种成本计算法下的营业成本、存货成本比较　　　　（单位：元）

成本计算方法	营业成本			存货成本		
	销售量（件）	单位成本	总成本	存货量（件）	单位成本	总成本
变动成本法	18 000	15	270 000	2 000	15	30 000
完全成本法	18 000	18	324 000	2 000	18	36 000

表2-7显示，变动成本法下的营业成本比完全成本法低54 000元（=324 000 – 270 000），存货成本低6 000元（=36 000 – 30 000），这是因为变动成本法将全部固定制造费用作为期间成本在当期全部转销；而完全成本法将固定制造费用作为产品成本，当年发生固定成本共60 000元，其中的54 000元（=3×18 000）随出售产品转入当期营业成本，其余的6 000元（=3×2 000）反映在期末结存产品中并递延到下一会计期间。

由于变动成本法的营业成本全部是由变动生产成本构成的，所以在期初存货量为零或者前后期成本水平不变，亦即各期固定成本总额和单位变动生产成本均不变等情况下，可以在不计算期末存货成本的情况下，直接计算出本期营业成本，即

本期营业成本 = 单位变动生产成本 × 本期销售量

因为在这种情况下，期初单位存货成本、期末单位存货成本、本期单位产品成本和本期单位营业成本这四个指标可以用统一的单位变动生产成本指标来表示。

在完全成本法下，必须先计算出期末存货成本后，才能计算本期营业成本，即

本期营业成本 = 期初存货成本 + 本期发生的产品生产成本 – 期末存货成本

3. 在收益计算方法及利润表格式上的区别

两种成本计算法的区别不仅限于成本方面，它们还会影响到收益的计算方法。

在变动成本法下，按贡献式损益确定程序计量营业损益。首先用营业收入补偿本期实现销售的产品的变动成本，从而确定边际贡献，然后再补偿固定成本，以确定当期营业利润。

在完全成本法下，按传统式损益确定程序计量营业损益。首先用营业收入补偿本期实现销售的产品的营业成本，从而确定营业毛利，然后再补偿期间费用，以确定当期营业利润。

在贡献式损益确定程序下，营业利润按下列步骤和公式计算

步骤1：边际贡献 = 营业收入 – 变动成本总额

步骤2：税前利润 = 边际贡献 – 固定成本总额

在传统式损益确定程序下，营业利润按下列步骤和公式计算

步骤1：营业毛利 = 营业收入 – 营业成本

步骤2：税前利润 = 营业毛利 – 期间费用

由于完全成本法和变动成本法下的产品成本构成以及利润计算方法上的不同，使得它们所使用的利润表格式存在一定的差异（见表2-8）。

【例2-3】仍用【例2-2】资料，假设期初产品存货为零，单位售价为25元，销售费用、管理费用和财务费用共计28 000元，其中变动部分为10 000元，则两种利润表的比较如表2-8所示。

表2-8 两种利润表比较　　　　　　　　　　　　（单位：元）

变动成本法（贡献式）		完全成本法（传统式）	
营业收入（18 000×25）	450 000	营业收入（18 000×25）	450 000
减：变动成本		减：营业成本	
变动生产成本（18 000×15）	270 000	期初存货	0
变动销售、管理和财务费用	10 000	本期生产成本（20 000×18）	360 000
变动成本小计	280 000	期末存货（2 000×18）	36 000
边际贡献	170 000	营业成本小计	324 000
减：固定成本		营业毛利	126 000
固定制造费用	60 000	减：期间费用	
固定销售、管理和财务费用	18 000	变动销售、管理和财务费用	10 000
固定成本小计	78 000	固定销售、管理和财务费用	18 000
		期间费用小计	28 000
税前利润	92 000	税前利润	98 000

由上可见两种方法在收益计算上的差异，采用变动成本法计算比采用完全成本法计算的税前利润少6 000元（=98 000－92 000），这6 000元差异产生的原因在于：变动成本法将当期的固定制造费用60 000元作为期间成本全部用以抵减当期收益，而完全成本法将固定制造费用归属于产品成本，60 000元固定制造费用中的54 000元（=3×18 000）计入营业成本，抵减当期收益，其余6 000元（=3×2 000）则仍然保留在期末存货中，因而产生了6 000元的利润差异。

2.3.3 变动成本法和完全成本法下的利润差异

由于两种成本计算方法对固定制造费用的处理不同，因此两种方法所计算的税前利润不同。根据【例2-3】，用完全成本法计算所得的税前利润比变动成本法计算所得的税前利润多6 000元。这是因为在单一会计期间，当期生产量大于销售量，产生了期末存货，用完全成本法计算时，期末存货2 000件中包含的固定制造费用保留在了存货中，在计算利润时没有被扣除；当期销售量大于生产量，采用完全成本法时，本期将负担一部分上期转来的固定成本，其利润就会小于变动成本法计算的税前利润；如果生产量和销售量相等，两种成本法计算出来的税前利润就应该相等。

从长期来看，若干期间的生产总量与销售总量总是趋于平衡的，但分期的产销量往往不平衡。下面，我们举例具体分析一下在产销量不平衡的情况下，分别采用两种成本计算法将会对利润的计算产生什么样的影响。

【例2-4】某企业2015年、2016年、2017三年的产销情况、成本消耗与售价资料如表2-9所示。

表2-9 生产量、销售量、成本与售价资料

项目	2015年	2016年	2017年
期初存货（台）	0	0	4 000
本期生产量（台）	20 000	20 000	20 000
期末存货（台）	0	4 000	0
本期销售量（台）	20 000	16 000	24 000

（续）

项目	2015 年	2016 年	2017 年
销售单价（元）	40	40	40
生产成本（元）：			
单位变动成本	20	20	20
固定制造费用总额	80 000	80 000	80 000
单位固定制造费用（80 000/20 000）	4	4	4
销售、管理和财务费用（元）：			
单位变动销售、管理和财务费用	2	2	2
固定销售、管理和财务费用	100 000	100 000	100 000

根据表 2-9 的资料，分别按两种方法编制该企业 2015～2017 年的三年利润表，如表 2-10、表 2-11 所示。

表 2-10　分期利润表（按变动成本法）　　　　（单位：元）

项目	2015 年	2016 年	2017 年
营业收入	800 000	640 000	960 000
减：变动成本①	440 000	352 000	528 000
边际贡献	360 000	288 000	432 000
减：固定成本			
固定制造费用	80 000	80 000	80 000
固定销售、管理和财务费用	100 000	100 000	100 000
固定成本小计	180 000	180 000	180 000
税前利润	180 000	108 000	252 000

① 变动成本 =（单位变动生产成本 + 单位变动销售、管理和财务费用）× 销量。

表 2-11　分期利润表（按完全成本法）　　　　（单位：元）

项目	2015 年	2016 年	2017 年
营业收入	800 000	640 000	960 000
减：营业成本			
期初存货	0	0	96 000
本期生产成本①	480 000	480 000	480 000
期末存货②	0	96 000	0
营业成本小计	480 000	384 000	576 000
营业毛利	320 000	256 000	384 000
减：期间费用			
变动销售、管理和财务费用	40 000	32 000	48 000
固定销售、管理和财务费用	100 000	100 000	100 000
期间费用小计	140 000	132 000	148 000
税前利润	180 000	124 000	236 000

① 本期生产成本 =（单位变动生产成本 + 单位固定制造费用）× 生产量
② 期末存货 =（单位变动生产成本 + 单位固定制造费用）× 期末存货量
　　 或 = 单位变动生产成本 × 生产量 + 固定制造费用总额

将表 2-10、表 2-11 中各年税前利润分别进行对比分析，在成本消耗水平及售价不变的情况下，能够得出以下结论和规律。

（1）如果期末存货等于期初存货（产量 = 销量），则两种成本计算法计算的税前利润相等。例如，本例中第一年，两种方法计算的利润均为 180 000 元，这是因为在产量稳定和成本消耗水平不变的情况下，各年的单位固定制造费用是相等的，这样当期末存货与期初存货相等时，期末与期初存货中包括的固定制造费用也相等，所以在完全成本法下，当年发生的固定制造费用也全部列入当年的利润计算，其税前利润也就和变动成本法计算的税前利润相同。

（2）如果期末存货大于期初存货（产量＞销量），按完全成本法计算的利润大于按变动成本法计算的利润。这是因为变动成本法将固定制造费用全部在当期转销，而完全成本法有一部分固定制造费用随期末存货递延到下期去了。本例中，2016 年期初存货量为 0，期末存货量为 4 000 台，按变动成本法计算的利润比按完全成本法计算的利润低 16 000 元（= 124 000 − 108 000）。这是因为按完全成本法有 16 000 元（= 4 000 × 4）固定制造费用随期末存货递延到下一年度，而按变动成本法，当期的固定成本已全部在当期收益中抵减了。

（3）如果期末存货小于期初存货（产量＜销量），按完全成本法计算的利润小于按变动成本法计算的利润。这是因为变动成本法只承担本年的固定制造费用，而完全成本法除了承担本年的固定制造费用外，还需承担以前年度的固定制造费用，这部分固定制造费用就是期末存货比期初存货的减少数乘上单位固定制造费用，例如在本例中的 2017 年，变动成本法比完全成本法计算的税前利润多 16 000 元，就是因为在完全成本法下，期末存货减少了 4 000 台，每台固定制造费用 4 元，说明 2017 年完全成本法承担的固定制造费用比变动成本法多 16 000 元，所以税前利润减少了 16 000 元。

应该注意，以上规律是以成本耗费水平和产量不变为前提的。如果成本耗费水平发生变化，规律就不一样了。

在成本耗用水平及售价不变的情况下，按两种方法计算利润的差额可用下式验证

按变动成本法计算的税前利润 − 按完全成本法计算的税前利润
= 单位固定制造费用 × （期初存货量 − 期末存货量）

如本例中，2015 年、2016 年和 2017 年的单位固定制造费用均为 4 元。各年的差异如下

2016 年：108 000 − 124 000 = 4 × (0 − 4 000) = − 16 000（元）
2017 年：252 000 − 236 000 = 4 × (4 000 − 0) = 16 000（元）

2.3.4 两种成本计算法的优缺点及应用

1. 完全成本法的优缺点

完全成本法有如下优点。

（1）能完整地计算产品成本和存货价值，有利于企业定价。

（2）便于直接编制对外会计报表满足企业外部利益相关者的需要，完全成本法是企业对外提供财务会计报表的主要依据。

（3）可以激励企业提高产品产量。由于在完全成本法中，固定性制造费用按产量分摊，这样会大大刺激企业提高产品生产的积极性。

完全成本计算法的缺点可以归纳为以下几点。

（1）完全成本法计算的单位成本易于掩盖企业生产部门在节约和浪费上的真实情况。

固定成本对生产部门来讲，一般属于不可控成本。在完全成本法下，由于增加产量就能降低单位成本，即产量越大则成本越低，那么不设法降低单耗，甚至浪费一些，只要能增加产量

就能降低单位产品成本，但努力降低单耗和节约能源反映在单位成本上的降低却较小。因此，由固定成本和产量的增减而引起的产品成本的升降不能反映生产部门的业绩和责任，容易掩盖或夸大企业生产部门的业绩。

（2）采用完全成本法计算的分期损益，其结果令人费解。采用完全成本法时，利润的多少和销售量的增减不能保持相应的比例，易使管理者产生"重生产、轻销售"的片面观点。采用完全成本法时，当销售量大于生产量时，所计算的税前利润反而少；而当销售量小于生产量时，计算所得的税前利润反而多。从前面的实例中可以看出：尽管每年的销售量相同，售价、单位变动成本和固定成本总额均无变动，但只要产量不同，其单位产品成本和税前利润就会产生差别，这有些令人费解。有时当年销售量远远超过往年，售价、单位变动成本和固定成本总额也无变动，但只要期末存货减少，就会出现税前利润减少的现象，这也是令人费解的。有时在销售量下降，期末存货增加的情况下，售价、单位变动成本和固定成本总额均无变动，但由于产量的增长，反而会造成税前利润增加的奇怪现象。在这种利润与销售量脱节的情况下，就容易使管理者产生"增产就能盈利"的片面观点，会导致企业盲目增加产量，以致造成产品大量积压和资源的严重浪费。

（3）完全成本法不能为企业提供变动成本和固定成本的资料，不利于企业进行预测、决策分析，也不利于企业对经济活动的规划和控制。

（4）采用完全成本计算法时不利于简化成本核算，产品成本带有一定的主观性。采用完全成本法时，固定制造费用的分配往往比较复杂，手续比较麻烦，成本分摊的工作量较大，分摊方法具有多样性，且结果往往有一定的主观性，从而会影响产品成本的正确性。

2. 变动成本法的优缺点

变动成本法主要有以下几点优点。

（1）能为企业内部管理提供重要的管理信息，有利于强化企业管理职能。变动成本法通过成本性态分析，将全部成本划分为固定成本和变动成本，揭示了成本总额和业务量之间的依存关系，为分清成本升降的原因提供了条件；同时，也便于确定成本责任的归属，为企业管理部门进行本量利分析，以及正确地进行成本的计划、控制和经营决策提供了重要的经营管理信息。

（2）促使企业重视销售环节，防止盲目生产。按变动成本法计算的单位产品成本，不包括固定生产成本，使产品成本不受固定成本和产量的影响，产量的高低与存货的增减对税前利润没有影响，在售价、单位变动成本和固定成本总额不变的情况下，税前利润的多少与销售量有着直接的关系，有助于促使企业的管理者重视销售环节，做好销售预测，防止因盲目生产而带来的产品大量积压。

（3）正确评价企业管理部门的经营业绩。一个企业的管理部门的主要职责是实现预定的目标利润，而实现目标利润的一个重要环节是保证销售渠道的畅通和销售目标的实现。在变动成本法下，销售得越多，利润就越高，经营业绩也越好，用这种方法评价企业管理人员的经营业绩也比较合理。

（4）简化产品成本的计算。采用变动成本计算法，由于把所有的固定成本都列作期间成本，从边际贡献中一笔扣除，使得产品成本计算中的费用分配大为简化，节省了许多间接费用的分摊手续，简化了成本核算工作，同时，也防止了间接费用分摊中的主观随意性。

变动成本法主要有以下几点缺点。

（1）变动成本与固定成本的划分，不是一种非常精确的计算，特别是混合成本项目的分解只能做到相对准确，有时可能并不能完全说明企业生产经营的真实情况。

（2）变动成本计算法只能对短期决策提供重要的管理信息，不适应长期决策的需要。因为从长期来看，固定成本和单位变动成本不可能不变，而且变动成本率一般也将随着技术进步而呈下降趋势。

（3）按变动成本计算法算出的产品成本，不符合传统成本概念要求，不适应定价决策。

（4）采用变动成本法不便于编制对外报表，采用变动成本法编制报表，对外披露时需要按完全成本法进行调整，从而加大了会计核算工作量。

2.4 成本性态分析的 Excel 模型设计

2.4.1 成本性态分析的线性模型

1. 模型概要

（1）问题描述：按照线性模型，将一类混合成本分解为固定成本和变动成本。

（2）主要变量：混合成本的时间序列、业务量的时间序列。

（3）决策方法：线性回归法。

（4）关键技术：绘制散点图，添加趋势线，INTERCEPT 函数的应用，SLOPE 函数的应用。

2. 应用举例

【例 2-5】某企业 2017 年 1~10 月的某项产量与混合成本的有关资料如表 2-12 所示。

表 2-12　某企业 2017 年 1~10 月某项产量与混合成本资料

月份	1	2	3	4	5	6	7	8	9	10
产量	80	120	110	230	200	150	142	186	160	190
混合成本	400	592	576	980	800	602	568	752	700	770

要求：将混合成本分解为变动成本和固定成本。

【模型展示】模型展示如图 2-12 所示。

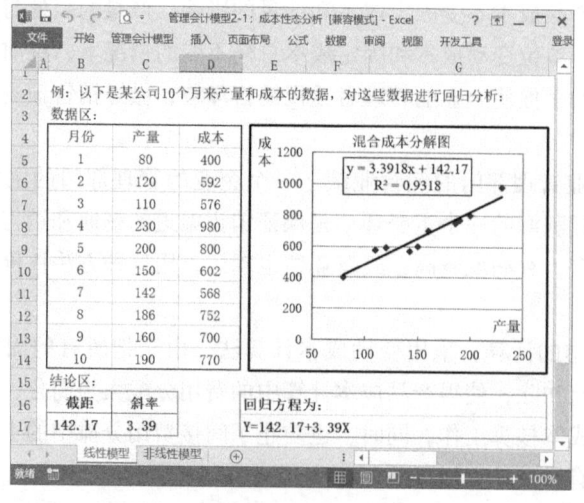

图 2-12　成本性态分析的线性模型

【文件链接】 管理会计模型2-1：成本性态分析.xls（章后Excel模型二维码 模型2-1）之"线性模型"工作表。

【建模步骤】

第一步：在数据区输入原始数据，如图2-12之B4：D14所示。

第二步：绘制散点图，方法是选择插入—图表—散点图（XY散点图）—引用数据—完成，则完成基本散点图的绘制。

第三步：在散点图上添加趋势线并显示公式和R^2检验值。方法是将鼠标移至散点图的数据点上—点右键—添加趋势线—趋势线选项—线型（设置趋势线格式），如图2-13所示。确定后就在散点图上绘制了一条趋势线。

趋势线所示的截距和斜率，即所求的固定成本和单位变动成本，用方程表示为

$$Y = 142.17 + 3.39X$$

第四步：设置结论区。在结论区的有关单元格中输入相关公式，计算截距和斜率，并输出结论性文字，如表2-13所示。

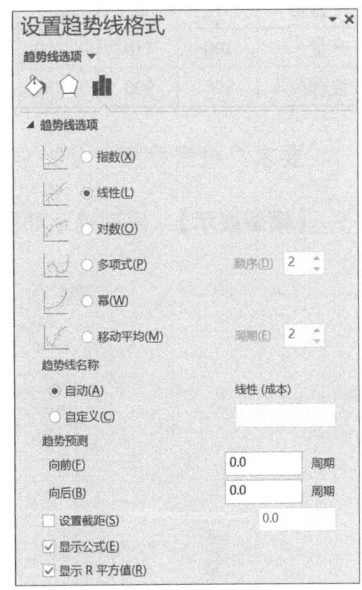

图2-13　添加趋势线

表2-13　结论区

B16	截距	C16	斜率
B17	=INTERCEPT(D5:D14,C5:C14)	C17	=SLOPE(D5:D14,C5:C14)
E16	回归方程为：		
E17	="Y="&ROUND(B17,2)&" + "&ROUND(C17,2)&"X"		

注：Excel中引用字符串必须用半角引号。ROUND是一个四舍五入函数。注意E17单元格的输入方法。

第五步：修饰图表。完成上述步骤后，则获得如图2-12所示的混合成本分解模型，并且该模型会随着数据的改变自动地输出混合成本的分解结论。

2.4.2　成本性态分析的非线性模型

1. 模型概要

（1）问题描述：有些混合成本并非是严格线性的，这时，在实际决策中需要根据混合成本的实际情况应用非线性模型进行分解，而不能一味地拘泥于线性模型，否则会导致错误的决策。

（2）主要变量：混合成本的时间序列、业务量的时间序列。

（3）决策方法：非线性曲线拟合法。

（4）关键技术：绘制散点图，添加非线性趋势线。

2. 应用举例

【例2-6】某企业2017年1～12月的某项混合成本与产量的有关资料如表2-14所示。

表 2-14　某企业 2017 年 1～12 月的产量和混合成本资料

月份	1	2	3	4	5	6	7	8	9	10	11	12
产量	100	110	120	142	150	160	186	195	200	230	250	100
混合成本	890	900	1 180	1 320	1 328	1 420	1 830	1 830	2 110	2 599	2 989	890

要求： 根据数据特征对混合成本进行分解。

【模型展示】 模型展示如图 2-14 所示。

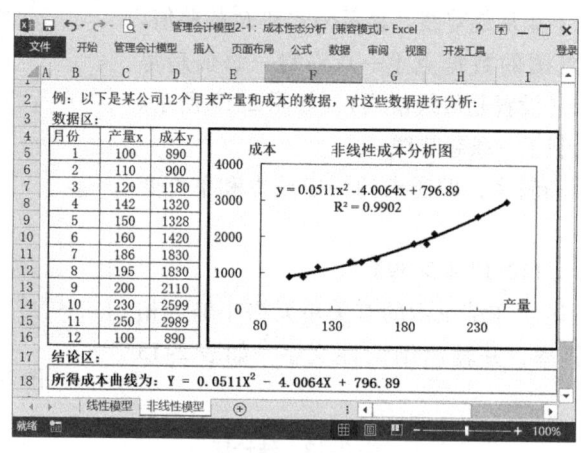

图 2-14　成本性态分析的非线性模型

【文件链接】 管理会计模型 2-1：成本性态分析.xls（章后 Excel 模型二维码 模型 2-1）之"非线性模型"工作表。

【建模步骤】

第一步：在数据区输入原始数据，如图 2-14 之 B4:D16 所示。

第二步：绘制散点图，方法是选择插入—图表—散点图（XY 散点图）—引用数据—完成，则完成基本散点图的绘制。根据散点图可以初步推断：该数据更加符合二次抛物线形状。

第三步：在散点图上添加趋势线并显示公式和 R^2 检验值。方法是将鼠标移至散点图的数据点上—点右键—添加趋势线—趋势线选项（选择趋势线格式为多项式，顺序为 2），如图 2-15 所示。确定后就在散点图上绘制了一条二次抛物线形的趋势线。

第四步：设置结论区。在结论区的有关单元格中输入分析结论。

第五步：修饰图表。运用 Excel 模型的计算结果为：
$Y = 0.051\,1X^2 - 4.006\,4X + 796.89$。

上式的经济含义是：这类混合成本的固定成本部分为 796.89，初始单位变动成本为 -4.006 4，单位变动成本随着业务量的变化呈递增趋势，递增速率为 0.104 4。

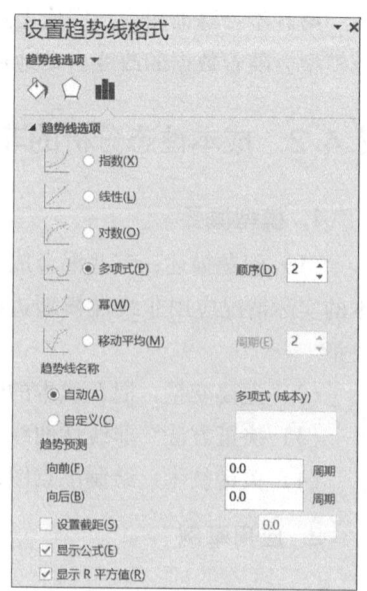

图 2-15　添加趋势线

2.4.3 变动成本法模型

1. 模型概要

（1）问题描述：完全成本法与变动成本法在存货核算和利润核算方面的比较。

（2）主要变量：销售收入、变动成本、完全成本、存货、营业利润。

（3）决策方法：比较法。

（4）关键技术：变动成本法的计算，完全成本法的计算，单元格链接。

2. 应用举例

【例 2-7】 某企业近三年的销售和成本资料如图 2-16 示。

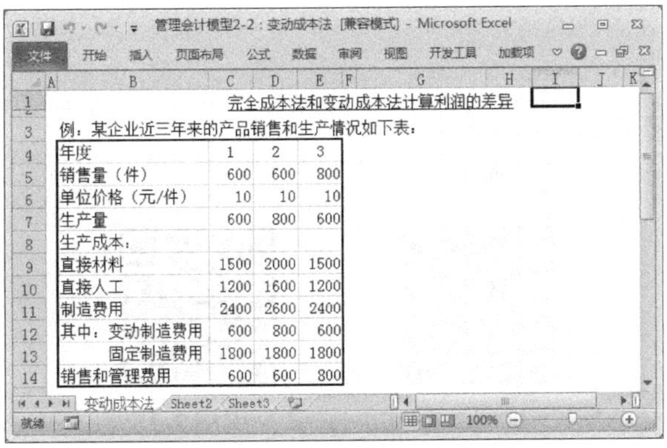

完全成本法和变动成本法计算利润的差异

例：某企业近三年来的产品销售和生产情况如下表：

年度	1	2	3
销售量（件）	600	600	800
单位价格（元/件）	10	10	10
生产量	600	800	600
生产成本：			
直接材料	1500	2000	1500
直接人工	1200	1600	1200
制造费用	2400	2600	2400
其中：变动制造费用	600	800	600
固定制造费用	1800	1800	1800
销售和管理费用	600	600	800

图 2-16　某企业的销售和成本数据资料

要求： 运用变动成本法和完全成本法分别计算该企业近三年的利润和存货并进行比较。

【模型展示】 模型展示如图 2-17 所示。

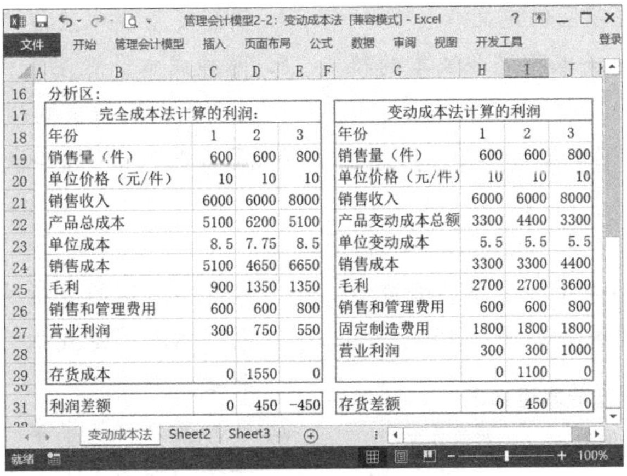

分析区：

完全成本法计算的利润：			
年份	1	2	3
销售量（件）	600	600	800
单位价格（元/件）	10	10	10
销售收入	6000	6000	8000
产品总成本	5100	6200	5100
单位成本	8.5	7.75	8.5
销售成本	5100	4650	6650
毛利	900	1350	1350
销售和管理费用	600	600	800
营业利润	300	750	550
存货成本	0	1550	0
利润差额	0	450	-450

变动成本法计算的利润			
年份	1	2	3
销售量（件）	600	600	800
单位价格（元/件）	10	10	10
销售收入	6000	6000	8000
产品变动成本总额	3300	4400	3300
单位变动成本	5.5	5.5	5.5
销售成本	3300	3300	4400
毛利	2700	2700	3600
销售和管理费用	600	600	800
固定制造费用	1800	1800	1800
营业利润	300	300	1000
	0	1100	0
存货差额	0	450	0

图 2-17　变动成本法模型

【文件链接】 管理会计模型 2-2：变动成本法 . xls（章后 Excel 模型二维码 模型 2-2）。

【建模步骤】

第一步：在数据区输入原始数据，见图 2-16 之 B4: E14。

第二步：在分析区分别运用 Excel 的复制、引用单元格功能，按照变动成本法和完全成本法的计算方法，计算变动成本法和完全成本法下的利润和存货水平。

第三步：修饰图表。

■ Excel 模型二维码

模型 2-1

模型 2-2

■ 案例分析

案例 2-1　管住成本才能获得盈利
案例 2-2　Mallory 公司阶梯式成本

案例 2-1

案例 2-2

■ 课后练习与实验操作

讨论题

1. 简述成本性态、相关范围的定义。
2. 简述固定成本、变动成本和混合成本的概念、特征及分类。
3. 什么是变动成本法？它的理论依据是什么？
4. 简述变动成本法与完全成本法的区别。
5. 两种成本计算法下税前利润差额产生的原因是什么？税前利润差额的变动规律如何？
6. 变动成本法有哪些优点和局限性？

计算分析题

1. 某企业在 2017 年上半年 6 个月的维修成本和维修小时数的有关数据如表 2-15 所示。

表 2-15　维修成本资料表

月份	维修小时数	维修成本
1	20	240
2	60	340
3	40	280
4	80	340
5	120	460
6	100	380
合计	420	2 040

请采用和回归分析法将维修成本分解为变动成本和固定成本，并建立维修成本的方程式。

2. 已知某公司从事单一产品生产，连续三年销售量均为 1 000 件，而三年的产量分别为 1 000 件、1 200 件和 800 件。单位产品售价为 200 元，管理费用与销售费用均为固定成本，两项费用各年总额均为 50 000 元，单位产品变动生产成本为 90 元，固定性制造费用为 20 000 元。要求：

(1) 不考虑税金，分别采用变动成本法和完全成本法计算各年营业利润；

(2) 根据（1）的计算结果，简单分析完全成本法与变动成本法对损益计算的影响。

3. 假定某企业只产销一种产品，其有关资料如下：生产量 2 000 件，销售量 1 800 件，期初存货 0 件，边际贡献率 60%，原材料 6 000 元，计件工资 4 000 元，其他变动性制造费用每件 0.4 元，固定性制造费用总额 2 000 元，变动性销售与管理费用每件 0.2 元，固定性销售与管理费用总额为 300 元。

要求：
(1) 根据给定的边际贡献率确定售价；
(2) 用两种方法计算单位产品成本；
(3) 用两种成本法编制利润表；
(4) 说明两种成本法计算的营业利润不同的原因。

实验操作题

1. 以【例 2-1】为例，以 Excel 为平台，设计一个混合成本的分解模型，要求：
(1) 使用数据分析功能进行分析；
(2) 使用添加趋势线功能进行分析。

2. 以【例 2-4】为例，运用 Excel 设计变动成本法计算模型，并与完全成本法进行比较，要求：
(1) 应用单元格的引用功能进行计算；
(2) 用文本框给出关于两种成本法下的利润差异和存货差异的结论性说明。

3. 请用思维导图绘制本章的知识要点。

■ 参考文献与推荐阅读

［1］ 夏鑫，赵兴莉. 集成作业与变动成本的成本核算体系研究［J］. 当代会计评论，2013（10）.

［2］ 刘军伟，郑普，蒋晶晶. 我国企业变动成本法的应用研究［J］. 财会学习，2018（11）.

［3］ 刘智英，崔仙玉. 变动成本法与完全成本法损益差异及规律分析——基于四种情境的横向、纵向对比分析［J］. 会计之友，2017（11）：16-24.

［4］ 唐恒书，梁丽，唐慧玲. 多产品的完全成本法与变动成本法 EBIT 之差异［J］. 财会月刊：中，2015（6Z）：52-54.

［5］ 马玉洁. 变动成本法与完全成本法利润差异分析——基于存货计价方法的角度［J］. 财会通讯，2014（17）：107-108.

［6］ 刘其飞. 变动成本法在企业中的应用研究［D］. 郑州：中原工学院，2017.

［7］ 盛继明. 工业和信息通信业管理会计案例集（2018）［M］. 北京：电子工业出版社，2018.

［8］ Excel 技术论坛. http://www.excelhome.net/.

第 3 章

本量利分析

"一件商品,成本8毛,如果标价1元,可是销量却是1.2元时的3倍,我在一件商品上所赚不多,但卖得多了,我就有利可图。"

——沃尔玛创始人 山姆·沃尔顿

对商品生产而言,扩张市场才是解决问题的根本所在。

——亚当·斯密

■ 学习目标

1. 了解本量利分析的基本概念和框架;
2. 掌握和运用本量利分析方法进行实际问题的分析;
3. 掌握和运用本量利分析方法进行目标利润的多因素决策;
4. 了解非线性条件下、随机条件下的本量利分析;
5. 掌握运用 Excel 设计动态可调的本量利分析模型的方法。

■ 重点与难点

1. 本量利的基本分析方法;
2. 非线性、随机条件下的本量利分析方法;
3. 本量利的敏感性分析方法;
4. 本量利分析的 Excel 模型设计。

■ 导入案例

多年来,安妮的朋友和家人一直很喜欢她自制的色拉和果冻,有一次,朋友们说:"你应该拿这些东西来卖。"因此,安妮决定试一试。首先,她决定只生产一种产品——绿色仙人掌色拉,她找到罐子、盖子、标签的货源,了解了许多有关食物销售的法律,并且请了当地的职业食品化学分析师分析色拉的成分及含量。

安妮拜访了本地的一些食品杂货店及礼品店,有几家愿意寄售她的产品,把色拉放在现金收款机旁。其他商店则愿意陈列其产品，但要求其支付商品陈列费。她预计大约要花一天的时间来送货、检查销售及库存和拜访潜在的顾客。

安妮在开始生产之前，向其家庭会计师鲍勃·赖恩咨询。为了开拓市场，安妮打算以每罐要价 3.50 美元的低价出售，但是鲍勃在看过安妮列示的成本之后，觉得那是亏本的买卖。安妮不知道要价多少，她有什么更好的办法？经鲍勃最初估计，变动成本超过价格，安妮希望通过增加销售量来解决，她错在哪里？

本章所介绍的本量利分析方法比较清楚地解释了成本、销售量和利润之间的关系，在经营决策中将会起到重要的作用。

资料来源：汉森，莫温. 管理会计（原书第 8 版）[M]. 陈良华，杨敏，译. 北京：北京大学出版社，2010.

3.1 本量利分析概述

成本 – 数量 – 利润分析（cost-volume-profit analysis，CVP），简称本量利分析，是研究企业成本、业务量和利润之间关系的一种数学分析方法。该方法以数量化的模型或图形揭示企业的变动成本、固定成本、销量及销售单价之间的关系，使管理人员清晰地了解企业的获利情况，从而帮助管理者在生产规模、产品结构和成本等方面做出合理的决策。

3.1.1 本量利分析的基本假设

管理会计中的本量利分析方法通常以下述假设为前提。

1. 成本按性态分类的假设

假设企业的全部成本都可以正确地划分为固定成本和变动成本。在现实中，有些成本既不属于固定成本，也不属于变动成本，在使用本量利分析时，要求首先将其进行分解，以估计出其单位变动成本与固定成本。

2. 单一成本动因假设

假设产量是影响成本总额的唯一因素。现实中，影响成本水平高低的因素有很多，但是一般情况下，产量是影响一定时期企业总成本水平高低的重要因素。这一假定尽管有一定的局限性，但是能使问题大大简化，并且仍能为管理人员提供较为有用的决策信息。当然，随着作业成本法与作业管理等新的成本管理工具的出现，人们也开始关注除了产量以外的其他成本动因，如"生产批量""检验作业次数"等。

3. 相关范围和线性相关的假设

假设在一定时期内产量总是处于一定的范围之内。在这个范围内，由于固定成本总额、单位变动成本的不变性，成本函数表现为线性函数。同时，假设在这一范围内销售单价也是个常数，因此，销售收入也表现为线性函数。

4. 产销平衡的假设

假设每期所生产出来的产品总是在当期全部销售出去。这一假设使得在进行本量利分析时将"产量"与"销量"合二为一，简化了决策分析过程。

5. 产品品种结构不变的假设

假设在一个生产或销售多种产品的企业中，产品结构不变。在这一假定条件下，多品种本量利分析问题可以很方便地使用单一品种情况下的本量利分析的有关结果。

6. 变动成本法的假设

假设产品成本是按变动成本法计算的，只将变动生产成本包括于产品成本中，而将所有的固定成本总额作为期间成本处理。该假设不仅能使成本与业务量之间的关系更为明晰，更重要的是，有利于企业做出合理的管理决策。

3.1.2 本量利分析的基本数学模型

在本量利分析中所涉及的变量有固定成本、单位变动成本、销量、销售单价和利润。（销售单价与销量的乘积是销售收入。）这五个变量之间存在以下关系

$$利润 = 销售收入 - （变动成本 + 固定成本）$$
$$= （销售单价 - 单位变动成本）× 销量 - 固定成本$$

用字符表示为

$$\Pi = S - VC - F = P \times Q - PVC \times Q - F = (P - PVC) \times Q - F$$

式中，Π 为利润；S 为销售收入；P 为销售单价；Q 为销量；VC 为变动成本；PVC 为单位变动成本；F 为固定成本。

这个方程式明确地表达了本量利之间数量关系的基本数学模型。它包含了 5 个相互联系的变量，只要给定其中任意 4 个变量，就可以通过模型计算出另外一个变量的值。一般情况下，在规划期间净利润时，通常将单价 P、单位变动成本 PVC 和固定成本 F 视为稳定的常量，只有销量 Q 和利润 Π 两个自由变量。

3.1.3 本量利分析中的常用指标

1. 边际贡献

（1）边际贡献。边际贡献（contribution margin，CM），它描述的是企业的销售收入弥补全部的变动成本后的剩余部分。用公式形式描述如下

$$边际贡献 = 销售收入 - 变动成本$$

用字符表示为

$$CM = S - VC$$

式中，CM 为边际贡献；S 为销售收入；VC 则代表变动成本。

根据本量利分析的基本数学模型可知利润为

$$\Pi = S - VC - F = CM - F$$

因此，边际贡献也可以表述为：边际贡献 = 净利润 + 固定成本，即 $CM = \Pi + F$。

【例3-1】 某企业只生产一种产品，单价为 6 元，单位变动成本为 3 元，销售量为 600 件，固定成本为 900 元，则

$$边际贡献 = 6 \times 600 - 3 \times 600 = 1\,800（元）$$
$$利润 = 1\,800 - 900 = 900（元）$$

（2）单位边际贡献。单位边际贡献（per-unit contribution margin，PCM），是指销售单价弥补单位变动成本后的剩余部分，也就是每销售一件产品带来的利润水平的增加。用公式形式描述如下

$$单位边际贡献 = 销售单价 - 单位变动成本$$

用字符表示为
$$PCM = P - PVC$$
式中，PCM 为单位边际贡献；P 为销售单价；PVC 则代表单位变动成本。

如【例3-1】中，企业的单位边际贡献 $= 6 - 3 = 3$（元）

（3）边际贡献率。边际贡献率（contribution margin ratio，CMR），是指边际贡献在销售收入中所占的百分率。它反映产品给企业做出贡献的能力。其计算公式为

$$边际贡献率 = \frac{边际贡献}{销售收入} \times 100\% = \frac{单位边际贡献}{销售单价} \times 100\%$$

用字符表示为
$$CMR = \frac{CM}{S} = \frac{PCM}{P}$$

如【例3-1】中，企业的边际贡献率 $= \frac{3 \times 600}{6 \times 600} = \frac{3}{6} = 50\%$

当企业产销多种产品时，我们可以用加权平均边际贡献率来反映边际贡献水平。用公式表示为

$$加权平均边际贡献率 = \frac{\sum 各产品边际贡献}{\sum 各产品销售收入} \times 100\%$$

或者，
$$加权平均边际贡献率 = \sum (各产品边际贡献率 \times 各产品销售所占比重)$$

【例3-2】某企业只生产甲、乙两种产品。甲产品的销售单价为20元，单位变动成本为10元，本月销量为600件；乙产品销售单价为25元，单位变动成本为20元，本月销量为1 000件。试计算企业的加权平均边际贡献率。

$$加权平均边际贡献率 = \frac{\sum 各产品边际贡献}{\sum 各产品销售收入} \times 100\%$$
$$= \frac{(20 - 10) \times 600 + (25 - 20) \times 1\,000}{20 \times 600 + 25 \times 1\,000} = 29.73\%$$

2. 变动成本率

与边际贡献率具有密切关系的一个常用概念是"变动成本率"。变动成本率是指变动成本在销售收入中所占的比例，其计算公式为

$$变动成本率 = \frac{变动成本}{销售收入} \times 100\% = \frac{单位变动成本}{销售单价} \times 100\%$$

【例3-3】我们仍用例3-2中的数据来说明变动成本率的计算。计算过程如下

$$甲产品的变动成本率 = \frac{10}{20} \times 100\% = 50\%$$

$$乙产品的变动成本率 = \frac{20}{25} = 80\%$$

从【例3-2】和【例3-3】的计算结果可以发现，变动成本率与边际贡献率存在着密切关系，两者之和等于1，这一结论具有普遍性。

$$变动成本率 + 边际贡献率 = \frac{单位变动成本}{销售单价} \times 100\% + \frac{单位边际贡献}{销售单价} \times 100\% = 1$$

3. 盈亏临界点

盈亏临界点（break-even point，BEP）也称保本点、盈亏平衡点等，是指当企业利润为零

时的销售水平,即恰好弥补全部成本时企业的销售量或销售额。

当销售水平低于盈亏临界点的情况下,企业处于亏损状态;随着销售水平的提高,企业亏损逐渐得到弥补,最终达到了盈亏临界点;当销售水平高于盈亏临界点时,企业处于盈利状态,并随着销售水平的不断提高,企业的获利不断增加。可见,确定企业实际经营的盈亏临界点是十分重要的,只有通过合理地安排生产销售策略,才能使企业获得超过盈亏临界点的收益。

根据本量利分析的基本数学模型

$$利润 = (销售单价 - 单位变动成本) \times 销量 - 固定成本$$

即

$$\Pi = (P - PVC) \times Q - F$$

根据盈亏临界点的定义,可得

$$BEP = \frac{F}{P - PVC}$$

这就是盈亏临界点的基本模型。由于盈亏临界点的测算可以采用实物量和货币量两种具体形式,故有下面两种计算方法。

$$盈亏临界点销售量 = \frac{固定成本}{销售单价 - 单位变动成本} = \frac{F}{P - PVC}$$

$$盈亏临界点销售额 = 盈亏临界点销售量 \times 销售单价 = \frac{F}{P - PVC} \cdot P$$

当企业产销多种产品时,以实物单位表示的盈亏临界点将不再可取,此时更多地采用货币金额表现形式。

4. 安全边际与安全边际率

安全边际(margin of safety,MS),是指在一定期间企业实际或预期的销售水平与盈亏临界点的销售水平之间的差。安全边际是反映企业生产经营安全性的重要指标,它反映企业的销售水平超过盈亏平衡点的程度。

安全边际也有两种表现形式,一种是实物单位表现形式,称为安全边际量;另一种是货币金额表现形式,称为安全边际额。它们的计算公式为

$$安全边际量 = 实际或预期的销售量 - 盈亏临界点销售量$$

$$安全边际额 = 实际或预期的销售额 - 盈亏临界点销售额$$

安全边际率(margin of safety ratio,MSR),是指安全边际与实际(预期)销售水平的比值。安全边际率的计算公式如下

$$安全边际率 = \frac{安全边际}{正常销售额(或实际订货额)} \times 100\%$$

安全边际率也可以衡量企业生产经营的安全性,安全边际率越大,企业生产经营的安全程度越高,经营风险就越低。企业安全性的检验数据如表3-1所示。

表3-1 安全性检验标准

安全边际率	40%以上	30%~40%	20%~30%	10%~20%	10%以下
安全等级	很安全	安全	较安全	值得注意	危险

与盈亏临界点相联系的另一个指标是达到盈亏临界点的作业率,其计算公式为

$$盈亏临界点作业率 = \frac{盈亏临界点销售量}{实际或预计销售量} \times 100\%$$

盈亏临界点把正常销售分为两部分:一部分是盈亏临界点销售额;另一部分是安全边际。

盈亏临界点作业率＋安全边际率＝1

由图 3-1 还可以看出，利润是由安全边际提供的。只有超过盈亏临界点的销售收入才能为企业提供利润，而盈亏临界点销售收入扣除变动成本后只能补偿企业的固定成本。因此，我们有

利润 ＝ 安全边际量 × 单位边际贡献
　　 ＝ 安全边际额 × 边际贡献率

将公式两边同时除以销售收入得

$$\frac{利润}{销售收入} = \frac{安全边际}{销售收入} \times 边际贡献率$$

即

销售利润率 ＝ 安全边际率 × 边际贡献率

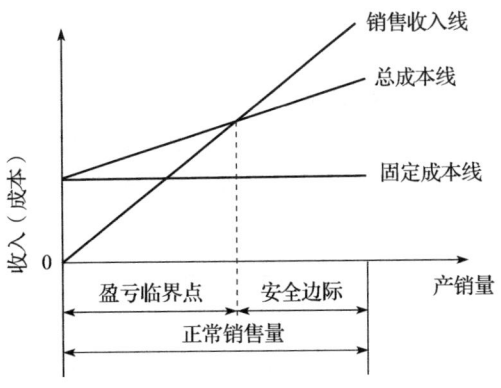

图 3-1　盈亏临界点作业率和安全边际率

上式为我们提供了一种计算销售利润率的新方法，并且表明企业要提高销售利润率，就必须提高安全边际率和边际贡献率。

在此基础上，传统的杜邦财务系统可进一步分解为管理会计视角的杜邦财务系统。

为了弥补以上不足，本书引入变动成本法，对传统的杜邦财务系统可进行进一步分解，得到变动成本法下的杜邦财务系统

权益报酬率 ＝ 资产净利率 × 权益乘数
　　　　　 ＝ 销售净利率 × 资产周转率 × 权益乘数
　　　　　 ＝ 安全边际率 × 边际贡献率 × 资产周转率 × 权益乘数 ×（1 － 所得税率）

3.2　线性本量利分析

根据情况不同，本量利分析可分为单一品种条件下的本量利分析和多品种条件下的本量利分析。单一品种条件下的本量利分析确定的盈亏临界点可以有盈亏临界点销售量和盈亏临界点销售额两种表现方式。多品种条件下的本量利分析因涉及多个产品，需要通过价值量的计算来进行。

3.2.1　单一品种条件下的线性本量利分析

1. 基本等式法

基本等式法是根据本量利分析的基本等式而建立起来的相应盈亏临界点的测算公式。本量利分析的基本公式为

利润 ＝（销售单价 － 单位变动成本）× 销量 － 固定成本

即

$$\Pi = (P - PVC) \times Q - F$$

由上节我们知道

$$盈亏临界点销售量 = \frac{固定成本}{销售单价 - 单位变动成本} = \frac{F}{P - PVC}$$

$$盈亏临界点销售额 = 盈亏临界点销售量 \times 销售单价 = \frac{F}{P - PVC} \cdot P$$

【例 3-4】假设某企业生产甲产品，其销售单价为 30 元，单位变动成本为 15 元，固定成本总额 37 500 元。试分别计算产品盈亏临界点销售量和销售额。

盈亏临界点销售量 = 37 500 ÷ (30 − 15) = 2 500（件）
盈亏临界点销售额 = 2 500 × 30 = 75 000（元）

2. 边际贡献法

边际贡献法是指在本量利分析中利用边际贡献指标与业务量、利润之间的关系计算盈亏临界点的一种方法，即企业生产产品的利润为零或边际贡献刚好能够补偿固定成本时，企业处于盈亏平衡状态。用公式表示如下

$$盈亏临界点销售量 = \frac{固定成本}{单位边际贡献} = \frac{F}{PCM}$$

$$盈亏临界点销售额 = \frac{固定成本}{单位边际贡献} \times 单价 = \frac{固定成本}{边际贡献率} = \frac{F}{CMR}$$

【例3-5】某企业只生产 A 产品，单价为 100 元/件，单位变动成本为 60 元/件，企业全年的固定成本总额为 300 000 元，本年销售量为 1 500 件。试用边际贡献法计算企业盈亏临界点销售量和销售额。

单位边际贡献 = 100 − 60 = 40(元／件)
边际贡献率 = (40 ÷ 100) × 100% = 40%
盈亏临界点销售量 = 300 000 ÷ 40 = 7 500(件)
盈亏临界点销售额 = 300 000 ÷ 40% = 750 000(元)

3. 图示法

图示法是指通过在坐标轴上绘制盈亏临界点的方式确定盈亏临界点位置的一种方法。

（1）基本式。基本式反映的是本量利的基本关系，其特点是能清晰地反映出固定成本不随业务量的变化而改变，总成本线是在固定成本线的基础上加上变动成本而得到的，如图 3-2 所示。

（2）边际贡献式。边际贡献式盈亏临界图的特点是首先绘制变动成本线，总成本的表现是通过将固定成本线绘于变动成本线之上，如图 3-3 所示。

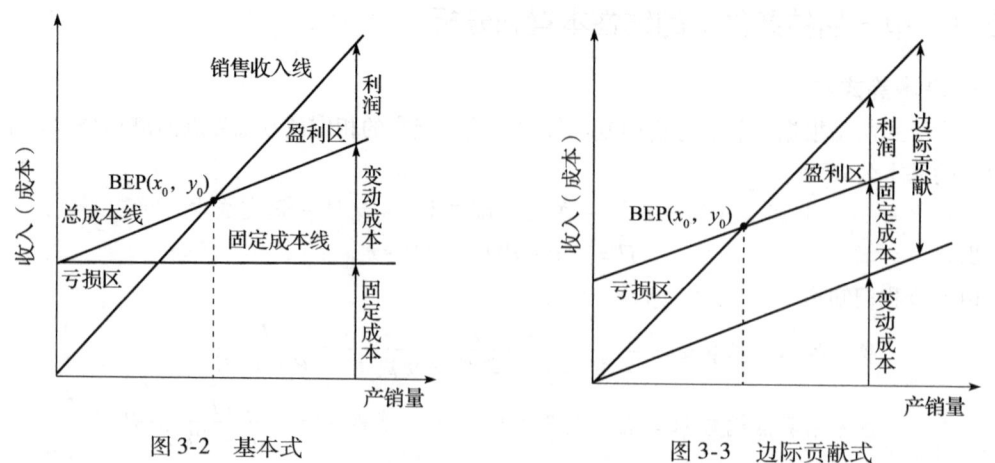

图 3-2　基本式　　　　　　　　图 3-3　边际贡献式

从图 3-3 中不难看出，边际贡献式盈亏临界图强调的是边际贡献及其形成过程。盈亏临界点的边际贡献刚好等于固定成本；超过盈亏临界点的边际贡献大于固定成本，也就是实现了利

润；而不足盈亏临界点的边际贡献小于固定成本，则表明发生了亏损。

（3）量利式。量利式盈亏临界点图反映的是利润与销售量的关系，它的特点是将纵轴上的销售收入与成本因素略去，反映本量利关系的图形如图3-4所示。

从图3-4中可以看出，当销售量为零时，企业的亏损额最大，其金额等于固定成本总额。随着销售量的增长，亏损逐渐降低直至盈利。因此它是最简单的一种，更易于为企业的管理人员所理解和接受。同时，量利式中的利润线表示的是销售收入与变动成本之间的差量关系，即边际贡献，利润线的斜率也就是单位边际贡献。在固定成本既定的情况下，边际贡献率越高，利润线的斜率越大。

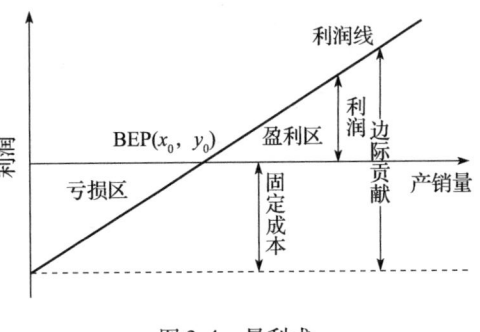

图 3-4 量利式

3.2.2 多品种条件下的线性本量利分析

在现实经济生活中，大部分企业生产经营的产品不止一种。企业在产销多种产品的情况下，只能用销售额来表示企业的盈亏临界点。通常计算多品种企业盈亏临界点的方法有综合边际贡献率法、联合单位法、分算法等几种方法。

1. 综合边际贡献率法

综合边际贡献率法是在假设产品结构不变的情况下，通过计算多品种的综合边际贡献率，进而确定盈亏临界点销售额和每种产品的盈亏临界点的方法。

具体来说，

$$企业盈亏临界点 = \frac{企业固定成本总额}{综合边际贡献率}$$

企业盈亏临界点的具体计算步骤如下所述。

（1）计算综合边际贡献率。

$$综合边际贡献率 = \sum (各种产品的边际贡献率 \times 该种产品的销售额比重)$$

（2）计算企业盈亏临界点销售额。

$$企业盈亏临界点销售额 = \frac{企业固定成本总额}{综合边际贡献率}$$

（3）计算各种产品盈亏临界点销售额。

$$某种产品盈亏临界点销售额 = 企业盈亏临界点销售额 \times 该种产品的销售额比重$$

【例3-6】某企业销售甲、乙、丙三种产品，全年预计固定成本总额为210 000元，预计销售量分别为8 000件、5 000台和10 000件，预计销售单价分别为25元、80元、40元，单位变动成本分别为15元、50元、28元，则该企业的盈亏临界点是多少？

（1）计算综合边际贡献率

第一步，计算全部产品销售总额 = 8 000 × 25 + 5 000 × 80 + 10 000 × 40 = 1 000 000（元）

第二步，计算每种产品的销售比重

甲产品的销售比重 = 8 000 × 25 ÷ 1 000 000 = 20%

乙产品的销售比重 = 5 000 × 80 ÷ 1 000 000 = 40%

丙产品的销售比重 = 10 000 × 40 ÷ 1 000 000 = 40%

第三步，计算综合边际贡献率

甲产品的边际贡献率 =（25 – 15）÷ 25 = 40%

乙产品的边际贡献率 =（80 – 50）÷ 80 = 37.5%

丙产品的边际贡献率 =（40 – 28）÷ 40 = 30%

综合边际贡献率 = 40% × 20% + 37.5% × 40% + 30% × 40% = 35%

（2）计算企业盈亏临界点销售额

企业盈亏临界点销售额 = 企业固定成本总额 ÷ 综合边际贡献率
= 210 000 ÷ 35% = 600 000（元）

（3）将企业盈亏临界点销售额分解为各种产品盈亏临界点销售额和销售量

甲产品盈亏临界点销售额 = 600 000 × 20% = 120 000（元）

乙产品盈亏临界点销售额 = 600 000 × 40% = 240 000（元）

丙产品盈亏临界点销售额 = 600 000 × 40% = 240 000（元）

甲产品盈亏临界点销售量 = 120 000 ÷ 25 = 4 800（件）

乙产品盈亏临界点销售量 = 240 000 ÷ 80 = 3 000（台）

丙产品盈亏临界点销售量 = 240 000 ÷ 40 = 6 000（件）

2. 联合单位法

所谓联合单位法是指企业各种产品之间存在相对稳定的产销量比例关系，这一比例关系的产品组合可以视为一个联合单位，然后确定每一联合单位的售价和单位变动成本，以进行多品种的盈亏临界点分析。如企业A、B、C三种产品，其销量比为1:2:3，则这三种产品的组合就构成一个联合单位，然后按照这种销量比来计算各种产品共同构成的联合单价和联合单位变动成本。即

联合销售单价 = A产品单价 × 1 + B产品单价 × 2 + C产品单价 × 3

联合单位变动成本 = A产品单位变动成本 × 1 + B产品单位变动成本 × 2
+ C产品单位变动成本 × 3

然后就可以计算出联合保本量，即

$$联合保本量 = \frac{固定成本}{联合单价 - 联合单位变动成本}$$

某产品保本量 = 联合保本量 × 该产品销量比

这种方法主要适用于有严格产出规律的联产品生产企业。

【例3-7】 仍以【例3-6】所述条件为例。

确定产品销量比为　甲:乙:丙 = 1:0.625:1.25

联合单价 = 1 × 25 + 0.625 × 80 + 1.25 × 40 = 125（元/联合单位）

联合单位变动成本 = 1 × 15 + 0.625 × 50 + 1.25 × 28 = 81.25（元/联合单位）

联合保本量 = 210 000 ÷（125 – 81.25）= 4 800（联合单位）

计算各种产品保本量

甲产品保本量 = 4 800 × 1 = 4 800（件）　　甲产品保本额 = 4 800 × 25 = 120 000（元）

乙产品保本量 = 4 800 × 0.625 = 3 000（台）　乙产品保本额 = 3 000 × 80 = 240 000（元）

丙产品保本量 = 4 800 × 1.25 = 6 000（件）　丙产品保本额 = 6 000 × 40 = 240 000（元）

3. 分算法

分算法是指在一定条件下，企业可以将全部固定成本按一定标准在各种产品之间进行分配，然后再对每一个品种分别进行盈亏临界点分析的方法。全部固定成本中的专属固定成本直接划归某种产品负担，而共同固定成本则要按照一定标准（如产品重量、体积、长度、工时、销售额等）分配给各种产品。

这种方法要求企业能够客观地分配固定成本，如果不能做到客观，则可能使计算结果出现误差。这种方法可以给企业管理者提供各产品计划和控制所需要的资料。

相关链接

成本粘性

传统的管理会计假设企业的成本与业务量之间是一种线性的关系，这种假设有时会偏离实际的成本状况。现代研究表明，业务量与成本之间的关系并不一定是线性的，而可能是非对称性的，即存在着"成本粘性"。所谓"成本粘性"，概括地讲是指：当业务量等份额地增减变动时，成本相应地降低的程度比成本上升的程度要小。

3.3 本量利分析的扩展

3.3.1 非线性本量利分析

线性模型是对本量利的一种理想表达方式。由于现实经济的复杂性，在很多情况下，成本、业务量、利润之间并非呈现严格的线性关系，这时用非线性本量利分析更符合客观实际。

1. 成本线和收入线的确定方法

确定成本线和收入线是进行本量利分析的关键环节。线性本量利分析直接将这两条线确定为线性形状，而事实上，在许多情况下并非如此，这时就需要运用一些特定的方法来模拟现实的成本线和收入线，常用的方法是根据散点图来观察成本、业务量、收入之间的关系。

【例3-8】某企业生产 A 产品，根据实验数据，其成本与产量之间的关系如表 3-2 所示。

表 3-2　A产品的成本 – 产量关系

产量（件）	1	50	100	200	300	400	500	600	700	800	900	1 000
总成本（元）	30 020	31 038	32 150	34 600	37 350	40 400	43 750	47 400	51 350	55 600	60 150	65 000

根据上表，可以绘出 A 产品的成本 – 产量散点图，如图 3-5 所示。

从图 3-5 可见，A 产品的成本与产量之间的关系基本呈抛物线形状。可设定总成本 TC 与产量 x 之间的关系为 $TC = a + bx + cx^2$，用第 2 章 2.4 节讲授的方法就可以估计出该线的相关参数。

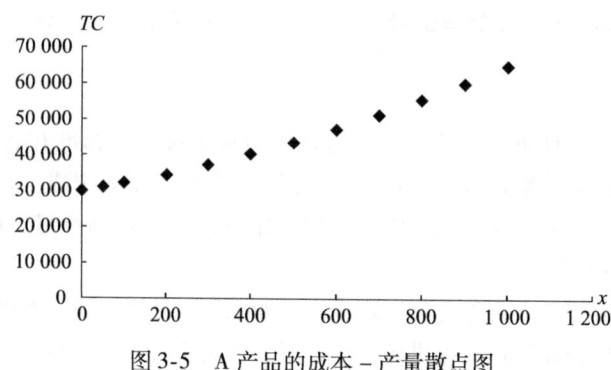

图 3-5　A 产品的成本 – 产量散点图

2. 非线性本量利分析方法

由于收入线和成本线可能都是非线性的，因此，在进行盈亏平衡分析时要运用边际分析法和微分法。

【例 3-9】　假定某企业产销平衡，收入线为 $TR = 100x$，成本线为 $TC = 30\,000 + 20x + 0.015x^2$，计算盈亏临界点和最佳销售量。

（1）计算盈亏临界点

令 $TR = TC$，得 $x_1 = 4\,927$；$x_2 = 406$。

可见，A 产品有两个盈亏临界点，即 4 927 件和 406 件。

（2）计算最大利润和最佳销售量

$$\Pi = TR - TC = -0.015x^2 + 80x - 30\,000$$

令 $\partial \Pi / \partial x = 0$，得 $x = 2\,667$（件）。

最大利润 = 76 667（元）。

3.3.2　随机本量利分析

由于现实经济的复杂性和多变性，单位变动成本、固定成本、销售单价等都有可能不是预先确定下来的，而是随机的，这时就需要用随机本量利分析方法来解决这类问题。

1. 随机条件下的盈亏平衡分析

在随机条件下，计算盈亏临界点需要运用数学期望法。下面以例题来说明。

【例 3-10】　某企业计划生产一种新产品 B，根据市场调查和技术测定，预计未来的相关资料如表 3-3 所示。

表 3-3　B 产品相关信息

项目	单价		单位变动成本			固定成本		未来销售	
估计值	22	20	10	12	14	4 200	4 600	3 000	4 000
概率	0.8	0.2	0.6	0.3	0.1	0.4	0.6	0.6	0.4

要求：对该产品的盈亏临界点进行分析。

计算过程如下：

（1）计算不同情况下的盈亏临界点；

（2）计算不同情况下的联合概率；
（3）计算盈亏临界点的数学期望。

以上计算如表3-4所示。

表3-4 随机条件下的盈亏临界点计算

单价	概率	单位变动成本	概率	固定成本	概率	盈亏临界点	联合概率	乘积
22	0.8	10	0.6	4 200	0.4	350	0.192	67.2
				4 600	0.6	383.333 3	0.288	110.4
		12	0.3	4 200	0.4	420	0.096	40.32
				4 600	0.6	460	0.144	66.24
		14	0.1	4 200	0.4	525	0.032	16.8
				4 600	0.6	575	0.048	27.6
20	0.2	10	0.6	4 200	0.4	420	0.048	20.16
				4 600	0.6	460	0.072	33.12
		12	0.3	4 200	0.4	525	0.024	12.6
				4 600	0.6	575	0.036	20.7
		14	0.1	4 200	0.4	700	0.008	5.6
				4 600	0.6	766.666 7	0.012	9.2
数学期望								429.94

盈亏临界点的数学期望为430件。

在此基础上，还可以运用统计学的区间估计方法，估计出盈亏临界点的大致范围。

2. 随机条件下的利润分析

仍以上题为例，计算未来的利润情况。

用同样的方法，计算过程如下：

（1）计算不同情况下的利润；
（2）计算不同情况下的联合概率；
（3）计算利润的数学期望。

计算表略，利润的数学期望为31 600元。

3.4 目标利润规划

3.4.1 实现目标利润的因素分析

在目标利润的约束下，企业的本量利分析实际上就是盈亏平衡分析的拓展，以揭示企业为了实现一定目标利润应该达到的业务量水平，这种模型称为目标利润约束模型。

1. 实现税前目标利润的模型

税前目标利润 = 目标销售量 × （单价 − 单位变动成本）− 固定成本

则有

$$实现税前目标利润的销售量 = \frac{税前目标利润 + 固定成本}{单价 - 单位变动成本}$$

$$= \frac{税前目标利润 + 固定成本}{单位边际贡献}$$

上述模型表明，企业产品销售在补偿了固定成本后，实现目标利润需要的销售量。将等号左右两边同时乘以产品的单价，得

$$实现税前目标利润的销售额 = \frac{税前目标利润 + 固定成本}{单位边际贡献率}$$

【例3-11】 设某企业生产甲产品，产品单价为50元，单位变动成本为25元，固定成本总额为400 000。若企业计划的税前利润为50 000，则

$$实现税前目标利润的销售量 = \frac{50\,000 + 400\,000}{50 - 25} = 18\,000(件)$$

$$实现税前目标利润的销售额 = \frac{50\,000 + 400\,000}{50\%} = 900\,000(元)$$

2. 实现税后目标利润的模型

前面所讲的目标利润均为所得税前的利润，所得税费用对于实现利润的企业来说，是一项必然的支出；对于目标利润的分析和预测来说，也应该是一项必然的扣除。所以，从税后利润的角度进行目标利润的分析与预测，对企业而言也许更为适用。

$$实现税后目标利润的销售量 = \frac{\frac{税后目标利润}{1 - 所得税税率} + 固定成本}{单位边际贡献}$$

$$实现税后目标利润的销售额 = \frac{\frac{税后目标利润}{1 - 所得税税率} + 固定成本}{边际贡献率}$$

【例3-12】 假定【例3-11】的其他条件不变，税后目标利润为37 500元，所得税税率为25%，则

$$实现税后目标利润的销售量 = \frac{\frac{37\,500}{1 - 25\%} + 400\,000}{50 - 25} = 18\,000(件)$$

$$实现税后目标利润的销售额 = \frac{\frac{37\,500}{1 - 25\%} + 400\,000}{50\%} = 900\,000(元)$$

3. 相关因素变动对实现目标利润的影响

企业管理者在做出年度计划、确定目标利润后，如果能够知道在计划实际执行时，哪些因素发生变化会影响计划执行结果，那么就可以及早地对计划进行修改，确保目标利润的完成。

根据利润的计算公式

$$利润 = 销售量 \times (单价 - 单位变动成本) - 固定成本$$

由此可知，产品的单价、单位变动成本、固定成本及销售量等因素的变动都会对目标利润产生一定的影响。此外，在对实现税后目标利润进行分析时，所得税税率的变动也会对其产生影响。

【例3-13】 设某企业生产一种产品，该企业计划年度内预计销售产品3 600件，全年固定成本预计为40 000元，该产品单价为50元，单位变动成本为20元，则计划年度的目标利润为

$$目标利润 = 3\,600 \times (50 - 20) - 40\,000 = 68\,000(元)$$

或者先确定计划年度的目标利润为 68 000 元，则实现目标利润的销售量为

$$实现目标利润的销售量 = \frac{68\,000 + 40\,000}{50 - 20} = 3\,600(件)$$

(1) 单价变动对实现目标利润的影响。单位售价的变动对实现目标利润的影响最为直接。假设【例3-13】中其他条件不变，单价由50元降低为45元，则实现目标利润的销售量由预计的3 600件上升到

$$实现目标利润的销售量 = \frac{68\,000 + 40\,000}{45 - 20} = 4\,320(件)$$

若预计的3 600件无法超额完成，则预计的目标利润为50 000元（$= 3\,600 \times (45 - 20) - 40\,000$），比原定目标减少18 000元。

(2) 单位变动成本变动对实现目标利润的影响。假设【例3-13】中的其他条件不变，只是单位变动成本由原来的20元降为18元，则实现目标利润的销售量由预计的3 600件降低到

$$实现目标利润的销售量 = \frac{68\,000 + 40\,000}{50 - 18} = 3\,375(件)$$

若预计的销售量3 600件仍然可以完成，则预计的目标利润为75 200元（$= 3\,600 \times (50 - 18) - 40\,000$），比原定目标多实现7 200元。

(3) 固定成本变动对实现目标利润的影响。从实现目标利润的模型中可以看出，如若其他条件固定，固定成本与目标利润之间呈反向变动关系。固定成本降低，则目标利润增加，或者使实现目标利润的销售量降低。假设【例3-13】的其他条件不变，只是固定成本提高了12 000元，则实现目标利润的销售量由预计的3 600件提高到

$$实现目标利润的销售量 = \frac{68\,000 + 52\,000}{50 - 20} = 4\,000(件)$$

若预计的3 600件销售量无法超额完成，则预计的目标利润将减少12 000元。

(4) 销售量变动对实现目标利润的影响。假设【例3-13】中的其他条件不变，实际销售量超过了预计的销售量，达到了4 000件，则实际实现利润为80 000元（$= 4\,000 \times (50 - 20) - 40\,000$）。

(5) 所得税税率变动对实现目标利润的影响。如果企业的目标利润确定为税后目标利润，除了上述因素的变动会对实现税后目标利润产生影响外，所得税税率的变动也会对其产生影响。若【例3-13】中确定企业计划的税后目标利润为51 000元，所得税税率为25%。则

$$实现税后目标利润的销售量 = \frac{\frac{51\,000}{1 - 25\%} + 40\,000}{50 - 20} = 3\,600(件)$$

现假设企业的所得税税率由25%上升为30%，则

$$实现税后目标利润的销售量 = \frac{\frac{51\,000}{1 - 30\%} + 40\,000}{50 - 20} = 3\,762(件)$$

若预计的3 600件销售量无法超额完成，则税后利润只能实现47 600元（$= (3\,600 \times 30 - 40\,000) \times (1 - 30\%)$）。

(6) 多因素同时变动对实现目标利润的影响。在现实经济生活中，上述影响企业利润的

诸因素之间是有关联性的,如为了提高产品产量,往往需要增加生产设备,这就会使折旧费用这项固定成本增加。企业采取降低固定成本、单位变动成本或者提高单价等单项措施,可以使利润提高,但往往更多地采取综合措施以实现目标利润。企业应该结合自身的情况,从对实现目标利润影响较大的因素开始,按由大到小的顺序,进行反复的权衡和测算。

3.4.2 利润的敏感性分析

1. 影响利润的各因素临界值的确定

利润敏感性分析,是研究当制约利润的有关因素发生某种变化时,对利润所产生的影响的一种定量分析方法。它对于利润预测分析,尤其是对目标利润预测有十分积极的指导意义。

如前所述,影响利润的主要因素被设定为:销售单价、单位变动成本、固定成本和销售量。各因素变动而不使产品发生亏损的最大允许范围,我们称为盈亏临界值。

根据本量利分析模型 $\Pi = (P - PVC) \times Q - F$

当 $\Pi = 0$ 时,即 $(P - PVC) \times Q - F = 0$,根据此式便可求得盈亏临界值。

(1) 销售单价的最小允许值 P_{min}　　$P_{min} = \dfrac{PVC \cdot Q + F}{Q} = PVC + \dfrac{F}{Q}$

(2) 单位变动成本的最大允许值 PVC_{max}　　$PVC_{max} = P - \dfrac{F}{Q}$

(3) 销售量的最小允许值 Q_{min}　　$Q_{min} = \dfrac{F}{P - PVC}$

(4) 固定成本最大允许值 F_{max}　　$F_{max} = (P - PVC) Q$

【例3-14】设某企业只生产一种产品,销售单价为30元,单位变动成本为20元,固定成本总额为20 000元,若计划销售量为5 000件,要求计算各因素的盈亏临界值。

(1) 销售单价临界值(最小值)

$$P_{min} = PVC + \dfrac{F}{Q} = 20 + \dfrac{20\ 000}{5\ 000} = 24(元)$$

即销售单价不能低于24元,或价格下降幅度不能高于20%($= 6 \div 30$),否则就会发生亏损。

(2) 单位变动成本临界值(最大值)

$$PVC_{max} = P - \dfrac{F}{Q} = 30 - \dfrac{20\ 000}{5\ 000} = 26(元)$$

即当单位变动成本由20元上升到26元时,企业由盈利转为盈亏平衡。若单位变动成本超过26元,或者成本上升率超过30%($= 6 \div 20$),企业将发生亏损。

(3) 销售量临界值(最小值)

$$Q_{min} = \dfrac{F}{P - PVC} = \dfrac{20\ 000}{30 - 20} = 2\ 000(件)$$

即企业产品的销售规模的下限是2 000件,再低则会发生亏损。或者说,实际销售量只要达到计划年度预计销售量的40%($= 2\ 000 \div 5\ 000$),企业就可以达到盈亏平衡。

(4) 固定成本临界值(最大值)

$$F_{max} = (P - PVC)Q = (30 - 20) \times 5\ 000 = 50\ 000(元)$$

即固定成本的最大允许值为50 000元,超过此限额,企业就会转为亏损,此时,固定成本的上升幅度为 150%（=30 000÷20 000）。

2. 敏感系数与敏感性分析表

产品销售量、单价、单位变动成本、固定成本这些因素的变化都会引起利润的变化。但是，有些因素的变化会引起利润较大的变化，有些因素的变化对利润的影响却不是很明显，区别就在于利润对不同的因素的敏感程度不一样。敏感系数就是用来衡量利润对各个因素变化的敏感程度，敏感系数为正数，表明它与利润同向增减；敏感系数为负数，表明它与利润反向增减。其计算公式为

$$敏感系数 = \frac{利润变动百分比}{因素变动百分比}$$

【例 3-15】 设【例 3-14】中的单价、单位变动成本、固定成本和销售量均分别增长 10%，则各因素的敏感系数分别计算如下。

$$目标利润 = 5\,000 \times (30 - 20) - 20\,000 = 30\,000(元)$$

（1）单价的敏感系数。单价提高 10%，则有

$$P = 30 \times (1 + 10\%) = 33(元)$$
$$\Pi = 5\,000 \times (33 - 20) - 20\,000 = 45\,000(元)$$
$$利润变化百分比 = \frac{45\,000 - 30\,000}{30\,000} \times 100\% = 50\%$$
$$单价敏感系数 = \frac{50\%}{10\%} = 5$$

（2）单位变动成本的敏感系数。单位变动成本增长 10%，则有

$$PVC = 20 \times (1 + 10\%) = 22(元)$$
$$\Pi = 5\,000 \times (30 - 22) - 20\,000 = 20\,000(元)$$
$$利润变化百分比 = \frac{20\,000 - 30\,000}{30\,000} \times 100\% = -33.33\%$$
$$单位变动成本敏感系数 = \frac{-33.33\%}{10\%} = -3.33$$

（3）固定成本敏感系数。固定成本增长 10%，则有

$$F = 20\,000 \times (1 + 10\%) = 22\,000(元)$$
$$\Pi = 5\,000 \times (30 - 20) - 22\,000 = 28\,000(元)$$
$$利润变化百分比 = \frac{28\,000 - 30\,000}{30\,000} \times 100\% = -6.67\%$$
$$固定成本敏感系数 = \frac{-6.67\%}{10\%} = -0.67$$

（4）销售量敏感系数。销售量增长 10%，则有

$$Q = 5\,000 \times (1 + 10\%) = 5\,500(件)$$
$$\Pi = 5\,500 \times (30 - 20) - 20\,000 = 35\,000(元)$$
$$利润变化百分比 = \frac{35\,000 - 30\,000}{30\,000} \times 100\% = 16.67\%$$
$$销售量敏感系数 = \frac{16.67\%}{10\%} = 1.67$$

将上述四个因素按其敏感系数绝对值的大小排列。其顺序依次是：单价（5）、单位变动成本（-3.33）、销售量（1.67）、固定成本（-0.67），即影响利润程度最大的是单价，其次是单位变动成本，再次是销售量，最后是固定成本。值得注意的是，该排列顺序只是针对所举的这个例子所得出的结论，并不适用于所有的情况。

3.5 本量利分析的 Excel 模型设计

3.5.1 线性本量利分析模型

1. 模型概要

（1）问题描述：在成本、业务量、利润之间呈线性关系的条件下，观察本量利之间的数量变化关系，进行盈亏平衡分析、目标利润分析、因素变动的敏感性分析。

（2）主要变量：变动成本、固定成本、销售量、单价、利润、边际贡献。

（3）决策方法：盈亏平衡分析、图示法。

（4）关键技术：本量利的计算，微调器的使用，绘制折线图，绘制动态文本框。

2. 应用举例

【例 3-16】某公司生产 A 产品，该产品每件售价为 80 元。该产品的成本构成如下：直接材料 30 元/件，直接人工 4 元/件，变动性制造费用 3.2 元/件，变动性管理及销售费用 2.8 元/件，在相关范围内的固定成本为 40 000 元，假设该产品的最高生产能力为 2 000 件。

要求：

（1）建立盈亏平衡分析模型；

（2）对本量利关系进行动态展示。

【模型展示】 模型展示如图 3-6 和图 3-7 所示。

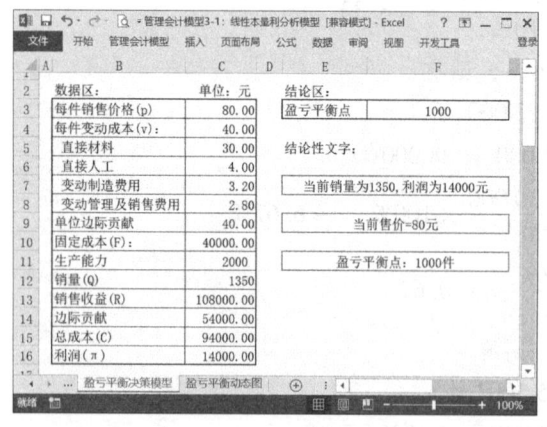

图 3-6 线性本量利分析模型

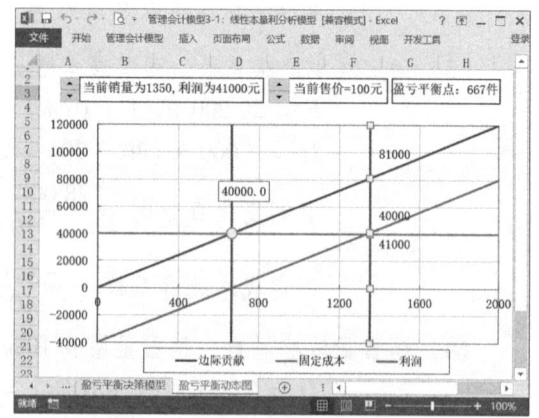

图 3-7 线性本量利分析动态可调图

【文件链接】 管理会计模型 3-1：线性本量利分析模型 .xls（章后 Excel 模型二维码 模型 3-1）。

【建模步骤】

第一步：构建基本的线性本量利分析模型。

(1) 在数据区输入相关条件；

(2) 在 B13:C16 中，计算销售收入、边际贡献、总成本、利润等指标。

第二步：设计结论性文字。在相关单元格内输入相关公式

| F3 | = C10/C9 | E7 | = " 当前销量为"&C12&" , "&" 利润为"&C16&" 元" |

| E11 | = " 盈亏平衡点:"&ROUND（F3,0）&" 件" | E9 | = " 当前售价 = "&C3&" 元" |

第三步：为绘制动态可调图形做准备。

(1) 分别计算出销售量为 0 和 2 000 件时的边际贡献、固定成本、利润，输入 B21:E21；

(2) 列出盈亏平衡销售量的垂线绘图点，见 B24:C27；

(3) 列出当前销售量的垂线绘图点，见 B29:C34。

第四步：绘制盈亏平衡图。为使图形直观，相关指标可以直观地进行比较，该图形包括了以下序列：边际贡献、固定成本、利润、盈亏平衡销售量的垂线、当前销售量的垂线。并且为相关的数据点添加显示格式，并显示数据。

(1) 选择菜单"插入—图表—散点图—带平滑线的散点图"；

(2) 点击"下一步"，依次添加序列。

点击"确定"后，修饰图表，绘制出盈亏平衡图。

至此，一个形象的本量利分析模型和本量利图就完成了。

但是，本模型仍然只是针对某一种情况而设计的本量利分析模型。如果销售量、价格等因素发生变动，则需要重新计算。为了能够动态地调节模型的相关参数，使模型成为一个动态可调的、半智能的决策模型，就需要在图形中添加相关变量的"控制器"。

Excel 内置了许多可以直接使用而不需要编写程序的控件，可以方便地利用这些控件进行操作。选择菜单"开发工具—插入—表单控件"，根据模型的需要选择使用相应的控件。

第五步：添加当前销售量的微调器。

(1) 选择菜单"开发工具"，插入"表单控件"中的"数值调节钮"（窗体控件）；

(2) 用鼠标单击"数值调节钮"（窗体控件）　，鼠标变为"+"字，在图形中画一个大小适中的微调器；

(3) 设置微调器。右键单击微调器，选择"设置控件格式"，设置该控件，如图 3-8 所示。

单击"确定"，至此，该微调器制作完成。该微调器与工作表"盈亏平衡决策模型"的单元格 C12 建立了链接。通过控制微调器，可以控制工作表"盈亏平衡决策模型"的单元格 C12 的值，该单元格的值介于 400～2 000，且随着微调器的调节，按步长 10 变动。

第六步：添加当前销售量和利润的说明框，即"动态文本框"。

(1) 绘制动态文本框。在图形中绘制一个大小合适的文本框，使其内容动态反映盈亏平衡点，也就是希望该文本框的内容随着 E7 单元格的变化而变化。方法如下：

单击该文本框，使其处于编辑状态，在 Excel 的编辑栏中输入"= 盈亏平衡决策模型! E7"，然后按回车键。这时，该文本框与"盈亏平衡决策模型"的单元格 E7 建立了动态链接，文本框内显示的内容为"盈亏平衡决策模型"的单元格 E7 的内容。

(2) 用同样的方法添加一个关于"当前售价"的微调器和说明框；添加一个关于"盈亏平衡点"的说明框。

至此，一个动态可调的本量利分析模型就完成了。该模型可以对销售量、售价两个变量进行动态调节，并且本量利分析图会随着参数的改变而呈现动态变化，非常直观形象。

第七步：用同样的方法绘制盈亏平衡敏感分析图，如图 3-9 所示。

注意：在绘制图 3-9 时，应先绘制折线图，其中 X 轴为销售量序列，Y 轴包括了销售收入、总成本、成本收入最小值、盈利、亏损 5 个序列，见管理会计模型 3-1：线性本量利分析模型.xls 之（B37：G59）。

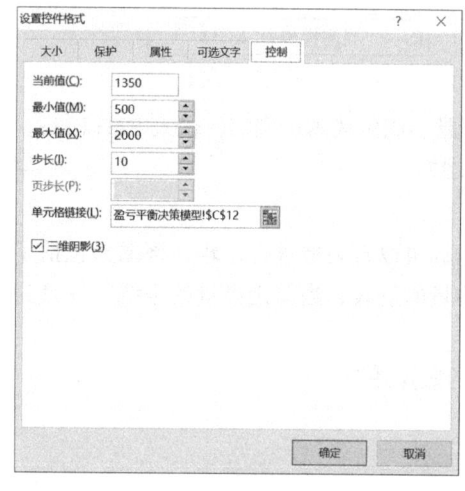

图 3-8　设置控件格式

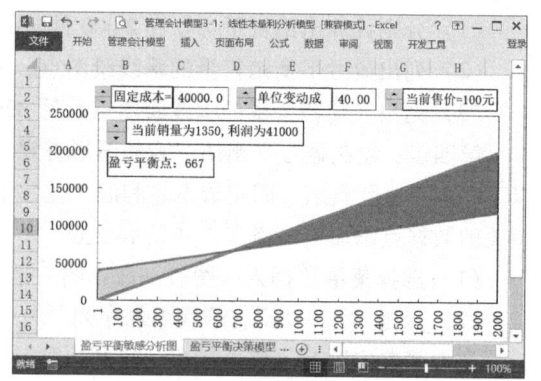

图 3-9　盈亏平衡敏感分析图

点击"确定"后，得到折线图。然后依次用鼠标选中"成本收入最小值""盈利""亏损" 3 个序列，点右键，选择"更改系列图表类型—选择面积堆积图"，即可形成如图 3-9 的效果。

第八步：修饰图表，使其美观。

3.5.2　非线性本量利分析模型

1. 模型概要

（1）问题描述：前面的模型为线性本量利分析模型。但是，有时候企业的收入线、成本线并不是线性的，或是分段线性的。例如，当存在销售的批量价格折扣时，销售收入线呈分段的线性状态；另外，单位变动成本也并非不会改变，单位变动成本有可能是非线性的；还有，固定成本也并非不变，当业务量超过生产能力时，就需要增加新的设备，固定成本也会增加。所以，需要建立非线性的本量利分析模型。

（2）主要变量：变动成本、固定成本、销售量、单价、利润、边际贡献、销售折扣阀值、折扣率。

（3）决策方法：盈亏平衡分析、图示法、最大利润法。

（4）关键技术：非线性本量利模型的计算，模拟运算表的使用，微调器的使用方法，绘制折线图，IF 函数、INDEX 函数、MAX 函数、MATCH 函数的应用。

2. 应用举例

【例 3-17】某公司生产 A 产品，该产品每件售价为 100 元。该产品的固定成本为 40 000 元，单位变动成本随产量的变动而变动，其变动规律为：单位变动成本 $= 25X + 0.012X^2$，X 为销售量。另外，为了扩大销售，企业制定了薄利多销政策：销售量达到 2 000 件时，增量销售的价格下调 15%；销售量达到 4 000 件时，增量销售的价格下调 20%。

要求：

（1）建立非线性的盈亏平衡分析模型；

（2）进行非线性本量利分析的动态展示。

【**模型展示**】 模型展示如图 3-10 和图 3-11 所示。

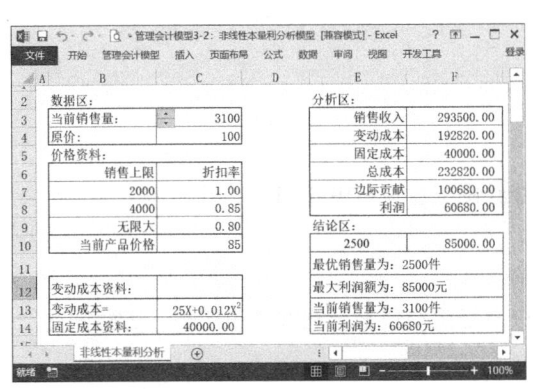

图 3-10 非线性本量利分析模型　　　　图 3-11 非线性本量利分析动态可调图

【**文件链接**】 管理会计模型 3-2：非线性本量利分析模型.xls（章后 Excel 模型二维码 模型 3-2）。

【**建模步骤**】

第一步：在数据区输入相关条件，见文件单元格区域（B3：C14）。

第二步：在分析区（E3：F8）中，计算销售收入、变动成本、总成本、边际贡献、利润等指标。相关公式为

F3 = IF(C3 <= B7,C3 * C4,IF(C3 <= B8,B7 * C4 + (C3 − B7) * C4 * C8,
　　B7 * C4 + (B8 − B7) * C4 * C8 + (C3 − B8) * C4 * C9))

F4 = 20 * C3 + 0.015 * C3 * C3；F5 = C14；F6 = F4 + F5；F7 = F3 − F4；F8 = F3 − F6

第三步：在模拟运算区，运用模拟运算表计算不同销售量条件下的销售收入、总成本、利润，方法如下。

（1）在模拟运算区 B19：B70 中输入一列数据，代表不同水平的销售量，令 B19 = 1，B20 = 50，B21 = 100，B22 = B21 + 100，复制 B22 至 B23：B70，即可获得 1~5 000 的销售量水平。

（2）令 C18 = F3，D18 = F6，E18 = F8。

（3）用鼠标选中 B18：E70 的区域，选择菜单"数据—模拟分析—模拟运算表"，输入引用行的单元格，输入引用列的单元格。

说明：在本例中，"当前销售量"为自变量，需要计算不同销售量水平下的销售收入、总成本、利润三个数据，这三个数据的计算公式中引用"当前销售量"的数据位于 C3。而且，在模拟运算表中，不同的销售量水平处于模拟运算表的列。所以，在模拟运算表的设置中只需要输入引用列的单元格，如图 3-12 所示。

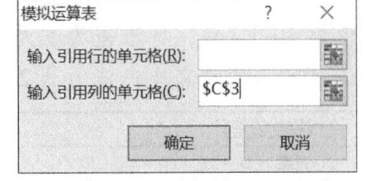

图 3-12 设置模拟运算表

（4）点击"确定"，计算出销售量为 1~5 000，步长为 100 的不同水平的销售量条件下的销售收入、总成本、利润。

第四步：寻找最优销售量，并给出结论性说明。

寻找最优销售量需要使用三个函数：INDEX()、MAX()、MATCH()。函数的具体使用方法请参阅 Excel 的函数帮助。

在结论区输入下列公式

E10 = INDEX(B19:B70，MATCH($F$10，$E$19:$E$70，0))

F10 = MAX(E19:E70)

E11 = "最优销售量为:"&E10&"件"

E12 = "最大利润额为:"&F10&"元"

E13 = "当前销售量为:"&C3&"件"

E14 = "当前利润为:"&F8&"元"

第五步：列出最佳销售量和当前销售量的垂线绘图点，见 G19:H31。

第六步：绘制盈亏平衡图，方法同前。

第七步：添加当前销售量的微调器，方法同前。

第八步：添加当前销售量和利润的说明框，以及最优销售量及利润的说明框，方法同前。

第九步：修饰图表。

至此，一个动态可调的非线性本量利分析模型就完成了。

3.5.3 成本为随机变量的本量利分析模型

1. 模型概要

（1）问题描述：前面的模型无论是线性模型还是非线性模型，都假定相关变量是确定性变量，而在现实决策中，未来的许多因素都不是确定性的，而是随机的或不确定的。例如，价格受市场因素的影响，会产生随机波动；单位变动成本也存在随机性。因此，当经济决策变量存在随机性时，则应设计随机的本量利分析模型，使决策更加科学。对于随机问题，不能计算出确定的保本点，而是计算保本点的数学期望。同时，还能够计算保本的概率和保利的概率，以及保利在某一范围内的概率。

（2）主要变量：变动成本、固定成本、销售量、单价、利润、边际贡献。

（3）决策方法：蒙特卡罗模拟法、盈亏平衡分析、图示法。

（4）关键技术：随机本量利模型的计算，离散型随机数的产生方法，连续型随机数的产生方法，模拟运算表的使用方法，微调器的使用，绘制折线图。

2. 应用举例

【例3-18】某公司生产 A 产品。该产品的成本资料如下：该产品的变动成本服从均值为 40 元/件，标准差为 5 元/件的正态分布，在相关范围内的固定成本为 40 000 元。假设该产品的最高生产能力为 2 000 件。该产品每件售价的概率分布为

价格（元）	90	95	100	105	110
概率（%）	5	20	55	17	3

要求：

（1）运用计算机模拟的方法，建立盈亏平衡分析模型，计算盈亏平衡点的数学期望；

（2）动态给出随机条件下的本量利图形。

【模型展示】 模型展示如图 3-13 和图 3-14 所示。

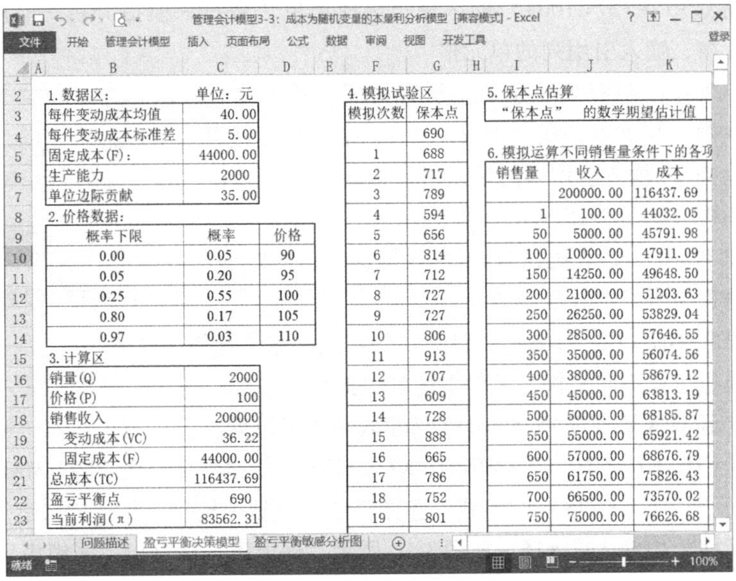

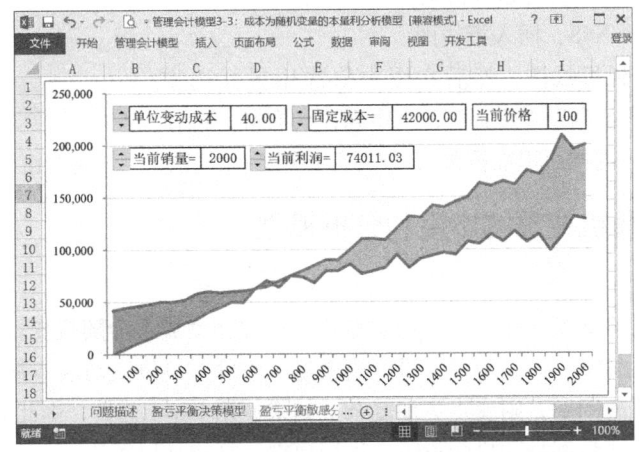

图 3-13 随机本量利分析模型

图 3-14 随机本量利分析动态可调图

【文件链接】 管理会计模型 3-3：成本为随机变量的本量利分析模型.xlsx（章后 Excel 模型二维码 模型 3-3）。

【建模步骤】

第一步：在数据区输入相关条件，见文件单元格区域（B2：C7）。

第二步：为了便于产生价格的随机数，在区域（B8：D14）输入价格的概率分布。

第三步：在计算区（B15：C23）中，计算销售收入、变动成本、总成本、利润等指标。其中，价格和变动成本单元格的公式为

B17	= VLOOKUP(RAND( )，B10：D14，3)
B19	= NORMINV(RAND( )，C3，C4)

第四步：在模拟试验区，运用模拟运算表进行保本点的样本模拟运算。方法如下。

（1）在模拟运算区 F5：G1004 的 F 列中输入一列数据（1～1 000），代表试验次数。

(2) 令 G4 = C22。

(3) 用鼠标选中（F5：G1004）的区域，选择菜单"数据—模拟分析—模拟运算表"，输入引用行的单元格，输入引用列的单元格。

说明：在本例中，只有列变量值，没有行变量值，并且列变量为试验次数，与保本点的计算无关，因而"输入引用行的单元格"为空，"输入引用列的单元格"则输入表中的任一空的单元格即可，如图3-15所示。

(4) 点击"确定"，计算出试验1 000次的保本点的样本。

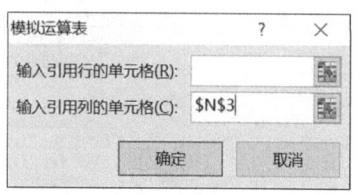

图3-15　设置模拟运算表

第五步：估算保本点的数学期望。

令 L3 = AVERAGE（G5：G1004），计算出保本点的数学期望估计值。

第六步：模拟运算不同销售量条件下的各项指标。

(1) 在模拟运算区域（I7：N48）的 I 列输入销售量数据。

(2) 令 J7 = C18，K7 = C21，L7 = MIN(J7：K7)，M7 = MAX(J7 − K7, 0)，N7 = MAX(K7 − J7, 0)。

(3) 用鼠标选中（I7：N48）的区域，选择菜单"数据—模拟分析—模拟运算表"，在"输入引用列的单元格"中输入$C$16，如图3-16所示，确定后，计算出不同销售量条件下的各项指标。

第七步：绘制盈亏平衡动态分析图。

选中数据区域 I8：N48，插入折线图。

"确定"后，得到折线图。然后在图中依次用鼠标选中"成本收入最小值""盈利""亏损"3 个序列，点右键，选择"更改系列图表类型—选择面积堆积图"，即可得到想要的模型。

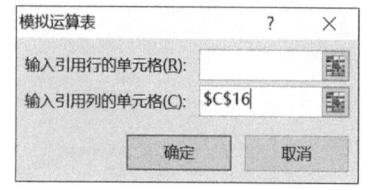

图3-16　设置模拟运算表

3.5.4　销量为随机变量的本量利分析模型

1. 模型概要

(1) 问题描述：在 3.5.3 小节中，假定单价、单位变动成本为随机变量，而事实上，产品的销量也并非确定性变量，而是随机变量。当销量、单价、单位变动成本都是随机变量时，问题变化为多元随机概率问题，则变得更加复杂。如果使用 Excel 工具，则此类问题可迎刃而解。与前文相同，当多个变量都是随机变量时，运用模拟运算法加以解决。

(2) 主要变量：变动成本、固定成本、销售量、单价、盈利的概率、目标利润的概率。

(3) 决策方法：随机分析法、蒙特卡罗模拟法、图示法。

(4) 关键技术：随机数的产生方法，模拟运算表的使用方法，微调器的使用方法，动态可调图形的绘制方法等。

2. 应用举例

【例3-19】某公司生产 A 产品，该产品的单位变动成本服从均值为 40 元/件、标准差为 5 元/件的正态分布，在相关范围内的固定成本为 40 000 元，最高生产能力为 2 000 件，产品销量服从均值为 1 000 件、标准差为 100 件的正态分布。该产品单价的概率分布为

单价（元）	90	95	100	105	110
概率（％）	5	20	55	17	3

要求：计算产品的保本点，计算盈利的概率，计算实现目标利润的概率。

【文件链接】 管理会计模型3-4：销量为随机变量的本量利分析模型.xlsx（章后Excel模型二维码 模型3-4）。

【相关函数】

本例需要运用的函数包括正态分布函数的反函数NORMINV、均匀分布函数RAND、纵向查找函数VLOOKUP、频率统计函数FREQUENCY等。

频率统计函数表达式为FREQUENCY（A，B），其中，A为要进行统计分组的原始数据所在区域，B为分组区间。该函数计算数值在某个区域内的出现频率，然后返回一个垂直数组。由于函数FREQUENCY是一个数组函数，所以它必须以数组公式的形式输入。因此，在输入公式后，不可直接点击确定或回车键，而应同时按"Ctrl + Shift + Enter"键。

【建模步骤】

第一步：构思模型界面。根据问题描述，模型界面应包括数据区、计算区、模拟试验区、结论区、绘图辅助区。

第二步：输入原始数据，见Excel文件中单元格区域（B2：C9）。

第三步：输入价格的概率分布数据（方法同3.5.3小节所述）。

第四步：设计计算区。在计算区（B17：C25）中，设计计算公式，用于计算销售收入、变动成本、总成本、利润等指标。其中，销量、价格和单位变动成本为产生的随机数。销量的公式为C18 = NORMINV（RAND()，C5，C6），其他公式与3.5.3小节所述相同。

第五步：进行保本点和利润的随机模拟试验。为了估计保本点和利润的数学期望，测算目标利润的概率，需要进行随机试验。Excel的"模拟运算表"工具可以完成此项任务。具体方法同前。

第六步：估算保本点和利润的数学期望。令L3 = AVERAGE（G5：G1004），O3 = AVERAGE（H5：H1004），计算出保本点和利润的数学期望的估计值。

第七步：设计分组统计计算区。通过随机试验，获得了1 000个随机样本，为了直观地观察利润的概率分布状况，需要进行分组统计，本书将1 000个随机数分为40组进行统计，见工作表中区域（J6：K9）。输入公式为K6 = MAX（H5：H1004），K7 = MIN（H5：H1004），K8 = 40，K9 = INT（（K6 – K7）/K8）。

第八步：进行分组统计。在工作表中区域（J11：N54）设计分组统计区，进行分组统计。首先输入组数，在（J13：J54）输入1~42。然后输入分组的接收区间，令K13 = K7，K14 = K13 + $K$9（注意为绝对引用），将K14复制粘贴到K15：K54，形成分组区间。然后进行统计分组，选中区域（L13：L54），在公式编辑栏输入公式" = FREQUENCY（H5：H1004，K13：K54）"，同时按"Ctrl + Shift + Enter"，得到统计分组结果。令M13 = L13/1 000，N13 = N14 + M14，将其分别复制到M14：M54，N14：N54，得到分组统计的频率和累积频率。

第九步：设计利润的概率判断区。此处的基本原理是根据统计分组的累积频率，动态观察不同利润水平的概率。

首先添加一个微调器，用以控制组序（单元格O6），即控制器参数，其值设定为1~42，方法如图3-17所示。

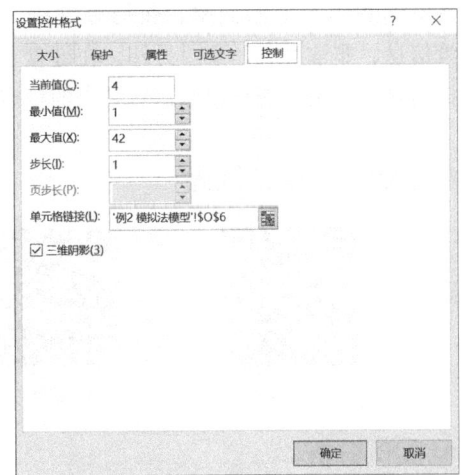

图3-17 设置控件格式

然后在区域（M6:O8）中输入 O7 = INT(VLOOKUP(O6，J13:K54，2))，O8 = VLOOKUP(O6，J12:N54，5)，得到利润临界值及利润超过该数值的概率。具体见工作表中单元格区域（M6:O8）。

第十步：绘制统计图。在新工作表"例2 模拟法图示"中，插入图表—柱形图，其中数据序列为$M$13:$M$53，横坐标序列为$K$13:$K$54。对图形进行美观修饰，得到利润的概率统计，如图3-18 所示。

在该工作表中，插入图表—XY 散点图，其中 X 数据序列为$K$14:$K$54，Y 数据序列为$N$14:$N$54。对图形进行美观修饰。

在图中添加两个动态文本框，单击框边，使其处于编辑状态，在编辑栏输入 "='例2 模拟法模型'!$M$8"，则该文本框动态显示"利润大于 X 的概率"，其中 X 为动态调节的利润临界值。选中另一文本框，使其处于编辑状态，在编辑栏输入 "='例2 模拟法模型'!O8"，则该文本框动态显示不同利润水平的概率。

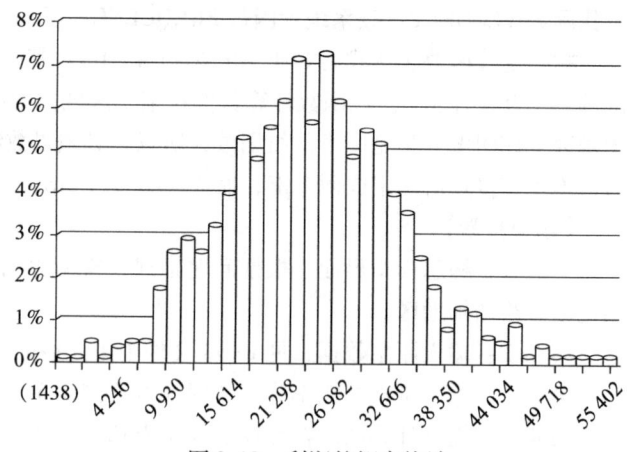

图3-18　利润的概率统计

在图中添加一个与第九步相同的微调器，用于动态调节利润水平。由此，得到利润的累积概率分布，如图3-19 所示。通过动态调节微调器，还可观察不同利润水平的概率。

至此，一个动态可调的多维随机本量利分析模型就完成了。该模型可以计算保本点、利润和数学期望。通过调节利润水平，我们可以动态地观察不同利润水平的概率，获得多种决策信息，非常直观形象。另外，在键盘上，每按一次"F9"键，Excel 就重新进行一次随机模拟运算，可用于观察模拟运算结果的稳定性。

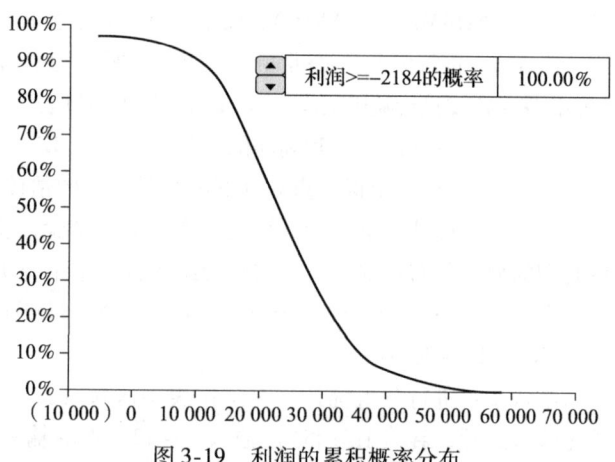

图3-19　利润的累积概率分布

■ Excel 模型二维码

模型3-1

模型3-2

模型3-3

模型3-4

■ 案例分析

案例3-1　行为医疗保健中心：本量利分析

案例 3-2　本量利分析模型的决策指标及应用

案例 3-1

案例 3-2

■ 课后练习与实验操作

讨论题

1. 简述基本本量利分析的基本假设。
2. 本量利分析的五个基本要素是哪些，其基本的数学模型是如何表达的？
3. 如何运用敏感性分析原理确定某些因素的变动对盈亏分界点的影响？
4. 如何运用本量利分析进行利润预测？
5. 如何进行非线性和随机的本量利分析？

计算分析题

1. 设某企业目前生产 A 产品 10 000 件，每单位售价 10 元，每单位产品变动成本 8 元，全年固定成本 18 000 元。要求：
   (1) 计算目前盈亏临界点销售量；
   (2) 该企业生产能力还有剩余，据调查，降价 10%，可使销售量翻一番，降价后可实现的利润是多少？

2. 某企业生产和销售甲、乙、丙三种产品，三种产品预计销量、单价及成本的资料见表 3-5。假设品种结构不变。要求：
   (1) 计算综合边际贡献率；
   (2) 计算盈亏平衡点销售额及每种产品销售额。

表 3-5　甲、乙、丙三种产品资料

（单位：元）

产品	预计销量	预计单价	单位变动成本	固定成本
甲	6 000	800	400	
乙	8 000	700	300	
丙	4 000	900	500	
合计				1 530 000

3. 假设旭日公司目前只生产和销售甲产品，产品资料如下：每年产销量 50 000 件，单价 24 元，单位变动成本 18 元，固定成本总额 150 000 元，目前年利润达到 150 000 元，计划年度目标利润为 250 000 元。要求：计算如要保证目标利润实现，计划年度目标利润的影响因素变化的上下限。

实验操作题

1. 以【例 3-4】、【例 3-5】为例，要求：
   (1) 设计线性本量利分析的 Excel 模型；
   (2) 添加微调器，模拟不同业务量情况下的利润变动规律；
   (3) 添加微调器，设计利润的敏感性分析图。

2. 以【例 3-9】为例，要求：
   (1) 设计非线性本量利分析的 Excel 模型；
   (2) 设计非线性本量利分析动态可调图，模拟不同业务量情况下的利润变动规律；
   (3) 设计动态文本框，给出最优销售量的说明信息和当前销售量的说明信息。

3. 以【例 3-10】为例，要求：

(1) 设计随机本量利分析的 Excel 模型；

(2) 设计随机本量利分析动态可调图，给出不同销售量情况下盈利的可能性。

4. 请用思维导图绘制本章的知识要点。

■ 参考文献与推荐阅读

[1] 王福胜，李汉铃. 基于作业成本法的本量利分析方法研究 [J]. 中国软科学，2002（8）.

[2] 盛继明. 工业和信息通信业管理会计案例集（2018）[M]. 北京：电子工业出版社，2018.

[3] 刘忠全，管东北. 油气田企业管理会计研究——本量利分析在成本控制决策中的创新应用 [C]//2014 年度中国总会计师优秀论文选. 北京：石油工业出版社，2015.

[4] 翟海丽. 本量利分析工具在出版企业应用的问题及解决途径 [D]. 北京：首都经济贸易大学，2017.

[5] 温素彬，张自东. 管理会计工具及应用案例——本量利分析模型的决策指标及应用 [J]. 会计之友，2016（6）：130-133.

[6] 陈艳. 本量利分析中敏感系数新解及其应用 [J]. 财会通讯，2013（6）.

[7] 丁以中，Jennifer S Shang. 管理科学——运用 Spreadsheet 建模和求解 [M]. 北京：清华大学出版社，2003.

[8] 温素彬. 管理会计中 Excel 的高级应用——随机条件下的本量利分析模型设计与应用（Ⅰ）[J]. 财务与会计，2014（3）.

[9] 温素彬. 管理会计中 Excel 的高级应用——随机条件下的本量利分析模型设计与应用（Ⅱ）[J]. 财务与会计，2014（4）.

[10] 温素彬. 管理会计中 Excel 的高级应用——非线性本量利分析模型的设计与应用 [J]. 财务与会计，2014（5）.

预测与决策篇

第4章　预测分析
第5章　经营决策
第6章　资本预算决策

第 4 章
CHAPTER 4

预测分析

只能回顾过去,不细察当前的情形,算不上是一位优秀的经理人员,他必须未雨绸缪,提防突发性的改变,为短期、中期以及长期的目标做最周详的策划。

——艾瑟里吉

"预测"就是能预见预期中的行动,预先指出重大的趋势。

——迪克·卡尔森

■ 学习目标

1. 掌握成本、销售、利润、资金需求量等指标的预测;
2. 掌握回归预测法、趋势预测法、经营杠杆系数在管理会计中的应用。
3. 掌握运用 Excel 进行预测分析的方法。

■ 重点与难点

1. 成本预测;
2. 销售预测;
3. 利润预测。

■ 导入案例

在 2014 年 9 月 8 日~2014 年 9 月 12 日的福布斯全球富豪排行榜中,排名前三位的世界富豪是卡洛斯、比尔·盖茨、巴菲特。据福布斯数据显示,软银集团董事长孙正义连续五日位列财富增长排名前五位,其中四个交易日的个人财富增长均排在全球第二位。阿里巴巴上市后,软银持有阿里巴巴 34.4% 的股份,从个人资产的变化来看,孙正义成为阿里巴巴上市的赢家。

十多年前,孙正义的软银集团在当时名不见经传的阿里巴巴上投下了 2 000 万美元的赌注。十多年后,这个让中国制造商与海外买家实现互联的门户网站演变成了中国头号网上购物商城,软银所持股份的价值据估算也因此暴涨到大约 580 亿美元。孙正义,在互联网产业处于最低谷的时候对阿里巴巴的未来做了最成功的预测,或将借助阿里巴巴的上市再度问鼎世界首富!

4.1 预测分析概述

4.1.1 预测分析的特征

1. 依据的客观性

预测分析是以客观准确的历史资料和合乎实际的经验为依据所进行的分析，而不是毫无根据的、纯主观的臆测。

2. 时间的相对性

预测分析事先应明确规定某项预测对象的时间期限范围。预测分析的时间越短，受到不肯定因素的影响越小，预测结果越准确。反之，预测分析的时间越长，受到不肯定因素的影响越大，则预测结果的精确性就相对越差。

3. 结论的可检验性

预测分析应考虑到可能产生的误差，且能够通过对误差的检验进行反馈，调整预测程序的方法，尽量减少误差。

4. 方法的灵活性

预测分析可灵活采用多种方法，在选择预测方法时，应事先进行试点测试，选择那些简便易行、成本低、效率高的一种或几种方法配套使用，才能达到事半功倍的效果。

4.1.2 预测分析的内容

预测分析的内容包括销售预测、利润预测、成本预测和资金预测等几个方面。

1. 销售预测

销售预测是其他各项预测的前提，是根据市场调查所得到的有关资料，通过有关因素的分析研究，预计和测算特定产品在一定时期内的市场销售量及变化趋势，进而预测本企业产品未来销售量的过程。

2. 利润预测

利润预测是指在销售预测的基础上，根据企业未来发展目标和其他相关资料，预计企业未来应达到和可望实现的利润水平及其变动趋势的过程。

3. 成本预测

成本预测是根据企业未来发展目标和其他相关资料，运用专门方法，预计企业未来成本水平及发展趋势的过程。

4. 资金预测

资金预测是指在销售预测、利润预测和成本预测的基础上，根据企业未来经营发展目标并考虑影响资金的各项因素，运用一定方法预计、推测企业未来一定时期内或一定项目所需要的资金数额、来源渠道、运用方向及其效果的过程。

4.1.3 预测分析的步骤

1. 明确预测目的和要求

预测目的不同，预测的内容和项目所需要的资料以及运用的方法都会有所不同。根据经营活动的需要明确预测的具体要求，并根据具体要求拟定预测项目，制订预测计划以保证预测顺利进行。

2. 确定预测对象

要做好预测分析，必须首先确定预测对象，即确定预测分析的内容、范围，进而有针对性地做好各阶段的预测工作。

3. 收集整理资料

进行预测分析必须要有充分的资料，才能为预测分析提供进行分析的可靠数据。收集资料是进行预测分析的重要一环，是预测分析的基础性工作。收集资料应力求资料完整，资料越完整，预测结果越精确可靠。同时要对所收集的大量资料进行整理、归纳，找出与预测对象有关的各因素之间的相互依存关系。

4. 选择预测方法

不同的预测对象和内容，应选择不同的预测方法。尤其是用定量分析法进行预测时，必须根据预测目的和历史数据的变化类型来选择数学模型，确定各变量之间可能存在的联系，根据有关参数，建立预测模型，将有关数据代入预测模型，求得预测值。

5. 分析预测误差并修正预测值

任何方法的预测都不可能完全准确，特别是中、长期预测。尤其是根据数学模型计算出来的预测值可能没有将非计量因素考虑进去，这就需要对其进行修正，使预测值能切实为决策提供科学依据。

4.1.4 预测分析的方法

1. 定性分析法

定性分析法又称非数量分析法、判断分析法或集合意见法，是指依靠预测人员丰富的实践经验和知识以及主观的分析判断能力，在考虑政治、经济形势、市场变化、经济政策、消费倾向等对经营影响的前提下，结合预测对象的特点进行综合分析，对事物的未来状况和发展趋势进行预测和推测的预测方法。

常见的定性分析法有判断分析法和调查分析法两大类。

（1）判断分析法。判断分析法是通过具有丰富经验的经营管理人员或知识渊博的经济专家，对企业一定期间特定产品的销售情况做出判断和预计的一种方法。包括：相关人员判断法、专家判断法（包括专家个人意见集合法、专家小组法、德尔菲法）等。

1）相关人员判断法。由企业的销售人员、生产人员、管理人员根据经验，将特定预测对象的预测值填入卡片或表格，继而进行综合分析以完成预测。为了减少判断的片面性，企业往往组织多人对同一产品或市场进行预测判断，再将这些数据加以平均处理。

2）专家判断法。由专家根据经验和判断能力进行分析、判断预测。其中：专家个人意见集合法是针对未来趋势先征求专家个人的意见，然后加以综合确定预测值；专家小组法是将专家分成小组，运用专家们的集体智慧进行判断预测；德尔菲法是通过函询方式向若干专家分别征求意见，各个专家在相互不通气的情况下，根据自己的方法和观点进行预测，然后由企业将各专家的意见汇集在一起，采用不记名方式反馈给各专家，请他们参考别人的意见修正本人原来的判断，如此反复数次，最终确定预测结果。

（2）调查分析法。调查分析法是指通过对实际状况的调查，了解变化趋势，从而进行预测。在调查时首先选择调查对象，调查对象要具有普遍性和代表性；其次确定调查方法，调查方法要简便易行；最后对调查所取得的数据与资料要进行科学的分析。只有这样，所获得的资料才具有真实性、代表性，才能作为预测的依据。

2. 定量分析法

定量分析法又称数量分析法，是指在完整掌握与预测对象有关的各种要素定量资料的基础上，运用现代数学方法对有关的数据资料进行加工处理，据以建立能够反映有关变量之间规律性联系的各类预测模型的方法体系。

常见的定量分析法有趋势分析法和因果分析法。

（1）趋势分析法。趋势分析法又称时间序列分析法，是以某项指标过去的变化趋势作为预测的依据，将未来作为过去历史的延伸，即根据某项指标过去的、按发生时间的先后顺序排列的历史数据，应用一定的数学方法进行加工处理，找出随时间而发展变化的趋势，从而预测未来发展趋势的分析方法。常用的趋势分析法包括算术平均法、加权平均法、移动平均法、趋势平均法、指数平滑法和时间序列外推法等。

（2）因果分析法。因果分析法是指对某项指标和其他有关指标之间的规律性联系进行分析研究，将它们之间的规律性联系作为预测的依据。常用的因果分析法包括回归分析法、投入产出法和经济计量法等。

因果预测分析法最常用的方法是回归分析法，回归分析法又包括线性回归法、曲线回归法。在实际中，影响预测值的因素通常很多，既有企业外部因素，也有企业内部因素，既有客观因素，又有主观因素。在这些因素中，有些因素对预测值起着决定性的作用，回归预测法的原理就是找到与预测值相关的主要因素，建立回归方程描述它们之间的变化规律，利用这种变化规律来进行预测。

定量分析法与定性分析法在实际应用中应相互补充，相辅相成。定量分析法是根据一定数据，运用数学模型来确定各变量之间的数量关系，并据此预测事物未来的发展变化。定性分析法则是依据预测者的个人经验和分析能力，通过对影响事物变化的各种因素的分析、判断、推理来预测事物的发展变化。定量分析法较精确，但由于经济生活的复杂性，并非所有影响因素都可以通过定量进行分析，很多非计量因素无法考虑进去，如国家经济政策、竞争对手、政治经济形势的变动、消费倾向、市场前景等，如果不结合预测期间的政治、经济、市场以及政策方面的变化情况，必然会导致预测结果脱离客观实际。再者，定量分析法本身也存在局限性，任何数学方法都无法概括所有复杂的经济变化情况。而定性分析法虽然可以将这些非计量因素考虑进去，但却带有一定的主观随意性。因此，在实际工作中，应依据具体情况将定量分析法与定性分析法结合起来应用，才能提高预测分析结果的准确性和可信性。

4.2 销售预测

销售预测又叫产品需求量预测，是指根据有关资料，通过对相关因素的分析研究，预计和测算特定产品在未来一定时期内的市场销售量水平及变化趋势,进而预测本企业产品未来销售量的过程。

在市场经济条件下,实行以销定产,企业的各项经营活动和产品的销售密切相关。因而,在企业预测系统中,销售预测处于先导地位,它对于指导利润预测、成本预测和资金预测,进行长短期决策,安排经营计划,组织生产等都起着重要作用。

4.2.1 销售的定性预测

【例4-1】 判断分析法的运用——某公司有三名销售人员,每名预测者预计其销售量和概率如表4-1所示,计算总销售量预测值。

表4-1 销售人员预计销售量和概率

	销售量(件)	概率	销售量×概率
A 销售人员预测			
最高	520	0.3	156
一般	400	0.5	200
最低	310	0.2	62
平均值			418
B 销售人员预测			
最高	610	0.2	122
一般	500	0.6	300
最低	380	0.2	76
平均值			498
C 销售人员预测			
最高	550	0.2	110
一般	450	0.5	225
最低	350	0.3	105
平均值			440

总销售量预测值 = (418 + 498 + 440) ÷ 3 = 452(件)

【例4-2】 调查分析法的运用——某公司通过调查,对某地区销售量的预测如表4-2所示,计算总销售量预测值。

表4-2 某公司销售量调查结果计算

家庭年收入（万元）①	家庭户数（万户）②	每户年均购买量（罐）③	总需求量 ④=③×②	本企业市场占有率 ⑤	本企业销售量预测 ⑥=④×⑤
5 以下	12	10	120	30%	36
5~10	8	30	240	25%	60
10~15	3	100	300	20%	60
15~20	1	300	300	15%	45
20 以上	0.2	500	100	5%	5
合计	24.2	—	1 060	—	206

总销售量预测值 = 36 + 60 + 60 + 45 + 5 = 206(万罐)

4.2.2 销售的定量预测

1. 趋势分析法

趋势分析法是指将时间作为制约预测对象变化的自变量,把未来作为历史的自然延续,按事物自身发展趋势进行预测的一种方法。趋势分析法主要包括平均分析法和时间序列外推法。

（1）平均分析法。平均分析法是指根据所掌握的特定预测对象若干时期的销售量历史资料，按照一定方法计算其平均值，以确定未来销售量。具体包括算术平均法、移动平均法、加权平均法、趋势平均法、指数平滑法等。

1）算术平均法。算术平均法是根据企业过去按时间顺序排列的销售量（或销售额）的历史数据，计算其平均数，以算术平均数作为销售量预测值的一种预测方法。其计算公式为

$$销售量预测值（\bar{x}）= \frac{各期销售量之和}{期数} = \frac{\sum x_i}{n}$$

该方法的优点是计算公式比较简单；缺点是把不同时间的差异平均化，没有考虑销售业务量的变动对预测其销售量影响的程度不同。没有考虑到近期的变动趋势，可能造成预测结果产生较大误差。

算术平均法的假设前提是将来的发展是过去的延续，将每个观察值看成同等重要。当销售额或销售量在选定的历史时期中呈现上升或下降的趋势时，就不能简单地采用这种方法。因此，该方法通常适用于对销售业务量比较稳定的产品进行预测。

【例4-3】某公司2018年1～9月产品销售量如表4-3所示，用算术平均法预测10月的销售量。

表4-3　某公司2018年1～9月产品销售量　　　　（单位：千克）

月份	1	2	3	4	5	6	7	8	9
销售量	590	560	550	590	590	580	610	620	630

销售量预测值 =（590 + 560 + 550 + 590 + 590 + 580 + 610 + 620 + 630）÷ 9 = 591.11（千克）

2）移动平均法。移动平均法是从 n 期的时间数列销售量中选取一组 m 期的数据作为观察期数据，求其算术平均数，并不断向后移动，连续计算观测值平均数，以最后一组平均数作为未来销售预测值的一种方法。其计算公式为

$$销售量预测值 = 最后 m 期算术平均销售量 = 最后 m 期销售量之和 ÷ m$$

即

$$\bar{x} = \frac{\sum x_i}{m}$$

移动平均法具有以下主要特点。

a. 移动平均对原序列有修匀或平滑的作用，使得原序列的上下波动被削弱了，而且平均的时距项数 n 越大，对数列的修匀作用越强。

b. 移动平均时距项数 n 为奇数时，只需一次移动平均，其移动平均值作为移动平均项数的中间一期的趋势代表值；而当移动平均时距项数 n 为偶数时，则需要二次移动平均，需要再进行相邻两项平均值的移动平均。

c. 当序列包含季节变动时，移动平均时距项数 n 应与季节变动长度一致，才能消除其季节变动；若序列包含周期变动时，移动平均时距项数 n 应和周期长度基本一致，才能较好地消除周期波动。

该方法的优点是能有效地消除预测中的随机波动，可以平滑需求的突然波动对预测结果的影响。缺点是加大移动平均法的期数（即加大 n 值）会使平滑波动效果更好，但会使预测值对数据实际变动更不敏感；同时移动平均值并不能很好地反映出趋势。

由于是平均值，预测值总是停留在过去的水平上而无法预计会导致将来更高或更低的波动。因此该方法适用于产品需求既不快速增长也不快速下降，且不存在季节性因素时的即期预测。

3）加权平均法。加权平均法是将若干历史时期的销售量或销售额作为观察值，将各个观察值与各自的权数相乘之积加总，然后除以权数之和，求出其加权平均数，以这一数字作为预测未来期间该变量预测值的一种趋势预测方法。按照各个观察值与预测值不同的相关程度分别规定适当的权数，是运用加权平均法进行销售预测的关键。当各个历史期的销售量呈现增减趋势时，为了体现这种增减趋势，有必要将近期的观察值的权数规定得大一些，远期的观察值的权数规定得小一些，使预测值更接近近期的观察值。其计算公式为

$$\bar{x} = \frac{\sum x_i \times w_i}{\sum w_i}$$

式中，x_i 是各观测值；w_i 是各观测值的对应权数。

采用这种方法来确定预测值，目的是为了适当扩大近期实际销售量对未来期间销售量预测值的影响作用，但由于权数确定具有主观性和随意性，因此预测值存在一定误差。

4）趋势平均法。趋势平均法是指以最近若干时期的平均值为基础，来计算预测期预期值的一种方法。

销售量预测值 = 基期销售量移动平均值 + 基期趋势值移动平均值 × 基期与预测期的时间间隔

即　　　　　　$\bar{x}$ = 移动平均值 + 时间滞后期 × 趋势平均值

趋势平均法的特点：没有特定的模式，只是通过移动平均，从而提供比随机序列较为平滑的趋势系列。趋势平均法用于销售预测，是假定未来时期的销售是与它相接近时期销售的直接继续，而同较远时期的销售关系较小，同时为了尽可能缩小偶然因素的影响，可以最近若干时期的平均值作为计算预测期的预测值的基础。

【例4-4】 某公司2018年1～10月的销售量及变动趋势计算数据如表4-4所示，计算2018年11月和12月的销售量预测值。

表4-4　某公司2018年1～10月销售量及变动趋势计算　　（单位：万件）

月份	销售量	五期平均	变动趋势	三期趋势平均数
1	66			
2	68			
3	74	72.6		
4	73	78	5.4	
5	82	84.4	6.4	5.5
6	93	89	4.6	5.1
7	100	93.2	4.2	4.4
8	97	97.6	4.4	
9	94			
10	104			

2018年11月销售量预测值 = 93.2 + 4 × 4.4 = 110.8（万件）
2018年12月销售量预测值 = 93.2 + 5 × 4.4 = 115.2（万件）

5）指数平滑法。指数平滑法是在前期销售量的实际值和预测值的基础上，利用平滑指数预测未来销售量的一种方法。指数平滑法也是一种加权平均法，即以一个指标本身过去变化的趋势作为预测未来的依据，同时考虑实际值和预测值的影响。

其计算公式如下

$$S_t = \alpha X_{t-1} + (1-\alpha) S_{t-1}$$

式中，S_t 是 t 期销售量预测值；S_{t-1} 是 t 期上一期的销售量预测值；X_{t-1} 是 t 期上一期的销售量实际值；α 是平滑系数，$0 < \alpha < 1$。

平滑系数 α 的取值越大，则近期实际销售量对预测结果的影响越大；取值越小，则近期实际销售量对预测结果的影响越小。α 的取值范围一般是 0.3~0.7，若随机变量的影响较大，α 取小一点，反之，取大一点。一般情况下，如果销售量波动较大或要求进行短期预测，则应选择较大的平滑系数，如果销量的波动较小或要求进行长期预测，则应选择较小的平滑系数。

与其他平均法相比，指数平滑法有以下两个优点：第一，α 值的设定比较灵活方便，对不同时期的资料取不同的系数，更符合客观实际。第二，在不同程度上考虑了以往所有各期的观察值，避免前后各个时期同等看待的缺点。

【例4-5】某公司 2018 年 1~6 月的销售量情况如表 4-5 所示。设 α 为 0.3，1 月销售量的预测值为 1 250 台，计算 2~7 月的销售量预测值。

表4-5　某公司2018年1~6月销售量

月份	1	2	3	4	5	6
销售量（台）	1 200	1 000	1 300	1 200	1 170	1 350

2月销售量预测值 = 0.3 × 1 200 + 0.7 × 1 250 = 1 235（台）
3月销售量预测值 = 0.3 × 1 000 + 0.7 × 1 235 = 1 165（台）
4月销售量预测值 = 0.3 × 1 300 + 0.7 × 1 165 = 1 206（台）
5月销售量预测值 = 0.3 × 1 200 + 0.7 × 1 206 = 1 204（台）
6月销售量预测值 = 0.3 × 1 170 + 0.7 × 1 204 = 1 194（台）
7月销售量预测值 = 0.3 × 1 350 + 0.7 × 1 194 = 1 241（台）

(2) 时间序列外推法。时间序列，也叫时间数列或动态数列，是将某统计指标的数值按时间先后顺序排列所形成的数列。时间序列外推法就是通过编制和分析时间序列，根据时间序列所反映出来的发展过程、方向和趋势，进行类推或延伸，借以预测下一段时间或以后若干年内可能达到的水平。

时间序列外推法的步骤。

第一步：收集历史资料，加以整理，编成时间序列。时间序列分析通常是把各种可能发生作用的因素进行分类，按各种因素的特点或影响效果分为四大类：① 长期趋势；② 季节变动；③ 循环变动；④ 不规则变动。

第二步：分析时间序列。时间序列中的每一时期的数值都是由许许多多不同的因素同时发生作用后的综合结果。

第三步：求时间序列的长期趋势（T）季节变动（S）和不规则变动（I）的值，用近似的数学模式来代表它们，并通过合适的技术方法求出数学模式中未知参数。

第四步：预测未来的长期趋势值 T 和季节变动值 S，在可能的情况下预测不规则变动值 I，然后用以下模式计算出未来的时间序列的预测值 Y。

加法模式：$T + S + I = Y$
乘法模式：$T \times S \times I = Y$

如果不规则变动的预测值难以求得，就只求长期趋势和季节变动的预测值，以两者相乘之积或相加之和为时间序列的预测值。如果经济现象本身没有季节变动或不需要预测季、月的资料，则长期趋势的预测值就是时间序列的预测值，即 $T = Y$。但要注意这个预测值只反映现象未来的发展趋势，即使很准确的趋势线在按时间顺序的观察方面所起的作用，本质上也只是一个平均数的作用，实际值将围绕着它上下波动。

1) 长期趋势预测。测定长期趋势一般采用数学模型，包括直线趋势模型和曲线趋势模型，下面主要介绍直线趋势的测定。

以时间因素 t 作为自变量，以销售量（额）y 为因变量，配合直线趋势方程并用最小二乘法求解

$$y = a + bt$$

$$a = \frac{\sum y_i - b \sum t_i}{n}, \quad b = \frac{n \sum t_i y_i - \sum t_i \cdot \sum y_i}{n \sum t_i^2 - (\sum t_i)^2}$$

最小二乘法是测定长期趋势最普遍的方法，它的原理是：时间序列实际值与趋势值的离差平方和达到最小值。符合这个条件的只有一条线，所以这条线又称原数列的最适线，它使趋势线同原数列成为最佳配合。这条线同时也满足离差之和为零的要求。

2) 季节变动预测。季节变动是指由于自然条件和社会条件的影响，事物现象在一年内随着季节的转换而引起的周期性变动，这里所说的季节可以是季度、月份、周等。研究季节变动的目的在于：认识并掌握季节性变动的规律，测算市场需求，从而正确地进行销售决策，及时安排组织生产。季节变动预测是指根据以日、周、月、季为单位的时间序列资料，测定以年为周期、随着季节转换而发生周期性变化的规律性的方法。季节变动预测的方法很多，最主要的方法是计算季节指数。季节指数反映季节变动的程度，季节指数高说明是旺季，反之则是淡季，计算季节指数通常采用的方法是：按月（季）平均法。

$$按月（季）平均法计算的季节指数 = \frac{各年同月（季）平均数}{各年各月（季）总平均数}$$

其计算步骤如下：

根据时间序列计算各年同月（季）平均数；

根据时间序列计算各年各月（季）总平均数；

将各年同月（季）平均数与各年各月（季）总平均数进行对比；

用各月（季）季节指数预测各月（季）销售量（额）。

月（季）平均法计算简单，但不够精确，没有考虑长期趋势的影响，当存在后期各月（季）水平较前期水平有较大提高时，必须用移动平均趋势剔除法来测定季节变动。

2. 因果预测分析法

因果预测分析法不是将一个指标本身的变动孤立起来进行预测，而是依据所掌握的历史资料，找出所要预测的变量和与它相关联的变量之间的关系，从而建立相应的因果预测模式。

因果预测分析法最常用的方法是回归分析法。回归分析法又包括线性回归法、曲线回归法等。

（1）简单线性回归模式。它假定预测对象销售量的变量因素只有一个，根据直线方程，按照数学上的最小二乘法来确定一条误差最小的、能正确反映自变量与因变量之间关系的直线。

【例4-6】 某企业2017年各月的修理费用和机器工作小时如表4-6所示。以 x 代表机器工作小时，y 代表修理费用。若该企业预计2018年1月的机器工作小时将达到512小时，运用回归分析法预测修理费用。

表4-6　某企业2017年各月的修理费用和机器工作小时情况

月份	修理费用 y_i（元）	机器工作 x_i（小时）	$x_i y_i$	x_i^2	y_i^2
1	110	350	38 500	122 500	12 100
2	121	420	50 820	176 400	14 641
3	143	490	70 070	240 100	20 449
4	132	440	58 080	193 600	17 424
5	132	430	56 760	184 900	17 424
6	121	380	45 980	144 400	14 641
7	109	330	35 970	108 900	11 881
8	128	410	52 480	168 100	16 384
9	140	470	65 800	220 900	19 600
10	121	380	45 980	144 400	14 641
11	108	300	32 400	90 000	11 664
12	123	400	49 200	160 000	15 129
合计	1 488	4 800	602 040	1 954 200	185 978

x 与 y 之间可用简单线性回归方程来描述其变动趋势

$$y = a + bx$$

将有关数据代入 a、b 的计算公式，得

$$a = 44(元);\quad b = 0.20(元)$$
$$y = 44 + 0.20x$$

若该企业预计2018年1月的机器工作小时将达到512小时，则修理费用的预测值为

$$y = 44 + 0.20 \times 512 = 146.4(元)$$

(2) 多元线性回归模式。在实际生产经营活动中，影响经济变动的因素是多种多样的，要预测未来的经济情况，必须考虑采用多个自变量，建立多元回归方程来进行预测。多元线性回归模式是以多元线性回归方程为基础，建立一个预测函数式。

多元回归方程的表达式可以表示为

$$y = a + b_1 x_1 + b_2 x_2 + b_3 x_3 + \cdots + b_n x_n$$

式中，y 是因变量；x_i 是各个自变量；b_i 是每个 x_i 变动一个单位时，y 的平均变动值。

【例4-7】 影响某产品销售量的主要因素是广告费及居民购买力。2013～2017年实际销售量、广告费、居民购买力的统计资料如表4-7所示。

若2018年该地区居民购买力预测为200万元，公司计划安排广告费5万元，采用多元回归模型预测该公司2018年产品销售量。

表4-7　某公司2013年～2017年有关资料统计

年度	2013	2014	2015	2016	2017
销售量（万只）y	20	25	30	36	40
广告费（万元）x_1	1	1	2	2	3
居民购买力（万元）x_2	100	120	140	150	165

第一步：建立多元回归模型

$$y = a + b_1x_1 + b_2x_2$$

第二步：通过三元一次方程组求解

$$\begin{cases} \sum y_i = na + b_1 \sum x_{1i} + b_2 \sum x_{1i} \\ \sum x_{1i}y_i = a \sum x_{1i} + b_1 \sum x_{1i}^2 + b_2 \sum x_{1i}x_{2i} \\ \sum x_{2i}y_i = a \sum x_{2i} + b_1 \sum x_{1i}x_{2i} + b_2 \sum x_{2i}^2 \end{cases}$$

计算过程如下

y_i	x_{1i}	x_{2i}	x_{1i}^2	x_{2i}^2	$x_{1i}x_{2i}$	$x_{1i}y_i$	$x_{2i}y_i$
20	1	100	1	10 000	100	20	2 000
25	1	120	1	14 400	120	25	3 000
30	2	140	4	19 600	280	60	4 200
36	2	150	4	22 500	300	72	5 400
40	3	165	9	27 225	495	120	6 600
$\sum y_i = 151$	$\sum x_{1i} = 9$	$\sum x_{2i} = 675$	$\sum x_{1i}^2 = 19$	$\sum x_{2i}^2 = 93\ 725$	$\sum x_{1i}x_{2i} = 1\ 295$	$\sum x_{1i}y_i = 297$	$\sum x_{2i}y_i = 21\ 200$

将数值代入方程组，解方程组，得

$$a = -11.261, b_1 = 0.364, b_2 = 0.302$$
$$y = -11.261 + 0.364x_1 + 0.302x_2$$

第三步：预测2018年产品销售量

$$y = -11.261 + 0.364 \times 5 + 0.302 \times 200 = 50.959(万台)$$

(3) 非线性回归模式。以过去较长时期的历史资料为基础进行分析，如果一个指标的变动同另一个指标有着密切的联系，但适合其有关数据的趋势线并不一定是一条直线，有可能是曲线，这种情况下就需要建立非线性回归方程

$$y = a + bx + cx^2$$

在进行计算时，可将 x^2 看作一个变量，用上述的方法求解。

【例4-8】某企业销售额与同时期内该地区个人平均消费支出存在密切的联系，其有关数据的趋势线接近曲线，预计2018年该地区个人平均消费支出将达到15 000元，请根据数据预测该企业2018年的销售额（见表4-8）。

表4-8 某企业销售额与该地区个人平均消费支出情况（金额单位：千元）

年度	销售额（y）	个人消费支出（x）	xy	x^2	x^2y	x^3	x^4
2011	100	4	400	16	1 600	64	256
2012	140	7	980	49	6 860	343	2 401
2013	208	9	1 872	81	16 848	729	6 561
2014	255	14	3 640	196	49 980	2 744	38 416
2015	255	14	3 570	196	49 980	2 744	38 416
2016	250	13	3 250	169	42 250	2 197	28 561
2017	230	12	2 760	144	33 120	1 728	20 736
合计	1 443	73	16 472	851	200 638	10 549	135 347

将上表数据代入上述三个公式，可得
$$1\,443 = 7a + 73b + 851c$$
$$16\,472 = 73a + 851b + 10\,549c$$
$$200\,638 = 851a + 10\,549b + 135\,347c$$

解联立方程，可得
$$a = -168.9, b = 68.6, c = -2.8$$

由此可得
$$y = -168.9 + 68.6x - 2.8x^2$$

若 2018 年该地区个人平均消费支出达到 15 千元，则该企业 2018 年销售额预测值为
$$y = -168.9 + 68.6 \times 15 - 2.8 \times 15^2 = 230.1(千元)$$

相关链接

提高销售预测准确度

广州某超市中，某品牌新上市的洗发香波缺货了，专程前来购买的顾客不得不购买其他品牌的产品。该公司立即召开紧急会议：这个新品上市一周，全国销售 40 000 箱，已经超过两个月市场预测总和，市场严重缺货；公司会议计划把下周的预测从 5 000 箱提高到 50 000 箱，增加到 10 倍。

生产要增加 10 倍，而原材料库存最多只能支持 1.5 倍的生产量；原材料大多是进口的，就算立刻下单，就算供应商仓库有能够支持 10 倍产量的库存，运输也需要 2 个月才能完成；并且下周生产计划已经排满了。但是，工厂的职责就是保证预测的需求，于是，工厂负责人立即通知采购部门紧急给供应商下单，所有海外材料一律空运，同时调整 2 周之后的生产计划，优先保证该新品种的生产。

一个月后，产品陆续摆上各个商店货架，却无人问津。最有利的商机转瞬即逝，预测不准确以及过长的供应链给公司带来大量的损失：巨额的材料空运成本、囤积在仓库里面的大量库存，还有失去的消费者。

要实现准确预测是非常困难的事！市场的变换可能受到天气、竞争、自己推出新品的影响。很多企业因为预测与实际销量之间的误差太大，就放弃了做预测。事实上，企业刚开始编制销售预测的时候，总是出现预测误差太大的情况，而经过一段时间的不断改进，预测的精度会不断提高。如果不做预测或者对预测放任不管，那么预测准确度是永远也不能提高的。

预测一定要做，哪怕是最初预测与实际之间的误差很大，也要坚持执行预测流程，通过预测这个流程，可以在采购部门、生产部门以及销售部门之间建立定期沟通机制，可以把各方面的意见通过预测这个信息载体聚集在一起，相对于供应链各环节分头制定决策，减少了风险。

既然是预测，就可能不准确。如果实际的需求与预测相差较大，企业各个环节就要能够快速调整，适应变化，减少损失。也就是在预测出现较大误差时有应对策略。

- 可以通过滚动预测提高预测准确度；
- 让最了解市场的人做预测；
- 对预测进行考核；
- 把销售预测和销售任务分开；

- 让经销商加入到销售预测流程中来；
- 加强促销信息沟通；
- 建立分销信息系统。

资料来源：《创业邦》。

4.3 成本预测

成本预测就是根据企业的经营总目标及有关资料和数据，结合企业未来发展前景和趋势，采用定量和定性分析方法，对未来一定时期成本水平和目标成本进行预计和测算。成本预测是成本管理的重要环节，是进行成本管理的起点。

科学的预测是进行正确决策的依据。通过成本预测，可以掌握未来的成本水平及其变动的趋势，为科学编制成本计划、进行成本控制、挖掘降低成本的潜力、进行成本分析和成本考核提供依据。

4.3.1 成本预测内容

1. 成本预测应注意的问题

（1）为了保证成本预测达到预期的目标，成本预测应该服从企业总的经营目标，各部门、单位的成本预测应该以企业经营目标为基准进行协调，以保证整个企业的成本预测、决策系统的协调性、一致性。

（2）成本预测的方案应该切实可行，包括技术上是否可行、产品质量是否有保证、是否符合国家有关法律及社会道德的约束等。成本预测方案应该具有应变能力，必须考虑可能发生的因素变化并拟定应变措施，使成本预测、决策方案具有一定的弹性。

2. 成本预测的步骤及内容

成本预测可以分为近期预测（月、季、年）和远期预测（3年、5年、10年）。远期预测通常用于分析宏观经济变动对企业成本的影响（如生产力布局变动、经济结构变动、价格变动等），为企业确定中长期预算和年度预算提供资料。近期预测着重分析影响成本的各个因素的变动，测算各种方案的成本指标，从中选择最优方案据以确定计划成本指标。在近期预测中，成本预测的侧重点是年度成本预测。

（1）成本预测的步骤。成本预测，应该有计划、按步骤完成，尽可能避免预测的主观性，提高预测的科学水平，使预测目标更接近于实际。成本预测按以下步骤进行。

1）确定成本目标。根据企业的经营总目标，测算企业在现有条件下能够达到的目标成本的水平，提出目标成本草案。

目标成本是指企业为实现经营目标所应达到的成本水平，也是企业未来期间成本管理所应达到的目标。选择初选目标成本主要有以下两种方法。

先进成本法：选择某一先进的成本水平作为初选目标成本。可以是国内外同行业的先进成本、本企业历史上先进水平的实际成本，也可以是按本企业平均先进的消耗定额制定的定额成本或计划成本。

目标成本法：根据企业预测期的目标利润确定目标成本。产品价格包括产品成本、销售税金和利润三个部分。在企业实行目标管理的过程中，先确定单位产品价格和单位目标利润，然

后就可以按下列公式计算单位产品的目标成本

单位产品目标成本＝预测销售单价－单位产品销售税金－单位产品目标利润

2）收集和整理有关资料，对成本初步预测。初步预测是在收集和占有大量历史资料的基础上进行的，可以结合预测对象的特点采用定性分析法和定量分析法进行预测。在采用定量分析法时，首先，对过去的成本资料进行必要的调整，剔除成本中数额较大的偶然费用，如自然灾害和意外事故造成的停工损失等；其次，对涉及产品设计、工艺改变耗用的价格有重大变化的情况也要进行调整；最后，根据实际资料，将产品成本划分为变动成本和固定成本两部分，对于混合成本要采用一定的方法，如高低点法，将成本分解为变动成本和固定成本，以便进行预测。

3）提出各种成本降低方案，并比较各种成本方案的经济效果。根据占有资料实际情况，选用可行的成本降低方案。在提出成本降低方案时，应充分收集企业对降低成本的要求、报告期实际成本情况、计划期成本可能的变化情况等资料。选择成本降低最优方案，初步预测在当前生产经营条件下成本可能达到的水平，并找出与目标成本的差距。

降低成本主要可以从以下方面入手。

产品结构设计要先进合理。成本降低应从设计成本入手，产品结构设计不合理，不仅会影响产品质量，而且会影响生产成本。产品的体积、重量和样式基本上决定了产品投产后的原材料、燃料、动力和人工的消耗程度。

生产经营管理要有效率。生产经营管理的好坏，与产品成本的高低有着密切的关系，劳动力的合理组织、车间的合理设置、工艺方案的选择、设备购建都会影响产品成本。因此，企业应从组织生产中挖掘降低产品成本的潜力，针对生产经营管理中存在的问题，提出不同的改进方案，并对比分析不同方案的经济效果，从中选择最优的成本降低方案。

要结合经营目标控制期间费用。期间费用在产品成本中占有相当的比重，控制和节约期间费用也是降低产品成本不可忽视的重要方面。为了节约期间费用，减少非生产性支出，企业各部门应实行严格的费用控制制度，达到降低成本的目的。

企业的成本降低措施和方案确定后，应进一步测算各项措施对产品成本的影响程度。

4）修订目标成本，确定最佳预测值。通过比较和分析初选的目标成本、初步预测的成本、可降低的成本，找出差异，据以修订目标成本，最终形成最佳成本预测值，使预测结果更加符合实际。

（2）成本预测的内容。从成本管理的全过程来看，成本预测是一个动态过程，应包括以下内容。

1）在新产品投产之前，测算产品设计成本，确定产品按正常批量生产的成本水平，并将测算的数据作为选取最优产品设计方案的重要依据。

2）在正式编制生产经营计划之前，进行成本预测。计划阶段的成本预测是编制成本计划必不可少的分析工作。

3）在成本计划执行过程中，进行期中成本预测，科学预计和推测成本计划能否按期完成。

4）企业采用新技术、新工艺过程中进行成本预测，以保证技术上可行，经济上合理。

5）预测产品质量成本。质量成本是指在产品质量上发生的一切费用支出，包括由于未达到质量标准造成损失而发生的费用以及为保证和提高产品质量而支出的各种成本。具体有以下方面。

内部质量损失成本：企业内部由于产品质量不好而造成的损失，包括废品损失、返修费用、材料损失、复检费用以及因质量事故造成的停工损失和事故处理费用等。

外部质量损失成本：产品售出后因质量问题而产生的一切损失和费用，包括退货损失、保修费用、降价处理损失、赔偿损失、违反合同损失等。

评价质量成本：为检验、鉴定产品质量而发生的一切费用，包括原材料检验费、成品检验费等。

质量预防成本：为了减少外部质量损失和降低评价费用而支出的费用，包括质量控制管理费、质量控制技术费、其他质量计划费、培训费等。

4.3.2 成本预测方法

1. 技术测定法

技术测定法是指在充分挖掘生产潜力的基础上，根据产品设计结构、生产技术条件和工艺方法，对影响人力、物力消耗的各项因素进行技术测试和分析计算，从而确定产品成本的一种方法。

2. 产值成本法

产值成本法是指按工业总产值的一定比例确定产品成本的一种方法。产品的生产过程同时也是生产的耗费过程，在这一过程中，产品成本体现为生产过程中的资金耗费，而产值则以货币形式反映生产过程中的成果。产品成本与产品产值之间客观存在着一定的比例关系，比例越大说明消耗越大，成本越高；比例越小说明消耗越小，成本越低。企业进行预测时，可以参照同类企业相似产品的实际产值成本率，加以分析确定。其计算公式如下

$$产品单位成本 = \frac{某产品的总产值 \times 预计产值成本率}{预计产品产量}$$

3. 线性回归法

线性回归法是一种比较精确的方法。它是根据若干期的历史成本资料，利用最小二乘法，分析成本在一定条件下增减变动的趋势和基本规律，确定成本预测方程，据以进行成本预测的方法。

以 y 代表总成本、a 代表固定成本总额、b 代表单位变动成本、x 代表产品产量、n 代表历史资料的期数，则它们之间基本上呈线性关系，可表现为

$$y_n = a + bx_n$$

求得 a、b 值后，代入方程式，即可预测未来时期的成本。

4. 因素变动预测法

影响产品成本变动的因素很多，测算的具体方法也不尽一致，归纳起来有以下几方面。

（1）直接材料消耗数量及价格变动对产品成本的影响。产品成本中所消耗的直接材料，有原材料、辅助材料、燃料等。原材料费用是构成产品成本的主要项目之一，在产品成本中一般占有较大的比重。在保证产品质量的前提下，合理、节约地使用原材料，降低原材料费用，是不断降低产品成本的主要途径。影响材料成本变动的因素有材料消耗量和材料价格。如果基期与计划期之间单位产品材料耗用量与单价有变动，就会影响计划期产品的单位成本和总成本。如果能够事先测定材料成本的变动，就可以测算出对产品成本的影响金额和程度。其计算方法为

某材料单价变动对单位成本的影响 =（计划期某材料销售单价 - 基期某材料销售单价）× 计划期单位产品原材料单耗量

某材料单耗量变动对单位成本的影响 =（计划期某材料单耗量 - 基期某材料单耗量）× 基期单位产品原材料销售单价

材料单耗量变动对成本降低率的影响% = 材料费用占成本% × 材料单耗量降低%

材料单价变动对成本降低率的影响% = 材料费用占成本% × 材料单价降低% × (1 - 材料单耗量降低%)

材料单耗量和单价同时变动对成本降低率的影响%
= 材料费用占成本% × [1 - (1 - 材料单耗量降低率%) × (1 - 材料单价降低率%)]

【例4-9】 某企业生产甲产品，耗用 A、B 两种原材料，基期单位产品耗用 A 材料 2 公斤，单价 10 元；B 材料 1.5 公斤，单价 8 元。计划期预测单位产品耗用 A 材料 1.8 公斤，B 材料 1.2 公斤，A、B 原材料单价分别为 12 元和 7 元。

测算两种材料单耗量变动对甲产品单位成本的影响为

$$(1.8 - 2) \times 10 + (1.2 - 1.5) \times 8 = -4.4(元)$$

说明由于计划期材料耗用量降低，单位产品成本减少 4.4 元。

测算两种材料单价变动对甲产品单位成本的影响为

$$(12 - 10) \times 1.8 + (7 - 8) \times 1.2 = 2.4(元)$$

说明由于计划期材料单价的变化，单位产品成本上升 2.4 元。

(2) 工资水平和劳动生产率变动对产品成本的影响。单位成本中的工资费用数额，取决于生产工人的平均工资和生产工人劳动生产率的高低。如果工资增长幅度大于劳动生产率增长幅度，产品成本就会上升；相反，如果工资增长幅度小于劳动生产率增长幅度，产品成本就会降低；如果工资增长幅度等于劳动生产率增长幅度，对产品成本就没有影响。因此，可以利用它们的关系来测算劳动生产率与平均工资的变动对成本的影响程度。其计算方法为

劳动生产率提高对成本降低率的影响% = 生产工人工资占成本% × [1 - (1 ÷ 劳动生产率发展速度%)]

工时降低对成本降低率的影响% = 生产工人工资占成本% × [1 - (平均工资发展速度% ÷ 工时发展速度%)]

工资和劳动生产率变动对单位成本降低率的影响
= 生产工人工资占成本% × [1 - (平均工资发展速度% ÷ 劳动生产率发展速度%)]

工资和劳动生产率变动对单位成本降低额的影响
= [1 - (平均工资发展速度% ÷ 劳动生产率发展速度%)] × 基期单位工资成本

【例4-10】 某公司生产的甲产品，基期单位工资成本 12 元，工资平均增长 8%，劳动生产率增长 12%。测算计划期由于工资水平及劳动生产率变动对产品单位成本的影响

$$[1 - (1 + 8\%) \div (1 + 12\%)] \times 12 = -0.43(元)$$

说明由于工资的增长幅度小于劳动生产率的增长幅度，使得单位成本降低 0.43 元。

(3) 产量变动对产品成本的影响。固定成本的总额在相关范围内保持不变，所以随着产

量的增加，单位产品分摊的固定成本的份额将相应地减少；当产量减少时，分摊到单位产品成本的固定成本就相应地增加。因此，根据基年的产品产量和计划期产量以及基年单位成本中的固定费用额，能测定其对成本的影响程度。其计算方法为

$$产量变动对产品成本中固定费用的影响 = [1 - (1 \div 产量发展速度\%)] \times 基期单位成本中的固定费用$$

【例 4-11】 企业甲产品基年总成本中固定费用 50 000 元，单位成本中固定费用 5 元，基年甲产品产量 10 000 件，计划期测定为 12 000 件，计划期产品产量比基年增长 20%，由于产品产量增加，单位成本中的固定费用降低

$$[1 - 1 \div (1 + 20\%)] \times 5 = 0.83(元)$$

根据【例 4-9】、【例 4-10】、【例 4-11】的计算结果，各因素变动对产品单位成本的影响综合如下：

1) 材料耗用量降低，使产品单位成本减少 4.40 元；
2) 材料价格变动，使产品单位成本增加 2.40 元；
3) 工资和劳动生产率提高，使产品单位成本减少 0.43 元；
4) 产量变动使成本减少 0.83 元；

各因素变动使产品单位成本降低 3.26 元。

4.4 利润预测

利润预测是按照企业经营目标的要求，根据企业未来发展目标和其他相关资料，通过对影响利润变化的成本、产销量等因素的综合分析，预计、推测或估算未来应当达到和可望实现的利润水平及其变动趋势的过程。对企业利润的预测，最主要的是对营业利润的预测。

4.4.1 目标利润的预测步骤

目标利润是指企业在未来一段期间内，经过努力应该达到的最优化利润控制目标。

1. 调查研究，确定利润率标准

从可供选择的利润率的计算口径上看，主要包括：销售利润率、产值利润率、资金利润率等，既可以是平均利润率、历史最高水平利润率；也可以是国内外同行业、本地区和本企业的利润率。

2. 计算目标利润基数

$$目标利润基数 = 预定的销售利润率 \times 预计产品销售额 = 预定的产值利润率 \times 预计总产值 = 预定的资金利润率 \times 预计资金平均占用额$$

3. 修正目标利润

对影响利润的因素进行分析，形成目标利润预测值。比较目标利润基数与目标利润预测值，修正目标利润。

$$目标利润 = 目标利润基数 + 目标利润修正值$$

4. 分解目标利润，纳入预算体系

目标利润一经确定就应立即纳入预算执行体系，层层分解落实，以此作为采取相应措施的依据。

4.4.2 利润预测方法

1. 比例预测法

比例预测法就是根据各种利润率指标来预测计划期产品销售利润的一种方法。

（1）根据销售收入利润率预测

计划期产品销售利润额 = 预计计划期产品销售收入 × 产品销售收入利润率

（2）根据产值利润率预测

计划期产品销售利润额 = 预计计划期产品总产值 × 产品产值利润率

（3）根据销售成本利润率测算

计划期产品销售利润额 = 预计计划期产品销售成本 × 产品销售成本利润率

2. 因素分析法

因素分析法是在本期已实现的利润水平基础上，充分估计计划期影响产品销售利润的各因素增减变动的可能性，来预测企业计划期产品销售利润的数额。影响产品销售利润的主要因素有产品销售量、产品品种结构、产品成本、产品销售价格及产品销售税率等。

（1）预测产品销售量变动对利润的影响。在其他因素不变的情况下，计划期产品销售量增加，利润额也会随之增加；反之，计划期产品销售量减少，利润额也会随之下降。

（2）预测产品品种结构变动对利润的影响。产品品种结构变动对利润的影响是由于各个不同品种的产品利润率是不同的，而预测计划期利润时，是以本期各种产品的平均利润率为依据的。如果计划期不同利润率产品在全部产品中所占的销售比重发生变化，就会引起全部产品平均利润率发生变动，从而影响到利润额的增加或减少。所以，应根据预测的计划期产品品种结构变动情况，确定计划期平均利润率，然后通过比较本期和计划期利润率的差异，计算计划期由于品种结构变动而增加或减少的利润数额。

（3）预测产品成本变动对利润的影响。在产品价格不变的情况下，降低产品成本会使利润相应地增加。由于成本降低而增加的利润，可根据经预测确定的产品成本降低率来求得。

（4）预测产品价格变动对利润的影响。如果在计划期产品销售价格比上期提高，则销售收入也会增多，从而使利润额增加；反之，如果产品销售价格降低，就会导致利润额的减少。销售价格增加同样会使销售税金相应地增减，这一因素同样要考虑进去。

（5）预测产品销售税率变动对利润的影响。产品销售税率变动直接影响利润额的增减。如果税率提高，可使利润额减少；如果税率降低，则使利润额增加。

3. 经营杠杆系数法

经营杠杆系数法是根据有关产品的经营杠杆同其产销量和利润之间的相互关系，借助于经营杠杆系数预测企业未来一定期间内利润的方法。

所谓经营杠杆，是指由于固定成本的存在而导致的利润变动率大于产销量变动率的一种经济现象。在企业生产经营中，当有关产品的其他因素保持不变时，产销量变动必将引起边际贡献发生变动,且二者的变动比率必然相等。但由于固定成本在相关范围内保持不变,当产销量变动时,使单位固定成本成反比例变动,而导致单位产品利润变动,最终使得有关产品的利润变动率大于其产销量变动率。这一经济现象被称为经营杠杆效应。

(1) 经营杠杆系数及其计算。经营杠杆的作用强度是用经营杠杆系数(DOL)来表示的,它是利润变动率同产销量变动率的比值。

经营杠杆系数(DOL)= 利润变动率÷产销量变动率 = 基期贡献边际÷基期利润

(2) 经营杠杆系数的变动规律。

1) 只要固定成本不等于零,经营杠杆系数恒大于1;

2) 在前后期单价、单位变动成本和固定成本不变的情况下,产销量越大,经营杠杆系数越小,产销量越小,经营杠杆系数越大,即产销量的变动与经营杠杆系数的变动方向相反;

3) 成本指标的变动与经营杠杆系数的变动方向相同;

4) 单价的变动与经营杠杆系数的变动方向相反;

5) 在同一产销量水平上,经营杠杆系数越大,利润变动幅度就越大,从而风险也就越大。

(3) 经营杠杆系数在利润预测中的应用

目标利润额 = 基期利润×(1 + 产销量变动率×经营杠杆系数)

产销量变动率 =(目标利润 − 基数利润)÷(基数利润×经营杠杆系数)

= 目标利润变动率÷经营杠杆系数

【例4-12】 某企业生产一种甲产品,今年的产销量为5 000件,售价200元/件,单位变动成本120元/件,获利210 000元。

要求:

(1) 计算经营杠杆系数;

(2) 明年计划增加销售5%,预测可实现的利润。

(1) 基期边际贡献 = 5 000×(200 − 120)= 400 000(元)

经营杠杆系数 = 400 000/210 000 = 1.9

(2) 预计可实现利润 = 210 000×(1 + 1.9×5%)= 229 950(元)

相关链接

创业公司如何进行财务预测

在创业阶段预测业务收入和成本与其说是一门学问,不如说是一种艺术。合理的财务预测会帮助你制订和运行各种计划,有助于公司的成功。

许多创业者抱怨:建立具有任何准确度的预测都会花费大量时间,这些时间原本可以用于销售。但如果你不能提供一套周密预测的话,很少会有投资者投钱给你。更重要的是,合理的财务预测会帮助你制订和运行各种计划,有助于公司的成功。

1. 从成本开始,而不是收入。在创业阶段,预测成本比预测收入容易得多。比如固定成本/一般管理费用包括租金、公共费用支出(水电煤气费)、电话费/通讯费、会计费、法律/保险/许可费、邮费、技术、广告/营销、工资等;可变成本则包括已销售商品成本、材料和供应、包装等;还有直接人工成本。在创业阶段由于广告和营销成本总是超出预期,应该加倍进行预计。

2. 用保守和积极两种方式预测收入。如果你像多数创业者一样,就会常常在保守的现实和积极的理想状态间起伏，这会让你动力十足，也能帮助你鼓舞他人。这种理想状态被称为"大胆的理想主义"。建议在创业阶段拥抱梦想，至少制订一套在积极假定下的计划。通过制订两套收入计划（一个积极的，一个保守的），你会迫使自己做出保守的假定，然后根据积极的计划再放宽其中一些假定。

例如，你的保守收入计划可能采取了以下假定：较低的价格点、两种营销渠道、没有销售人员、前三年每年有一种新产品或服务推出。而你的积极计划可能包括以下假定：基础产品的价格低、高端产品的价格高，三到四种营销渠道，以佣金制度支付两名销售人员的工资，第一年有一种新产品或服务推出，第二年和第三年可能有五种甚至更多。

释放"想要做大"的能量，制订一套雄心勃勃的预测，更有可能会产生出突破性的想法。

3. 检查主要比率，确保计划可靠。在制订了积极的收入预测以后，很容易忘掉成本。许多创业者会乐观地专注于达到收入目标，如果不能实现，就假定成本能被调整到适应现实的基础上。积极的思维往往会帮助你增加销售，但也能帮你减少成本！

平衡收入计划和成本计划的最佳办法是通过一系列的关键比率进行检查。

- 毛利率：在某一季度或某一年里直接总成本除以全部收入的比率是多少？注意那些能让你的毛利润从10%增加到50%的假定条件！如果客户服务和直接销售成本现在很高，那么将来还可能会很高。
- 营业利润率：应该采取积极的举措提高这个比率。随着收入的增长，一般管理成本应该占总成本的一小部分，营业利润率应该提高。许多企业家犯的错误是太早地预测了收支平衡点，而且认为不需要太多的资金支持就能达到。
- 员工总数和客户总数的比率：如果你是光杆司令，计划单枪匹马地发展生意，要特别注意这个比率。将员工总数除以现有的客户总数，问自己，当业务扩大时你是否想在五年内管理那么多客户？

为创立企业制订一套精确的增长计划是需要时间的。刚开始创业时，往往很难把计划制订得很详细，因为商业模式会发展和变化，但如果有可能，应尽量把计划做得很详细。定期检查并更新预算会令创业者的头脑更清醒。

资料来源：《创业邦》，作者Asheesh Advani。

4.5 预测分析的Excel模型设计

4.5.1 平稳时间序列预测模型

1. 模型概要

（1）问题描述：对于平稳的时间序列，可以运用移动平均法、指数平滑法进行预测。
（2）主要变量：被预测因素的时间序列。
（3）决策方法：移动平均法、指数平滑法。
（4）关键技术：移动平均法、指数平滑法的Excel算法；相对引用；微调器的使用。

2. 应用举例

【例4-13】某企业2018年1～12月某产品销售量的有关资料如表4-9所示。

表4-9　某产品2018年1~12月销售量资料

月份	1	2	3	4	5	6	7	8	9	10	11	12
销售量（千件）	150	139	140	157	148	143	151	162	149	155	151	145

要求： 用3期移动平均法预测次年1月的销售量。

【模型展示】　模型展示如图4-1所示。

【文件链接】　管理会计模型4-1：移动平均法预测模型.xlsx（章后Excel模型二维码　模型4-1）。

【建模步骤】

第一步：在数据区输入原始数据，见图4-1之B3:N4。

第二步：输入相关说明文字，见图4-1所示。

第三步：在F6单元格中输入平均数公式"=AVERAGE（C4:E4）"，即4月的预测值。

注意： 此处对C4:E4的引用是相对引用。

第四步：将单元格F6复制至G6:O6，计算出5月至次年1月的预测值。

第五步：绘制折线图。

第六步：修饰图表。

运用Excel模型预测出次年1月的销售量为150千件。用同样的方法，可以类推向后预测。

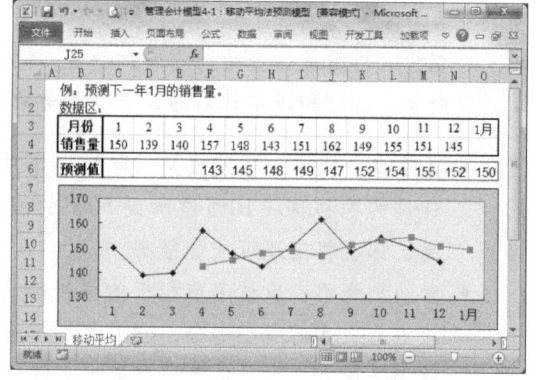

图4-1　移动平均法预测模型

【例4-14】　条件依上例。

要求： 用3期指数平滑法预测次年1月的销售量。

【模型展示】　模型展示如图4-2所示。

【文件链接】　管理会计模型4-2：平稳时间序列预测模型.xlsx（章后Excel模型二维码模型4-2）之"指数平滑法"工作表。

【建模步骤】

第一步：在数据区输入原始数据，见图4-2之A3:N4。

第二步：输入相关说明文字，见图4-2所示。

第三步：设置一个可以动态调节的平滑系数控制器。方法如下。

（1）合并B6:C6单元格，在其中输入"平滑系数"。

（2）点击左上角徽标—Excel选项—自定义

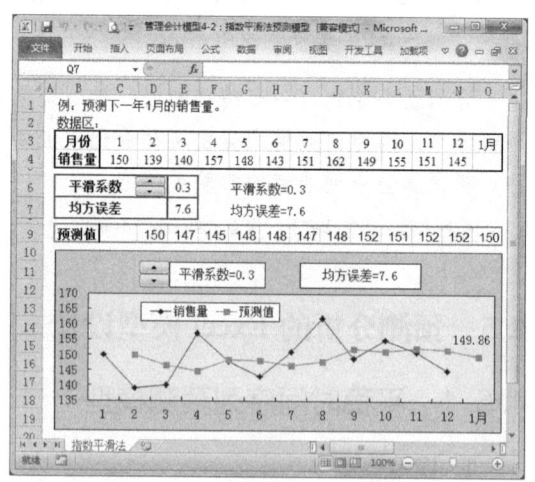

图4-2　指数平滑法预测模型

图4-3　窗体

—从下列位置选择命令—不在功能区命令，就可以把窗体的按钮添加到菜单栏，如图4-3所示。

（3）用鼠标单击微调器按钮，此时鼠标变为"+"字，在D6单元格处画一个大小适中的微调器。

(4) 设置微调器。右键单击微调器，选择"设置控件格式"，设置该控件，如图4-4 所示。

单击"确定"，至此，该微调器制作完成。通过控制微调器，可控制单元格 D6 的值，该单元格的值界于 0～10，且随着微调器的调节，按步长 1 变动。

(5) 因为微调器只能调节大于 0 的整数，所以，在单元格 E6 中输入公式"= B6/10"，则 E6 单元格的值界于 0～1，且随着微调器的调节，按步长 0.1 变动。此时，微调器同时调节着 D6、E6 两个单元的值，E6 单元格的值即为平滑系数。

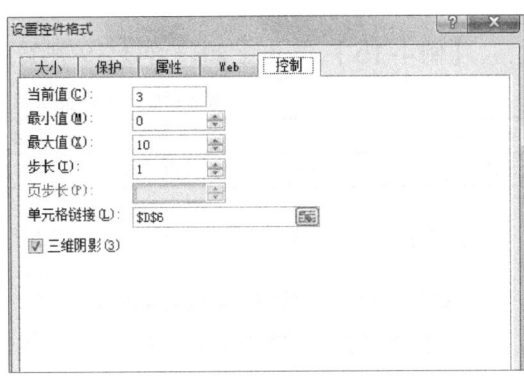

图 4-4　设置控件格式

第四步：运用指数平滑法计算预测值。令单元格 D8 = C4，在 E8 单元格中输入公式"= D4 * $E$6 + D8 * (1 - $E$6)"，则 E8 为 3 月的预测值；将 E9 复制至 F8:O8，计算出 4 月至次年 1 月的预测值。

注意：E8 单元格的计算公式中，对于 E6 的引用是绝对引用。

第五步：计算均方误差。根据统计学关于均方误差的计算方法，运用 Excel 的内置函数计算均方误差。方法如下。

在 E7 单元格内输入公式"=(SUMXMY2 (D4:N4，D9:N9)/COUNT (D4:N4))^0.5"，计算出预测的均方误差。

第六步：绘制折线图。

第七步：修饰图表，在图形中加入平滑系数的控制器和均方误差的结果，且要求图形中的控制器是动态可调的，均方误差的值也随着平滑系数的改变而改变。方法如下所述。

(1) 先设置两个单元格，使其值分别等于平滑系数的说明性文字和均方误差的说明性文字。令 G6 "=" 平滑系数 =" &E6"，令 G7 "=" 均方误差 =" &ROUND (E7，2)"，则 G6 单元格的值为平滑系数的说明性文字，G7 单元格的值为均方误差的说明性文字。

(2) 在图形中绘制一个文本框，鼠标点击其边沿，使其处于编辑状态，然后在编辑栏输入"=$G$6"，此时，该文本框就与 G6 单元格建立了链接，其显示的内容始终与 G6 单元格一样。用同样的方法，制作均方误差的说明性文本框。

(3) 复制平滑系数的控制器按钮，粘贴到图形中，与平滑系数的文本框组合。

(4) 调整修饰图表大小，使其美观。

4.5.2　趋势时间序列预测模型

1. 模型概要

(1) 问题描述：对于有发展趋势的时间序列，需要运用回归法进行预测。回归法可分为线性回归和非线性回归。

(2) 主要变量：被预测因素的时间序列。

(3) 决策方法：线性回归法、非线性回归法。

(4) 关键技术：TREND 函数的应用，数据分析的应用，LINEST 函数的应用，LOGEST 函数的应用，GROWTH 函数的应用。

2. 应用举例

【例4-15】 某企业2017年1~9月某产品销售量的有关资料如表4-10所示。

表4-10 某产品2017年1~9月销售量资料

月份	1	2	3	4	5	6	7	8	9
销售量（千件）	130	134	143	151	154	157	161	167	179

要求：用一元线性回归法预测10~12月的销售量。

【模型展示】 模型展示如图4-5所示。

【文件链接】 管理会计模型4-3：一元线性回归预测模型.xlsx（章后Excel模型二维码 模型4-3）。

【建模步骤】

方法一：回归法。

回归法的建模步骤与第2章"管理会计模型2-1：成本性态分析.xls"的建模过程相同。

得到回归方程 $Y = 124.81 + 5.6167X$。

在单元格I8：I13输入预测月份，在单元格J8输入公式"= 124.81 + 5.6167 * I8"，并复制到J9：J13，得到10月至次年3月的预测值。

方法二：运用TREND函数进行预测。

第一步：在数据区输入原始数据，见图4-5之B4：C13。

第二步：在L7：L13输入预测月份变量。

第三步：在M8输入公式TREND，TREND公式的输入见图4-6。

注意：公式中"$C$5:$C$13"和"$B$5:$B$13"为绝对引用，L8为相对引用。

第四步：将M8复制至M9：M13。

运用TREND函数，可以不建立回归方程，直接计算出一元线性回归的预测值。

方法三：运用数据分析之"回归"功能计算回归方程。

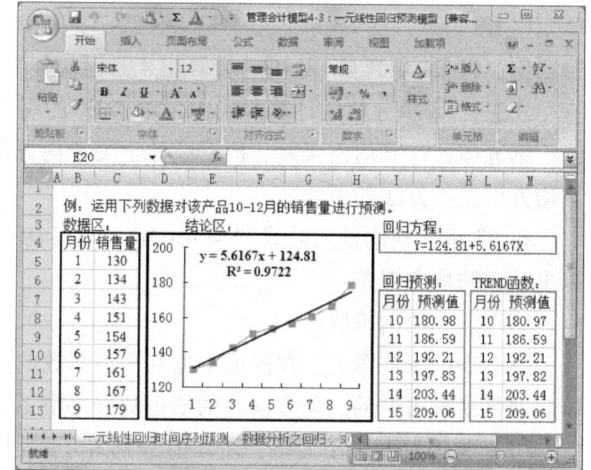

图4-5 趋势时间序列预测模型

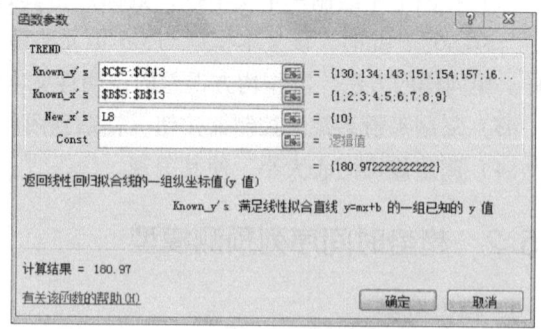

图4-6 TREND函数参数设置

【文件链接】 管理会计模型4-3：一元线性回归预测模型.xlsx（章后Excel模型二维码 模型4-3）之"数据分析之回归"工作表。

第一步：输入原始数据。

第二步：加载项中选择"分析数据库—VBA函数"。

第三步：单击"数据选项"，选择"数据分析"，在对话框中输入相关单元格，如图4-7所示。

第四步：点击"确定"，得到回归估计结果，如图4-8所示。

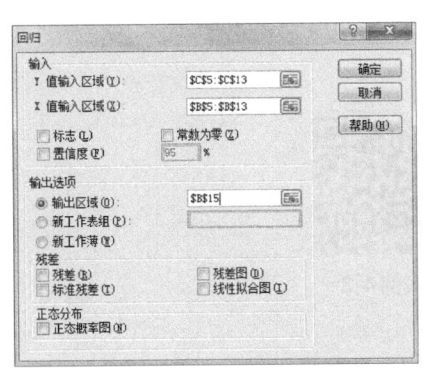

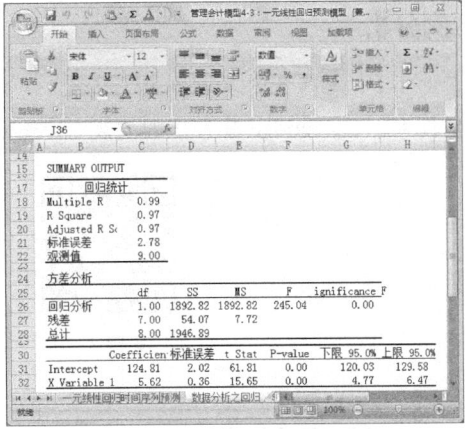

图 4-7　回归命令设置界面　　　　　　图 4-8　回归估计结果

该方法不仅能够得到回归方程，而且能够对回归方程进行检验。例如，本例中，各检验值如下 $R^2=0.99$，校正 $R^2=0.97$，$F=245.04$，自变量 X 的 t 检验值 $=15.65$。

各检验值显示：方程显著，回归系数显著。

3. 其他说明

（1）LOGEST 函数的应用。LOGEST 函数是一个用来计算指数曲线 $y=bm^x$ 的参数 b 和 m 的函数，它是一个数组函数，函数语法为

= LOGEST（B1: B8，A1: A8，FALSE）

其中，第一个参数"B1: B8"是引用 Y 的单元格，第二个参数"A1: A8"是引用 X 的单元格，第三个参数是控制参数 b 值的开关，"true"或"缺省"为正常计算，"false"为强制值 $b=1$。

选中一行中连续两个单元，输入 LOGEST 公式，同时按 < CTRL + SHIFT + ENTER > 键，则得到相应的 m 值（第一个单元格的值）和 b 值（第二个单元格的值）。

（2）GROWTH 函数的应用。GROWTH 函数是用来直接计算指数曲线预测值的函数。其语法为

= GROWTH（B1: B8，A1: A8，9）

其中，第一个参数"B1: B8"指引用 Y 的单元格，第二个参数"A1: A8"是引用 X 的单元格，第三个参数"9"是指预测值相对应的自变量的值。

（3）LINEST 函数。LINEST 函数是用来计算一元线性回归方程的相关参数的数组函数。

以上函数读者可自行操作练习。

（4）非线性回归预测法。非线性回归预测法的操作方法与第 2 章"管理会计模型 2-1：成本性态分析. xls"之"非线性模型"工作表的建模过程相同。

■ Excel 模型二维码

模型 4-1　　　　　　模型 4-2　　　　　　模型 4-3

案例分析

案例 4-1　准确预测现金流
案例 4-2　Glenridge 零售店的发展

案例 4-1

案例 4-2

课后练习与实验操作

计算分析题

1. 某公司本年 1～12 月产品销售量情况如表 4-11 所示，用指数平滑法预测明年 1 月的销售量（万件）（平滑系数为 0.3）。

表 4-11　销售量情况（1～12 月）

月份	1	2	3	4	5	6	7	8	9	10	11	12
销售量	66	68	74	68	82	88	100	92	94	104	90	110

2. 某公司生产甲产品，其最近 5 年的产量和历史成本资料如表 4-12 所示，如果该厂计划年度产量为 150 件，运用回归分析法预测甲产品总成本。

表 4-12　甲产品产量和历史成本资料

年度	1	2	3	4	5
产量（件）	10	40	30	20	50
单位产品成本（元）	200	150	220	120	100

3. 本企业 2017 年与 2018 年甲产品经营情况如表 4-13 所示。若预计 2019 年产销量增加 20%，运用经营杠杆系数预测 2019 年的预期营业净利润。

表 4-13　甲产品经营情况（2017～2018 年）

项目	2017 年	2018 年	变动额	变动率
销售收入	100 000	150 000	50 000	50%
变动成本	60 000	90 000	30 000	50%
边际贡献	40 000	60 000	20 000	50%

（续）

项目	2017 年	2018 年	变动额	变动率
固定成本	20 000	20 000		
营业利润	20 000	40 000	20 000	100%

4. 某公司 2018 年 12 月 31 日的资产负债如表 4-14 所示。2018 年度实现销售收入 300 000 元，可获 5% 的销售净利润。如果 2019 年度销售收入增加到 400 000 元，根据销售百分比法预测 2019 年资金需用总量。

表 4-14　资产负债资料　（单位：元）

资产	期末余额	负债与所有者权益	期末余额
货币资金	15 000	应付账款	30 000
应收账款	30 000	应付票据	30 000
预付账款	35 000	短期借款	60 000
存货	90 000	长期负债	30 000
固定资产	70 000	实收资本	60 000
		留存收益	30 000
合计	240 000	合计	240 000

实验操作题

1. 以计算分析题第 1 题为例,设计指数平滑法的 Excel 模型,要求:
   (1) 设计平滑系数能够动态可调的计算模型;
   (2) 绘制平滑系数能够动态可调的指数平滑预测图。
2. 以计算分析题第 1 题为例,设计回归预测模型,要求:
   (1) 运用 TREND 函数进行预测;
   (2) 运用添加趋势线的方法进行预测;
   (3) 运用数据分析进行预测。
3. 以计算分析题第 3 题为例,设计利润的经营杠杆预测模型,要求:
   (1) 设计变动成本率可调、增长率可调的预测模型;
   (2) 绘制变动成本率可调、增长率可调的利润动态变动图。
4. 请用思维导图绘制本章的知识要点。

参考文献与推荐阅读

[1] 罗宏,曾永良,方军雄,等. 会计信息的宏观预测价值:基于中国制度环境的研究 [J]. 会计研究,2016 (4):9-18.

[2] 李涛. 会计利润预测与现金利润预测的对比研究 [J]. 中国总会计师,2008 (6).

[3] 王国明. 管理会计思维下的财务组织模式与盈利预测准确度研究 [J]. 中国注册会计师,2018 (4).

[4] 柏思萍,邓国红,蒋昌军,等. 从管理会计工具之"本量利"模型看广西中烟公司目标成本预测 [J]. 商业会计,2017 (10):64-66.

[5] 刘兰娟. 经济管理中的计算机应用 [M]. 北京:清华大学出版社,2016.

[6] 杨德平. 经济预测方法及 MATLAB 实现 [M]. 北京:机械工业出版社,2012.

第 5 章
CHAPTER5

经营决策

> 有效的决策人,首先要辨明问题的性质:这是一再发生的经常性问题呢,还是偶然的例外?
>
> ——彼得·德鲁克

■ **学习目标**

1. 了解短期经营决策的目标、决策方案的类型及相关因素;
2. 掌握各种经营决策的基本方法;
3. 掌握产品定价决策的基本方法;
4. 掌握经济批量决策的基本形式及其各种变化形式;
5. 了解存货控制的方法;
6. 掌握短期经营决策的 Excel 模型设计方法。

■ **重点与难点**

1. 各类生产决策;
2. 产品最优定价的决策分析及成本加成定价法;
3. 存货经济批量决策的基本形式与扩展形式;
4. 存货经济批量决策的 Excel 模型。

■ **导入案例**

某冰淇淋厂产能 2 000 万支,且只生产一种产品,目前只用了 80% 产能,该产品单位变动成本 1.5 元,其中单位产品销售费用为 0.05 元,正常批发价 2 元一支。某批发商愿以每只 1.48 元的价格贴牌生产 200 万支,并自行承担相关销售费用。如果你是冰淇淋厂的经理人,请问你接不接这个单子?

分析:从表面分析,1.48 元低于变动成本 1.5 元,不仅不能弥补固定成本,连变动成本都弥补不了,而且远远低于原来 2 元的批发价。但是由于工厂的剩余产能还有 400 万支,大于客户订单 200 万支，且如果接受了批发商的订单，工厂不需要负担额外的销售费用，这样就节省了 0.05 元的销售费用，使该笔订单的单位变动成本变为 1.45 元，低于订单价格 1.48 元，进而产生 0.03 元的单位贡献毛利，显然工厂是可以接受这个订单的：在对工厂的销售、生产、营销策略没有任何影响的情况下，接受该笔订单可增加贡献毛利，多赚 6 万元。

这个案例说明了一种特定的决策方法，即何种订单可以接受，哪种产品应该停产，哪种产品应该继续存在。这就是我们本章要介绍的内容。

5.1 决策分析概述

5.1.1 短期经营决策的内容

短期经营决策的具体内容较多，概括地说，主要包括生产决策、定价决策及存货决策。

1. 生产决策

生产决策是指短期（如一年）内，在生产领域中，围绕是否生产、生产什么、怎样生产以及生产多少等方面的问题而展开的决策。其中包括：新产品开发的品种决策、亏损产品的决策、是否转产或增产某种产品的决策、是否接受特殊价格追加订货的决策、有关产品是否深加工的决策、零部配件取得方式的决策、生产工艺技术方案的决策等。

2. 定价决策

定价决策是指短期（如一年）内，在流通领域中，围绕如何确定销售产品价格水平的问题而展开的决策。这种决策经常采用的方法包括：以成本为导向的定价方法、以需求为导向的定价方法、以特殊情况为导向的定价方法等。

3. 存货决策

存货决策主要研究材料采购和生产投入的批量问题，要求计算出一个最经济的存货批量，既能满足生产需要，又不造成库存冗余，而费用又是最节约的。

5.1.2 短期经营决策必须考虑的重要因素

短期经营决策必须考虑以下三大因素，即相关收入、相关成本和相关业务量。

1. 相关收入

相关收入是指与特定决策方案相联系的、能对决策产生重大影响的、在短期经营决策中必须予以充分考虑的收入，又称有关收入。如果某项收入只属于某个经营决策方案，即若有这个方案存在，就会发生这项收入，若该方案不存在，就不会发生这项收入，那么，这项收入就是相关收入。相关收入的计算，要以特定决策方案的单价和相关销售量为依据。

与相关收入相对立的概念是无关收入。如果无论是否存在某决策方案，均会发生某项收入，那么就可以断定该项收入是上述方案的无关收入。在短期经营决策中，不能考虑无关收入，否则，就有可能导致决策失误。

2. 相关成本

相关成本是指与特定决策方案相联系的、能对决策产生重大影响的、在短期经营决策中必须予以充分考虑的成本，又称有关成本或特定成本。如果某项成本只属于某个经营决策方案，即若有这个方案存在，就会发生这项成本，若该方案不存在，就不会发生这项成本，那么，这项成本就是相关成本。相关成本包括：变动成本、付现成本、重置成本、差量成本、机会成本、假记成本、可避免成本、可延缓成本、专属成本等。

3. 相关业务量

相关业务量是指在短期经营决策中必须认真考虑的、与特定决策方案相联系的产量或销量。尽管相关业务量对决策方案的影响往往是通过对相关收入和相关成本的影响而实现的，但这也恰恰从另一个方面说明相关业务量是短期经营决策中不容忽视的重要因素。实践表明，在短期经营决策过程中，许多对相关收入和相关成本的计量失误往往出于对相关业务量的判断错误。例如，在是否增产某种非亏损产品的决策中，应当考虑的相关业务量就不是该产品的全部产量，而是单纯增产的数量。

5.1.3 短期经营决策的常用方法

1. 边际贡献法

边际贡献法是管理会计进行短期经营决策的常用方法。

在短期经营决策中，由于一般不改变生产能力，固定成本则保持不变，因而只要对产品所创造的边际贡献进行分析，就可确定哪个备选方案最优，此即边际贡献法。

边际贡献法又分为单位资源边际贡献分析法、边际贡献总额分析法、相关损益分析法。

（1）单位资源边际贡献分析法。单位资源边际贡献分析法是指以有关方案的单位资源边际贡献指标作为决策评价指标的一种方法。

$$单位资源边际贡献 = 单位边际贡献 \div 单位产品资源消耗定额$$

（2）边际贡献总额分析法。边际贡献总额分析法是指以有关方案的边际贡献总额指标作为决策评价指标的一种方法。边际贡献总额分析法经常被应用于生产经营决策中不涉及专属成本和机会成本的单一方案决策或多方案决策中的互斥方案决策，如亏损产品决策。

（3）相关损益分析法。相关损益分析法是指在进行短期经营决策时，以相关损益作为决策指标的一种方法。

相关损益是指某方案的相关收入与相关成本之差。

相关损益分析法是边际贡献法的一种特例，当决策方案中涉及追加专属成本时，就无法继续使用单位资源边际贡献或边际贡献总额指标，而应该使用相关损益指标，相关损益也是一种增量的边际贡献。

2. 成本无差别点法

成本无差别点法是指在各备选方案的相关收入均为零，相关的业务量为不确定因素时，通过判断处于不同水平上的业务量与成本无差别点业务量之间的关系，来做出互斥方案决策的一种方法。

成本无差别点业务量是指能使两方案总成本相等的业务量，又叫成本分界点、成本平衡点。

成本无差别点法要求各方案的业务量单位必须相同，方案之间的相关固定成本水平与单位变动成本水平相互不等，例如，第一个方案的相关固定成本大于第二个方案的相关固定成本，而第一个方案的单位变动成本又恰恰小于第二个方案的单位变动成本，否则无法应用该法。

若 A 方案：固定成本为 a_1，单位变动成本为 b_1；B 方案：固定成本为 a_2，单位变动成本为 b_2，且满足 $a_1 > a_2$，$b_1 < b_2$，则成本无差别点业务量 X_0 计算如下所述。

成本无差别点业务量是指能使两方案总成本相等的业务量，即 $b_1 X_0 + a_1 = b_2 X_0 + a_2$

则有
$$X_0 = (a_1 - a_2)/(b_2 - b_1)$$

即 $$\text{成本无差别点业务量} = \frac{\text{两方案相关固定成本之差}}{\text{两方案单位变动成本之差}}$$

结论：

当业务量小于成本无差别点业务量 X_0 时，则固定成本较低的 B 方案优于 A 方案；

当业务量大于成本无差别点业务量 X_0 时，则固定成本较高的 A 方案优于 B 方案；

当业务量等于成本无差别点业务量 X_0 时，则两个方案的成本相等，效益无差别。

5.2 生产决策

生产决策是企业短期经营决策的重要内容，主要包括新产品投资的决策、亏损产品是否停产或增产的决策、产品是否转产的决策、零部件是自制还是外购的决策、有关产品是否深加工的决策、是否接受特殊价格追加订货的决策、生产工艺技术方案的决策、约束条件下生产不同产品的最优组合决策等。

5.2.1 新产品投产的决策分析

短期经营决策中新产品投产的决策主要是指企业利用现有剩余生产能力来开发某种新产品的过程中，在两个或两个以上的在市场上有销路的新产品中选择最优产品的决策。

这种决策可以按照是否涉及追加专属成本分两种情况讨论。

1. 不追加专属成本时

在新产品开发的品种决策中，如果有关方案均不涉及追加专属成本，就可以用单位资源边际贡献分析法或边际贡献总额分析法进行新产品开发的决策。

【例 5-1】 企业目前只生产一种产品，现有生产能力为 150 000 机器小时，实际只用了 80%。剩余生产能力具有开发另一种新产品的生产经营能力，有 A、B 两个新品种可供选择。已知 A 品种和 B 品种有关单价、单位变动成本和单位产品定额机器小时的资料如表 5-1 所示，有关的生产经营能力成本的固定成本为 30 000 元，现不需要追加专属成本。

要求：就 A、B 品种进行决策。

根据上述资料，本例可选用单位资源边际贡献分析法或边际贡献总额分析法进行分析，分析资料如表 5-2 所示。

由上表分析可见，B 品种的单位资源边际贡献指标和边际贡献总额均大于 A 品种，所以应当开发 B 品种。

表 5-1 相关预测资料

项目	A 品种	B 品种
单位售价	80	40
单位变动成本	60	25
单位产品定额台时机器小时	5	3

表 5-2 边际贡献分析表

项目	A 品种	B 品种
单位售价	80	40
单位变动成本	60	25
单位边际贡献	20	15
单位产品定额台时机器小时	5	3
单位资源边际贡献	4	5
边际贡献总额	120 000	150 000

注：边际贡献总额 = 单位资源边际贡献 × 剩余生产能力 = 单位资源边际贡献 × 150 000 × (1 − 80%)

2. 涉及追加专属成本时

当新产品开发的品种决策方案中涉及追加专属成本时，就无法继续使用单位资源边际贡献分析法和边际贡献总额分析法，而应当考虑使用相关损益分析法进行决策。

【例 5-2】 仍依前例，如果新品种 A、B 分别需要装备不同的专用模具，需追加专属成本分别为 10 000 元和 2 000 元，那么，决策会有怎样的结论呢？

根据前面的资料，A、B 品种的相关销量计算如下

A 品种的相关销量 = 150 000 × (1 − 80%) ÷ 5 = 6 000(件)

B 品种的相关销量 = 150 000 × (1 − 80%) ÷ 3 = 10 000(件)

专属成本是相关成本，应在决策中加以考虑。

本例可选用相关损益分析法进行分析，分析资料如表 5-3 所示。

表 5-3 相关损益分析表

项目	A 品种	B 品种
相关收入	80 × 6 000 = 480 000	40 × 10 000 = 400 000
相关成本		
其中：变动成本	60 × 6 000 = 360 000	25 × 10 000 = 250 000
专属成本	10 000	20 000
相关损益	110 000	130 000

计算结果表明，B 品种的相关损益比 A 品种高，可以据此断定应当开发 B 品种，这样可以使企业多获利润 20 000 元（= 130 000 − 110 000）。

5.2.2 亏损产品是否停产或增产的决策分析

亏损产品是否停产或增产的决策分析，主要研究在企业生产多种产品时，如果某一种产品出现了亏损，那么是按照原有规模继续生产该亏损产品，还是停止生产该亏损产品或是按照扩大的规模生产该亏损产品的问题。

1. 亏损产品是否停产的决策

(1) 当亏损产品停产以后，闲置下来的生产能力无法转移，也不能将有关设备对外出租。在这种情况下，只要亏损产品的单价大于其单位变动成本，就不应当停产。

这是因为，继续生产能够提供正的边际贡献的亏损产品至少可以为企业补偿一部分固定成本，减少亏损。如果停止生产，作为沉没成本的固定成本仍然还要发生，并且由其他产品负担，最终导致整个企业的利润减少。

【例 5-3】 某企业生产 A、B、C 三种产品，C 产品是亏损产品，假定停产 C 产品，生产能力无法转移。有关收入成本资料如表 5-4 所示。

表 5-4 C 产品停产前相关利润 （单位：万元）

项目	A 产品	B 产品	C 产品	合计
营业收入	2 000	1 200	800	4 000
变动成本	1 300	900	700	2 900
边际贡献	700	300	100	1 100
固定成本	400	240	160	800
利润	300	60	−60	300

注：固定成本按营业收入比例分摊。

如果 C 产品停止生产，由于固定成本没有减少，C 产品所负担的固定成本必将转移到

A、B 产品中，企业的利润由 300 万元减少到 200 万元，如表 5-5 所示。因此，不应停止 C 产品的生产。

表 5-5　C 产品停产后相关利润　　　　　　　　　（单位：万元）

项目	A 产品	B 产品	合计
营业收入	2 000	1 200	3 200
变动成本	1 300	900	2 200
边际贡献	700	300	1 000
固定成本	500	300	800
利润	200	0	200

注：固定成本按营业收入比例分摊。

(2) 如果亏损产品停产以后，闲置下来的生产能力可以转移，例如，将有关设备用于对外出租时，则必须进一步考虑有关机会成本（租金）因素。如果亏损产品创造的边际贡献小于与生产能力转移有关的机会成本（租金），就应当停产。反之，则不应当停产。

【例 5-4】 若【例 5-3】中 C 产品停产后，可将生产 C 产品的设备、厂房对外出租，一年可获得租金收入 120 万元。则是否该停产 C 产品？

显然，由于继续生产 C 产品方案的边际贡献为 100 万元，小于其机会成本（即可望获得的租金收入）120 万元，因而应当停止生产 C 产品转而出租设备，这样可以使企业多获得 20 万元利润。

2. 亏损产品是否增产的决策

对于亏损产品既然不能轻易地停止生产，那么是否可以考虑适当增产亏损产品呢？对此，可以从以下几种情况进行分析。

(1) 当企业具备增产亏损产品的能力，且增产能力无法转移，亏损产品的收入大于其变动成本时，应当增产该亏损产品。

(2) 当企业具备增产亏损产品的能力，但增产能力也可以转移时，则需比较分析。如果增产该亏损产品创造的边际贡献大于增产能力转移有关的机会成本，那么就应当增产该亏损产品；反之，就不应当增产该亏损产品。

(3) 当企业尚不具备增产亏损产品的能力时，要达到增产亏损产品的目标，就必须追加投入一定的专属成本。在这种情况下，如果该亏损产品能提供正的边际贡献，那么应当运用相关损益分析法，通过判断增产亏损产品方案与停产方案的相关损益进行决策。

5.2.3　产品是否转产的决策分析

短期经营决策中的转产是指调整个别品种构成，利用现有条件，将亏损产品或低盈利性产品的生产能力转移到开发新产品或其他产品上来。这种方式一般不涉及生产能力的变动，同单纯开发新产品及亏损产品转产、增产的决策有一定区别。此类决策一般采用边际贡献法。

【例 5-5】 已知某企业生产 A、B、C 三种产品。其中 A 产品每年的营业收入为 4 000 元，变动成本为 3 500 元，它的生产能力可以转移，既可用于开发新产品 D，又可以用于增产原有产品 B 或 C，有关详细资料如下所述。

（1）A 产品停产后其生产能力可分别用于：增产 B 产品 200 件，增产 C 产品 300 件或生产 D 产品 100 件，且不需要增加专属成本。

（2）单价资料：B 产品为 20 元，C 产品为 15 元，D 产品为 40 元。

（3）单位变动成本资料：B 产品为 9 元，C 产品为 8 元，D 产品为 12 元。

要求：做出 A 产品是否转产的决策，如果企业转产，应当转产哪种产品？

依题意编制边际贡献总额分析表，如表 5-6 所示。

表 5-6　边际贡献总额分析表　　　　　　　　　（单位：元）

项目	转产产品			继续生产 A 产品
	增产 B 产品	增产 C 产品	增产 D 产品	
相关收入	4 000	4 500	4 000	4 000
变动成本	1 800	2 400	1 200	3 500
边际贡献总额	2 200	2 100	2 800	500

由表 5-6 可见，无论是增产 B 产品或 C 产品，还是转产 D 产品，均比继续按原规模生产 A 产品有利可图，所以企业应当转产。根据边际贡献总额的大小，首先应考虑转产 D 产品，若转产 D 产品，可使企业利润额比继续生产 A 产品多 2 300 元（=2 800－500）；其次是增产 B 产品，增产 B 产品可增加利润 1 700 元（=2 200－500）；最后是增产 C 产品，而增产 C 产品，可增加利润 1 600 元（=2 100－500）。

5.2.4　零部件是自制还是外购的决策分析

这类决策适用于那些既可以从市场上买到，又可自行制造的零部件的取得方式的决策。

零部件是自制还是外购的决策方案通常不涉及相关收入，只需要考虑相关成本因素。

1. 零部件年需用量确定时自制或外购的决策

在这种情况下，可采用相关成本分析法进行决策。

【例 5-6】某企业每年需用 M 零件 2 000 件，其市场售价为 100 元/件，企业有能力安排辅助车间自行生产，每个成本 100 元，其中直接材料 60 元，直接人工 20 元，变动制造费用 12 元，固定制造费用 8 元；人工外购则每件售 96 元。

要求：就以下各不相关情况做出 M 零件取得方式的决策分析。

（1）自制方案中不增加专属固定成本，辅助车间生产能力无法转移；

（2）自制方案需租入有关专用设备，年租金 12 000 元；

（3）生产能力可以转移，辅助车间的设备可以出租，每年租金收入 10 000 元。

解：依题意用相关成本分析法进行决策。

（1）因为企业的固定成本 16 000 元（=8×2 000）属于沉没成本，是无关成本，则自制成本无须考虑固定制造费用。自制与外购方案的相关成本如表 5-7 所示。

表 5-7　相关成本分析表　　　　　　　　　（单位：元）

项目	单位成本	总成本
自制方案	60+20+12=92	92×2 000=184 000
外购方案	96	96×2 000=192 000

由上表可见，无论从相关总成本还是单位成本看，自制均低于外购，应考虑自行制造，可节约 8 000 元成本开支。

（2）自制方案需租入有关专用设备，年租金 12 000 元。

租入设备的租金是自制方案的专属成本，当自制方案增加了专属成本后，自制方案的相关成本不仅包括自制的变动成本分析，还应包括专属成本（见表 5-8）。

表 5-8　相关成本分析表　　　　　　　　　　　　　　　　　　（单位：元）

项目	单位成本	总成本
自制方案	60 + 20 + 12 + 12 000 ÷ 2 000 = 98	92 × 2 000 + 12 000 = 196 000
外购方案	96	96 × 2 000 = 192 000

由表 5-8 可见，外购成本低于自制成本，企业应外购 M 零件。

（3）在第三种情况下，辅助车间设备出租取得的租金收入 10 000 元是外购方案的潜在收益，也是自制方案中的机会成本，机会成本是相关成本，所以在自制成本中应考虑租金收入。相关成本如表 5-9 所示。

表 5-9　相关成本分析表　　　　　　　　　　　　　　　　　　（单位：元）

项目	单位成本	总成本
自制方案	60 + 20 + 12 + 10 000 ÷ 2 000 = 97	92 × 2 000 + 10 000 = 194 000
外购方案	96	96 × 2 000 = 192 000

由表 5-9 可见，考虑了机会成本以后，外购成本比自制成本节约 2 000 元，故采用外购方案为宜。

2. 零部件年需用量不确定时自制或外购的决策

在这种情况下，可采用成本无差别点法进行决策。

【例 5-7】 仍依前例第二种情况，自制方案需租入有关专用设备，年租金 12 000 元，且 M 零件年需要量不确定，做出企业取得 M 零件方式的决策。

解： 依题意用成本无差别点法进行决策。

设：x 为零件的需要量，则

自制方案预期总成本 $= 92x + 12\,000$，外购方案预期总成本 $= 96x$。

当上述两种成本相等时的零件年需要量，即为成本无差别点 x_0

$$92x_0 + 12\,000 = 96x_0, \quad x_0 = 3\,000(件)$$

所以，当 M 零件全年需用量在 0～3 000 件之间变动时，应安排外购；当超过 3 000 件时，则以自制为宜。

5.2.5　半成品是直接出售还是进一步加工的决策

企业常常会面临半成品究竟是直接出售还是深加工后再上市的会计决策问题。某些制造企业生产的产品，在完成了一定的加工程序后，就可以作为半成品出售，但也可以继续加工再行出售。半成品经过深加工后形成的产成品售价一定要高于半成品售价，但相应地也要追加一定的深加工成本。因此，在进行半成品是否深加工的决策时，不仅要考虑半成品和产成品的销路问题，还要考虑有关售价、加工成本、专属成本、现有深加工能力及其是否可以转移的问题。当半成品与产成品的投入产出比不为1∶1时，还要考虑它们的相关产量。

在这类决策中，深加工前的半成品，无论是变动成本还是固定成本，都属于沉没成本，是与决策无关的非相关成本，应不予考虑，相关成本只包括与深加工有关的成本，而相关收入则包括产品直接出售和加工后出售的有关收入。

此类决策一般采用差别损益分析法进行决策分析。

【例5-8】某企业生产的半成品A，若经过深加工可加工为B产品，年产量500台。半成品A的售价为4 000元/台，单位变动成本为2 400元/台，B产品售价为5 000元，每件变动加工成本为800元/台。

要求：做出半成品A直接出售还是深加工成B产品出售的决策分析。

（1）假设深加工不需追加专属成本，半成品与产成品的投入产出比为1∶1。根据上述资料编制差别损益分析表，如表5-10所示。

表5-10　差别损益分析表　　　　　　　（单位：元）

项目	深加工成B产品出售	直接出售半成品A	差异额
相关收入	5 000×500＝2 500 000	4 000×500＝2 000 000	500 000
相关成本	800×500＝400 000	0	400 000
差别损益			100 000

所以，应继续对半成品A进行深加工，可多获利100 000元。

在此情况下，若半成品与产成品的投入产出比为1∶1，亦可直接按下式计算深加工与直接出售的差别损益

差别损益＝（产成品的售价－半成品的售价－单位变动加工成本）×半成品加工量
　　　　＝（5 000－4 000－800）×500＝100 000（元）

（2）如果企业深加工需租入一台专用设备，年租金为80 000元。那么年租金支出即为深加工B产品的专属成本，也是深加工B产品的相关成本。根据上述资料编制差别损益分析表，如表5-11所示。

表5-11　差别损益分析表　　　　　　　（单位：元）

项目	深加工成B产品出售	直接出售半成品A	差异额
相关收入	5 000×500＝2 500 000	4 000×500＝2 000 000	500 000
相关成本	480 000		480 000
其中：加工成本	800×500＝400 000	0	400 000
专属成本	80 000		80 000
差别损益			20 000

深加工成B产品出售比直接出售半成品A仍然为企业增加利润20 000元，故深加工成B产品出售更好。

（3）如果企业只具有深加工300台半成品A的能力，且该能力可用于对外承揽加工业务，预计一年可获得边际贡献额为100 000元。那么决策中相关业务量为300台，转移生产能力取得的边际贡献额100 000元则是深加工B产品的机会成本，是决策中需要考虑的相关成本。有关的差别损益分析表如表5-12所示。

表 5-12　差别损益分析表　　　　　　　　　　（单位：元）

项目	深加工成 B 产品出售	直接出售半成品 A	差异额
相关收入	5 000×300 = 1 500 000	4 000×300 = 1 200 000	300 000
相关成本	340 000		320 000
其中：加工成本	800×300 = 240 000	0	240 000
机会成本	100 000		100 000
差别损益			−20 000

分析结果表明：直接出售半成品 A 比深加工成 B 产品出售的利润多 20 000 元，该企业不应深加工出售。

(4) 半成品与产成品的投入产出比不是 1:1，如本例中半成品 A 与 B 产品的投入产出比为 1:0.9。

那么"深加工成 B 产品出售"方案的相关业务量为 450 台（500×0.9），"直接出售半成品 A"方案的相关业务量为 500 台。相关的差别损益分析表如表 5-13 所示。

表 5-13　差别损益分析表　　　　　　　　　　（单位：元）

项目	深加工成 B 产品出售	直接出售半成品 A	差异额
相关收入	5 000×450 = 2 250 000	4 000×500 = 2 000 000	250 000
相关成本	360 000		360 000
其中：加工成本	800×450 = 360 000	0	360 000
差别损益			−110 000

可见，深加工成 B 产品出售企业利润减少了 110 000 元，该企业不应深加工出售。

5.2.6　是否接受特殊价格追加订货的决策分析

所谓特殊价格追加订货，是指在企业尚有一定剩余生产能力可以利用的情况下，如果外单位要求以低于正常价格甚至低于计划产量的平均单位成本的特殊价格追加订货量，那么企业是否可以考虑接受这种条件苛刻的追加订货。因情况不同而有异，常见的几种情况分述如下。

1. 只利用剩余生产能力且剩余能力无法转移，也不影响正常销售

当追加订货不冲击正常订货，又不要求追加专属成本而且剩余能力无法转移时，只要特殊订货单价大于该产品的单位变动成本，就可以接受该追加订货。因为，此时企业的固定成本已由正常销售的产品负担，则特殊订货带来的边际贡献，将全部形成额外利润。

【例 5-9】 某企业生产甲产品，最大生产能力 1 200 台，正常销售 1 000 台，剩余生产能力有 200 台，正常价格为 1 000 元/台，固定成本总额为 300 000 元，单位变动成本为 600 元/台。现有客户来订货 200 台，最高只能出价 800 元/台，请问是否接受此订货的决策？

该订货只利用剩余生产能力，只要特殊订货价格高于单位变动成本，就会为企业提供边际贡献。该例中，因为特殊订货价 800 元大于单位变动成本 600 元，因此可以接受此追加订货，由此可多获利润 (800−600)×200 = 40 000 元。

2. 利用剩余生产能力且剩余能力无法转移，但会减少部分正常销售

若特殊订货会妨碍企业原有计划任务的完成，因而减少部分正常销售时，应将因减少正常销售而损失的边际贡献追加为订货方案的机会成本。当追加订货的边际贡献额足以补偿这部分机会成本且有剩余时，则可以接受订货。即

（特殊订货价格－单位变动成本）×特殊订货数量＞因减少正常销售而损失的边际贡献

特殊订货价格＞单位变动成本＋因减少正常销售而损失的边际贡献／特殊订货数量

【例 5-10】 假设上例中，企业接到的特别订货是 500 台，这时必须减少正常销售 300 台，才能接受这批订货，那么企业的特别订货价格为多少，才能为企业增加利润呢？

特殊订货价格＞单位变动成本＋因减少正常销售而损失的边际贡献／特殊订货数量
$$= 600 + (1\,000 - 600) \times 300/500$$
$$= 840(元/台)$$

企业的特殊订货价格必须在 840 元/台以上，接受特殊订货才能增加企业利润。如果特殊订货价格为 800 元/台时，相关损益分析表如表 5-14 所示。

表 5-14 相关损益分析表 （单位：元）

项目	接受特殊订货	拒绝特殊订货
相关收入	800 × 500 = 400 000	0
相关成本	420 000	0
其中：变动成本	600 × 500 = 300 000	0
机会成本	(1 000 − 600) × 300 = 120 000	0
相关损益	− 20 000	0

在此情况下，接受特殊订货的相关损益为 − 20 000 元，所以不接受此追加订货。

3. 利用剩余生产能力且剩余能力无法转移，但要追加专属成本

若特殊订货要求追加专属成本，如需要增添部分设备、工具等，则接受此追加订货方案的可行条件是：该特殊价格追加订货的边际贡献大于专属成本。

【例 5-11】 仍续前【例 5-9】，假设特殊订货量为 200 台，接受特殊订货需要从企业外部租入一台设备，年租金为 30 000 元，企业是否接受此特殊订货？

编制相关损益分析表，如表 5-15 所示。

表 5-15 相关损益分析表 （单位：元）

项目	接受特殊订货	拒绝特殊订货
相关收入	800 × 200 = 160 000	0
相关成本	150 000	0
其中：变动成本	600 × 200 = 120 000	0
专属成本	30 000	0
相关损益	10 000	0

由上表可见，接受特殊订货的相关损益为 10 000 元，因此，应接受此追加订货。

4. 当企业有关的剩余生产能力可以转移时

当企业有关的剩余生产能力可以转移时，则应将与此有关的可能收益作为追加订货方案的机会成本综合考虑，当特殊价格追加订货的边际贡献大于机会成本时，则可接受订货。

【例5-12】 续前【例5-11】，假设特殊订货量为200台，接受特殊订货需要从企业外部租入一台设备，年租金为30 000元，但不接受特殊订货，剩余生产能力可以对外出租，获取年租金20 000元，是否该接受追加订货？

剩余生产能力对外出租获取的租金收入20 000元，是追加订货方案的机会成本，也是接受特殊订货的相关成本。编制相关损益分析表，如表5-16所示。

表5-16 相关损益分析表 （单位：元）

项目	接受特殊订货	拒绝特殊订货
相关收入	800×200=160 000	0
相关成本	170 000	0
其中：变动成本	600×200=120 000	0
专属成本	30 000	0
机会成本	20 000	
相关损益	−10 000	0

不应接受特殊订货。接受特殊订货的相关损益比拒绝特殊订货的相关损益少10 000元。

5.2.7 生产工艺技术方案的决策分析

生产工艺技术方案的决策，是指企业在组织生产过程中，常常面临不同的工艺技术方法选择的问题。采用先进工艺生产时，所用的设备价值较高，其维修费、管理费等也相应较高，固定成本较高，但由于先进工艺的生产效率高、材料消耗低、废品率低等特点，使得其单位变动成本相对较低。如制造业企业，同一种产品既可以用手工操作方式，又可安排半机械化、机械化或自动化方式生产。一般情况下，机械化、自动化程度越高，越可以降低材料消耗，降低工人劳动强度，提高劳动生产率，产品单位变动成本就越低，但会增加固定成本。因此，在进行此类决策时，应充分考虑未来销量的变动趋势，根据生产规模选择合适的方案。

这类决策可以采用成本无差别点分析法。

【例5-13】 2018年企业生产某产品可采用甲、乙两种工艺技术方案。
甲方案：采用自动化生产，其单位变动成本为36元/件，年固定成本为60 000元；
乙方案：采用机械化生产，单位变动成本为48元/件，年固定成本为45 000元。
要求：做出采用何种工艺技术方案的决策分析。
解：依题意采用成本无差别点法进行决策。
设：x 企业的预期产量，则
甲方案的预期成本$=36x+60\,000$，乙方案的预期成本$=48x+45\,000$。
当上述两方案预期成本相等时的预期产量，即为甲、乙两种方案的成本无差别点 x_0

$$36x_0 + 60\,000 = 48x_0 + 45\,000, \quad x_0 = 1\,250(件)$$

综上所述可见，当产品产量为1 250件时，甲、乙两方案的成本总额保持相等，成本总额均为 105 000 元；当该产品产量小于 1 250 件时，乙方案的总成本小于甲方案的总成本，则应选择乙方案；当该产品产量大于 1 250 件时，甲方案的总成本小于乙方案的总成本，则应选择甲方案。

5.2.8 资源约束条件下的产品最优组合决策

企业的生产往往会受到各种资源条件的限制，如市场容量、机器工时、原料供应量等，一种产品生产量的增加，就要影响到另外产品数量的减少。那么，如何把有限的经济资源充分加以利用，并在各产品之间做出最有利分配的优化决策？对于这类问题，往往需要应用线性规划的方法来实现不同产品生产的最优组合，以便实现利润最大化或成本最小化。

【例 5-14】 某公司有 A、B 两个车间，共同生产甲、乙两种产品，但生产甲、乙两产品受到 A、B 两个车间的加工工时总数的限制。相关资料如表 5-17 所示。

表 5-17 单位产品消耗工时及单位边际贡献

项目	单位产品加工工时		车间每周最高工时
	甲产品	乙产品	
A 车间（工时）	3	4	72
B 车间（工时）	6	2	66
单位边际贡献（元/件）	12	8	

要求：做出每种产品每周的生产量应为多大时才可以获得最大收益的分析。

解：本例中的资源限制是两个部门所能提供的用于生产甲、乙两产品的总工时数，属于多种条件限制情况下，两种产品的合理安排，可用线性规划法中的图解法求解。

(1) 将资料以数学方式表示。

设：甲产品每周生产量为 X_1，乙产品每周生产量为 X_2，P 为企业边际贡献总额

则企业的目标是使 P（边际贡献总额）为最大，即 $P_{Max} = 12X_1 + 8X_2$

限制条件为

$$\begin{cases} 3X_1 + 4X_2 \leqslant 72 \\ 6X_1 + 2X_2 \leqslant 66 \\ X_1 \geqslant 0 \\ X_2 \geqslant 0 \end{cases}$$

(2) 将限制条件按等式绘于二维坐标图上，如图 5-1 所示。

在图上由横坐标（$X_1 \geqslant 0$）、纵坐标（$X_2 \geqslant 0$）及直线 $3X_1 + 4X_2 \leqslant 72$ 和 $6X_1 + 2X_2 \leqslant 66$ 所围成的四边形 ABCD 为解的可行域，即在此范围内，任一点将满足问题的限制条件。其中，BC 线为 A 车间的最高产量线，CD 线为 B 车间的最高产量线。

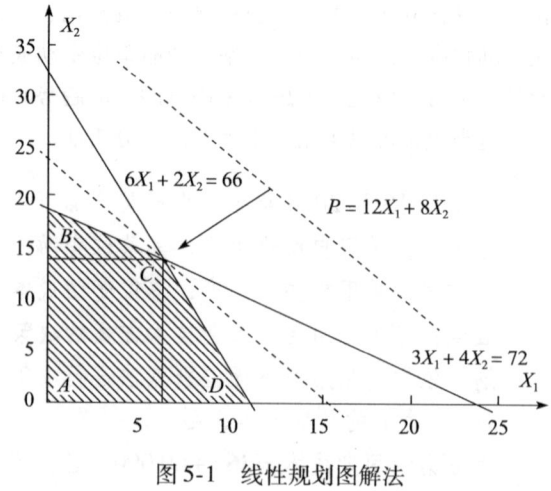

图 5-1 线性规划图解法

(3) 寻求最优解。最优解不仅要满足约束条件的要求，而且要使目标函数为最大。根

据图示，可得：当 $X_1=6$，$X_2=13$ 时，目标函数 P 值最大。

结论：企业产品生产的最优组合是甲产品生产 6 件，乙产品生产 13 件，此时企业现有资源既能得到充分利用，而且边际贡献也为最大。

5.3 定价决策

定价决策是企业生产经营业务的重要决策之一，企业管理部门必须做出合理的定价决策，以保证企业的长远利益和最佳经济效益的实现。总之，定价决策的适当与否，直接关系着企业的生存和发展。

5.3.1 定价决策概述

1. 定价决策的目标

企业在其生产经营过程中，自始至终贯穿着"赚取利润"这一总目标。但在不同阶段、不同时期或不同的经营环境下，这一目标的体现方式不同，如成长发展、增强竞争、安全营运等。总目标及其体现方式的不同，直接反映到企业定价决策目标上。

（1）以获取最大利润为定价目标。实现这一定价目标的方法就是通过适当定价，提高产品的盈利额，追求利润最大化。以利润为定价目标通常集企业经营目标和销售目标为一身。因为在以利润为目标的定价过程中，企业根据利润要求或投资利润率、预计销售量、单位产品成本而推算出单位产品价格。

（2）以提高市场占有率为定价目标。企业以提高市场占有率为定价目标，在产品价格上直接体现为降低产品销售价格。这一举措一可以阻止竞争产品进入市场，二可以占有其他原有同类产品生产企业的部分市场，达到薄利多销、提高企业总利润的目的。

（3）以适应或避免竞争为定价目标。这也是企业以安全营运为定价目标的体现，企业在制定产品价格时，为适应或避免竞争，需要广泛收集竞争者有关价格方面的资料进行比较，通常企业将其产品价格维持在同类产品的一般水平，既不因成本上升、供给量减少等因素而率先提价，也不因市场不景气或为提高产品竞争力和市场占有率而主动降低价格，使企业产品价格始终维持在此水平。

2. 影响定价的因素

（1）供需关系决定价格。市场供需关系的变动直接影响产品价格的变动。一般而言，当某产品市场需求量大于供给量时，价格应该提高；当市场需求量小于供给量时，价格应该下降。不同的产品，其需求价格弹性不同。工业品市场，特别是重工业，弹性偏低，顾客首先考虑的是产品的品质、性能，价格只是在与同质产品比较时才予考虑；消费品市场，特别是日常生活用品，重复购买率高，需求价格弹性较大，薄利多销是首选策略；而耐用消费品，重复购买率低，应考虑高价策略。

（2）产品价值是产品价格的基础。产品价格是产品价值的货币表现，二者关系极为密切。产品价值的大小，在很大程度上决定着产品价格的高低，它是影响产品价格变动的最重要的因素。其中产品价值中的成本在定价中又起着决定性作用。在确定产品和劳务价格时，首先考虑保证回收成本，在此基础之上，企业才有利可图。在正常情况下，产品价格应高于其成本，以保证企业的盈利水平。

(3) 竞争形式。在市场经济条件下，企业之间必然存在竞争。但是，竞争程度不同，企业的"定价自由"也就有所不同。在市场经济条件下，存在完全竞争、垄断性竞争、寡头垄断竞争和纯粹垄断等市场类型。

在完全竞争市场上，需求量数量很大，每一企业的产品占市场很小份额，故无法影响价格，市场价格不以某一企业的供给量大小而发生变化。卖方和买方只能按照由市场供需关系决定的市场价格来买卖产品。这就是说，在完全竞争条件下，卖方和买方只能是"价格的接受者"，而不是"价格的决定者"。完全竞争型企业在产品定价决策时应掌握：① 不能定高于均衡价格的产品销售价格；② 无理由使其产品售价低于均衡价格。

垄断性竞争是一种介于完全竞争和纯粹垄断之间的市场类型。在垄断性竞争的市场上，有许多卖方和买方，但各个卖方所提供的产品有差异，因此，各个卖方对其产品有相当的垄断性，能控制其产品价格。这就是说，在垄断性竞争的条件下，卖方已不是消极的"价格接受者"，而是强有力的"价格决定者"。

寡头垄断竞争是竞争和垄断的混合物。在寡头垄断竞争的条件下，少数几家大公司控制市场价格，而且它们相互依存、相互影响。在寡头市场，企业的价格决策一定要首先预计到其他公司做出何种反应，否则，决策的结果很可能是适得其反。

纯粹垄断是指在一个行业中某种产品的生产和销售完全由一个卖方独家经营和控制。在纯粹垄断的条件下，卖方完全控制市场价格，可以在国家法律允许的范围内随意定价。企业为使利润最大，其最佳生产量应是边际成本等于边际收入的那一点。此点同时决定最佳价格。

总之，除了完全竞争之外，在垄断性竞争、寡头垄断竞争和纯粹垄断的条件下，企业都须对产品制定适当的价格。

(4) 差价/比价影响价格。商品差价一般表现为季节差价、地区差价、批零差价和质量差价。制定价格时，应考虑到这些因素的影响。比价是指不同的商品在同一市场、同一时间的价格比例关系。制定价格时，应处理好同一类产品不同规格之间、整机与零部件之间的比价关系。

(5) 国家的价格政策。价格政策是国家管理价格的有关措施和法规，它是国家经济政策的组成部分。企业应在国家规定的定价范围内自由决定产品的价格。

除上述几方面之外，产品的质量、产品所处的生命周期、消费者的支付能力与心理状态等，也是影响产品价格的重要因素。

3. 定价决策的策略

企业在进行定价时，既要运用一些计算分析方法，也要讲究定价策略。企业在定价时常用的定价策略有以下几种。

(1) 新产品定价策略。新产品定价是企业经营策略中一个十分重要的问题。新上市的产品采取何种价格，不但决定它能否在市场中站住脚，还会影响可能出现的竞争力量。新产品定价常有两种策略。

1) 撇油定价策略。这种定价策略是将产品价格定得较高，尽可能在产品市场生命期的初期获得较大的利润。随着产品销路的扩大再逐步降价。撇油定价的名称来自从牛奶中撇取奶油，含有提取精华之意。这种方法可能迅速引来竞争，也会影响及时打开销路，因此常用于没有竞争而且容易开辟市场的产品。这是一种短期定价策略。

2) 渗透定价策略。与撇油策略相反，它是以略高于成本的较低价格投放市场，等市场建立，有了一定影响之后，再逐步提价。该策略有利于迅速打开市场，能有效地排斥竞争者的加入，从长远看，仍可获得可观的盈利。这是一种长远的策略。

（2）折扣与分期付款策略。折扣策略一般用于扩大老产品的销售的定价，主要有以下几种。

1）现金折扣。对按约定日期付款的顾客给予一定的折扣，目的在于鼓励顾客及时偿付欠款，以加速企业资金周转。

2）数量折扣。根据顾客购买数量的多少，分别给予大小不同的折扣，购买数量越多，给予折扣越大，以鼓励顾客大量购买。

3）交易折扣。根据各类中间商在市场营销中所担负的功能不同，给予不同的折扣。例如，给予批发商折扣较大，给予零售商折扣较小。

4）季节性折扣。生产季节性产品的单位，对在非旺季的采购者给予折扣优待，鼓励中间商提早储存商品，以减少季节性对生产的影响，充分利用设备。

分期付款指对于价格较高的耐用消费品采用分期付款方式，可增加吸引力，招徕顾客。

（3）单一价格策略与变动价格策略。在单一价格策略下，卖主对购买相同数量的同一类型顾客，采用同一价格。

运用变动价格策略时，对于购买相同数量的同一类型顾客，采用不同的价格，一般通过讨价还价成交。卖主可能为争取某一主顾而给予一定的折扣。

（4）心理价格策略。这种策略是利用各类消费者的不同心理来定价，以促销售。例如，对一般商品，常见方法有奇数定价，即宁取9.9元也不定10元，这种方法又叫诱人价格；对高档商品采用整数定价，以提高顾客身份；对不著名的商品采用心理折扣，即抬高原价后再打折扣；发放优惠券、设有奖销售、赠送小商品，等等。

（5）综合定价策略。这种策略是指定价时，将有关产品销售的全部因素都包括进去。例如，产品附有额外配件、运送服务及修理服务等。这些都要支付费用，定价时要综合研究，决定将哪些因素包括在基本价格之内，以便做好相应的宣传工作，开拓市场。

（6）声望定价策略。有的产品若按一般产品定价，反而不能显出该产品的声誉和使用该产品的顾客的社会地位，从而影响销路。因此，常用较高价格来显示其声望，如高档商品。

（7）组合定价策略。当某种产品与另一些产品组合在一起销售时，其价格可低于成本，这是因为其损失可从另一些产品上赚取回来，这是一种促销的定价策略。

5.3.2 以市场为导向的定价方法

根据经济学的观点，在市场经济中由于供需规律的作用，企业要想扩大销售量，就要降低价格；要想提高价格，就只能减少销售量，提高产品质量。在这种情况下，随着产品销售量的增加，最初销售总收入可能会增长较快，继而增长就会变慢，最终还可能出现下降趋势。与此同时，产品的销售总成本开始时比较高，随着产品销售量的增加，资源利用效率逐渐提高，使总成本逐渐下降；但当销售量增长到一定程度时，资源利用效率开始下降，导致总成本又开始上升。因此，销售总收入和销售总成本在坐标图上都表现为曲线，如图5-2所示。

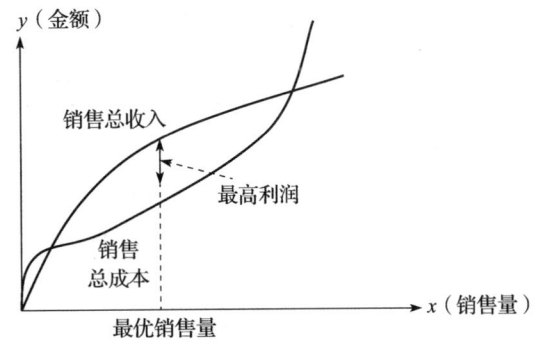

图5-2 销售总收入与总成本变化趋势

从图 5-2 中可以看出，理论上的最优销售价格，既不是水平最高的价格，又不应是水平最低的价格，而是能够使销售总收入和销售总成本的差额达到最大值时的价格，也就是使企业获得最大利润时的价格，即当边际收入等于边际成本时，也就是边际利润等于零时，企业的总利润达到最大。

最优价格的确定有列表法和公式法两种方法。

1. 列表法

【例5-15】 某企业生产 A 产品，最大生产能力为 400 台，该产品原单位售价为 9.25 万元，可销售 200 台，其单位变动成本为 5 万元，固定成本总额 200 万元。如果销售单价逐步下降，预计其在不同价格下的销售量、单位变动成本和固定成本总额如表 5-18 所示。

表 5-18 销售单价、销售量变化及单位变动成本和固定成本总额

（金额单位：万元）

销售单价（P）	销售量（X）	单位变动成本（b）	固定成本总额（a）
9.25	180	5	200
9	200	5	200
8.75	220	5	200
8.5	240	5	200
8.25	260	5	200
8	280	5	200
7.75	300	5	200
7.5	320	5	200

要求：做出能使企业获得最高利润的最优售价的决策。

解：根据上述资料，可编制边际利润计算表，如表 5-19 所示。

表 5-19 边际利润计算表 （金额单位：万元）

销售单价（P）	销售量（X）	销售收入（TR）	边际收入（MR）	总成本（TC）	边际成本（MC）	边际利润（MP）	总利润（P）
9.25	180	1 665	0	1 100	0	0	565
9	200	1 800	135	1 200	100	35	600
8.75	220	1 925	125	1 300	100	25	625
8.5	240	2 040	115	1 400	100	15	640
8.25	260	2 145	105	1 500	100	5	645
8	280	2 240	95	1 600	100	−5	640
7.75	300	2 325	85	1 700	100	−15	625
7.5	320	2 400	75	1 800	100	−25	600

由表 5-19 可见，当销售单价下降时，如果边际收入大于边际成本，说明降价是有利的。如本例中，从 9.25 万元降至 9 万元；9 元降至 8.75 万元；8.75 万元至 8.5 万元等都属于这种情况。从 8.5 万元降至 8.25 万元，边际收入等于边际成本，即边际利润为零，就表示再降价已无意义。如果降价使得边际收入小于边际成本，即边际利润为负数，就表示降价对企业不利，销售利润逐渐减少，从 8.25 万元向下降价都属于这种情况。由此可见，销售单价下降的最低限度是边际收入等于边际成本的地方。也就是说，产品的最佳售

价应该是最接近边际利润等于零的地方。

本例中，销售单价 8.25 万元是企业的最优售价。此时企业的最优销售量为 260 台，企业可获得最高利润 645 万元。

2. 公式法

公式法以微分极值原理为理论依据，可直接对收入与成本函数求导，计算结果比较准确。但是其缺点在于售价与销售量的函数关系以及总成本函数关系不容易确定，另外只有可微函数才能求导数，对于非连续函数则无法用公式，只能借助列表法才能求得最优售价。

依据表 5-19 中售价单价与销售量之间的数据关系，建立售价与销量的关系式为

$$P = 11.5 - 0.0125X$$

则销售收入模型
$$\begin{aligned}TR &= PX \\ &= (11.5 - 0.0125X)X \\ &= 11.5X - 0.0125X^2\end{aligned}$$

那么，边际收入 $MR = 11.5 - 0.025X$

总成本模型
$$\begin{aligned}TC &= a + bX \\ &= 200 + 5X\end{aligned}$$

那么，边际成本 $MC = 5$

令 $MR = MC$，则 $11.5 - 0.025X = 5$

可求得最优解，即最优销售量 $X_0 = 260$

将 $X_0 = 260$ 代入 $P = 11.5 - 0.0125X$

可求得最优售价 $P = 8.25$（万元）。

5.3.3 以成本为导向的定价方法

当企业管理者缺乏足够的资料去了解其面临的市场结构，在产品定价决策时，首先考虑的是能够回收成本，其次是保证其投资的预期收益率，此种方法被称为成本加成定价法。实务中，企业有的时候利用完全成本法提供的成本资料，有的时候利用变动成本法提供的成本资料进行成本加成定价。

1. 以完全成本为定价基础

完全成本定价法是指在完全成本基础上，预计某种产品的总成本加上一定比例的目标利润，来作为确定销售单价的依据。

完全成本定价法常见的基本公式如下

$$销售单价 = \frac{(预计总成本 + 目标利润)}{预计产销量}$$

若企业追求的是投资报酬，公式可变为

$$销售单价 = \frac{(预计总成本 + 投资额 \times 预期投资报酬率)}{预计产销量}$$

若企业追求的是成本利润率，公式为

$$销售单价 = \frac{预计总成本(1 + 预计成本利润率)}{预计产销量}$$

在完全成本定价公式中，有一个非常重要的假定，即产销量为已知。这一假定既不符合价

格经济理论，也很少吻合企业实际营运过程。其中主要存在以下问题。

（1）固定成本的分摊问题。固定成本是指在生产的相关范围内，其发生总额不随生产量变化（或保持不变）的那部分成本。这一定义意味着，分摊到每一产品的固定成本将随着产销量的变化而变化。

（2）共同成本的分摊问题。当企业同时生产几种产品，并对其进行定价决策时，共同成本的分摊方式直接影响个别产品的成本。由于决策者不同，其所采取的共同成本的分摊方式亦可能不同，因而，也就影响着按完全成本定价法对产品价格的制定。

虽然如此，此定价政策仍被广泛应用，其主要原因有：① 决策者往往无法了解和计量需求曲线，只能先按完全成本定价法确定产品价格，之后再针对市场反应进行调整；② 此方法确定的价格代表正常营运下该产品的最低价格标准或安全价格；③ 此方法确定的价格与竞争者之间具有可比性，便于进行比较。

2. 以变动成本为定价基础

变动成本定价法是指在变动成本基础上，预计某种产品的变动成本加上一定比例的边际贡献，来作为确定销售单价的依据。计算公式如下

$$销售单价 = \frac{预计单位变动成本}{变动成本率} = \frac{预计单位变动成本}{1-边际贡献率}$$

这种定价方法十分方便，企业临时接受订货时，常常采用这种方法。

相关链接

格兰仕的定价策略

信奉"价格竞争是最高层次的竞争"理念的格兰仕在短短的五六年内，连续对竞争对手发动了7次价格进攻。格兰仕的降价，不是在产品成本之下进行的倾销。格兰仕的每次降价都建立在成本降低的基础之上，格兰仕的做法是，当生产规模达到100万台时，将出厂价定在规模80万台企业的成本价以下；当规模达到400万台时，将出厂价调到规模为200万台的企业的成本价以下；而现在规模达1 000万台以上时，又把出厂价降到规模为500万台企业的成本价以下。这种在成本下降的基础上所进行的降价，是一种合理的降价。降价的结果是将价格平衡点以下的企业一次又一次大规模淘汰，使行业的集中度不断提高，使行业的规模经济水平不断提高。

目前，格兰仕已拥有全球最大的微波炉生产基地，拥有1 500万台微波炉的年生产能力，占有全球市场近35%、中国市场近70%的份额，稳居全球第一。

从此案例中我们又一次看到：成本是定价的基础，成本优势也能够转化为核心竞争能力。

5.3.4 其他特殊的定价方法

1. 非标准产品的定价法

非标准产品是按特殊用户需要，由个别企业单独制造的非标准规格的产品。这种产品不在市场上大量销售，其价格并不能通过市场而获得，而是通过买卖双方共同协商决定。典型的方式包括以下两种。

（1）固定价格合同。经过买卖双方协商，在合同中订立一个一致同意的固定价格，不管

成本为多少，完工后按此固定价格结算。固定价格合同规定在合同有效期间，双方商定的价格保持不变。订立此类合同，要求买卖双方有较准确的成本估算能力。此种合同促使制造方力求降低生产成本。

（2）成本偿还合同。成本偿还合同的特点是，买方负责偿还卖方在产品生产中所发生的合理成本以及协商的手续费。此类合同可分为三种形式。

1）成本加成。成本加成合同要求买方除负担卖方合理的成本外，还按其所发生的合理成本的一定百分比付给卖方手续费（成本利润率）。

2）成本加固定费用。成本加固定费用合同规定，价格由实际成本加固定费用组成。固定费用的商定一般是由买卖双方预计可能的成本额，并按其推算确定固定费用额。

3）奖励合同。奖励合同规定出预算成本与固定费用数额。若卖方生产成本符合或超过预算成本，买方按实际成本加固定费用付款；若成本低于预算，则按双方协商的比例分享。

2. 保本定价法

保本定价法是指在已知的成本指标和预计销量的基础上，计算以保本为目的的保本价格的一种定价方法。其公式是

$$保本价格 = 单位变动成本 + \frac{专属固定成本}{预计产销量}$$

在竞争形势下，有些企业生产经营的个别产品价格在一定条件下可能规定得比较低，只有微利甚至仅仅保本，例如，为了扩大或维护企业的市场占有率，企业可按保本价格组织销售。只要价格略大于或等于保本价格，企业就不会吃亏。

此法除了适用于竞争产品保守价格的制定外，还可应用于计算确定那些需要追加专属成本的特殊订货的最低可行价格，但必须以相关的绝对剩余生产能力无法转移为前提。

3. 保利定价法

保利定价是指在已知的目标利润或目标贡献边际、预计产销量和相关成本指标的基础上，计算以保利为目的的保利价格的一种定价方法。其公式是

$$保本价格 = 单位变动成本 + \frac{固定成本 + 目标利润}{预计产销量}$$

5.4 存货决策

5.4.1 存货决策的目的

存货是指企业在生产经营过程中为销售或者耗用而储备的物资，包括材料、燃料、低值易耗品、在产品、半成品、产成品、协作件、商品等。

不同的部门对存货管理有着不同的要求。财务部门希望存货占用的资金越少越好，其非常关注存货的积压，希望尽可能地减少存货；采购部门希望大批量采购物资，以便节约运输费用和取得价格上的优惠，采购部门还希望及早进货，减少紧急订货造成的额外支出；生产部门希望能保持较高的存货水平，以避免和减少生产延误，希望大批量均衡地进行生产；销售部门希望有大量的产成品存货，这样可避免存货短缺而造成的损失，而且现货交易也有利于增加销售，销售部门还希望产成品存货的品种齐全或根据客户要求及时改变存货品种。

存货决策的目的是既要保证生产经营连续性，又要保证尽可能少地占用经营资金，进行存

货管理就要尽力在各种存货成本与存货效益之间做出权衡，实现最佳结合。

相关链接

长虹：囤积彩管伤筋动骨

1998年7月开始，长虹与国内8大彩管厂签订了近乎垄断的供货协议，将下半年国产76%的21英寸、63%的25英寸和绝大部分29英寸及以上大屏幕的彩管共计300万支收归自己所有。长虹此举意图非常明显：借助多年价格战的资金实力，大量囤积彩管，通过垄断上游关键元器件资源让部分彩电厂家出局，形成行业垄断，进而获得高额垄断利润。之后，长虹被国内另外几家彩电巨头一纸"诉状"告上了有关部委，政府增加了彩管进口的配额，导致长虹彩管垄断计划落空。

囤积彩管的失败使长虹伤筋动骨。长虹本来充实的流动资金变成了仓库里堆积如山的库存，到1998年年末，长虹库存达到77亿元，比上年增加116.78%（对存货变化，长虹在年报中解释为：主要是由于生产经营规模扩大，1998年彩电市场疲软、库存商品增加所致）。同时，应付款项从35.51亿元直线上升到61.9亿元（长虹对应付票据大幅增加的解释为：应付票据1998年年底较1997年年末增加97.6%，主要是由于物资采购结算方式调整及采用承兑汇票集中批量采购所致，可见这与彩管囤积密不可分）。当年长虹计划生产彩电800万台，但实际只销售600多万台。

这样的下滑却还仅仅是开始，囤积彩管带来的问题还没有全部爆发，1998年长虹净利润尚有20亿元。随着彩电行业的整体走低，以及规模扩张、存货增加、价格战之间的恶性循环，到了2001年年底，长虹勉强以8845万元的净利润维持了不亏损的局面，净资产收益率只有0.7%。在接下来的几年中，长虹的存货规模一直居高不下，在最低的2001年也有59亿元之多。2002年、2003年存货迅速跃升到70亿元以上，直到2004年计提大量存货跌价准备，将存货余额降低到60亿元。通过进一步的考察可以发现，长虹的存货总量中库存商品占了很大比重，暂不考虑减值准备的话，价值70多亿元的存货中库存商品一直稳定在近50亿元，占60%以上。彩电的换代升级周期极短，如果成品不能卖出，随着时间的推移必将迅速减值。但是，长虹直到2004年才大量计提存货减值准备，这也是2004年度巨额亏损的主要原因。

5.4.2 存货决策的有关成本

1. 取得成本

取得成本指为取得存货而支出的成本，包括订货成本和购置成本。通常用 TC_A 来表示。

（1）订货成本。订货成本指取得订单的成本，如办公费、差旅费、邮资、电报电话费等支出。订货成本中有一部分与订货次数无关，如常设采购机构的基本开支等，称为订货的固定成本，用 F_1 表示；另一部分与订货次数有关，如差旅费、邮资等，称为订货的变动成本，每次订货的变动成本用 K 表示。年需要量用 D 表示，每次订货量用 Q 表示。订货成本的计算公式为

$$订货成本 = F_1 + \frac{D}{Q}K$$

（2）购置成本。购置成本指存货本身的价值，经常用数量与单价的乘积来确定。单价用 U 表示，于是购置成本为 DU。订货成本加上购置成本就等于存货的取得成本。其公式可表达为

取得成本 = 订货成本 + 购置成本 = 订货固定成本 + 订货变动成本 + 购置成本

$$TC_A = F_1 + \frac{D}{Q}K + DU$$

2. 储存成本

储存成本是指为保持存货而发生的成本，包括存货占用资金所应计的利息（若公司用现金购买存货，便失去了现金存放银行或投资于证券所应取得的利息；若公司借款购买存货，便要支付利息费用）、仓库费用、保险费用、存货破损和变质损失等，通常用 TC_c 来表示。

储存成本也分为固定成本和变动成本。固定成本与存货数量的多少无关，如仓库折旧、仓库职工的固定月工资等，常用 F_2 表示；变动成本与存货的数量有关，如存货资金的应计利息、存货的破损和变质损失、存货的保险费用等。单位存货的年储存成本用 K_c 表示。那么储存成本的计算公式为

储存成本 = 储存固定成本 + 储存变动成本

$$TC_c = F_2 + K_c \cdot \frac{Q}{2}$$

3. 缺货成本

短缺成本指由于存货供应中断而造成的损失，包括材料供应中断造成的停工损失、产成品库存短缺造成的拖欠发货损失和丧失销售机会的损失（还应包括需要主观估计的商誉损失等）。如果生产公司以紧急采购代用材料来解决库存材料中断之急，那么短缺成本表现为紧急额外购入成本（紧急额外购入的开支会大于正常采购的开支）。短缺成本用 TC_s 表示。

如果以 TC 来表示存货的总成本，它的计算公式为

$$TC = TC_A + TC_C + TC_S = F_1 + \frac{D}{Q}K + DU + F_2 + \frac{Q}{2}K_c + TC_S$$

企业存货的最优化过程就是使上式的值为最小的过程，最优存货就是使上式的值为最小的 Q。

5.4.3 存货决策模型

按照存货决策的目的，需要确定合理的进货批量和进货时间，使存货的总成本最低，这个批量叫作经济订货量或经济批量。有了经济订货量，可以很容易地找出最适宜的进货时间。

1. 经济订货量基本模型

经济订货量基本模型需要设立的假设条件是：

(1) 企业能够及时补充存货，即需要订货时便可立即取得存货；
(2) 能集中到货，而不是陆续入库；
(3) 不可以缺货，即无缺货成本；
(4) 需求量稳定，并且能预测，即 D 为已知常量；
(5) 存货单价不变，不考虑现金折扣，即 U 为已知常量；
(6) 企业现金充足，不会因现金短缺而影响进货；
(7) 所需存货市场供应充足，不会因买不到需要的存货而影响其他。

设立了上述假设后，存货总成本的公式可以简化为

$$TC = F_1 + \frac{D}{Q}K + DU + F_2 + \frac{Q}{2}K_c$$

当 F_1、K、D、U、F_2、K_c 为常量时，TC 的大小取决于 Q。为了求出 TC 的极小值，对其

进行求导得最优订货量。

每次最优订货量
$$Q^* = \sqrt{\frac{2KD}{K_C}}$$

这一公式称为经济订货量基本模型，求出的每次订货量，可使 TC 达到最小值。这个基本模型还可以演变为其他形式

每年最佳订货次数
$$N^* = \frac{D}{Q} = \frac{D}{\sqrt{\frac{2KD}{K_C}}} = \sqrt{\frac{DK_C}{2K}}$$

与批量有关的存货总成本
$$TC(Q^*) = \frac{KD}{\sqrt{\frac{2KD}{K_C}}} + \frac{\sqrt{\frac{2KD}{K_C}}}{2} \cdot K_C = \sqrt{2KDK_C}$$

最佳订货周期公式
$$T^* = \frac{1}{N^*} = \frac{1}{\sqrt{\frac{DK_C}{2K}}} = \sqrt{\frac{2K}{DK_C}}$$

【例 5-16】某企业每年耗用某种材料 3 600 千克，该材料单位成本 10 元，单位存储成本为 2 元，一次订货成本 25 元，计算最优订货量、年最优订货次数。

根据已知条件，得

$$Q^* = \sqrt{\frac{2DK}{K_C}} = \sqrt{\frac{2 \times 3\,600 \times 25}{2}} = 300(千克)$$

$$N^* = \frac{D}{Q^*} = \frac{3\,600}{300} = 12(次)$$

2. 基本模型的扩展

（1）订货提前期。一般情况下，企业的存货不能做到随用随时补充，因此不能等存货用光再去订货，而需要在没有用完时提前订货。在提前订货的情况下，企业再次发出订货单时，尚有存货的库存量，称为再订货点，用 R 表示。再订货点的数量等于交货时间（L）和每日平均需用量（d）的乘积

$$R = 交货时间 \times 每日平均需用量 = L \cdot d$$

续前例，企业订货日至到货日的时间为 10 天，每日存货需 10 千克，那么

$$R = L \cdot d = 10 \times 10 = 100(千克)$$

有关存货的每次订货批量、订货次数、订货间隔时间不变。

（2）陆续供货条件下的经济订货量模型。在建立基本模型时，假设存货一次全部入库，故存货增加时存量变化为一条垂直的直线。事实上，各批存货可能陆续入库，使存量陆续增加。尤其是产成品入库和在产品转移，几乎总是陆续供应和陆续耗用的。陆续供应条件下存货波动情况如图 5-3 所示。

如图 5-3 所示，时间 $[0, t_1]$ 为供货时间，S 为最高存量，t 为一个存货周期。设每批订货数为

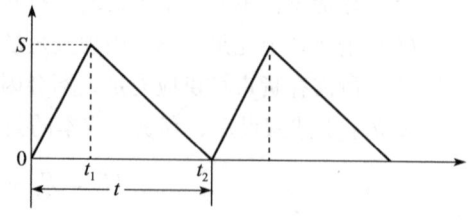

图 5-3　存货波动

Q，每日供货量（供货率）为 p，每日耗用量（耗用率）为 d。则该批货的供货期为 $\frac{Q}{p}$，供货期内的全部耗用量为 $\frac{Q}{p} \cdot d$，由于零件边送边用，所以每批送完时，最高库存量为 $Q - \frac{Q}{p} \cdot d$，一个订货周期内的平均存货量则为 $\frac{1}{2}Q\left(1 - \frac{d}{p}\right)$。

因此与订货批量有关的总成本为

$$TC = \frac{D}{Q}K + \frac{1}{2}Q\left(1 - \frac{d}{p}\right)K_c$$

令上式为最小，得最优订货量为：在订货变动成本与储存变动成本相等时，$TC(Q)$ 有最小值，故存货陆续供应和使用的经济订货量公式为

$$Q^* = \sqrt{\frac{2KD}{K_c} \cdot \frac{p}{p-d}}$$

将这一公式代入上述 $TC(Q)$ 公式，可得出存货陆续供应时的最优成本

$$TC(Q^*) = \sqrt{2KDK_c\left(1 - \frac{d}{p}\right)}$$

陆续供应条件下的经济订货量模型，可以用于生产批次决策。企业在产品生产过程中，一般并不是连续不断地生产，而是按批生产。这样，当企业生产总量确定后，便要解决每年一共生产多少批、每批生产多少的问题。企业生产批次的多少，受到两大因素的影响：一是准备成本，在每批产品生产开始前，通常会发生一些准备成本，如清理场地、机器重排、装置模板、准备生产计划及使工人适应其工作等；二是仓储成本，生产的产品首先以存货形态存储，这样便发生仓储成本，如仓储设备、投资于存货的流动资金利息、保管人员薪资、腐烂、损坏等。一般而言，每次生产的准备成本是固定的，不以每批产量的多少为转移，即年准备成本随生产批数的增加呈直线增加；年仓储成本则随生产批次的变化呈反比例非线性变化。

【例5-17】 某公司年需生产甲产品 18 000 个，每生产一批的准备成本为 60 元，单位产品年仓储成本为 6 元，计划日产量 80 件，日发出量 60 件，计算其最佳生产批量及全年最低相关成本。

解： $Q^* = \sqrt{\frac{2KD}{K_c}\left(\frac{p}{p-d}\right)} = \sqrt{\frac{2 \times 18\,000 \times 60}{6}\left(\frac{80}{80-60}\right)} = 1\,200\,(件)$

$$TC(Q^*) = \sqrt{2KDK_c\left(1 - \frac{d}{p}\right)}$$

$$= \sqrt{2 \times 18\,000 \times 60 \times 6 \times \left(1 - \frac{60}{80}\right)} = 1\,800\,(元)$$

而生产批数则为

$$N = \frac{D}{Q^*} = \frac{18\,000}{1\,200} = 15\,(批)$$

陆续供应条件下的经济订货量模型，还可以用于自制和外购的选择决策。自制零件属于边送边用的情况，单位成本可能较低，但每批零件投产的生产准备成本比一次外购订货的订货成

本可能高出许多。外购零件的单位成本可能较高,但订货成本可能比较低。要在自制零件和外购零件之间做出选择,需要全面衡量它们各自的总成本,才能得出正确的结论。这时,就可借用陆续供应或瞬时补充的模型。

【例5-18】 某生产企业使用 A 零件,可以外购,也可以自制。如果外购,单价 4 元,一次订货成本 10 元;如果自制,单位成本 3 元,每次生产准备成本 600 元,每日产量 50 件。零件的全年需求量为 3 600 件,储存变动成本为零件价值的 20%,每日平均需求量为 10 件。

下面分别计算零件外购和自制的总成本,以选择较优的方案。

在本例中,外购可视为瞬时到货,自制可视为陆续供货。自制的每次生产准备成本可视为每次的订货成本。并且,需要注意的是,本例中的购买成本和自制的变动成本都是决策的相关成本。

外购零件

$$Q^* = \sqrt{\frac{2KD}{K_C}} = \sqrt{\frac{2 \times 10 \times 3\,600}{4 \times 0.2}} = 300(件)$$

$$TC(Q^*) = \sqrt{2KDK_C} = \sqrt{2 \times 10 \times 3\,600 \times 4 \times 0.2} = 240(元)$$

$$TC = DU + TC(Q^*) = 3\,600 \times 4 + 240 = 14\,640(元)$$

自制零件

$$Q^* = \sqrt{\frac{2KD}{K_C} \cdot \frac{p}{p-d}} = \sqrt{\frac{2 \times 600 \times 3\,600}{3 \times 0.2} \times \frac{50}{50-10}} = 3\,000(件)$$

$$TC(Q^*) = \sqrt{2KDK_C \cdot \left(1 - \frac{d}{p}\right)} = 1\,440(元)$$

$$TC = DV + TC(Q^*) = 3\,600 \times 3 + 1\,440 = 12\,240(元)$$

由于自制的总成本(12 240 元)低于外购的总成本(14 640 元),故以自制为宜。

(3) 瞬时到货、允许缺货条件下的经济订货量模型。假定年存货需要量 D 一定,瞬时到货,允许缺货,单位存货的年缺货成本为 K_q,单位存货的年储存成本为 K_C,每次订货成本为 K,存货波动如图 5-4 所示。

由于每个周期情况相同,所以只求一个周期优化即可。

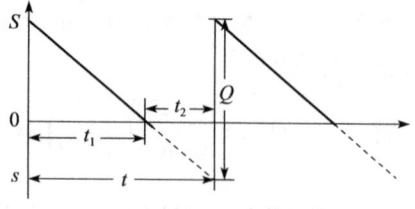

图 5-4 允许缺货、瞬时到货的存货波动图

在 t_1 时期内,

存货平均储存量 $= \dfrac{S}{2}$,单位存货储存成本 $= K_C \bigg/ \dfrac{D}{S}$,储存成本 $= \dfrac{S}{2} \cdot K_C \bigg/ \dfrac{D}{S} = \dfrac{S^2 K_C}{2D}$。

在 t_2 时期内,

存货的平均缺货量 $= \dfrac{Q-S}{2}$,单位存货缺货成本 $= K_q \bigg/ \dfrac{D}{Q-S}$,缺货成本 $= \dfrac{(Q-S)^2 K_q}{2D}$

因此,在一个订货周期内,订货成本为 K,储存成本 $=\dfrac{S^2 K_C}{2D}$,缺货成本 $=\dfrac{(Q-S)^2 K_q}{2D}$。存货总成本为

$$TC = K + \frac{S^2 K_C}{2D} + \frac{(Q-S)^2 K_q}{2D}$$

令 $\dfrac{\partial TC}{\partial S}=0$,令 $\dfrac{\partial TC}{\partial Q}=0$,得 S 的最优解和经济订货量分别为

$$S^* = \frac{K_q}{K_C + K_q} Q, \quad Q^* = \sqrt{\frac{2KD}{K_C} \cdot \frac{K_C + K_q}{K_q}}$$

最优订货点（S^*）为 $\quad S^* = -\sqrt{\dfrac{2DKK_C}{K_q(K_C+K_q)}}$

（4）陆续供货、允许缺货条件下的经济订货量模型。假定年存货需要量 D 一定,陆续供货,每天供货量（供货率）为 p,每天耗用量（耗用率）为 d,允许缺货,单位存货的年缺货成本为 K_q,单位存货的年储存成本为 K_C,每次订货成本为 K,如图 5-5 所示。

运用同样的方法可以得到经济订货量和再订货点的公式为

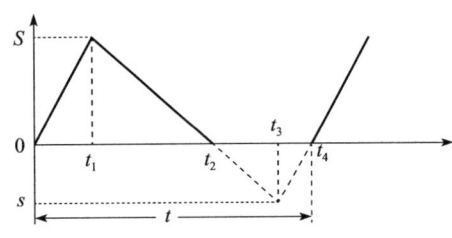

图 5-5 允许缺货、陆续供货的存货波动

$$Q^* = \sqrt{\frac{2KD}{K_C} \cdot \frac{K_C + K_q}{K_q} \cdot \frac{p}{p-d}}; \quad S^* = -\sqrt{\frac{2DKK_C}{K_q(K_C + K_q)} \cdot \frac{p-d}{p}}$$

以上模型可归纳为表 5-20。

表 5-20 经济订货量扩展模型

模型	假定条件	最优再订货点（S^*）	经济订货量（Q^*）
模型一	瞬时供货 整批到货 不允许缺货	0	$\sqrt{\dfrac{2KD}{K_C}}$
模型二	整批到货 供货滞后时间为 l 不允许缺货	$L \cdot d$	$\sqrt{\dfrac{2KD}{K_C}}$
模型三	陆续供货 不允许缺货	0	$\sqrt{\dfrac{2KD}{K_C} \cdot \dfrac{p}{p-d}}$
模型四	瞬时供货 允许缺货	$-\sqrt{\dfrac{2KDK_C}{K_q(K_C+K_q)}}$	$\sqrt{\dfrac{2KD}{K_C} \cdot \dfrac{K_C+K_q}{K_q}}$
模型五	陆续供货 允许缺货	$-\sqrt{\dfrac{2KDK_C}{K_q(K_C+K_q)} \cdot \dfrac{p-d}{p}}$	$\sqrt{\dfrac{2KD}{K_C} \cdot \dfrac{K_C+K_q}{K_q} \cdot \dfrac{p}{p-d}}$

上述模型的转化关系如图 5-6 所示。

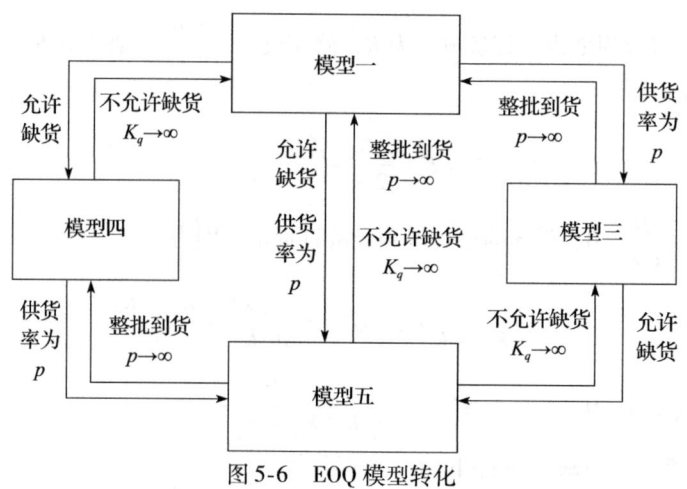

图 5-6　EOQ 模型转化

相关链接

苹果存货周期仅 5 天

据科技博客网站 AppleInsider 报道，市场调研机构 Gartner 发布的最新报告显示，苹果的存货周转率为 74，也就是说每隔 5 天全部存货周转一次，对于一家消费电子产品企业来说，这绝对是一个令人惊讶的数字。

在第八份年度"供应链 Top 25"报告中，Gartner 分析师再度将苹果供应链列为全球最佳，其过去三年资产收益率为 20.2%，处于全行业领先地位，同时三年营收增长率为 51.5%。

供应链 Top 25 采用综合评分计算，其中，投票者意见、Gartner 分析师意见以及三年加权资产收益率各占 25%，存货周转和三年营收加权增长率分别占 15% 和 10%。

苹果的存货周转期仅只有 5 天，如果按照一年 365 天计算的话，存货周转率为 74.1，是全行业的龙头老大。麦当劳是唯一一家存货周转率高于苹果的公司——142.4，也就是说，存货周转期只有 2.5 天。

在电子产品行业，戴尔和三星分别以 10 天和 21 天的存货周转期位列苹果之后。亚马逊的总排名仅次于苹果，三年营收增长率为 37.7%，但存货周转期为 37 天。

苹果在这份榜单中的排名并不令人感到吃惊，因为苹果现任 CEO 蒂姆·库克（Tim Cook）被认为是一个"运营天才"，自 1998 年接管公司的供应链以来，他通过削减成本等措施简化了运营流程。例如，库克将公司仓库从原来的 19 个减少至 9 个，用以限制存货过多的现象，此举让苹果存货周转期从原来的一个月骤降至 6 天。

资料来源：http://tech.ifeng.com/it/detail_2012_06/01/14978110_0.shtml 凤凰科技，编译：凡奇。

5.4.4　存货控制的方法

存货控制是对存货的情况进行反映和监督，报告当前存货的水平，提供进货决策所需要的信息，使存货数量在不断变化中维持足够好的状态。

1. 永续存货控制

（1）永续系统存货变化的一般状态如下：

第一，永续存货控制是对存货数量进行持续记录，并在存货降至某一特定水平时进货；

第二,当存货在耗用中降至再订货点时,按经济批量发出订单;

第三,在订货提前期内,若每日耗用量正常,存货量降至保险存货量 B 时,新的订货入库,存货量上升到较高水平;

第四,若每日耗用量高于正常耗用量,订货提前期结束时,存货量降至 B 以下,到货以后,库存水平比耗用正常的周期低一些;

第五,若每日耗用量低于正常水平,新的订货入库前库存水平高于 B,入库后,存量也相对较高。

(2)永续系统的主要变量特征如下

第一,再订货点是固定的,计算方法为

$$再订货点 = 保险库存 + 每日耗用量 \times 订货提前期$$

第二,订货批量 Q 固定,根据具体情况选择经济订货量模型加以计算确定;

第三,订货提前期 L 固定;

第四,每日耗用量大时,订货间隔缩短,每日耗用量少时,订货间隔延长;

第五,保险库存较小,只满足订货提前期内的超量使用,计算方法为

$$B = (每日最大耗用 - 每日平均耗用) \times 订货提前期$$

(3)适用范围。永续存货控制系统主要适用于单位价值高、领用次数少的存货,或者使用电子计算机的存货控制系统。

2. 双堆存货控制

双堆存货控制不对存货进行永续记录,而是将存货置于两个空间,在一个空间的存货耗用完后即发出订单,同时从第二个空间供货,当第二个空间存货耗完时,第一个空间已到货可供使用,如此交替存货,不断循环。

(1)双堆控制是永续控制的特殊形式,主要变量特征如下:

第一,再订货点与订货批量相同;

第二,订货提前期超过订货到货的天数;

第三,其他变量特征与永续系统相同。

(2)适用范围。双堆存货节约了永续记录的成本,但由于不逐笔记录,存货容易丢失,因而主要适用于低值、连续使用的标准件或办公用品。

3. 定期存货控制

定期存货控制,是指按固定的间隔时间对存货数量进行检查,凡领用过的存货都做补充,订货量即最高存货量与当前存货量的差额。定期控制的主要变量特征如下:

第一,有一个固定的检查期 T,事先确定每年检查存货的次数 N,$T = 360/N$;

第二,保险库存量较大,需要克服检查期与订货提前期内的需求波动。保险库存量的计算 $B = (每日最大耗用 - 每日平均耗用) \times (检查期 + 订货提前期)$

第三,订货的批量是变动的;

第四,再订货点的变动,凡是检查时被领用过的存货,即小于最高储存量的存货都要订货;

第五,订货提前期可能是固定的,也可能是变动的;

第六,定期控制可以减少订货次数,若干件存货一起订货可以合并运输,节约成本,但要求保险储量大,因此,主要适用于货源集中于少数供应者,以及使用集中仓库的情况。

4. 计划需用量存货控制

计划需用量存货控制，是指按最终产品和生产计划安排进货时间和数量。使用这种控制的前提条件是预知各种存货使用的数量和时间。就工业企业来讲，需要知道最终产品的交货期以及构成的零部件数量，还需要知道每个零部件所需要材料的时间和数量。这就需要企业有完备的存货使用计划。

计划需用量存货控制能做到"工完料尽"，节约资金，但是计划变动便会造成积压或短缺。这种方法适用于按合同生产或计划比较完善、可靠的情况。

5. ABC 存货控制

存货管理的 ABC 分析法是意大利经济学家巴雷特于 19 世纪首创的，以后经过不断发展与完善，现已广泛用于现代公司的存货管理与控制。ABC 分析法是对存货各项目（如原材料、在产品、产成品等）按种类、品种或规格分清主次、重点控制的方法。ABC 分析法的操作步骤如下：

（1）计算每一种存货在一定期间内（通常为 1 年）的资金占用额；

（2）计算每一种存货资金占用额占全部资金占用额的百分比，并按大小顺序排列，编制表格；

（3）将存货占用资金巨大、品种数量较少的确定为 A 类；将存货占用资金一般、品种数量相对较多的确定为 B 类；将存货品种数量繁多但价值金额较小的确定为 C 类。

一般来说，A 类存货的品种、数量约占全部存货的 5%～20%，资金约占存货总金额的 60%～80%；B 类存货的品种、数量约占全部存货的 20%～30%，资金约占存货总金额的 15%～30%；C 类存货的品种、数量约占全部存货的 60%～70%，资金约占存货总金额的 5%～20%。

对于 A 类存货，应保持严格控制，经常检查库存，详细、科学、准确地确定这类存货的经济批量；对于 C 类存货，可采用比较简化的方法进行管理，如集中采购、适当加大安全储备等；B 类存货的控制介于 A 类与 C 类之间，可根据其在生产中的重要性程度和采购的难度具体确定控制方法。

6. 存货的及时供应系统

存货的及时供应系统，是指制造商事先和供应商协调好生产方式，以便只有当制造商在生产过程中需要原料或者零件时，供应商才会将零件或原料送来。这样，制造商的存货持有水平就可以大大下降。目前，在美国和日本，已有越来越多的公司利用及时供应系统来减少甚至消除对存货的需求（即实行所谓的无存货政策）。

🌐 相关链接

海尔应对危机：零库存下即需即供

海尔集团推出了"零库存下的即需即供"商业模式，该模式以现代信息技术和先进经营理念为依托，取消仓库，真单直发，使市场开发、产品研发、产品供应链形成一个从用户需求到用户满足的完整过程，使企业适应了市场快速变化的需求。

"零库存下的即需即供"商业模式的主要特点是围绕客户订单组织生产，通过先进的供求信息传播和高效快捷的产品研制手段，在研发上实现了即需即变，制造上实现了即需即制，营销上实现了现款现货、零库存，物流配送上实现了即需即送。

海尔以新商业模式创新了商业流程，达到了产品即需即供，实现了零库存，有效化解了呆账坏账和高库存风险。海尔运营模式创新以来，库存资金占用天数由过去的 20 天左右下降到了目前的 5 天，是中国工业企业平均值的 1/10。

5.5　短期经营决策的 Excel 模型设计

5.5.1　销售数据的分类汇总统计模型

1. 模型概要

（1）问题描述：对产品的销售情况按照不同的标志进行分类统计，观察其变化规律。

（2）主要变量：销售数据的地区资料、销售数据的时间序列。

（3）决策方法：分类汇总与分析。

（4）关键技术：数据透视表的应用，动态可调图形的绘制方法，微调器的使用。

2. 应用举例

【例 5-19】 某商场 2017 年销售数据如图 5-7 所示。

例：某商场2017年的销售数据如下表，对该数据进行分类统计。

日期	省份	类别	销售额	渠道	价位	单位
2017/1/1	上海	电子产品	1061	批发	高	210
2017/1/1	安徽	电子产品	4030	批发	中	1950
2017/1/1	安徽	电子产品	2544	批发	高	920
2017/1/1	上海	电子产品	1718	零售	高	345
2017/1/1	安徽	文化用品	890	零售	中	70
2017/12/1	广东	体育用品	383	批发	高	30
2017/12/1	安徽	体育用品	451	批发	高	55
2017/12/1	安徽	体育用品	414	批发	低	65

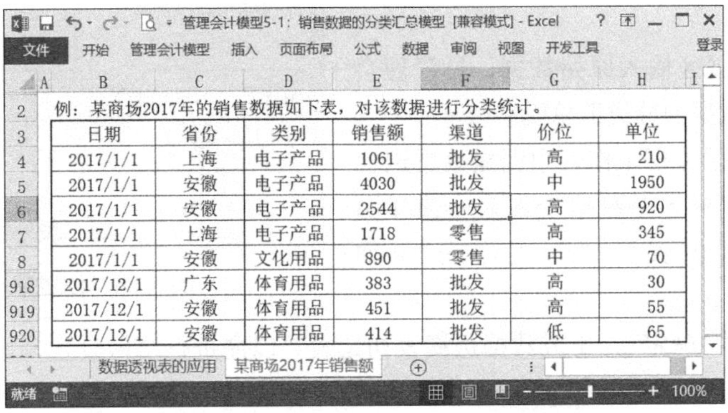

图 5-7　销售数据的分类汇总的原始数据

注：数据见管理会计模型 5-1：销售数据的分类汇总模型 . xls。

要求：

（1）运用数据透视表对该商场的销售状况进行分类汇总；

（2）绘制分类汇总图。

【模型展示】 模型展示如图 5-8 及图 5-9 所示。

某商场2017年的销售分类统计表

求和项:销售额	类别						
省份	电子产品	儿童用品	服装	食品	体育用品	文化用品	总计
安徽	44791	52714	29894	43832	22558	25741	219530
广东	2057	1724		1672	2326	1946	9725
江苏	11491	10318		9894	16069	11003	58775
上海	46995	51944		27490	23249	29848	179526
浙江	29529	36360	53712	29943	18269	36015	203828
总计	134863	153060	83606	112831	82471	104553	671384

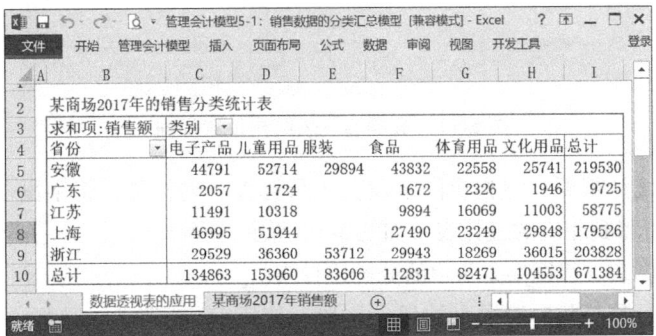

图 5-8　销售数据的分类汇总统计模型（分类统计表）

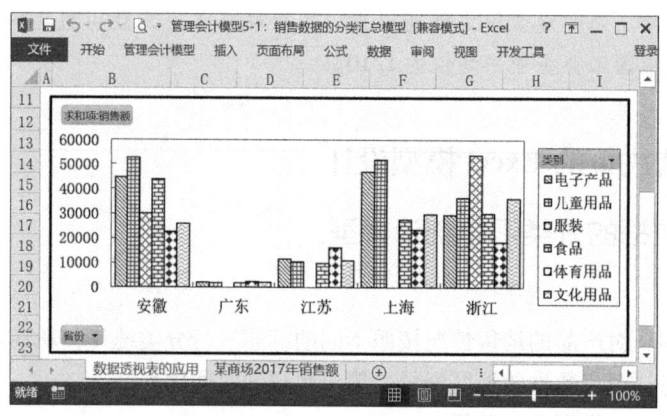

图 5-9　销售数据的分类汇总统计模型（分类汇总图）

【文件链接】　管理会计模型 5-1：销售数据的分类汇总模型.xls（章后 Excel 模型二维码模型 5-1）。

【建模步骤】

第一步：在数据区输入原始数据，见管理会计模型 5-1：销售数据的分类汇总模型.xls。

第二步：在原始数据工作表中创建数据透视表，选择主菜单"插入—数据透视表—选择源数据"，选择放置位置为"新工作表"，如图 5-10 所示。

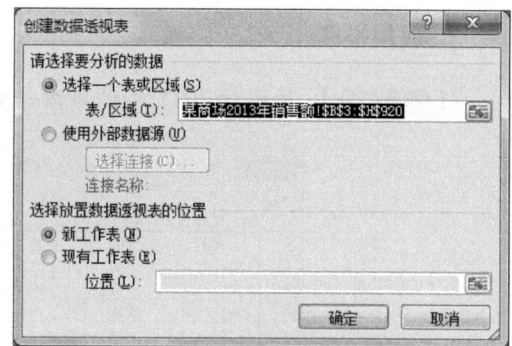

图 5-10　创建数据透视表

第三步：点击"确定"，生成数据透视表初始表，以便进行结构设置，如图 5-11 所示。

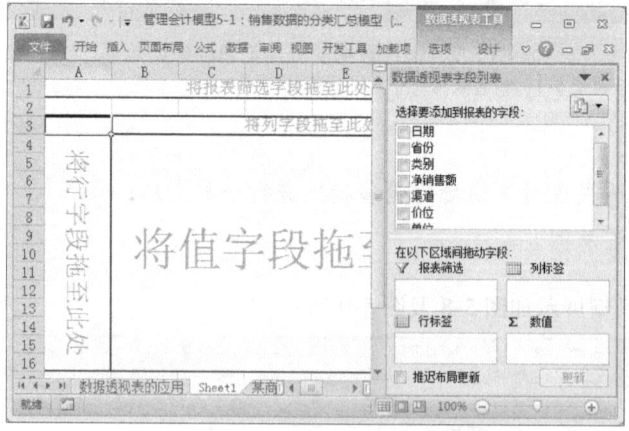

图 5-11　数据透视表结构设置界面

第四步：根据统计需要，将相应的字段拖入行标签、列标签，将字段"净销售额"拖入"数值"部分，则可得到相应的统计表，如图 5-12 所示。

第五步：修饰图表，得图 5-8 所示的分类统计表。

第六步：将鼠标移至数据透视表的任一位置，使用 Excel 菜单，选择"插入—图表"，选择条形图，可插入统计图，进行图形修饰后，可得图 5-9 所示的分类汇总图。

图 5-12 数据透视表

也可通过选择主菜单"插入—数据透视图",绘制分类统计图。

该图形可以选择不同的地区和不同的商品类别分别显示汇总图。

5.5.2 基本 EOQ 决策模型

1. 模型概要

(1) 问题描述:在给定的条件下确定最优订货量,使存货总成本最低。这类问题又分为以下具体问题:基本 EOQ 问题、有价格批量折扣的 EOQ 问题、供货时间滞后的 EOQ 问题、陆续供货的 EOQ 问题、允许缺货的 EOQ 问题、允许缺货且陆续供货的 EOQ 问题。

(2) 主要变量:存货各项成本、存货需求量。

(3) 决策方法:最小成本决策法。

(4) 关键技术:微调器的使用,动态可调图形的绘制方法,模拟运算表的使用,IF 函数的使用。

2. 应用举例

【例 5-20】 基本 EOQ 模型的设计与应用。

某企业每年耗用某种材料 10 000 千克,该材料单位成本 10 元,单位存储成本为 40 元/年,一次订货成本 400 元。

要求:

(1) 计算最优订货量、年最优订货次数、最优成本;

(2) 绘制该材料的年订货成本、年储存成本、年总成本与订货量的变化关系图;

(3) 在图中添加经济订货量的决策参考线;

(4) 在图形中添加一个控制器,控制全年材料总耗用量,以观察不同的总耗用量情况下的成本变化;

(5) 在图形中添加一个控制器,控制订货量,以观察不同的订货量情况下的成本变化。

【模型展示】 模型展示如图 5-13 和图 5-14 所示。

图 5-13 基本 EOQ 决策模型

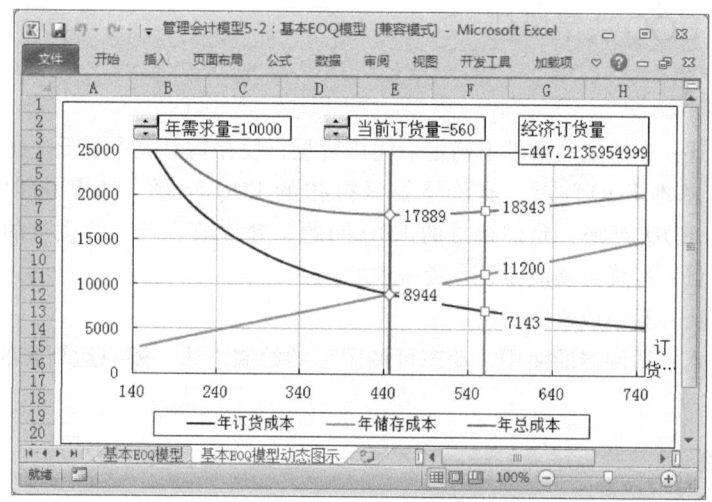

图 5-14 基本 EOQ 动态可调图

【文件链接】 管理会计模型 5-2：基本 EOQ 模型.xls（章后 Excel 模型二维码 模型 5-2）。

【建模步骤】

第一步：在数据区输入原始数据，见图 5-13 之 B2:C4。

第二步：在当前订货量计算区输入相关公式，计算当前订货量的存货成本。同时，在经济订货量计算区输入以下公式，计算经济订货量及其存货成本。公式输入见下表。

	B	C
8	年订货成本	= C2/C7 * C3
9	年储存成本	= C4 * C7/2
10	年总成本	= C8 + C9

	B	C
13	经济订货量（EOQ）	= SQRT(2 * C2 * C3/C4)
14	EOQ 的年订货成本	= C2/C13 * C3
15	EOQ 的年储存成本	= C13/2 * C4
16	EOQ 的年总成本	= C14 + C15

第三步：在模拟运算区，运用模拟运算表计算不同订货量条件下的存货成本水平。方法如下所述。

（1）令 E2 = B7，F2 = B8，G2 = B9，H2 = B10。

（2）在模拟运算表中输入相关计算公式，令 F3 = C8，G3 = C9，H3 = C10。

（3）在模拟运算表中"订货量"所在列，输入一列数据，代表不同水平的订货量。令 E4 = 150，E5 = E4 + 50，复制 E5 至 E6:F16，即可获得不同水平的"订货量"。

（4）用鼠标选中 E3:H16 的区域，选择菜单"数据—模拟分析—模拟运算表"，输入引用行的单元格，输入引用列的单元格。

说明：在本例中，"当前订货量"为自变量，需要计算不同订货量水平下的"年订货成本""年储存成本""年总成本"三个成本数据，这三个变量的计算公式中引用"当前订货量"的数据原始位置位于 C7。而且，在模拟运算表中，当前订货量处于模拟运算表的列。所以，在模拟运算表的设置中只需要输入引用列的单元格，如图 5-15 所示。

（5）点击"确定"，计算出订货量在 150 ~ 750 之间，步长为 50 的不同水平下的存货成本。

第四步：为绘制动态可调图形做准备。

（1）编制当前订货量的决策参考线数据。令 B18 = C7，B19 = B18，将 B19 复制至 B20:B22；令 C18 = 24 000，C19 = C8，C20 = C9，C21 = C10，C22 = 0。

（2）编制经济订货量的决策参考线；编制图形中有关文本框的文字，具体如图 5-16 所示。

注意：在编辑栏中输入的引号为半角引号。

第五步：绘制存货决策图。

（1）选择菜单"插入—图表—XY 散点图—无数据点平滑散点图"，如图 5-17 所示。

（2）点击"确定"，依次添加基本 EOQ 模型之$F$3:$F$16、$G$3:$G$16、$H$3:$H$16 三个序列，这三个序列的水平分类轴都是$E$3:$E$16；再依次添加$B$18:$C$22、$E$18:$F$21，如图 5-18 所示。

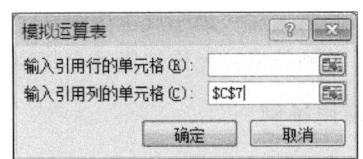

图 5-15　设置模拟运算表

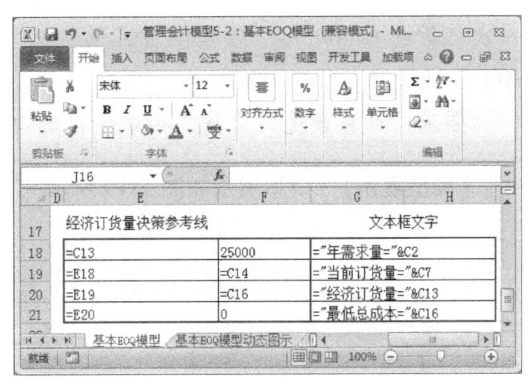

图 5-16　经济订货量决策参考线

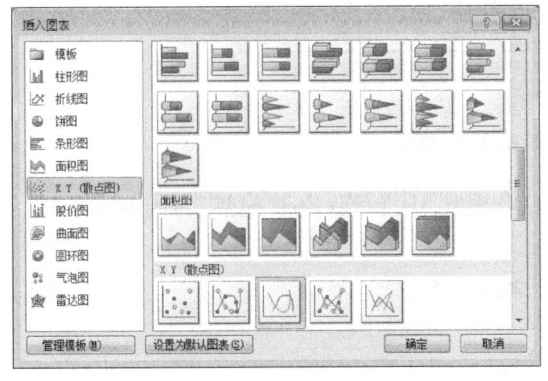

图 5-17　添加散点图

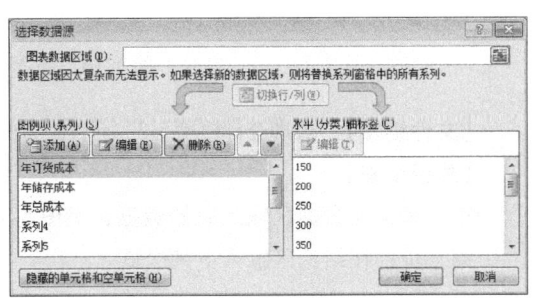

图 5-18　添加序列

点击"确定"后，修饰图表，绘制出所想要的存货决策图。

第六步：在图形中加入"年需求量"的微调器、"当前订货量"的微调器；添加一个文本框,使其内容与"基本 EOQ 模型"工作表的 G18 链接;添加一个文本框,使其内容与"基本 EOQ 模型"工作表的 G19 链接;添加一个文本框,使其内容与"基本 EOQ 模型"工作表的 G20 链接。

绘制动态文本框的方法见第 3 章所述。

第七步:组合相关微调器和文本框,修饰图表,完成绘图。

5.5.3 允许缺货的 EOQ 模型

1. 模型概要

(1)问题描述:在允许缺货的条件下,设计允许缺货的 EOQ 问题。
(2)主要变量:存货各项成本、存货需求量、缺货量。
(3)决策方法:最小成本决策法。
(4)关键技术:允许缺货的存货决策计算公式,规划求解。

2. 应用举例

【例 5-21】 允许缺货的 EOQ 模型的设计与应用。

某企业每年耗用某种材料 8 000 千克,该材料单位成本 4.5 元,单位存储成本为 40 元/年,一次订货成本 400 元,陆续供货,供货速率为 30 千克/天,允许缺货,单位缺货成本为 100 元/年。

要求: 计算最优订货量、年最优订货次数、最优成本等。

【模型展示】 模型展示如图 5-19 所示。

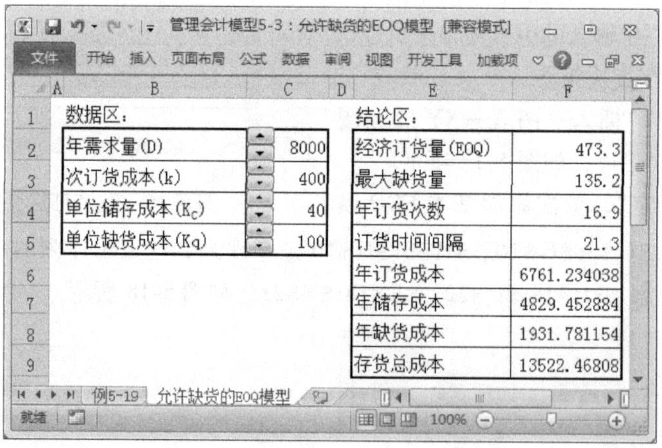

图 5-19 允许缺货的 EOQ 模型

【文件链接】 管理会计模型 5-3:允许缺货的 EOQ 模型.xls(章后 Excel 模型二维码 模型 5-3)。

【建模步骤】

第一步:在数据区输入原始数据,见图 5-19 之 B2:C5。
第二步:在结论区输入下列公式。

F2	=SQRT((2*C3*C2/C4)*((C4+C5)/C5))
F3	=F2*(C4/(C4+C5))
F4	=C2/F2
F5	=360/F4

F6	=C3*F4
F7	=1/2*(F2-F3)^2/F2*C4
F8	=1/2*F3^2/F2*C5
F9	=SUM(F6:F8)

在第二步的基础上，也可以用规划求解得到最优解。

选择菜单"数据—规划求解—设置目标单元格"为"$F$9"，可变单元格为"$F$2"，约束条件为"$F$2>=1"，点击"求解"，即可得到最优订货量（EOQ）。

第三步：在数据区增加相应的微调器，使模型具有一般性。

第四步：修饰图表。

5.5.4 价格有批量折扣的 EOQ 模型

1. 模型概要

（1）问题描述：随着订货量的不同，当订货量超过某一阀值时，供货方会给订货方一定的价格折扣，其他条件与基本模型相同。当阀值小于经济订货量（EOQ）时，则按 EOQ 订货即可，这时既享受价格优惠又是成本最低；当阀值大于经济订货量（EOQ）时，则需要对两种情况下的成本进行比较，选择成本最小的订货方案。

（2）主要变量：存货各项成本、存货需求量、价格折扣的订货量阀值、价格折扣率。

（3）决策方法：最小成本决策法。

（4）关键技术：有价格折扣的存货决策计算公式，IF 函数的应用，模拟运算表的应用。

2. 应用举例

【例 5-22】 有价格折扣的 EOQ 模型的设计与应用。

某公司需要 A 材料，该材料的年度需求量为 15 000 件，该材料单位成本 4.5 元，单位储存成本在 100~200 元之间，每次的订货成本在 400~500 元之间。供应商给出了以下折扣条件：若一次订货量达到 400 件，则给予 5% 的折扣，若一次订货量达到 800 件，则给予 10% 的折扣。请进行最优订货量决策。

要求：

（1）计算是否应该享受折扣；

（2）计算最优订货量；

（3）设计动态可调模型。

【模型展示】 模型展示如图 5-20 所示。

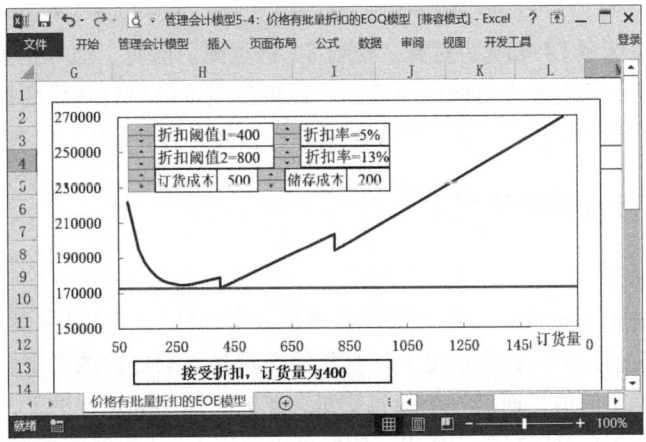

图 5-20 价格有批量折扣的 EOQ 模型

【文件链接】 管理会计模型 5-4：价格有批量折扣的 EOQ 模型 . xlsx（章后 Excel 模型二维码 模型 5-4）。

【建模步骤】

注意：

（1）当价格有批量折扣时，决策的相关成本除了订货成本和储存成本外，还包括存货的全年购买成本。

（2）当阀值小于经济订货量（EOQ）时，则按 EOQ 订货即可，这时既享受价格优惠又是成本最低；当阀值大于经济订货量（EOQ）时，需要比较经济订货量下的存货总成本和订货阀值的存货总成本，选择其中成本较小的订货方案。

（3）在模型中添加订货阀值的控制器和价格折扣的控制器后，可以进行不同组合的批量折扣优惠分析。

第一步：在数据区输入数据，见模型中 B2：C10。

第二步：在计算区进行成本的计算与比较，见以下单元格 B13：C19。

	B	C
13	订货量	500
14	存货总成本	= C2/C13 * C3 + C13/2 * C4 + C10 * C2
16	订货量	= C14
17	= ROUND(SQRT(2 * C2 * C3/C4), 0)	= TABLE(, C13)
18	= C5	= TABLE(, C13)
19	= C7	= TABLE(, C13)

注：C17：C19 为模拟运算的结果。

第三步：在结论区输入决策结论，见 B22：C24。其中的主要单元格为

C17	= "不接受折扣，订货量为" & C16
C18	= "接受折扣，订货量为" & C5
C19	= "接受折扣，订货量为" & C7
B24	= INDEX(E21：E23，MATCH(MIN(C17：C19)，C17：C19，0))

第四步：进行不同订货量的模拟计算，绘制动态图形。

令 F3 = C14，E4：E19 = 80，…，1 600，在区域 E3：F19 中进行模拟运算（其中，引用列的单元格为 C13）。

第五步：以数据区域 E4：F19 为对象，绘制 XY 散点图。同时，加入相关说明框和微调器。对图形进行美化修饰，得到动态可调的决策图。该决策图可以对订货量的折扣阀值、折扣率、订货成本、储存成本进行动态调节，从而动态地观察相关变量对最优订货决策的影响。

5.5.5 随机库存系统模拟模型

1. 模型概要

（1）问题描述：前面所设计的存货决策模型都假定存货的需求量是确定性变量，即年度存货的需求量是确定的，而在许多情况下，存货的需求是不确定的或者是随机的。也就是说，存货需求不是唯一确定的值，而是一个随机变量。这时，运用确定性的 EOQ 模型是无法得到最优解的。由于存货系统是随机的，所以，我们可以运用 Excel 内置的随机函数来模拟存货系统，根据模拟结果，确定最优的库存水平。

通常，系统模拟问题是运用 DYNAMO 语言来解决的。运用 Excel 的内置函数和图表链接功能，会使得该问题变得非常简单。

（2）主要变量：存货需求量的随机分布、存货余额、存货各项成本。

（3）决策方法：随机系统模拟法、最小成本决策法。

（4）关键技术：存货成本的计算，Excel 的随机函数，离散型随机数的产生方法，IF 函数的应用，VLOOKUP 函数的应用，模拟运算表的应用。

2. 应用举例

【例 5-23】 随机库存模拟决策模型的设计与应用。

某企业生产需求 A 材料，根据历史数据统计，该材料单位存货储存成本为 15 元/件周，订货成本为 20 元/次，单位缺货成本为 30 元/件周。

企业当前的订货策略是：再订货点为 20 件，保持存货水平为 25 件，即当存货水平小于 20 件时订货，订货使得存货水平达到 25 件。

根据历史数据统计分析，得到该企业对 A 材料的需求量的概率分布如表 5-21 所示。

表 5-21　A 材料需求量的概率分布

需求量	20	21	22	23	24	25	26
概率	0.02	0.06	0.19	0.38	0.21	0.09	0.05

要求：确定最佳订货策略。

【模型展示】 模型展示如图 5-21 所示。

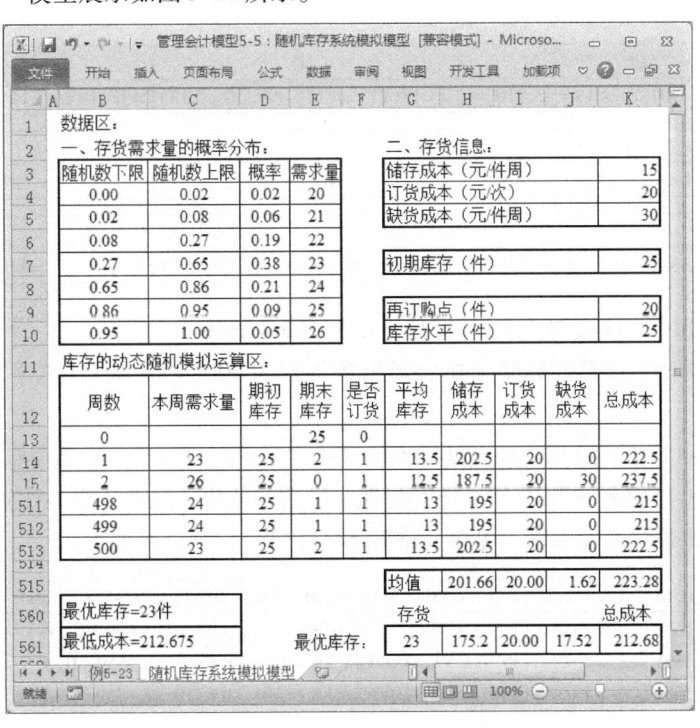

a)

图 5-21　随机库存系统模拟模型

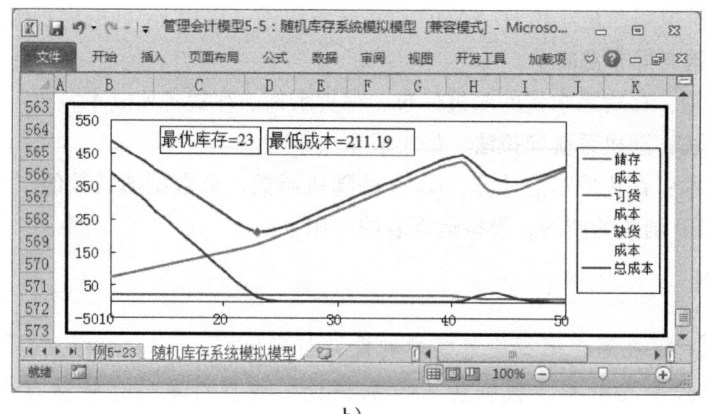

b)

图 5-21 （续）

【文件链接】 管理会计模型 5-5：随机库存系统模拟模型 . xlsx（章后 Excel 模型二维码 模型 5-5）。

【建模步骤】

第一步：在数据区输入原始数据和已知条件，见文件之 B3: K10。

第二步：设计库存的动态随机模拟运算区，见文件之 B11: K13。

第三步：计算动态随机模拟运算区的相关指标，在相应单元格中输入相关公式。

(1) 本计算计划产生 500 个随机样本，所以，周数从 0 开始依次加 1，直到 500。

提示：关于离散型随机数的产生方法见第 3 章的 3.5.3 小节。

(2) 在相关单元格中输入相关公式。

	C	D	E
14	=VLOOKUP(RAND(), $B$4:$E$10, 4)	=IF(F13="1", $K$10, E13)	=IF(D14 − C14 >0, D14 − C14, 0)

	F	G	H
14	=IF(E14<$K$9,"1","0")	=(D14+E14)/2	=G14*$K$3

	I	J	K
14	=F14*$K$4	=IF(D14 − C14 >0, 0, (C14 − D14)*$K$5)	=SUM(H14:J14)

第四步：将 B14: K14 复制至 B15: B513，得到 500 个样本点。

第五步：计算随机变量的数学期望。运用所得到的 500 个样本，计算平均数，见单元格 G515: K515。

第六步：设存货水平为 10 ~ 50，计算不同存货水平下存货总成本的数学期望。方法：运用模拟运算表计算出存货水平为 10 ~ 50 的存货成本的数学期望，见单元格 G517: K559。

第七步：确定最优库存水平，见单元格 E560: K561。相关公式如下。

G561	=INDEX(G519:G559, MATCH($K$561, $K$519:$K$559, 0))
H561	=INDEX(H519:H559, MATCH($K$561, $K$519:$K$559, 0))
I561	=INDEX(I519:I559, MATCH($K$561, $K$519:$K$559, 0))
J561	=INDEX(J519:J559, MATCH($K$561, $K$519:$K$559, 0))
K561	=MIN(K519:K559)

第八步：绘制存货成本图。

以单元格 G519:K559 为数据源，绘制一个 XY 散点图，即不同订/存货水平下的存货成本图。根据存货成本图可见，该企业原有的订货策略并非最优订货策略，最优订货策略应该是：再订货点为 20 件，保持存货水平为 23 件，即当存货水平小于 20 件时订货，订货使得存货水平达到 23 件。

读者还可以按照上述思路，建立多元随机系统，确定出最优再订货点。

5.5.6 随机需求、定期补充的 EOQ 模型设计

1. 模型概要

（1）问题描述：循环策略（又称定期补充）是存货管理中常用的存货补充策略，即每隔一定时间 T，就补充存货到 Q，简写为 (T, Q) 策略。当需求量为确定性变量时，该策略非常简便易行，即订货量等于订货周期内的需求量。然而，现实中的需求量经常表现为随机波动。当需求量向下波动时，订货量可能大于需求量，而产生额外的储存成本；当需求量向上波动时，订货量可能小于需求量，而产生额外的缺货成本。因此，当需求量不稳定时，如何确定合适的订货量是存货决策的一个重要问题。

（2）主要变量：存货成本、需求量的随机分布。

（3）决策方法：最小成本决策法、随机系统模拟法。

（4）关键技术：Excel 的随机函数，随机数的生成方法，IF 函数、VLOOKUP 函数、INDEX 函数的应用，模拟运算表的应用。

2. 应用举例

【例 5-24】 某企业需求 A 材料，根据历史数据统计，该材料单位存货储存成本为 10 元/件周，订货成本为 15 元/次，单位缺货成本为 40 元/件周。根据历史数据的统计分析可知，存货每周的需求量服从均值为 30 件，标准差为 5 件的正态分布。该企业采用定期补充策略，当前的策略为（1 周，50 件），即每周补充订货 1 次，补充订货量使存货水平达到 50 件。

决策问题：

（1）该策略是否最优，应如何优化？

（2）当储存成本、订货成本、缺货成本发生改变时，最优决策将如何变化？

【模型展示】 模型展示如图 5-22 所示。

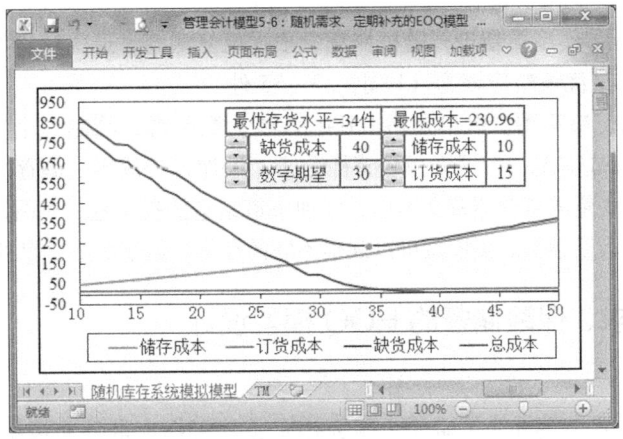

图 5-22 随机需求、定期补充的库存决策模型

【文件链接】 管理会计模型 5-6：随机需求、定期补充的 EOQ 模型.xls（章后 Excel 模型二维码 模型 5-6）。

【建模步骤】

（1）建模思路。由于存货需求为随机变量，所以难以直接计算出最优的订货量，而要通过随机试验的方法进行优化。运用 Excel 解决该问题的一般思路为：首先，在当前的存货水平下，进行多次随机试验，通过计算平均值，对存货总成本的数学期望进行估计；然后，对不同的存货水平反复进行该项随机试验，分别计算出不同存货水平下存货总成本的数学期望；最后，选择存货总成本的数学期望最小值对应的存货水平，即最优存货水平。

（2）建模步骤。

第一步：在数据区输入原始数据，见工作表之 B2:K5。

第二步：设计存货的动态随机试验区，见工作表之 B8:K508。

1）试验次数设定为 1~500，进行 500 次随机试验。

2）在相关单元格中输入相关公式。

```
C9 = ROUND(NORM.INV(RAND(), $C$3, $E$3), 0)
D9 = $E$5, E9 = IF(D9>C9, D9-C9, 0), F9 = IF(D9>C9, 0, C9-D9)
G9 = (D9+E9)/2, H9 = G9*$K$3, I9 = $K$4, J9 = F9*$K$5, K9 = H9+I9+J9
```

3）将 C9:K9 复制至 C10:C508，得到 500 个样本点的各项统计指标。

第三步：计算随机变量的数学期望。运用所得到的 500 个样本，计算存货成本的平均数，见单元格 H510:K510。即采用（1 周，50 件）存货补充策略时存货成本的数学期望，它代表了（1 周，50 件）策略下存货成本的一般水平。

第四步：设存货水平在 10~50 之间，计算不同存货水平下存货总成本的数学期望。方法：运用模拟运算表计算出存货水平在 10~50 之间的存货成本的数学期望，见单元格 G512:K554（模拟运算表的方法见【例 5-20】解答中的说明，此处略）。

第五步：确定最优库存水平。从 G512:K554 中查找最低总成本，进而查找最低总成本对应的存货水平，即最优存货水平。查找方法见单元格 G556:K561。相关公式如下。

```
G556 = INDEX(G514:G554, MATCH($K$556, $K$514:$K$554, 0))
K556 = MIN(K514:K554)
```

反复按"F9"键，模型重新进行随机测算，根据反复测算，最优存货稳定在 33~35 之间。因此，当前情况下的最优策略应该为（1 周，33~35 件）。

第六步：绘制动态决策图。以单元格 G514:K554 为数据源，绘制一个 XY 散点图，即不同订/存货水平下的存货成本图。为了进行敏感性分析，添加订货成本、储存成本、缺货成本、需求的数学期望等可调变量的微调器及文本框，添加决策结论的提示框。对图形进行美化修饰，得到动态可调的存货决策模型图。该模型可以观察不同的存货参数情况下，存货最优策略的变化。

5.5.7 随机需求、保险储备的 EOQ 模型设计

1. 模型概要

（1）问题描述：除定期补充策略外，存货补充还常用规定量补充策略。常用的规定量补充策略有：(Q, R) 策略和 (R, S) 策略。(Q, R) 策略为连续检查策略的一种，Q 为每次固

定的订货量,当连续检查库存水平发现低于 R 时启动订货,这种策略比较适合需求量大、缺货代价高、需求不确定性大的产品。(R,S) 策略也为连续检查策略的一种,R 为订货点,S 为最大库存水平值,在该策略下连续检查库存水平,当库存水平降至 R 时,启动订货程序,订货量使得存货达到 S。

规定量补充策略常用于供货有延迟时的存货补充,即存在订货提前期。当存货日需求量确定时,再订货点为日需求量×提前期。然而,当需求量为随机变量时,再订货点的确定就变得较为复杂。在交货期内,须设定保险储备,以防由于存货需求随机加大而造成的缺货损失。保险储备量越多,缺货成本越小;而保险储备量越多,又会增加储存成本。为此,需要进行最优保险储备的决策,选择最优保险储备量,以降低整体成本。

（2）主要变量：存货成本、需求量的随机分布。

（3）决策方法：最小成本决策法、随机系统模拟法。

（4）关键技术：Excel 的随机函数,随机数生成方法,IF 函数、VLOOKUP 函数、INDEX 函数的应用,模拟运算表的应用。

2. 应用举例

【例 5-25】 某企业需求 A 材料,根据历史数据统计,该材料单位存货储存成本为 10 元/件天,订货成本为 20 元/次,单位缺货成本为 40 元/件天。正常情况下,每天需求量为 100 件,不允许缺货,供货期为 5 天。在供货期内,日需求量不稳定,服从均值为 100 件,标准差为 10 件的正态分布。为防止缺货造成缺货成本,需要设定保险储备量。

决策问题： 确定最优再订货点。

【模型展示】 模型展示如图 5-23 所示。

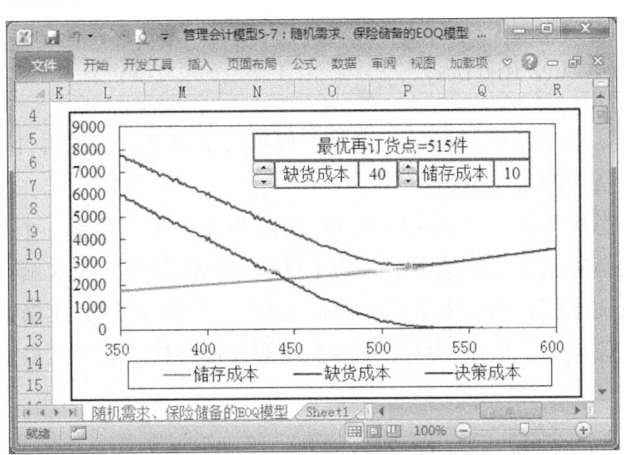

图 5-23 随机需求、保险储备的库存决策模型

【文件链接】 管理会计模型 5-7：随机需求、保险储备的 EOQ 模型.xlsx（章后 Excel 模型二维码 模型 5-7）。

【建模步骤】

（1）建模思路。因为本问题只需要对交货期内进行优化即可,所以相关决策成本包括交货期内的储存成本和缺货成本,即决策成本＝储存成本＋缺货成本。首先,在当前正常再订货点水平下进行多次随机试验,通过计算平均值,对决策成本的数学期望进行估计;然后,对不同的再订货点水平反复进行该项随机试验，分别计算出不同的再订货点水平下的决策成本的数学期望；最后，选择决策成本的数学期望最小值对应的再订货点，即最优再订货点。

（2）建模步骤。

第一步：在数据区输入原始数据，见工作表之 B2:J8。

第二步：设计交货期内的存货需求的随机试验，见工作表之 B11:J511。

1）试验次数设定为 1~500，进行 500 次随机试验。

2）在相关单元格中输入相关公式。

C12 = ROUND(NORM. INV(RAND( ) , $E$7 , $E$8) , 0)
D12 = $J$8
E12 = IF(D12 > C12, D12 − C12, 0)
F12 = IF(D12 > C12, 0, C12 − D12)
G12 = (D12 + E12)/2
H12 = G12 * $J$3
I12 = F12 * $J$5
J12 = H12 + I12

3）将 C12:J12 复制至 C13:J511，得到 500 个样本点的各项统计指标。

第三步：计算随机变量的数学期望。运用所得到的 500 个样本，计算存货决策成本的平均数，见单元格 H513:J513，即再订货点为 500 件时交货期内的存货决策成本的数学期望。

第四步：设定再订货点在 350~600 件之间，运用模拟运算表，计算出不同的再订货点条件下存货决策成本的数学期望，见 G517:J768。

第五步：确定最优再订货点。从 G518:J768 中查找最低成本，进而查找最低成本对应的再订货点，即最优再订货点。查找方法见单元格 G556:K561。相关公式如下。

G556 = INDEX(G518:G768, MATCH(J771, J518:J768, 0))
K771 = MIN(J518:J768)

反复按"F9"键，模型重新进行随机测算，根据反复测算，最优再订货点稳定在 515 件左右。因此，最优再订货点约为 515 件。

第六步：绘制动态决策图。以单元格 G518:J768 为数据源，绘制一个 XY 散点图，即不同的再订货点条件下的存货相关决策成本图。为了进行敏感性分析，添加储存成本、缺货成本等可调变量的微调器及文本框，添加决策结论的提示框。对图形进行美化修饰，得到动态可调的最优保险储备量决策模型图。该模型可以观察不同的存货参数情况下，最优保险储备量和再订货点的变化。

5.5.8 生产计划的最优决策模型的设计

1. 模型概要

（1）问题描述：生产计划是经营预算的重要环节，企业进行年度预算的起点是目标利润，根据目标利润进行销售预算，根据销售预算进行生产预算，即"以销定产"。因此，生产计划决策的重点在于，根据料、工、费、时等资源约束，以满足需求为前提，决定如何进行生产计划的安排，包括资金配置、产品组合、时间进度等，从而达到利润最大化或成本最小化的目标。

(2) 主要变量：生产量、库存量等。
(3) 决策方法：最优化决策方法。
(4) 关键技术：规划求解工具的应用，SUMPRODUCT 函数的应用。

2. 应用举例

【例 5-26】 公司主要生产两种机器零件：A 零件和 B 零件。根据目标利润和市场需求，2019 年第一季度的需求量及期初存货量、期末存货量资料如表 5-22 所示，其中，期末存货量为根据第二季度市场需求预测，为了满足销售需求应保有的最低存货量。根据生产技术与单耗的测算，产品生产成本和储存成本资料如表 5-23 所示。根据预测，企业 2019 年第一季度可用资源如表 5-24 所示。

表 5-22　产品需求及存货信息

产品	2018 年年末存货	2019 年预期需求量			2019 年第一季度末存货
		1 月	2 月	3 月	
A	300	2 000	3 500	5 000	400
B	300	1 500	3 500	5 500	200

表 5-23　产品成本信息

产品	生产资源消耗		生产成本（元/件）	储存资源消耗（M²/件）	储存成本（元/件）
	机器（时/件）	劳动力（时/件）			
A	0.20	0.1	40	0.4	0.5
B	0.15	0.2	20	0.6	0.3

表 5-24　第一季度可用资源信息

资源 \ 月份	1 月	2 月	3 月
机器资源（时）	1 000	1 500	2 000
劳动力资源（时）	1 500	1 500	1 500
储存资源（M²）	2 000	2 000	2 000

要求： 请计算在满足需求的情况下，如何安排生产与库存计划，使得总成本最小。

该决策的目标函数是成本最小化；约束条件包括产品需求约束、库存约束、资源消耗约束；决策变量为产品生产量和存货量。

【文件链接】 管理会计模型 5-8：生产计划最优化决策模型 .xlsx（章后 Excel 模型二维码 模型 5-8）。

【建模步骤】

第一步：在数据区输入相关变量及原始数据，见工作表"数据区"表 1、表 2、表 3。

第二步：设计计算分析区。计算分析区包括三个区域：决策变量区、约束条件区（需求约束、库存约束、资源消耗约束）、目标函数区。

在区域 I3:S6 输入决策变量相关信息，其中生产量、期末存货量为决策变量，平均存货量为中间变量。在区域 I8:O11 输入产品需求约束信息，令 J10 = M5 + J5 − N5，复制粘贴到 J10:L11，计算本期产品供应量。在区域 Q8:S11 输入库存约束条件。在区域 I14:S16 输入资源约束条件，令 M14 = SUMPRODUCT（J$5: J$6，$C10: $C11），M15 = SUMPRODUCT（J$5: J$6，$D10: $D11），M16 = SUMPRODUCT（N$5: N$6，$F10: $F11）。然后复制粘贴到 N14: O15，计算出实际资源消耗量，同时输入资源供给量。

在目标函数区域输入：M18 = SUM（J5: L5）* E10 + SUM（J6: L6）* E11 + SUM（Q5: S5）* G10 + SUM（Q6: S6）* G11。

特别需要说明的是，目标函数的表达式必须是决策变量的函数，以便运用"规划求解"工具进行最优化决策。

第三步：运用"规划求解"工具进行最优化决策。首先加载"规划求解"工具，依次点击"文件—选项—加载项"，在下方"管理（A）："处，选择"Excel 加载项"，点击"转到"，勾选相关选项并确定（见图 5-24）。

图 5-24

在 Excel 2010 版中打开"数据"菜单，点击"规划求解"工具。在"设置目标"处引入目标单元格"$M$18"，在以"可变单元格"处引入"$J$5:$L$6，$N$5，$N$5:$P$6"，依次添加约束条件 $J$10:$L$11 = $M$10:$O$11、$M$14:$O$16 <= $Q$14:$S$16、$R$10:$R$11 >= $S$10:$S$11。选择"单纯线性规划"，点击"求解"（见图 5-25）。

然后，选择"保留规划求解的解"，点击"确定"，得到最优解（见图 5-26）。

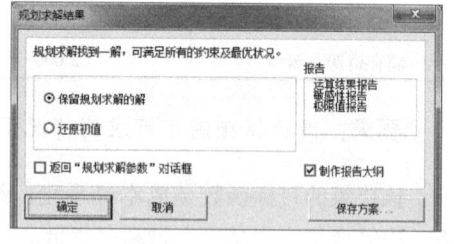

图 5-25　　　　　　　　　　　图 5-26

本案例最优解如表 5-25 所示。

表 5-25　生产量与存货量最优解

产品	生产量			期末存货量		
	1 月	2 月	3 月	1 月	2 月	3 月
A	1 700	3 500	5 400	0	0	400
B	1 200	4 400	4 800	0	900	200

最优成本为 632 520.00 元。

■ Excel 模型二维码

模型 5-1　　　　　　模型 5-2　　　　　　模型 5-3　　　　　　模型 5-4

模型 5-5　　　　　　模型 5-6　　　　　　模型 5-7　　　　　　模型 5-8

■ 案例分析

案例 5-1　某特钢企业的错误决策案例
案例 5-2　TRIM 公司的生产决策
案例 5-3　约束理论视角下的有效产出会计方法及应用

案例 5-1　　　　　　案例 5-2　　　　　　案例 5-3

■ 课后练习与实验操作

讨论题

1. 决策分析有哪几种类型？
2. 如何理解相关业务量、相关收入、相关成本？
3. 生产经营决策中常用的方法有哪些？适用于哪些决策？它们的评价指标是什么？
4. 各种定价决策方法的优缺点有哪些？
5. 存货经济批量的基本模型基于哪些前提条件？
6. 基本的 EOQ 决策模型存在的不足有哪些？如何进行改进？

计算分析题

1. 已知：某企业尚有一定闲置设备台时，拟用于开发一种新产品，现有 A、B 两个品种可供选择。A 品种的单价为 100 元/件，单位变动成本为 60 元/件，单位产品台时消耗定额为 2 小时/件，此外，还需消耗甲材料，其单耗定额为 5 千克/件；B 品种的单价为 120 元/个，单位变动成本为 40 元/个，单位产品台时消耗定额为 8 小时/

个，甲材料的单耗定额为4千克/个。假定甲材料的供应不成问题。要求：

用单位资源贡献边际分析法做出开发哪个品种的决策，并说明理由。

2. 已知：某企业每年生产1 000件甲半成品。其单位完全生产成本为18元（其中单位固定性制造费用为2元），直接出售的价格为20元。企业目前已具备将80%的甲半成品深加工为乙产成品的能力，但每深加工一件甲半成品需要追加5元变动性加工成本。乙产成品的单价为30元。假定乙产成品的废品率为1%。要求：

请考虑以下不相关的情况，用差别损益法为企业做出是否深加工甲半成品的决策，并说明理由。

(1) 深加工能力无法转移；
(2) 深加工能力可用于承揽零星加工业务，预计可获得贡献边际4 000元；
(3) 同(1)，如果追加投入5 000元专属成本，可使深加工能力达到100%，并使废品率降低为零。

3. 已知：某企业每年需用A零件2 000件，原本由金工车间组织生产，年总成本为19 000元，其中，固定生产成本为7 000元。如果改从市场上采购，单价为8元，同时将剩余生产能力用于加工B零件，可节约外购成本2 000元。要求：

为企业做出自制或外购A零件的决策，并说明理由。

4. 已知：某企业组织多品种经营，其中有一种变动成本率为80%的产品于2017年亏损了10 000元，其完全销售成本为110 000元。假定2018年市场销路、成本水平均不变。要求：

请用相关损益分析法就以下不相关的情况为企业做出有关该亏损产品的决策，并说明理由。

(1) 假定与该亏损产品有关的生产能力无法转移。2018年是否继续生产该产品？
(2) 假定与该亏损产品有关的生产能力可用于临时对外出租，租金收入为25 000元。2018年是否继续生产该产品？
(3) 假定条件同(1)，但企业已具备增产一倍该亏损产品的能力，且无法转移。2018年是否应当增产该产品？
(4) 假定条件同(2)，但企业已具备增产一倍该亏损产品的能力，且无法转移。2018年是否应当增产该产品？

5. 甲企业本年计划生产1 000件A产品，正常价格80元/件，其中企业的成本资料如下：

直接材料	24 000
直接人工	12 000
变动性制造费	4 000
固定性制造费	10 000
销售及管理费	5 000

一月乙企业要求向甲企业追加订货200件A产品，特殊定价为50元/件。要求：

就以下各不相关方案做出可否接受此项追加订货的决策。

(1) 企业最大生产能力为1 200件，剩余能力无法转移，不需追加专属成本。
(2) 企业最大生产能力为1 160件，剩余能力无法转移，但追加订货要求追加1 000元的专属成本。

6. 某企业生产某种产品现有三种加工方案进行选择，即分别采用手工加工、机械化设备加工及自动化方式加工，各加工方式的变动成本与固定成本各不相同。有关资料见表5-26。要求：

表5-26 相关成本资料

(单位：元)

生产方式	单位变动成本	固定成本总额
手工	8	300
机械化	4	600
自动化	2	1 200

做出在多大的生产范围内用手工、机械化或自动化生产在经济上较为合理的加工产

品的决策。

7. 假设已知某企业甲产品的售价与销量有以下关系：$p = 400 - 20x$。总成本方程为 $TC = 500 + 20x^2$。要求：
   用公式法和列表法分别计算最优售价和最优销量。

8. 某厂每年需零件 72 000 件，日平均需用量 200 件，该种零件企业自制，每天产量 500 件，每次生产准备成本为 500 元，单件生产成本 50 元，每件零件年存储成本 10 元，若外购单价 60 元，一次订货成本 400 元，请问该厂应选择自制还是外购？

实验操作题

1. 利用 Excel 建立模型，建立如图 5-27 所示的动态模拟图，模拟满足以下条件的 100 天内的存货动态波动状况。条件：① 日需求量 100 件，年需求量 36 000 件；② 需求量稳定；③ 瞬时到货；④ 集中到货；⑤ 不允许缺货。要求：
   (1) 能够调节订货周期；
   (2) 能够动态观察某天的存货余量。

2. 在第 1 题的基础上增加一个条件：⑥ 陆续供货，日供货量 1 000 件。绘制存货波动的动态模拟图。

3. 以【例 5-21】、【例 5-22】为基础，设计一个同时满足陆续供货、允许缺货、价格有折扣的存货决策 Excel 模型。

4. 请用思维导图绘制本章的知识要点。

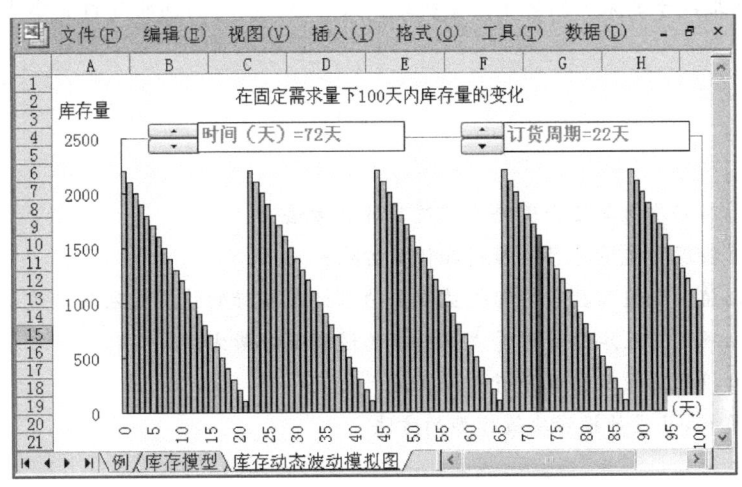

图 5-27　动态模拟图

参考文献与推荐阅读

[1] 温素彬. 考虑资金时间价值的 EOQ 模型 [J]. 价值工程，2009 (1).

[2] 刘兰娟. 经济管理中的计算机应用 [M]. 北京：清华大学出版社，2016.

[3] 徐兵，贾艳丽. 基于数量折扣合同和缺货损失的 EOQ 模型的改进 [J]. 数学的实践与认识，2012 (11).

[4] 温素彬，陈敏. 管理会计中 Excel 的高级应用——基本 EOQ 模型及扩展模型设计与应用 [J]. 财务与会计，2014 (6)：55 57.

[5] 温素彬，杨欢. 管理会计中 Excel 的高级应用——非线性、随机条件下的 EOQ 模型设计与应用 [J]. 财务与会计，2014 (7)：66-69.

[6] 盛继明. 工业和信息通信业管理会计案例集 (2018) [M]. 北京：电子工业出版社，2018.

第6章

资本预算决策

> 公司的价值取决于其未来的现金流量折现,只有公司投资的回报超过资本成本时,才会创造价值。
>
> ——汤姆·科普兰

■ 学习目标

1. 了解货币时间价值与投资风险价值及其计算方法;
2. 理解并掌握现金流量的预测原则和估算方法;
3. 掌握净现值、现值指数、内部收益率等项目评价指标的计算方法及评价标准;
4. 掌握独立项目、互斥项目投资决策分析的过程及分析方法;
5. 掌握项目投资决策敏感性分析的方法;
6. 掌握运用 Excel 设计投资决策模型的方法。

■ 重点与难点

1. 净现值、现值指数、内部收益率等项目评价指标的计算方法及评价标准;
2. 独立项目、互斥项目投资决策分析的过程及分析方法;
3. 投资决策的 Excel 模型设计。

■ 导入案例

当年,拍立得公司(Polaroid Corporation)的创始人兰德(Edwin Land)发明了立即显像照相机,由于这项产品的需求潜能非常庞大,故兰德根本不必应用任何投资决策方法就可以决定:应该马上投入资本兴建厂房,并开始生产。然而,并非每一个投资决策都可以如此轻易地制定。例如,很多公司通常需要为增加新生产线或维持现有生产线、使用新设备或继续使用旧设备,以及购买价格昂贵但耐用的设备或购买价廉但不耐用的设备等投资方案做出一个困难的抉择,而这些为了维持公司经营所需要制定的决策,往往能够对公司的生存和发展产生相当大的影响。

在分析了大量倒闭的公司后，我们发现，这些公司的投资决策程序和制度都不健全。例如，这些公司在采用某投资方案前，大多没有详细地分析并比较其他可行的投资方案，而且在进行投资决策时，并未将投资方案风险考虑在内，更为严重的是，它们也未适当地评估投资方案的预期现金流量。

6.1 长期投资决策概述

6.1.1 长期投资决策的特点

1. 长期投资的含义和特点

长期投资属于"资本支出"的范畴，它与前述的生产成本、管理成本、销售成本等可以由当年收入进行补偿的"收益性支出"相比，具有明显不同的特点。

（1）投资额大。企业为了未来的发展潜力，必须对长期投资目标科学规划，制订发展计划，并付诸实施。当实施长期投资方案时，就要投入大量的资金，它远远高于短期经营所需的资金数额，所以依靠企业的自有资金往往难以负担，一般通过外部筹资解决。

（2）影响时间长。一项大的长期投资往往需要几个年度方可完成。例如，新煤矿的开发、新厂房的建设等都不是一年两载所能完成的，而长期投资数额的收回一般来说都应在一个年度以上，有时则需持续数十年才能取得预期报酬。因此从投资的时间和收回的时间来看，都会在长时间内持续产生影响。

（3）风险大。由于投资时间长、金额大、长期投资要承担较大的风险。长期投资大多属于固定资产投资，一经投资下去，就属于沉没成本；而由于时间长，在此期间往往又会遇到各种不确定因素，如市场变化、政策因素，都会给企业的长期投资带来不可预测的影响，造成巨大的风险。

2. 长期投资决策分析的基本要求

长期投资决策分析是对具体的投资方案进行评估、分析、论证，它是保证长期投资预期目标的实现，减少投资风险，取得良好投资效益的重要手段。

企业的长期投资，是从总体上确定企业未来年份的经营方向和发展规模，是事关全局的大事，也是企业未来行动的纲领。因此企业进行长期投资，需要依赖于科学的决策分析。在决策分析过程中，除了要认真考虑投资在技术上的先进性，还应着重考察投资在数额多少、时间长短、风险大小三个方面的优良性。这就要求长期投资决策分析在每一个方面都要根据事先制定的评价标准对方案进行筛选，保证长期投资目标的可行性和可靠性。

6.1.2 长期投资决策的取舍标准

为了选择最好的决策方案，对方案的评价要有一个尺度，这就是价值评价标准，它是对方案取舍的准则，一般认为它要考虑以下标准。

1. 投资回收的期限标准

投资回收期限，是投资支出者首要考虑的问题。在激烈的市场竞争中，市场瞬息万变，不确定因素很多。回收期限越长，企业承担的风险越大，所以投资者都期望在较短时间内收回投资成本。

2. 投资的预期收益标准

投资的目的是获得预期收益。通过将预期收益率与一般收益率（资本成本率）进行比较，来观察收益水平。在管理会计中，一般把时间标准和收益标准综合在一起，称作货币的"时间价值"，可以用它对长期投资决策进行评价分析。

3. 投资的风险标准

长期投资的金额大，收回时间长，风险也大。因此对企业的长期投资决策方案进行评价时，要对其风险程度与收益大小加以分析，制定投资的"风险价值"标准，对方案的取舍做出判定。

上述三项标准是进行长期投资决策分析时最基本的评价尺度，结合不同的考察对象时，还要与其他因素联系起来进行综合平衡，全面考虑，统筹运用，以保证决策方案的合理性。

货币的时间价值、投资的风险价值、资本成本、现金流量这四个要素既是投资决策分析的依据，也是投资决策所要研究的主要内容。

6.2 资金时间价值与风险价值

6.2.1 货币时间价值

货币时间价值（TVM）是在不考虑风险因素和通货膨胀因素的前提下，货币随着时间的推移而发生的增值，也称为资金的时间价值。

货币投入生产经营过程后，其数额随着时间的推移而持续增长，这是一种客观的经济现象。企业资金循环和周转的起点是投入货币资金，企业用它来购买所需的资源，然后生产出新的产品，产品出售时得到货币量大于最初投入的货币量。资金的循环和周转以及因此实现的货币增值，需要或多或少的时间，每完成一次循环，货币就增加一定数额，周转的次数越多，增值额也越大。因此，随着时间的延续，货币总量在循环和周转中按几何级数增长，使得货币具有时间价值。

由于货币随时间的延续而增值，现在的1元钱与将来的1元多钱甚至是几元钱在经济上是等效的。换一种说法，就是现在的1元钱和将来的1元钱经济价值不相等。由于不同时间单位货币的价值不相等，所以，不同时间的货币收入不宜直接进行比较，需要把它们换算到相同的时间基础上，然后才能进行大小的比较和比率的计算。由于货币随时间的增值过程与利息的增值过程在数学上相似，因此，在换算时广泛使用计算利息的各种方法。

1. 复利的计算

复利是计算利息的另一种方法。按照这种方法，每经过一个计息期，要将所生利息加入本金再计利息，逐期滚算，俗称"利滚利"。这里所说的计息期，是指相邻两次计息的时间间隔，如年、月、日等。除非特别指明，计息期为一年。

（1）复利终值。

【例6-1】将10 000元投资于一项事业，年报酬率为6%，经过一年时间的期终金额为

$$F = P + P \cdot i = P \cdot (1 + i)$$
$$= 10\,000 \times (1 + 6\%) = 10\,600(元)$$

若此人并不提走现金,将 10 600 元继续投资于该事业,则第二年期终金额为
$$F = [P \cdot (1+i)] \cdot (1+i) = P \cdot (1+i)^2$$
$$= 10\,000 \times (1+6\%)^2 = 11\,236(元)$$

同理,第三年的期终金额为
$$F = P \cdot (1+i)^3 = 10\,000 \times (1+6\%)^3$$
$$= 10\,000 \times 1.191\,0 = 11\,910(元)$$

第 n 年的期终金额为
$$F = P \cdot (1+i)^n$$

上式是计算复利终值的一般公式,其中的 $(1+i)^n$ 被称为复利终值系数或 1 元的复利终值,用符号 $(F/P, i, n)$ 表示。例如,$(F/P, 6\%, 3)$ 表示利率为 6% 时 3 期的复利终值系数。用两种方法可以得到复利终值系数:一是查复利终值系数表,该表的作用不仅在于已知 i 和 n 时查找 1 元的复利终值,而且可在已知 1 元复利终值和 n 时查找 i,或已知 1 元复利终值和 i 时查找 n;二是运用 Excel 计算。本书提倡运用 Excel 计算,在 Excel 单元格输入 "=(1+6%)^3",回车,可得 $(F/P, 6\%, 3) = 1.191$,即在利率为 6% 的情况下,现在的 1 元和 3 年后的 1.191 元在经济上是等效的,根据这个系数可以把现值换算成终值。

【例 6-2】 某人有 12 000 元,拟投资报酬率为 8% 的投资机会,经过多少年才可使现有货币增加 1 倍?

$$F = 12\,000 \times 2 = 24\,000$$
$$F = 12\,000 \times (1+8\%)^n$$
$$24\,000 = 12\,000 \times (1+8\%)^n$$
$$(1+8\%)^n = 2$$
$$(F/P, 8\%, n) = 2$$

查"复利终值系数表",在 $i = 8\%$ 的项下寻找 2,最接近的值为
$$(F/P, 8\%, 9) = 1.999$$

所以:$n = 9$,即 9 年后可使现有货币增加 1 倍。

(2) 复利现值。复利现值是复利终值的对称概念,指未来一定时间的特定资金按复利计算的现在价值,或者说是为取得将来一定本利和,现在所需要的本金。

复利现值计算,是指已知 F、i、n 时求 P。

通过复利终值计算已知
$$F = P \cdot (1+i)^n$$

所以
$$p = \frac{F}{(1+i)^n} = F \cdot (1+i)^{-n}$$

上式中的 $(1+i)^{-n}$ 是把终值折算为现值的系数,称复利现值系数,或称 1 元的复利现值,用符号 $(P/F, i, n)$ 来表示。例如,$(P/F, 10\%, 5)$ 表示利率为 10% 时 5 期的复利现值系数。运用 Excel 计算得复利现值系数的方法:在 Excel 单元格输入 "=(1+6%)^(-5)",回车,可得 $(F/P, 10\%, 5) = 0.621$。也就是说,在时间价值为 10% 的情况下,5 年后的 1 元和现在的 0.621 元在经济上是等效的。

【例6-3】 某人拟在5年后获得本利和10 000元,假设投资报酬率为10%,他现在应投入多少元?

$$P = F \cdot (P/F, i, n) = 10\,000 \times (P/F, 10\%, 5)$$
$$= 10\,000 \times 0.621 = 6\,210(元)$$

2. 年金的计算

年金是指等额、定期的系列收支。例如,分期付款赊购、分期偿还贷款、发放养老金、分期支付工程款、每年相同的销售收入等,都属于年金收付形式。按照收付的次数和支付的时间划分,年金分为以下几类。

(1) 普通年金。普通年金又称后付年金,是指各期期末收付的年金。

1) 普通年金终值计算。普通年金终值是每次支付的复利终值之和。在第一期末的100元,应赚得2期的利息,因此,到第三期末其值为121元;在第二期末的100元,应赚得1期的利息,因此,到第三期末其值为110元;第三期末的100元,没有计息,其价值是100元。整个年金终值331元。

如果年金的期数很多,那么用上述方法计算终值显然相当烦琐。由于每年支付额相等,折算终值的系数又是有规律的,所以,可找出简便的计算方法。

设每年的支付金额为A,利率为i,期数为n,则按复利计算的年金终值F为

$$F = A \frac{(1+i)^n - 1}{i}$$

式中的$\frac{(1+i)^n - 1}{i}$是普通年金为1元、利率为i、经过n期的年金终值,记作$(F/A, i, n)$,可据此编制"年金终值系数表",很多财务方面的书都有该表可供查阅。

2) 普通年金现值计算。普通年金现值,是指为在每期期末取得相等金额的款项,现在需要投入的金额。

【例6-4】 某人出国3年,请你代付房租,每年租金100元,设银行存款利率10%,他应当现在给你在银行存入多少钱?

这个问题可以表述为:请计算$i = 10\%$,$n = 3$,$A = 100$元之年终付款的现在等效值是多少?

设年金现值为P,其公式为

$$P = A \cdot \frac{1 - (1+i)^{-n}}{i}$$

式中的$\frac{1 - (1+i)^{-n}}{i}$是普通年金为1元、利率为i、经过n期的年金现值,记作$(P/A, i, n)$,可据此编制"年金现值系数表",很多财务方面的书都有该表可供查阅。

根据数据计算

$$P = A \cdot (P/A, i, n) = 100 \times (P/A, 10\%, 3)$$

查表:$(P/A, 10\%, 3) = 2.486\,8$

$$P = 100 \times 2.486\,8 = 248.68(元)$$

(2) 永续年金。无限期定额支付的年金,称为永续年金。现实中的存本取息,可视为永

续年金的一个例子。

永续年金没有终止的时间，也就没有终值。永续年金的现值可以通过普通年金现值的计算公式导出

$$P = A \cdot \frac{1}{i}$$

【例6-5】 拟建立一项永久性的奖学金，每年计划颁发10 000元奖金。若利率为10%，现在应存入多少钱？

$$P = 10\,000 \times \frac{1}{10\%} = 100\,000(元)$$

【例6-6】 如果一股优先股，每季分得股息2元，而利率是每年6%，对于一个准备买这种股票的人来说，他愿意出多少钱来购买此优先股？

$$P = \frac{2}{1.5\%} = 133.33(元)$$

假定上述优先股股息是每年2元，而利率是年利6%，该优先股的价值是

$$P = 2 \div 6\% = 33.33(元)$$

上述关于时间价值计算的方法，在管理会计中有广泛用途，如存货管理、养老金决策、租赁决策、资产和负债估价、长期投资决策等。随着财务问题日益复杂化，时间价值观念的应用也将日益增加。

6.2.2 风险价值

财务活动经常是在有风险的情况下进行的。冒风险，就要求得到额外的收益，否则就不值得去冒险。投资者由于冒风险进行投资而获得的超过资金时间价值的额外收益，称为投资的风险价值，或风险收益、风险报酬。企业理财时，必须研究风险、计量风险，并设法控制风险，以求最大限度地扩大企业财富。

1. 什么是风险

风险是一个比较难掌握的概念，其定义和计量也有很多争议。但是，风险广泛存在于重要的财务活动当中，并且对企业实现其财务目标有重要影响，人们无法回避和忽视。

如果企业的一项行动有多种可能的结果，其将来的财务后果是不肯定的，这就叫有风险。如果这项行动只有一种后果，就叫没有风险。例如，现在将一笔款项存入银行，可以确知一年后将得到的本利和，因此几乎没有风险。这种情况在企业投资中是很罕见的，因为它的风险固然小，但是报酬也很低，很难称之为真正意义上的投资。

一般说来，风险是指在一定条件下和一定时期内可能发生的各种结果的波动程度。例如，我们在预计一个投资项目的报酬时，不可能十分精确，也没有百分之百的把握。有些事情的未来发展我们事先不能确知，例如价格、销量、成本等都可能发生我们预想不到并且无法控制的变化。

2. 风险的类别

(1) 从投资者角度看，风险分为市场风险和公司特有风险两类。

1) 市场风险。市场风险是指那些对所有的公司产生影响的因素引起的风险，如战争、经

济衰退、通货膨胀、高利率等。这类风险涉及所有的投资对象，不能通过多角化投资来分散，因此又称不可分散风险或系统风险。例如，一个人投资于股票，不论买哪一种股票，他都要承担市场风险，经济衰退时各种股票的价格都要有不同程度的下跌。

2）公司特有风险。公司特有风险是指发生于个别公司的特有事件造成的风险，如罢工、新产品开发失败、没有争取到重要合同、诉讼失败等。这类事件是随机发生的，因而可以通过多角化投资来分散，即发生于一家公司的不利事件可以被其他公司的有利事件所抵消。这类风险称为可分散风险或非系统风险。例如，一个人投资股票时，买几种不同的股票，比只买一种风险小。

（2）从公司经营角度看，风险分为经营风险（商业风险）和财务风险（融资风险）两类。

1）经营风险是指生产经营的不确定性带来的风险，它是任何商业活动都有的，也叫商业风险。

经营风险主要来自以下几方面。①市场销售：市场需求、市场价格、企业可能生产的数量等不确定，尤其是竞争使供产销不稳定，加大了风险。②生产成本：原料的供应和价格、工人和机器的生产率、工人的工资和奖金等，都是不确定因素，因而产生风险。③生产技术：设备事故、产品发生质量问题、新技术的出现等，不好预见，产生风险。④其他因素：外部的环境变化，如天灾、经济不景气、通货膨胀、有协作关系的企业没有履行合同等，企业自己不能左右，产生风险。经营风险使企业的报酬变得不确定。

2）财务风险是指因借款而增加的风险，是融资决策带来的风险，也叫融资风险。

举债加大了企业的风险。运气好时赚得更多，运气不好时赔得更惨。如果不借钱，企业全部使用股东的资本，那么该企业没有财务风险，只有经营风险。如果经营风险是肯定的（实际上总有经营风险），例如，肯定能赚 10%，那么负债再多也不要紧，只要利率低于 10%。财务风险只是加大了经营风险。

3. 风险的衡量

风险的衡量，需要使用概率和统计方法。

（1）概率。在经济活动中，某一事件在相同的条件下可能发生也可能不发生，这类事件称为随机事件。概率就是用来表示随机事件发生可能性大小的数值。通常，把必然发生的事件的概率定为 1，把不可能发生的事件的概率定为 0，而一般随机事件的概率是介于 0 与 1 的一个数。概率越大就表示该事件发生的可能性越大。

【例 6-7】 ABC 公司有两个投资机会，A 投资机会是一个高科技项目，该领域竞争很激烈，如果经济发展迅速并且该项目搞得好，取得较大市场占有率，利润就会很大，否则，利润很小甚至亏本。B 项目是一个老产品并且是必需品，销售前景可以准确预测出来。假设未来的经济情况只有三种：繁荣、正常、衰退，有关的概率分布和预期报酬率如表 6-1 所示。

表 6-1 公司未来经济情况

经济情况	发生概率	A 项目预期报酬	B 项目预期报酬
繁荣	0.3	90%	20%
正常	0.4	15%	15%
衰退	0.3	−60%	10%
合计	1.0	—	—

在这里，概率表示每一种经济情况出现的可能性，同时也就是各种不同预期报酬率出现的可能性。例如，未来经济情况出现繁荣的可能性有 0.3。假如这种情况真的出现，A 项目可获得高达 90% 的报酬率，这也就是说，采纳 A 项目获利 90% 的可能性是 0.3。当然，报酬率作为一种随机变量，受多种因素的影响，我们这里为了简化，假设其他因素都相同，只有经济情况一个因素影响报酬率。

（2）预期值。随机变量的各个取值，以相应的概率为权数的加权平均数，叫作随机变量的预期值（数学期望或均值），它反映随机变量取值的平均化水平。

$$\text{报酬率的预期值}(\overline{K}) = \sum_{i=1}^{N}(P_i \cdot K_i)$$

式中，P_i 为第 i 种结果出现的概率；K_i 为第 i 种结果出现后的预期报酬率；N 为所有可能结果的数目。

据此计算

$$\text{预期报酬率}(A) = 0.3 \times 90\% + 0.4 \times 15\% + 0.3 \times (-60\%) = 15\%$$
$$\text{预期报酬率}(B) = 0.3 \times 20\% + 0.4 \times 15\% + 0.3 \times 10\% = 15\%$$

两者的预期报酬率相同，但其概率分布不同。A 项目的报酬率的分散程度大，变动范围在 -60% ~ 90%；B 项目的报酬率的分散程度小，变动范围在 10% ~ 20%。这说明两个项目的报酬率相同，但风险不同。为了定量地衡量风险大小，还要使用统计学中衡量概率分布离散程度的指标。

（3）离散程度。表示随机变量离散程度的量数包括平均差、方差和标准差等，最常用的是方差和标准差。

方差是用来表示随机变量与期望值之间离散程度的一个量。

$$\text{方差}(\sigma^2) = \sum_{i=1}^{N}(K_i - \overline{K})^2 \cdot P_i$$

标准差也叫均方差，是方差的平方根。

$$\text{标准差}(\sigma) = \sqrt{\sum_{i=1}^{N}(K_i - \overline{K})^2 \cdot P_i}$$

如上例，经计算 A 项目的标准差是 58.09%，B 项目的标准差是 3.87%。它们定量地说明 A 项目的风险比 B 项目大。

4. 对风险的态度

人们对待风险的态度是有差别的。对于上述两个项目，愿意回避风险的人，会选择 B 项目；愿意冒险的人，会选择 A 项目；有人持中庸之道，没有偏好，认为 A 和 B 没有差别。

一般的投资者都在回避风险，他们不愿意参与只有一半成功机会的赌博。尤其是作为不分享利润的经营管理者，在冒险成功时报酬大多归于股东，冒险失败时他们的声望下降，职业的前景受威胁。在一般情况下，报酬率相同时人们会选择风险小的项目；风险相同时，人们会选择报酬率高的项目。问题在于，有时风险大，报酬率也高，那么如何决策呢？这就要看报酬是否高到值得去冒险，以及投资人对风险的态度。

5. 风险和报酬的关系

风险和报酬的基本关系是，风险越大，要求的报酬率越高。如前所述，各投资项目的风险大小是不同的，在投资报酬率相同的情况下，人们都会选择风险小的投资，结果竞争使其风险增加，报酬率下降。最终，高风险的项目必须有高报酬，否则也没有人投资。风险和报酬的这种联系，是市场竞争的结果。

企业拿了投资人的钱去做生意，最终投资人要承担风险，因此他们要求的期望报酬率与其风险相适应。风险和期望投资报酬率的关系可以表示如下

$$期望投资报酬率 = 无风险报酬率 + 风险报酬率$$

无风险报酬率，如购买国家发行的公债，到期连本带利肯定可以收回。这个无风险报酬率，可以吸引公众储蓄，是最低的社会平均报酬率。

风险报酬率，它与风险大小有关，风险越大则要求的报酬率越高，是风险的函数。

$$风险报酬率 = f(风险程度)$$

假设风险和风险报酬率成正比，则

$$风险报酬率 = 风险报酬斜率 \times 风险程度$$

企业通过融资，把它的投资风险（也包括报酬）不同程度地分散给它的股东、债权人，甚至供应商、工人和政府。就整个社会来说，风险是肯定存在的，问题只是谁来承担及各承担多少。如果大家都要风险小，都不肯承担风险，高风险的项目没人做，则社会发展就会慢下来。金融市场之所以能存在，就在于它吸收社会资金投放给需要资金的企业，通过它分散风险，分配利润。

6.3 投资项目的现金流量预计

投资项目的现金流量是指一个投资项目引起的现金支出和现金收入的数量。这时的"现金"是广义的现金，它不仅包括各种货币资金，而且包括项目需要投入的企业现有的非货币资源的变现价值。如厂房、设备和材料等的变现价值，而不是其账面价值。

新建项目现金流量的预计包括现金流出量、现金流入量和现金净流量的预计。现金流出量包括购置生产线的价款和垫支的流动资金；现金流入量包括营业现金流入、生产线出售或报废时的残值收入和收回的流动资金；现金净流量是项目在一定期间现金流入量与流出量的差额。

6.3.1 现金流量的预计方法

现金流量是项目投资决策中的一种信息载体，可以明确地反映和描述项目整个周期（包括建设期、经营期、终结点）的资本流动状况。正确预计投资项目的现金流量，是进行项目投资决策的基础，同时也是保证投资决策有效性的重要前提。

通常，将投资项目的现金流量分为三个部分加以预计，即初始现金流量、经营现金流量和终结现金流量。

1. 初始现金流量

初始现金流量是指投资项目开始时（主要发生在项目建设过程中）发生的现金流量，主要包括以下内容。

（1）固定资产投资支出，如设备买价、运输费、安装费、建筑费等。

（2）垫支的营运资本，是指项目投产前后分次或一次投放于流动资产上的资本增加额，又称铺底营运资本。

（3）原有固定资产的变价收入，是指固定资产更新时原有固定资产变卖所得的现金净

流量。

(4) 其他费用,是指与投资项目有关的筹建费用、职工培训费用等。

(5) 所得税效应,是指固定资产重置时变价收入的税赋损益,引起所得税多缴的部分视为现金流出,形成节税的部分视为现金流入。

项目建设期发生的现金流量大多为现金流出量(也不排除有少量流入的可能),它们可以是一次性发生的,也可以是分次发生的。

2. 经营现金流量

经营现金流量,又称营业现金流量,是指投资项目投入使用后,在经营使用期内由于生产经营所带来的现金流入和现金流出的数量。这种现金流量一般以年为单位进行计算。这里的现金流入一般是指经营现金收入;现金流出一般是指经营现金支出和缴纳税金。

经营现金净流量(NCF)一般可以按以下三种方法计算。

(1) 根据经营现金净流量的定义计算

$$经营现金净流量 = 营业收入 - 付现成本 - 所得税$$

(2) 根据年末营业结果来计算

企业每年现金增加来自两个主要方面:一是当年增加的净利;二是计提的折旧,以现金形式从销售收入中扣回,留在企业里。

$$经营现金净流量 = 税后净利润 + 折旧$$

(3) 根据所得税对收入、成本和折旧的影响计算

$$经营现金净流量 = 收入 \times (1 - 税率) - 付现成本 \times (1 - 税率) + 折旧 \times 税率$$
$$= 税后收入 - 税后成本 + 折旧抵税额$$

以上三种方法的计算结果是一致的。

【例6-8】假设甲、乙两公司的基本情况相同,唯一的区别在于二者的折旧额不同。现金流量的计算如表6-2所示。

表6-2 现金流量计算 (单位:元)

项目	甲公司	乙公司
销售收入	1 200 000	1 200 000
付现营业成本	600 000	600 000
折旧	200 000	250 000
营业成本合计	800 000	850 000
税前利润	400 000	350 000
所得税(40%)	160 000	140 000
税后净利	240 000	210 000
营业现金净流量	440 000	460 000

根据以上资料,经营现金净流量的计算结果验证如下。

根据经营现金净流量的定义计算

经营现金净流量(甲) = 1 200 000 - 600 000 - 160 000 = 440 000(元)

经营现金净流量(乙) = 1 200 000 - 600 000 - 140 000 = 460 000(元)

根据年末营业结果计算

经营现金净流量(甲) = 240 000 + 200 000 = 440 000(元)

$$经营现金净流量(乙) = 210\,000 + 250\,000 = 460\,000(元)$$

根据所得税对收入、成本和折旧的影响计算

$$经营现金净流量(甲) = (1\,200\,000 - 600\,000) \times (1 - 40\%) + 200\,000 \times 40\%$$
$$= 440\,000(元)$$

$$经营现金净流量(乙) = (1\,200\,000 - 600\,000) \times (1 - 40\%) + 250\,000 \times 40\%$$
$$= 460\,000(元)$$

由以上计算结果可见，甲、乙公司分别按三种不同的计算方法得到的经营现金流量是完全一致的。乙公司的经营现金流量之所以高出甲公司20 000元，是源于二者折旧费差额的节税额，即

$$(250\,000 - 200\,000) \times 40\% = 20\,000(元)$$

3. 终结现金流量

终结现金流量是指项目完结时所发生的现金流量，项目终结的"年份"具有双重含义，它既是项目经营使用期的最后年份，同时也是项目终了的年份。因此，终结现金流量既包括经营现金流量（内容与预计方法如前述），又包括非经营现金流量。非经营现金流量包括固定资产的残值收入或变价收入及税赋损益、垫支营运资本的回收、停止使用的土地的变价收入等。

6.3.2 现金流量预计中应注意的问题

项目投资现金流量的预计涉及的内容很多，影响现金流量预计结果及其分布状况的因素也很多。因此，在现金流量预计过程中有以下问题值得关注。

1. 现金流量与会计利润的关系

现金流量与会计利润既有联系，又有区别。二者的联系在于现金流量与利润在本质上并无根本区别，虽然从单个的年度来看，现金净流量与利润是不等的，但从项目的整个投资有效期来看，二者的总额是相等的。二者的主要区别则在于以下几个方面。

（1）确认基础。会计利润以权责发生制作为确认基础进而评价公司的经营业绩；而项目投资决策中的现金流量以收付实现制作为确认基础进而评价投资项目的经济效益和可行性。

（2）对货币时间价值的考虑。计算会计利润时的收入和支出不一定是当期收到和支付的现金，故不利于其现值的确定；而现金流量反映的是当期的现金流入和流出量，有利于考虑时间价值因素。

（3）方案评价的客观性。会计利润在各年的分布存在不客观的成分。首先，利润的计算缺乏统一的标准，并在一定程度上受到人为因素的影响，如存货计价、费用摊配、折旧方法等有较大的主观随意性；其次，利润反映的是某一会计期间"应计"的现金流量而非实际流量，具有较大风险。而现金流量的分布不受人为因素的影响，能如实反映现金流量发生的时间和金额，保证方案评价的客观性。

（4）现金流的状况。在投资分析中，对项目效益的评价是以假设其收回的资本再投资为前提的。利润反映项目的盈亏状况，而有利润的年份不一定能产生相应的现金用于再投资，只有现金净流量才能用于再投资。一个项目能否维持下去，不是取决于某年份是否有利润，而是

取决于是否有现金用于所需要的各种支付。显然，在项目投资决策中现金流动状况比盈亏状况更为重要。

基于上述原因，在项目投资决策中，研究的重点是现金流量，而对会计利润的研究放在次要位置。

2. 折旧问题

折旧作为一种客观现象而存在，它所带来的影响效果是多重的。首先，折旧方法及折旧率的选择不同，会导致各年的折旧额的分布不同（直线法除外），进而影响到各年的会计利润。计提折旧多的年份，该年利润减少；反之，则相反。其次，折旧又是收回项目投资的一个途径。一项投资的收回，除了靠项目本身每年所创造的收益以外，另一个收回渠道就是计提折旧。因此，通常将折旧作为现金流入的一个方面。最后，在存在所得税的条件下，折旧还会带来抵税效应。某年计提的折旧越多，带来的抵税效果越明显，形成的现金流入也越多。

$$折旧抵税额 = 折旧额 \times 所得税税率$$

3. 利息费用

以借款投资的项目，在预计现金流量时，还存在对借款利息费用的处理。通常，对利息费用的处理有两种方式：一是将利息费用作为费用支出，从现金流量中扣除；二是将其归于现金流量的资本成本中。在实务中广泛采用的是后一种方法。值得注意的是，如果已从现金流量中扣除，就不能归于现金流量的资本成本中，以避免重复计算。

此外，通货膨胀是影响当今经济社会的一个非常重要的因素，在投资项目评估中，通货膨胀可能会同时影响项目的现金流量和投资必要收益率（折现率），必要时也应该考虑这一影响因素。

4. 对固定资产残值收入和变价收入的税收处理

如果会计上计提的残值与税法规定的提取办法有出入，则应按税法规定进行调整后再确认其现金流量。

【例6-9】 某设备会计上计提的残值为10 000元，而按税法规定应提取残值8 000元，所得税税率为25%，则此时确认的残值收入形成的现金流量并非10 000元，而应是9 500元，即10 000 - (10 000 - 8 000) × 25% = 9 500（元）。

对于固定资产的变价收入，其高于原值或账面净值的部分，多缴的所得税视为现金流出；其低于账面净值而发生的出售损失抵减所得税支出，少缴的所得税视为现金流入。

相关链接

知道现金流对做生意有多重要吗

国美电器、苏宁电器（以下简称"美苏"）卖家电根本不赚钱，或只赚点辛苦钱。有人可能会问："那它们为什么还要开那么多店？还要低价大甩卖啊？"这时，分析师往往会告诉你：它们要扩大规模，挤垮竞争对手，靠规模优势获得利润。现在不挣钱、少挣钱没关系啊，打败了对手，以后不就可以挣大钱了吗？

告诉你：它们的目的，其实就是获得现金流！

现金流这么重要？对，因为美苏是靠现金流进行资本运作赚钱的。

举个例子：假如我每天给你 1 万元（注意是每天都给），要求你 3 个月之后还我 1 万元（注意也是每天都还），你一年的现金流就是 365 万元。你挣钱了吗？没有。但聪明点的人已经看出来了，你的手上始终有三个月的钱，也就是 90 万元。理论上说，这 90 万元永远在你手上，对不对？那么你是不是可以存银行赚取利息啊？你将 90 万元存长期，每年的利息也有好几万吧？所以只要运作得当，现金流本身，可以产生利润！

美苏，假设一年 100 亿元营业收入，延迟三个月还款，手里就是 25 亿元现金流！延迟六个月还款，手里就是 50 亿元！假设疯狂开店扩大现金流，一年 200 亿元营业收入了，延迟三个月还款，手里就是 50 亿元，延迟六个月，就是 100 亿元！

所以，家电连锁，只是美苏获取现金流的手段！卖家电只能挣点小钱，就算赔点也没什么，而在别的地方可以挣到多得多的利润！但前提是：现金流一定要充足！

这，才是美苏们疯狂开分店的根本原因。

6.4 资本预算决策方法

项目投资决策的基本方法一般有两类，一类是贴现（折现）的分析评价方法，即考虑了时间价值因素的评价方法，包括净现值法、现值指数法和内部收益率法三个指标；另一类是非贴现（折现）的分析评价方法，即未考虑时间价值因素的评价方法，包括投资回收期法和会计收益率法。

6.4.1 投资回收期法

投资回收期（payback period，PP）是指通过项目的现金净流量来回收初始投资额所需要的时间，一般以年为单位。投资回收期还可细分为包括建设期的投资回收期和不包括建设期的投资回收期。它属于评价投资项目的非折现指标。

1. 投资回收期的计算

如果在项目的整个有效期限内，每年的经营现金净流量相等，则投资回收期可按以下公式计算

$$投资回收期 = 初始投资额 \div 年现金净流量$$

【例 6-10】有 A、B、C 三项投资方案，有关数据如表 6-3 所示。

表 6-3　A、B 方案的现金流量表　　　　　　　　　　　（单位：元）

年份	A 方案		B 方案		C 方案	
	净收益	现金净流量	净收益	现金净流量	净收益	现金净流量
0		(30 000)		(12 000)		(15 000)
1	2 800	17 800	(2 000)	2 000	900	5 900
2	3 800	18 800	3 500	7 500	900	5 900
3		3 500	7 500		900	5 900
合计	6 600	6 600	5 000	5 000	2 700	2 700

上例中，B 方案、C 方案的投资回收期可计算如下

$$投资回收期(B) = 2 + (2\,500/7\,500) = 2.33(年)$$
$$投资回收期(C) = 15\,000 \div 5\,900 = 2.54(年)$$

2. 投资回收期的决策标准

利用投资回收期进行项目评价的决策规则是：如果项目的投资回收期小于基准回收期（公司自行确定或根据行业标准确定）时，则该项目可以接受；反之，则应放弃。在实务分析中，一般认为投资回收期小于项目周期的一半时方为可行。

3. 投资回收期法的利与弊

投资回收期是最早用于评估项目投资决策项目的方法，曾一度被广泛运用。该法计算简便直观，且容易为决策人所理解。其缺点在于：它不仅忽视了时间价值和风险，而且没有考虑回收期以后的现金流量。事实上，具有战略意义的长期投资往往早期收益较低，而中后期收益较高。回收期优先考虑急功近利的项目，可能导致放弃长期成功的方案。因此，在项目评价时，投资回收期只能作为一个辅助标准，必须和其他标准相结合，以判断项目的可行性。

6.4.2 会计收益率法

会计收益率（accounting rate of return，ARR）又称平均报酬率，是指投资项目年平均净收益与该项目平均投资额的比率。年平均收益可根据需要采用项目的年平均利润、年平均息税前利润或销售利润等指标，实务中较常用的是年平均净利润；年平均投资额是指固定资产投资账面价值的算术平均数。为了全面地反映项目投资收益，也可将营运资本投资包括在项目投资总额中。

1. 会计收益率的计算

会计收益率的计算公式为

$$会计收益率(ARR) = 年平均净收益 \div 平均投资总额 \times 100\%$$

【例6-11】 依据【例6-10】的资料，计算的A、B、C三个方案的会计收益率为

$$会计收益率(A) = \frac{(2\,800 + 3\,800) \div 2}{30\,000 \div 2} \times 100\% = 22\%$$

$$会计收益率(B) = \frac{(-2\,000 + 3\,500 + 3\,500) \div 3}{12\,000 \div 2} \times 100\% = 27.8\%$$

$$会计收益率(C) = \frac{900}{15\,000 \div 2} \times 100\% = 12\%$$

在计算会计收益率时，计算公式的分母也可以用原始投资额，这样计算的结果要缩小一半，但并不会改变方案的优先次序，因此，这种计算方法也是可以的。

2. 会计收益率的决策标准

会计收益率的决策规则是：如果项目的会计收益率大于基准会计收益率（通常由公司自行确定或根据行业标准确定），则应接受该项目；反之，则应放弃。在有多个互斥方案的选择中，则应选择会计收益率最高的项目。

3. 会计收益率法的利与弊

会计收益率指标的优点是简明、易懂、易算，但也存在明显的不足，其不足之处在于以下几点。

（1）它没有考虑货币时间价值和投资风险价值，将第 1 年的会计收益和最后 1 年的会计收益看作具有同等的价值，所以，有时会做出错误的决策。

（2）当备选方案的原始投资、有效期限及净利润总额均相等时，所计算的会计收益率相同，则无法判断方案的优劣，故而也许会忽略最佳的方案。

（3）会计收益率以会计核算数据而不是以项目的现金流量作为计算基础，各年的现金流量与会计收益在量上往往相距甚远，以会计收益率的高低作为决策依据缺乏客观性。

（4）当投资项目存在机会成本时，以会计收益率为标准的判断结果与净现值等标准差异很大，有时甚至得出相反的结论，影响投资决策的正确性。

因此，会计收益率只能作为一种辅助指标来衡量投资项目的优劣。

6.4.3 净现值法

净现值（net present value，NPV）是指投资项目（方案）在整个建设和使用期限内未来现金流入量的现值与未来现金流出量的现值之差，或称为各年现金净流量现值的代数和。

1. 净现值的计算

净现值的计算涉及两个主要参数：一是项目的现金净流量（前已述及）；二是折现率。根据这两个主要参数，即可计算项目的净现值，其计算公式如下

$$NPV = \sum_{t=0}^{n} \frac{NCF_t}{(1+K)^t} = \sum_{t=0}^{n} NCF_t (1+K)^{-t}$$

式中，NCF_t 代表第 t 期现金净流量；K 代表资本成本率或投资必要收益率，为简化计算，假设各年不变；n 代表项目周期（指项目建设期和使用期）。

【例 6-12】 仍以【例 6-10】为例，假设折现率为 10%。

根据资料计算的净现值分别为

$$NPV_A = -30\,000 + (17\,800 \times 0.909\,1 + 18\,800 \times 0.826\,4) = 1\,718.3(元)$$

$$NPV_B = -12\,000 + (2\,000 \times 0.909\,1 + 7\,500 \times 0.826\,4 + 7\,500 \times 0.751\,3)$$
$$= 1\,650.95(元)$$

$$NPV_C = -15\,000 + 5\,900 \times 2.487 = -326.7(元)$$

2. 净现值的决策标准

在只有一个备选方案的决策中，如果方案的净现值大于零，表明该项目的投资收益大于资本成本，则该项目是可行的；如果方案的净现值小于零，则应放弃该项目。在有多个备选方案的互斥选择决策中，应选择净现值最大者。

3. 净现值法的利与弊

净现值的优点是：此法充分考虑了时间价值和项目有效期全部现金流量，能够反映投资项目的收益；其取舍标准也最好地体现了公司价值最大化的基本目标。净现值的不足在于：第一，确定折现率比较困难；第二，对于经济寿命不等的项目，用净现值难以评估；第三，对于初始投资额不等的项目，仅用净现值难以评估其优劣；第四，它不能揭示各个投资方案本身可能达到的实际收益率是多少。

6.4.4 现值指数法

现值指数（profitability index，PI）又称获利指数，是指投资项目未来现金流入量的现值与现金流出量的现值的比率。

1. 现值指数的计算

现值指数的计算公式如下

$$PI = \frac{\sum_{t=0}^{n} CIF_t (1+K)^{-t}}{\sum_{t=0}^{n} COF_t (1+K)^{-t}}$$

式中，CIF 和 COF 分别代表现金流入量和现金流出量。

【例6-13】 依据【例6-10】的资料可分别计算出 A、B、C 三个方案的现值指数为

$$PI_A = 31\,718.3 \div 30\,000 = 1.06$$
$$PI_B = 13\,650.95 \div 12\,000 = 1.14$$
$$PI_C = 14\,673.3 \div 15\,000 = 0.98$$

2. 现值指数的决策标准

若项目或方案的现值指数 $PI \geqslant 1$，表明项目的收益率大于或等于预定的折现率，则应接受该项目或方案；反之，若项目或方案的现值指数 $PI < 1$，表明项目的收益率小于预定的折现率，则应放弃。

3. 现值指数法的利与弊

现值指数的优点是：充分考虑了货币的时间价值；它以相对数来表示，反映了投资的效率，即1元投资可望获得的现值收益。与净现值评价标准相比，这两种标准使用相同的信息评价投资项目，得出的结论常常是一致的，但在投资规模不同的互斥项目的选择中，则有可能得出不同的结论，这时应以净现值作为选择标准。

6.4.5 内部收益率法

内部收益率（internal rate of return，IRR）又称内含报酬率，是指能够使投资项目的未来现金流入量现值和流出量现值相等（净现值为零）时的折现率，它反映了投资项目的真实收益。内部收益率应满足下面公式

$$NPV = \sum_{t=0}^{n} NCF_t (1+IRR)^{-t} = 0$$

1. 内部收益率的计算

内部收益率一般采用内插法或通过计算机搜索法求出 IRR 值。在这种方法下，首先，预估一个折现率，并按此折现率计算方案的净现值。如果计算出的净现值为正数，则表明预估的折现率小于方案的实际内部收益率，应提高折现率，再进行测算；如果计算出的净现值为负数，则表明预估的折现率大于方案的实际内部收益率，应降低折现率，再进行测算。经过如此反复测算，找到净现值由正到负并且比较接近于零的两个折现率。然后，根据上述两个邻近的折现率，运用内插法计算出方案的内部收益率。

【例6-14】 依据【例6-10】可测试出 A 方案的内部收益率，其测试过程如表6-4 所示。

表6-4　A方案内部收益率测试

年份	现金净流量（元）	折现率16%		折现率14%	
		折现系数	现值（元）	折现系数	现值（元）
0	(30 000)	1	(30 000)	1	(30 000)
1	17 800	0.862	15 343.6	0.877	15 610.6
2	18 800	0.743	13 968.4	0.770	14 476
净现值			−688		+86.6

内部收益率(A) = 14% + (16% − 14%) × 86.6/(86.6 + 688) = 14.22%

同理可以计算得出 B 方案的内部收益率。

由于 C 方案的每年现金流量相等，符合年金形式，因此其内部收益率可以通过计算投资回收系数（年金现值系数），再查年金现值系数表来确定，比 A 方案和 B 方案的计算要简单一些。具体计算如下

设现金流入的现值与原始投资额相等，则

$$原始投资额 = 每年 NCF × 年金现值系数$$
$$15\,000 = 5\,900 × (P/A, i, 3)$$
$$(P/A, i, 3) = 2.5424$$

查"年金现值系数表"得

$$(P/A, 8\%, 3) = 2.5771,\quad (P/A, 9\%, 3) = 2.5315$$

用内插法计算 C 方案的内部收益率为

$$内部收益率(C) = 8\% + (9\% − 8\%) × (2.5771 − 2.5424)/(2.5771 − 2.5315)$$
$$= 8\% + 0.76\% = 8.76\%$$

2. 内部收益率的决策标准

若投资项目（方案）的内部收益率大于或等于项目的资本成本率或投资最低收益率，则接受该项目；反之，则应放弃。项目的内部收益率越是大于资本成本率，那么即使此项投资是以借款进行的，在还本付息后，该投资项目仍能给企业带来较多的剩余收益。

3. 内部收益率法的利与弊

内部收益率是方案本身的收益能力，反映其内在的获利水平，以内部收益率的高低来决定方案的取舍，使项目投资决策更趋于精确化。内部收益率指标可直接根据投资项目本身的参数（现金流量）计算其投资收益率，在一般情况下，能够正确反映项目本身的获利能力，但在互斥项目的选择中，利用这一标准有时会得出与净现值不同的结论，这时应以净现值作为选择标准。

6.4.6　项目评价标准的比较与选择

1. 项目评价标准的基本要求

一个好的评价标准应符合以下三个条件：

第一，这种评价标准必须考虑项目周期内的全部现金流量；

第二，这种评价标准必须考虑资本成本率或投资者要求的收益率，以便将不同时点上的现金流量调整为同一时点进行比较；

第三，这种评价标准必须与公司的目标相一致，即进行互斥项目的选择时，能选出使公司价值最大的项目。

按以上三点衡量这五种决策方法，会计收益率法和投资回收期法均不符合上述三点要求；内部收益率法符合第一点，但没有采用资本成本率对现金流量进行折现；现值指数法符合第一、第二点，但与内部收益率法一样不能在互斥项目中选择使公司价值最大的项目；而净现值法可以满足上述要求的基本特性。

2. 非折现现金流量指标与折现现金流量指标的比较

从20世纪70年代开始，折现现金流量指标在项目投资评价中已占居了主导地位，并形成了以折现现金流量指标为主、以非折现现金流量指标为辅的多种指标并存的评价体系。通过二者的比较，我们可以发现以下一些问题。

（1）非折现指标把不同时点上的现金收入和支出当作毫无差别的资本进行对比，忽略了货币时间价值因素，这是不科学的；而折现指标则把不同时点收入或支出的现金按统一的折现率折算到同一时点上，使不同时期的现金更具有可比性，符合投资决策的要求。

（2）非折现指标中的投资回收期只能反映投资的回收速度，不能反映投资的主要目标——净现值的多少，同时，由于回收期没有考虑时间价值因素，因而夸大了投资的回收速度。

（3）对于寿命不同、资本投入时间和提供收益时间不同的投资方案，非折现指标缺乏鉴别能力；而折现指标则可做出正确合理的决策。

（4）非折现指标中的投资回收期和会计收益率，由于没有考虑时间价值，因而实际上是夸大了项目的盈利水平；而折现指标中的内部收益率是以预计的现金流量为基础，考虑了时间价值以后计算出的真实收益率。

（5）在运用投资回收期这一指标时，标准回收期是方案取舍的依据，但标准回收期一般都是以经验或主观判断为基础来确定的，缺乏客观依据；而折现指标中的净现值和内部收益率等指标实际上都是以企业的资本成本率为取舍依据的，任何企业的资本成本率都可通过计算得到，因此，这一取舍标准符合客观实际。

相关链接

好莱坞电影制作公司的项目投资决策

项目投资决策中各种定量技术分析方法的使用情况因行业而异，有些公司采用回收期法，有些公司使用会计收益率法。多数研究表明，大公司最经常使用的是净现值法、内部收益率法，或者是将二者结合起来使用。那些有可能精确预计现金流量的公司往往倾向于使用净现值法。例如，在石油类企业中，预计的现金流量就具有很高的可信度。因此，能源类的公司使用净现值法的往往居多。相反，要预计影片制作公司的现金流量就十分困难。很多畅销的影片，如《摇滚》(*Rocky*)、《星球大战》(*Star Wars*)、《ET》和《致命的诱惑》(*Fatal Attraction*)等，它们的票房收入都远远地超过了预期。而像《天堂之门》(*Heaven's Gate*)与《天降神兵》(*Howard the Duck*)等影片所遭受的冷遇和重挫也是制作人始料未及的。正因为如此，电影制作公司很少考虑使用净现值法。

那么好莱坞电影制作公司又是如何进行项目投资决策的呢？电影公司常常通过面谈来决定是否投资一个新的影片创意。独立制片人约出电影公司人员进行极为短暂的会面，推销自己的影片创意。

下面是摘自一本畅销书 Reel Power 的四段引文。

"他们（电影公司经理）并不想知道太多，"罗姆·辛普森（Rom Simpson）说，"他们很想知道的是电影的主题……他们想知道'三层里衬'是什么，因为他们想以此来拉广告、拉赞助。他们还想知道电影的名称……至于具体的细节，他们根本不想听。如果谈话超过 5 分钟，那他们很可能就不采纳这个项目。"

"一个家伙走了进来，说：'我的创意是太空遇险。'"电影 Under Fire 的编剧克莱·弗罗曼（Clay Frohman）谈道，"然后他们惊叹道：'精彩！奇妙！真是引人入胜！'双方一拍即合……就这么简单。这就是他们想听的。他们的观念是'别用那些故事情节来烦我'。"

"……构思新颖的创意更具有吸引力。最受欢迎的是那些观众闻所未闻但与以往的高票房影片又有几分相似的题材。这样，也就可以让电影公司确信影片不至于太离谱。"

"……面谈最忌讳的开场白，"一位电影公司的经理芭芭拉·博伊尔（Barbara Boyle）认为，"就是鼓吹你未来的影片将会赢得多么高的票房收入。大家都知道，当然他们更清楚，根本不可能预计一部影片将来的票房收入。这只会让人觉得你是在大放厥词。"

6.5 资本预算决策方法的运用

6.5.1 独立项目投资决策

所谓独立项目（independent project），是指一组相互独立、互不排斥的项目。在独立项目中，选择某一项目并不排斥选择另一项目。例如，假设麦当劳打算在一个偏远的小岛上开设一家汉堡包餐厅，这个方案是否被采纳都不会受到其他开设新餐厅的投资决策的影响，它们是相互独立的。独立项目的决策是指对待定投资项目采纳与否的决策，这种投资决策可以不考虑任何其他投资项目是否得到采纳和实施；这种投资的收益与成本也不会因其他项目的采纳与否而受影响，即项目的取舍只取决于项目本身的经济价值。从财务的角度看，两种独立性投资所引起的现金流量是不相关的。

对于独立项目的决策，可运用投资回收期、会计收益率及净现值、现值指数、内部收益率等任何一个合理的标准进行分析，决定项目的取舍。只要运用得当，一般都能做出正确的决策。

【例6-15】某公司拟于 2019 年实施一项新产品开发投资项目，有关资料如下。

（1）在第一年年初与第二年年初为固定资产各投资 500 万元，预计在第二年年末建成，并拟在投产前再垫支流动资产 100 万元。

（2）固定资产竣工投产后估计其经济寿命周期为 6 年，期末残值为 15 万元（假设与税法规定的残值比例一致），每年按直线法提取折旧。

（3）投产后前三年实现年产品销售收入，根据市场预测为 700 万元，相关营运成本为 160 万元；后三年实现年产品销售收入 300 万元，相关营运成本为 80 万元。

（4）假设该公司的所得税率为 30%。投资所需资金从银行借入，利率为 10%。

要求：运用净现值法评价该项投资方案的可行性。

解:

(1) 该投资方案的现金流出现值为

$500 + 500 \times (P/F,10\%,1) + 100 \times (P/F,10\%,2) = 1\,037.1$(万元)

(2) 该方案现金流入现值为

a. 投产后前三年每年税前现金流入量 $= 700 - 160 = 540$ 万元

年固定资产折旧 $= \dfrac{1\,155 - 15}{6} = 190$(万元)

前三年每年利润额 $= 540 - 190 = 350$(万元)

前三年每年所得税额 $= 350 \times 30\% = 105$(万元)

前三年每年税后现金净流入量 $= 540 - 105 = 435$(万元)

或 $= 350 - 105 + 190 = 435$(万元)

b. 投产后,后三年每年税前现金流入量 $= 300 - 80 = 220$(万元)

后三年每年利润额 $= 220 - 190 = 30$(万元)

后三年每年所得税额 $= 30 \times 30\% = 9$(万元)

后三年每年税后现金净流入量 $= 220 - 9 = 211$(万元)

或 $= 30 - 9 + 190 = 211$(万元)

c. 第六年年末实现残值 15 万元,收回垫支流动资金 100 万元,合计 115 万元。

d. 方案现金流入现值为

$435 \times (P/A,10\%,3) \times (P/F,10\%,2) + 211 \times (P/A,10\%,3) \times (P/F,10\%,5) + 115 \times (P/F,10\%,8)$

$= 435 \times 2.487 \times 0.826 + 211 \times 2.487 \times 0.621 + 115 \times 0.467$

$= 893.6 + 325.9 + 53.7 = 1\,273.2$(万元)

(3) 该投资方案的净现值 $= 1\,273.2 - 1\,037.1 = 236.1$(万元)

由于净现值大于 0,表示该投资方案具备经济可行性。

此外,还可以使用现值指数和内含报酬率法对投资方案进行评价,其评价结果与净现值评价结果应具有一致性。

6.5.2 互斥项目投资决策

所谓互斥项目(mutually exclusive investments),是指在一组项目中,采用其中某一项目意味着放弃其他项目,这一组项目就被称为互斥项目。例如,项目 A 是在你所拥有的一块地皮上建一幢公寓楼,项目 B 是决定在同样的一块地皮上建一座电影院。你可以选择 A 也可以选择 B,或者两者同时放弃,唯独不能同时采纳项目 A 和项目 B。在进行互斥项目的投资决策分析时,选择最优投资项目的基本方法有以下几种。

1. 排列顺序法

在排列顺序法中,全部待选项目可分别根据它们各自的 *NPV*、*PI* 或 *IRR* 按降级顺序排列,然后进行项目挑选,通常选其大者为最优。通常情况下,按上述三个评价标准对互斥项目进行排序选择的结果是一致的,但在某些情况下也会得出不一致的结论,即出现排序矛盾。在这种情况下,通常应以净现值作为选择标准。

2. 增量收益分析法

增量收益分析法,又称差量分析法,是指在对互斥项目进行投资决策时,可根据其现金流量的增量计算增量净现值、增量现值指数或增量内部收益率,并以其任一标准进行项目的选择。其判断标准是:如果增量净现值大于零,或增量现值指数大于1,或增量内部收益率大于资本成本率,则增量投资在经济上是可行的。

对于投资规模不同的互斥项目,如果增量 $NPV>0$,或增量 $PI>1$,或增量 $IRR>WACC$(加权平均资本成本),则投资额大的项目较优;反之,投资额小的项目较优。

对于旧设备是否更新的选择,通常是站在新设备的角度进行分析,并通过计算 NPV,或增量 PI,或增量 IRR。如果增量 $NPV>0$,或增量 $PI>1$,或增量 $IRR>WACC$,则应选择设备更新;反之,则应继续使用旧设备。

【例6-16】 某公司正在考虑以一台技术更先进、效率更高的新设备来取代现有的旧设备。有关资料如下所述。

旧设备原购置成本10万元,已使用5年,估计还可以使用5年,已提折旧5万元,假定使用期满后无残值,如果现在出售可得价款4万元,每年付现成本8万元。

新设备的购置成本为11万元,估计可用5年,期满后有残值1万元,使用新设备后,每年付现成本为5万元。

假定该公司按直线法折旧,所得税税率为50%,资本成本为15%,销售收入不变。

下面我们站在新设备的角度进行旧设备继续使用与更新的增量分析,其分析结果如表6-5所示。

表6-5　增量现金流量表　　　　　　　　　　(单位:元)

项目	0年	1~4年	5年
初始投资	-65 000		
销售收入		0	0
付现成本节约额		+30 000	+30 000
折旧费		-10 000	-10 000
税前利润		+20 000	+20 000
所得税		-10 000	-10 000
税后净利润		+10 000	+10 000
经营现金流量		+20 000	+20 000
终结现金流量			+10 000
现金净流量	-65 000	+20 000	+30 000

根据表6-5的数据可以计算增量净现值如下

增量净现值 $= 20\,000 \times (P/A, 15\%, 4) + 30\,000 \times (P/F, 15\%, 5) - 65\,000 = 7\,010$(元)

结论:由于增量 $NPV>0$,故应以设备更新替代旧设备继续使用。

3. 总费用现值法

总费用现值法是指通过计算各备选项目的全部费用的现值来进行项目选择的一种方法。这种方法一般适用于收入相同、计算期相同的项目之间的选择,其选择标准是以总费用现值较小者为最佳。

【例6-17】 在【例6-16】中,可先通过编制重置投资项目实际现金流量表,进而计算总费用的现值。实际现金流量表如表6-6所示。

表6-6 重置投资项目实际现金流量表 (单位:元)

项目	旧设备	新设备
初始投资		
设备购置支出	0	-110 000
旧设备出售收入	0	40 000
旧设备出售损失减税	0	5 000
现金流出合计	0	-65 000
经营现金流量(1~5年)		
税后经营成本	-40 000	-25 000
折旧减税	5 000	10 000
现金流出合计	-35 000	-15 000
终结现金流量(第5年)	0	10 000

旧设备总费用现值 = 35 000 × (P/A, 15%, 5) = 117 320(元)

新设备总费用现值 = 65 000 + 15 000 × (P/A, 15%, 5) - 10 000 × (P/F, 15%, 5) = 110 310(元)

计算结果表明,由于以新设备取代旧设备可节约费用现值 7 010 元(= 117 320 - 110 310),故应选择设备更新,这一结果与增量净现值相同。

4. 年均费用法

年均费用法适用于收入相同但计算期不同的项目之间的选择。这种方法是把继续使用旧设备和购置新设备看成是两个互斥的方案,而不是一个更换设备的特定方案。也就是说,要有正确的"局外观",即从局外人的角度来考察:一个方案是购置旧设备;另一个方案是购置新设备。新、旧设备的使用期限不同,在此基础上,比较各自的年均费用,并做出选择,以年均费用较小者作为优选项目。

【例6-18】 某企业有一旧设备,生产使用部门提出更新要求,技术人员及财务人员提供的相关数据如表6-7所示。

表6-7 新、旧设备分析测算

项目	旧设备	新设备
原始价值(购价)(元)	22 000	24 000
预计使用年限(年)	10	10
已使用年限(年)	4	0
尚可使用年限(年)	6	10
变现价值(元)	6 000	24 000
每年付现成本(元)	7 000	4 000
期末残值(元)	2 000	3 000

假设该企业要求的最低投资收益率为15%,那么该企业是继续使用旧设备,还是以新设备替代(假设不考虑所得税)?

由于新、旧设备的使用年限不同,因此必须站在"局外人"的角度来分析各项目的现金流量(或者以 6 000 元购置旧设备,或者以 24 000 元购置新设备),而不是根据各项目的实际现金流量计算其费用现值。其计算结果为

$$旧设备年均费用现值 = \frac{6\,000 + 7\,000 \times (P/A, 15\%, 6) - 2\,000 \times (P/F, 15\%, 6)}{(P/A, 15\%, 6)}$$

$$= 8\,357.20(元)$$

$$新设备年均费用现值 = \frac{24\,000 + 4\,000 \times (P/A, 15\%, 10) - 3\,000 \times (P/F, 15\%, 10)}{(P/A, 15\%, 10)}$$

$$= 8\,637.19(元)$$

上述计算结果表明,继续使用旧设备的年均费用现值比设备更新年均费用现值低 279.99 元(= 8 637.19 - 8 357.20),故应选择继续使用旧设备。

如果按实际现金流量计算,则各项目的年均费用现值为

$$旧设备年均费用现值 = \frac{7\,000 \times (P/A, 15\%, 6) - 2\,000 \times (P/F, 15\%, 6)}{(P/A, 15\%, 6)}$$

$$= 6\,771.67(元)$$

$$新设备年均费用现值 = \frac{(24\,000 - 6\,000) + 4\,000 \times (P/A, 15\%, 10) - 3\,000 \times (P/F, 15\%, 10)}{(P/A, 15\%, 10)}$$

$$= 7\,478.37(元)$$

上述计算结果表明,按实际现金流量计算的旧设备年均费用现值比新设备年均费用现值节约了 706.7 元(= 7 478.37 - 6 771.67),这一结果比按"局外人"观点计算的平均费用现值多节约了 426.71 元(= 706.7 - 279.99)。两种方法之所以出现计算结果上的差异,是因为按实际现金流量计算时,将旧设备的变现价值 6 000 元从更新设备的原始价值 24 000 元中扣除,这意味着两者都是按更新设备使用期限 10 年予以摊销,而实际上旧设备的 6 000 元变现价值应按其尚可使用年限 6 年摊销。因此,当旧设备继续使用与设备更新的使用年限不同时,按"局外人"观点分析项目的现金流量较为合适。

6.5.3 资本限额决策

1. 投资规模与资本限额

投资规模是指公司在一定时期内用于项目投资的资本总量。一般是根据边际分析的基本原理确定最佳投资规模,即当公司边际投资收益率(内部收益率)与边际资本成本率相等时的投资额可使公司价值达到最大。

资本限额是指公司资本有一定限度,不能投资于所有可接受的项目。也就是说,有很多获利项目可供投资,但无法筹集到足够的资本,特别是那些以内部融资为经营策略或外部融资受到限制的企业。出于安全或控股需要,当公司认为举债融资会使公司风险上升、股票价格下跌时,就会拒绝通过举债方式提供投资所需要的资本;当公司认为股票融资会使现有股权稀释时,出于控股需要,也会反对发行新股融资。此外,出于公司管理能力的限制,也可能有意识地控制公司的发展规模和速度。除了公司内部原因以外,资本市场上各种条件的限制,也会使公司无法获得满足投资需要的全部资本。

2. 资本限额决策方法

在资本有限额的情况下,就会使实际投资额低于最佳投资规模所要求的投资额,因而不能

使边际项目的净现值为零，也不能使公司价值达到最大。那么，在这种情况下，什么样的项目将被采用呢？为了使公司获得最大的利益，应在资本限额允许的范围内，投资于一组使净现值最大的项目，即选择净现值最大的投资组合。这样的项目组合必须用适当的方法进行选择决策，其决策方法如下。

(1) 项目组合法。这种方法是指把所有待选项目组合成相互排斥的项目组，并依次找出满足约束条件的一个最好的项目组，在这样的一个项目组合下，或者能使组合的净现值最大，或者能使组合的加权平均现值指数最大。

如果以项目组合的净现值最大为决策标准，则资本限额决策的程序是：

第一，计算所有项目的净现值（不能略掉任何项目），并列出每一个项目的初始投资；

第二，接受 $NPV \geqslant 0$ 的项目，如果所有可接受的项目都有足够的资本，则说明资本无限额，这一过程即可完成；

第三，如果资本不能满足所有 $NPV \geqslant 0$ 的投资项目，则应对所有的项目都在资本限额内进行各种可能的组合，并计算出各种组合的净现值总额；

第四，接受净现值合计数最大的项目组合。

如果以项目组合的现值指数最大为决策标准，则资本限额决策的程序是：

第一，计算所有项目的现值指数（不能忽略掉任何项目），并列出每一个项目的初始投资；

第二，接受 $PI \geqslant 1$ 的项目，如果所有可接受的项目都有足够的资本，则说明资本无限额，这一过程即可完成；

第三，如果资本不能满足所有 $PI \geqslant 1$ 的项目，则应对所有的项目都在资本限额内进行各种可能的组合，并计算出各种组合的加权平均现值指数；

第四，接受加权平均现值指数最大的一组项目。

【例6-19】假设德力克公司有A、B、C、D、E 5个可供选择的投资项目，该公司可供投资的最大资本限额为400 000元。各投资项目的初始投资、净现值及现值指数如表6-8所示。

表6-8 投资项目的相关资料

投资项目	初始投资（元）	净现值（元）	现值指数
A	120 000	67 000	1.56
B	155 000	79 500	1.53
C	300 000	111 000	1.37
D	125 000	21 000	1.17
E	100 000	18 000	1.18

如果德力克公司按每一项目的净现值大小来选取，则应首选C项目，此外可选择的只有E项目，因为这两个项目的投资已达到400 000元，这意味着其他项目将被放弃。如果按现值指数的大小来选取，则应选择A项目、B项目和E项目。

然而，上述选择却是错误的，因为它们都不是能使公司净现值或加权平均现值指数达到最大的项目组合。

按400 000元的资本限额进行项目组合排列，经优选后可得到如表6-9所示的最优组合。

表 6-9　投资组合项目的净现值　　　　　　　　　　（单位：元）

项目	初始投资	净现值
A	120 000	67 000
B	155 000	79 500
D	125 000	21 000
合计	400 000	167 500

上述项目组合虽然没有保证现值指数大的项目入选，但它充分利用了有限资本，能够确保在资本限额内，使组合净现值最大，并且超过其他任何组合的净现值。

事实上，我们还可以做另外一种假设，假设 B 项目的初始投资为 150 000 元，这样在 A+B+D 项目组合下总投资为 395 000 元，与资本限额 400 000 元相比，尚有 5 000 元的资本结余，假设这 5 000 元可投资于有价证券，现值指数为 1（以下其他组合也如此），则 A+B+D 项目组合的加权平均现值指数可计算如下

加权平均现值指数(ABD)

$$= \frac{120\,000}{400\,000} \times 1.56 + \frac{150\,000}{400\,000} \times 1.53 + \frac{125\,000}{400\,000} \times 1.17 + \frac{5\,000}{400\,000} \times 1 = 1.42$$

值得注意的是，以上分析是在多种假设条件下进行的。

1) 假设各项目都是相互独立的，如果在项目中存在互斥项目，应把所有项目都列出来，但在分组时，每一组中的互斥项目只能排一个。

2) 假设各项目的风险程度相同，且资本成本相一致。

3) 假设资本限额只存在于单一的时间周期，但在实施资本限额时，限额通常要持续若干年，在今后几年中可获得的资本取决于前些年投资的现金流入状况，例如，第 2 年的资本限额取决于第 1 年投资的现金流入，以此类推。要解决此类问题，还应掌握投资机会和以后若干年可获得的资本两方面的资料，而不能仅限于当年的信息。

【例 6-20】假设某公司有 4 个投资项目，现金流量详细情况如表 6-10 所示。

表 6-10　投资项目现金流量　　　　　　　　　　（单位：万元）

项目	NCF_0	NCF_1	NCF_2	NCF_3	NPV
A	−300	+900	+150	+100	694.4
B	−150	+150	+700	+400	826.8
C	−150	+150	+450	+300	556.2
D	0	−1 300	+1 800	+1 200	1 217.6

假设公司第 0 年和第 1 年结束时可利用的投资额分别为 300 万元和 400 万元。项目 D 表示第 0 年不投资，直到第 1 年结束，才把 400 万元的投资额和项目 A 第 1 年产生的现金流入量 900 万元，共 1 300 万元一起对项目 D 进行投资，并在第 2 年、第 3 年结束时分别产生 1 800 万元和 1 200 万元的现金流入量。

如果只有第 0 年存在资本限额，那么应选择 B+C 项目组合，其净现值为 1 383 万元，但如果考虑第 1 年的投资额，就不能选择 B+C 项目。这是因为如果选择了 B+C 项目，就不能选择 D 项目，因为第 1 年项目 B+C 产生的现金流入量 300 万元，加上第 1 年可利

用的投资额 400 万元，不足以进行项目 D 的投资。如果在第 0 期选择项目 A，则它在第 1 年产生 900 万元的现金流入量，加上公司当年可利用的资本总额 400 万元，足以用于项目 D 的投资。项目 A 与项目 D 的净现值之和为 1 912 万元，比项目 B + C 净现值多了 529 万元。因此，第 0 期选择项目 A 更为有利。

（2）线性规划法。这种方法是在各种约束条件下，寻找净现值最大的投资项目组合，它也是进行资本限额决策更有效、更一般的决策方法。这种方法一般是通过计算机来完成的。

6.6 资本预算决策的 Excel 模型设计

6.6.1 资本预算决策的常用函数

1. 函数概要

（1）NPV() 函数

功能：按照某一固定的折现率，计算一系列现金流量的净现值。

语法：NPV（rate，value1，value2，…）

rate 为固定的折现率。

value1，value2…为 1~29 个参数，代表支出及收入的现金流量。

（2）PMT() 函数

功能：基于固定利率及等额分期付款方式，返回贷款的每期付款额。

语法：PMT（rate，nper，pv，fv，type）

rate 为贷款利率。

nper 为该项贷款的付款总次数。

pv 为现值，或一系列未来付款的当前值的累积和，也称为本金。

fv 为未来值，或在最后一次付款后希望得到的现金余额，如果省略 fv，则假设其值为零，也就是一笔贷款的未来值为零。

Type 为数字 0 或 1，用以指定各期的付款时间是在期初还是期末。0 或省略为期末，1 为期初。

（3）PPMT() 函数

功能：基于固定利率及等额分期付款方式，返回投资在某一给定期间内的本金偿还额。

语法：PPMT（rate，per，nper，pv，fv，type）

per 为用于计算其本金数额的期数，必须介于 1 到 nper。

其他参数同 PMT() 函数。

（4）IPMT() 函数

功能：基于固定利率及等额分期付款方式，返回给定期数内对投资的利息偿还额。

语法：IPMT（rate，per，nper，pv，fv，type）

其他参数同 PPMT() 函数。

（5）RATE() 函数

功能：返回年金的各期利率。函数 RATE 通过迭代法计算得出，并且可能无解或有多个解。

语法：RATE（nper，pmt，pv，fv，type，guess）

guess 为预期利率。

pmt 为各期付款额，其数值在整个投资期内保持不变。通常 pmt 包括本金和利息，但不包括其他费用或税金。如果忽略了 pmt，则必须包含 fv 参数。

其他参数同 PMT() 函数。

(6) IRR() 函数

功能：返回由数值代表的一组现金流的内部收益率。这些现金流不必为均衡的，但作为年金，它们必须按固定的间隔产生，如按月或按年。内部收益率为投资的回收利率，其中包含定期支付（负值）和定期收入（正值）。

语法：IRR（values，guess）

values 为数组或单元格的引用，包含用来计算返回的内部收益率的数字。

values 必须包含至少一个正值和一个负值，以计算返回的内部收益率。

函数 IRR 根据数值的顺序来解释现金流的顺序，故应确保按需要的顺序输入了支付和收入的数值。

如果数组或引用包含文本、逻辑值或空白单元格，那么这些数值将被忽略。

guess 为对函数 IRR 计算结果的估计值。

(7) 折旧函数

在项目投资决策中，选择折旧方法是必不可少的环节。常用的折旧方法主要有三种：直线法、年数总和法、余额递减法。

直线法：SLN（cost，salvage，life）

cost 为固定资产原值；salvage 为固定资产残值；life 为固定资产的折旧期数。

年数总和法：SYD（cost，salvage，life，per）

cost、salvage、life 的含义同前。

per 为期间，即第几期。

余额递减法：VDB（cost, salvage, life, start_period, end_period, [factor], [no_switch]）

cost、salvage、life 的含义同前。

start_period 为进行折旧计算的起始期间。

end_period 为进行折旧计算的截止期间。

factor 为余额递减速率，如果 factor 被省略，则假设为 2（双倍余额递减法），如果不想使用双倍余额递减法，可更改参数 factor 的值，当 factor 为 0 时，该函数变为直线法。

no_switch 为逻辑值，用来决定当折旧值大于余额递减计算值时是否转用直线折旧法，若 no_switch 为 TRUE，不转用直线折旧法，若 no_switch 为 FALSE 或被忽略，当折旧值大于余额递减计算值时，Excel 将转用直线折旧法。

(8) 随机数函数 RAND()

功能：可均匀产生 0~1 的随机数。

(9) 正态分布的反函数 NORMINV（a，b，c）

a 为正态分布的概率。

b 为数学期望。

c 为标准差。

该函数返回给定概率时相应的临界点（即相应随机变量的值）。

2. 应用举例

应用举例见文件：管理会计模型 6-1：资本预算决策的常用函数.xlsx（章后 Excel 模型二维码 模型 6-1）。

6.6.2 三种折旧函数的比较模型

1. 模型概要

（1）问题描述：在资本预算决策中，选择折旧方法是必不可少的环节。常用的折旧方法主要有三种：直线法、年数总和法、余额递减法。三种折旧方法所计提的折旧有很大的不同，因此对决策也会产生较大的影响。本问题的目的是比较三种折旧函数的不同，为资本预算决策分析奠定基础。

（2）主要变量：固定资产原值、折旧率、固定资产使用年限。

（3）决策方法：比较法、图示法。

（4）关键技术：余额递减法函数-VDB 函数的应用，直线法函数-SLN 函数的应用，年数总和法函数-SYD 函数的应用，微调器的使用，绘制折线图。

2. 应用举例

【例 6-21】 假设某固定资产原始成本 2 000 万元，预计净残值 1 万元，使用期限为 10 年。

要求：求在各种不同折旧方法下的各期折旧额。

【模型展示】 模型展示如图 6-1 所示。

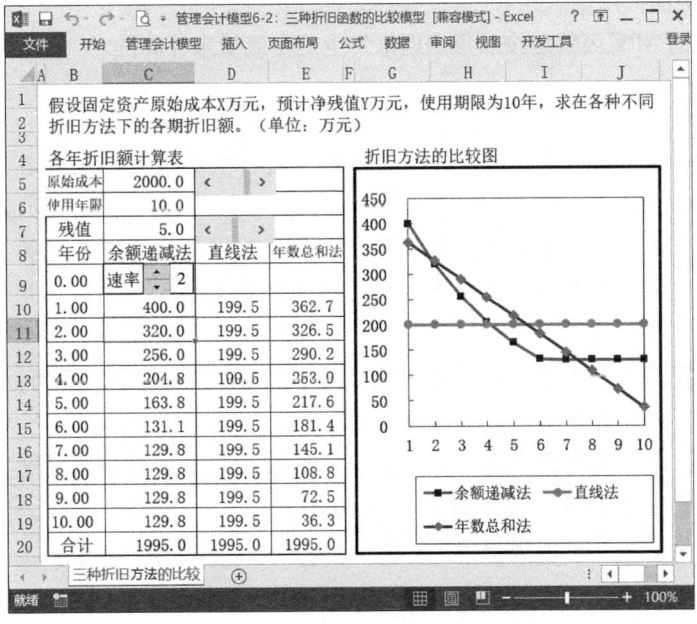

图 6-1　三种折旧函数的比较模型

【文件链接】 管理会计模型 6-2：三种折旧函数的比较模型.xlsx（章后 Excel 模型二维码 模型 6-2）。

【建模步骤】

第一步：设计模型结构。
第二步：输入已知条件。
第三步：公式输入如下。

	C	D	E
10	=VDB($C$5,$C$7,$C$6,B9,B10,$C$9,0)	=SLN(C5,C7,C6)	=SYD(C5,C7,C6,1)

第四步：将 C10:E10 复制至 C11:E20，计算该资产在三种折旧方法下每年的折旧。
第五步：设计原始成本、残值、余额递减速率的控制器，使模型成为可调模型。
第六步：绘制动态可调图形。
第七步：修饰图表。

6.6.3 固定资产更新决策模型

1. 模型概要

（1）问题描述：当企业的某项固定资产使用到一定程度时，往往考虑是否需要对旧固定资产进行更新，这类问题是固定资产更新决策问题，其决策准则是最大净现值准则。

（2）主要变量：现金流量、折旧、固定资产的使用年限、折现率。

（3）决策方法：最大净现值法。

（4）关键技术：现金流量的估算，三种折旧函数的使用，组合框的应用，净现值函数的应用，INDEX 函数的使用。

注意：Excel 的 NPV 函数是按照每期期末发生现金流量来计算的。

2. 应用举例

【例 6-22】 某公司正在考虑以一台技术更先进、效率更高的新设备来取代现有的旧设备。有关资料如下。

旧设备原购置成本 4 万元，已使用 5 年，估计还可以使用 5 年，已提折旧 2 万元，假定使用期满后无残值，每年销售收入 5 万元，每年付现成本 3 万元，如果现在出售可得价款 2 万元。

新设备的购置成本为 6 万元，估计可用 5 年，期满后有残值 1 万元，使用新设备后，每年销售收入 8 万元，每年付现成本为 4 万元。

假定旧设备后 5 年以及新设备可按直线法、年数总和法、双倍余额递减法三种方法计提折旧，所得税税率为 25%，资本成本率为 10%。

要求：请选择是否更新固定资产。

【模型展示】 模型展示如图 6-2 和图 6-3 所示。

第 6 章 资本预算决策

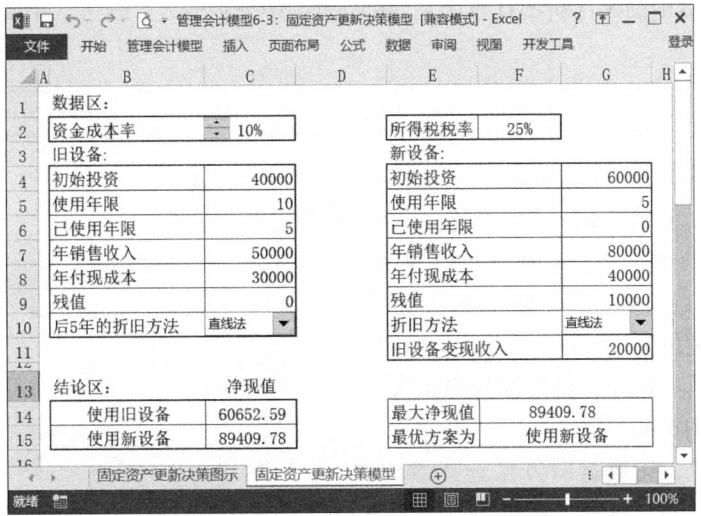

图 6-2 固定资产更新决策模型

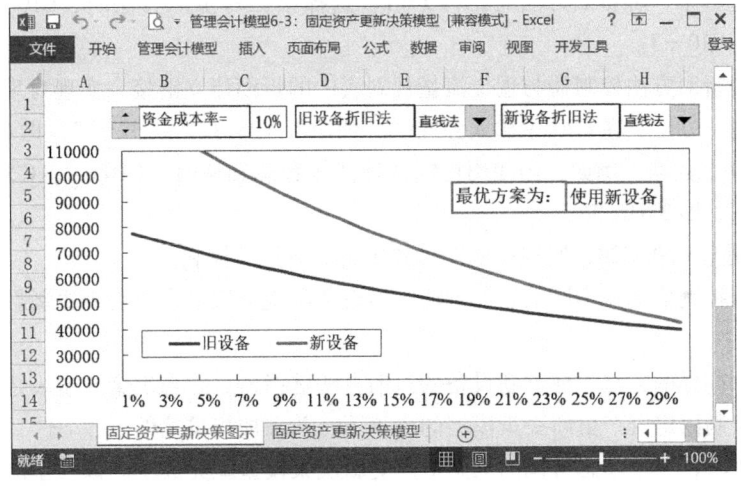

图 6-3 固定资产更新决策动态可调图

【文件链接】 管理会计模型 6-3：固定资产更新决策模型 .xlsx（章后 Excel 模型二维码 模型 6-3）。

【建模步骤】

第一步：如图 6-2 所示，在数据区输入相关已知条件。

第二步：设计好结论区的结构，为结论区保留空间。

第三步：规划使用旧设备的现金流量；规划使用新设备的现金流量。规划表见文件管理会计模型 6-3：固定资产更新决策模型 .xls。

第四步：计算两个方案的净现值，见结论区 B14: C15。

| C14 | = NPV（C2，C26: G26） | C15 | = NPV（C2，C43: G43）− G4 + G11 |

第五步：为资金成本率添加一个控制器。

第六步：添加旧设备的折旧方法选择器。

(1) 首先建立辅助区（折旧计算区）。在 G5:G7 中分别输入直线法、年数总和法、双倍余额递减法的函数。

| J5 | = SLN($C$4, $C$9, $C$5) | J6 | = SYD(2 0000, $C$9, 5, J4) | J7 | = DDB(20 000, $C$9, 5, J4) |

注意：在使用双倍余额递减法时，在最后两年要改为直线法。

(2) 将 J5:J7 复制至 K5:N7。至此，计算出旧设备的三种折旧。

(3) 添加一个组合框。选择菜单"视图—工具栏—窗体"，点击组合框，鼠标变为"+"，在工作表中 C10 的位置绘制一个组合框。右键单击组合框图标，然后选择"设置控件格式"，设置该组合框（见图 6-4）。

点击"确定"，完成折旧方法选择器的制作。通过选择器，可以选择三种折旧方法之一，并且按照所选择的折旧方法所在的次序为单元

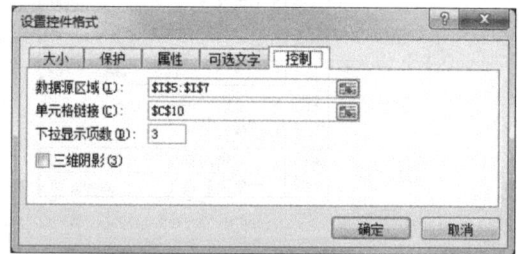

图 6-4　设置控件格式

格 C10 赋值：选择第一种折旧方法时，C10 = 1；选择第二种折旧方法时，C10 = 2；选择第三种折旧方法时，C10 = 3。

第七步：使折旧方法控制器与现金流量规划表中的折旧建立链接，实现对现金流量表中的折旧数据的控制。方法：在 C20 中输入公式" = INDEX（J5:J7，$C$10）"，即令 C20 等于 J5:J7 中的第 $C$10 个数据。例如，当使用控制器选择年数总和法时，C10 = 2，C20 的值是 J5:J7 中的第 2 个数据，即 3 636.36。

将 C20 复制至 D20:G20，实现控制器对各年折旧数据的控制。

此时，随着控制器选择不同的折旧方法，旧设备的现金流量表会自动更新数据，而不需要再重新计算。

第八步：用同样的方法，建立新设备的折旧方法选择器，并与现金流量表建立链接。

第九步：绘制固定资产更新决策模型的决策图，并添加相关控件。

经过上述步骤，一个动态可调的固定资产更新决策模型就完成了。该模型能够通过操作相关的控制器，根据不同的折旧方法、不同的资金成本率，计算出两个方案的净现值，极大地减少了管理人员的计算量。

6.6.4　资本限额下的最优投资组合模型

1. 模型概要

(1) 问题描述：对于一组投资项目，在资本总额有限的条件下，尽可能地使用有限资本，获得最多的净现金流量。

(2) 主要变量：净现金流量、是否投资（0 – 1 变量）、资金需要量、资本限额。

(3) 决策方法：最大净现值法。

(4) 关键技术：规划求解，0 – 1 规划。

2. 应用举例

【例 6-23】 以【例 6-15】为例，运用 Excel 确定最优投资组合。

【模型展示】 模型展示如图6-5所示。

【文件链接】 管理会计模型6-4：资本限额下的投资组合模型.xlsx（章后Excel模型二维码 模型6-4）。

【建模步骤】

第一步：在数据区输入相关已知条件（见图6-5）。

第二步：在规划求解区输入是否投资（是取1，否取0）、资金使用、净现值的计算公式。

第三步：进行规划求解。

（1）选择菜单"数据—规划求解"，在规划求解中输入0-1整数约束等条件，如图6-6所示。

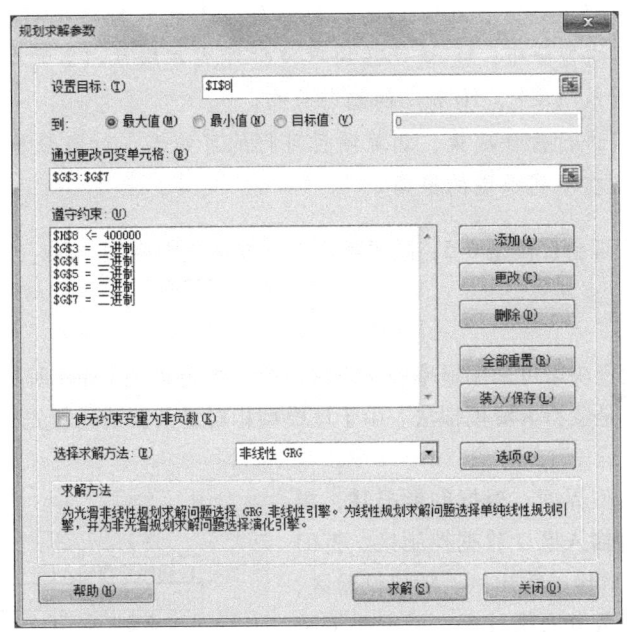

图6-5 资本限额下的最优投资组合模型

图6-6 规划求解参数界面

（2）点击"求解"，得到最优解。运用Excel计算的最优投资组合为A、B、D三个项目的投资组合。运用Excel的规划求解功能，极大地减少了手工计算的工作量，正确率也大大提高。

运用同样的方法也可以用于进行多种产品的最优生产组合决策。

6.6.5 随机条件下的资本预算决策模型

1. 模型概要

（1）问题描述：现实投资决策所面临的环境是复杂多变的，投资决策具有时期长、风险大、随机性等特征，基本的确定性投资决策模型根本不符合现实决策的需要，尤其是未来的现金流量并不是确定性的，而是随机性的或是不确定性的，所以确定性的决策方法在很大程度上不具有决策相关性和操作可行性，难以满足现实决策的需要。为此，本节运用Excel的高级计算功能，针对投资决策中的随机性特征，设计随机条件下的决策模型。为了弥补一般决策方法的不足，本节涉及的主要变量包括产品销量、单价、单位变动成本、固定成本、折旧、现金流量、折现率等。其中，假设销量、单价、单位变动成本、折现率为随机变量。

（2）决策变量：项目的净现值 NPV。

（3）决策方法：概率分析法。

（4）关键技术：随机概率分布，微调器的使用，RAND 函数、INDEX 函数、NORMINV 函数、ROUND 函数等的应用。

2. 应用举例

【例6-24】 公司现准备开发一种新产品，其初始投资额为 3 000 万元，在项目投资期初投入，投资运营有效期为 10 年。该项目存在许多随机因素：① 该项目投入运营后，第一年的产品销量是一个服从均值为 200 万件而标准差为 30 万件的正态分布；② 由于未来存在不确定性，后续经营年度中产品销售量的增长率存在随机性，根据对未来市场的判断，销售增长率服从（ −10%，20%）的均匀分布；③ 销售价格也存在随机性，服从（5 元/件，6 元/件）的均匀分布；④ 该产品的单位付现成本服从（2 元/件，3 元/件）的均匀分布；⑤贴现率服从（8%，10%）的均匀分布。

要求：对该项目进行投资决策，测算项目可行的可能性，计算分析该项目的期望净现值、标准差、净现值在不同范围的概率。

【文件链接】 管理会计模型 6-5：随机条件下的投资决策模型 . xlsx（章后 Excel 模型二维码 模型 6-5）。

【建模步骤】

随机条件下的投资决策可采用概率统计方法进行，也可运用 Excel 所具有的模拟法进行投资决策，本节采用的是蒙特卡罗模拟法。由于该模型相对复杂，请读者先行下载相关文件，边阅读边操作。

第一步：构建模型界面。根据问题概述，模型界面包括初始参数输入区、数据控制区、折旧计算区、现金流量测算区、输出区、随机试验区、数据特征统计区、频数分布统计区、概率决策结论区、动态决策图形区等，见 Excel 模型。

第二步：输入初始数据。在初始参数输入区（B1: F8）输入相关数据（见图 6-7）。

第三步：在数据控制区（H2: K7）输入相关内容和公式。

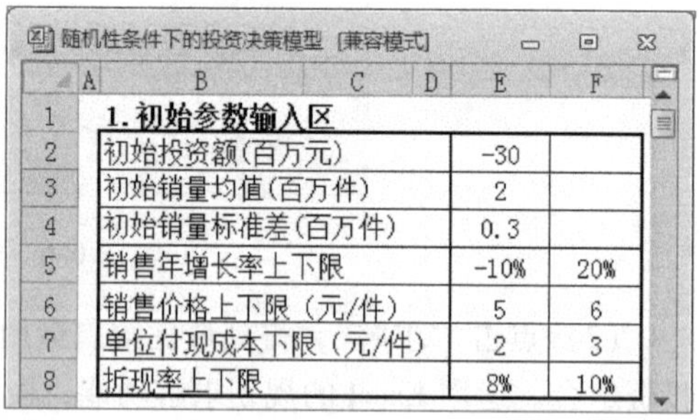

	A	B	C	D	E	F
1		1. 初始参数输入区				
2		初始投资额(百万元)			-30	
3		初始销量均值(百万件)			2	
4		初始销量标准差(百万件)			0.3	
5		销售年增长率上下限			-10%	20%
6		销售价格上下限（元/件）			5	6
7		单位付现成本下限（元/件）			2	3
8		折现率上下限			8%	10%

图 6-7 输入初始数据界面

K2	= NORMINV(RAND(), $E$3, $E$4)
K3	= RAND() * ($F$6 − $E$6) + $E$6
K4	= RAND() * ($F$8 − $E$8) + $E$8
K5	= $L$5/100
K6	= − E2 * K5
K7	25%

第四步：设计折旧计算区，用来计算固定资产折旧。相关单元格公式如下。

D12	= SLN(-$E$2, $K$6, 10)
D13	= SYD(-$E$2, $K$6, 10, D11)
D14	= VDB(-$E$2, $K$6, 10, C11, D11, 2)

然后将 D12: D14 复制粘贴到 E12: M14，分别计算出直线法、年数总和法、双倍余额递减法三种折旧方法下的固定资产折旧，以便引用。

第五步，添加折旧方法选择器。为了进行折旧方法的选择，在 H8: K8 区域添加一个折旧方法选择框，方法如下：选择菜单"开发工具—插入—表单控件—组合框（窗体控件）"，点击"组合框（窗体控件）"，鼠标变为"+"，在工作表中相应位置绘制一个组合框。右键单击组合框图标，选择"设置控件格式"，设置该组合框（见图6-8）。

点击"确定"，完成折旧方法的选择器的制作。通过选择器，可以选择三种折旧方法之一。并且，按照所选择的折旧方法为单元格 K8 赋值，选择第一种折旧方法时，K8 = 1，选择第二种折旧方法时，K8 = 2，选择第三种折旧方法时，K8 = 3。

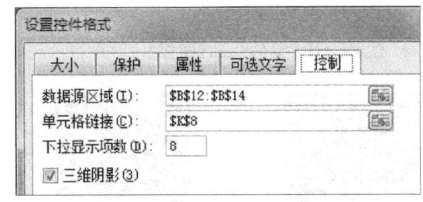

图 6-8　设置控件格式界面

第六步：测算现金流量。

在区域 B17: M26 进行现金流量测算。相关公式如下。

令 D19 = NORM. INV(RAND( ), E3, E4)；

D20 = D19 * $K$3；

D21 = D19 * (RAND( ) * ($F$7 - $E$7) + $E$7)；

D22 = INDEX(D12: D14, $K$8) ⊖；

D23 = (D20 - D21 - D22) * (1 - $K$7)；

D24 = = D23 + D22；

令 E19 = D19 * (1 + (RAND( ) * ($F$5 - $E$5) + $E$5))；

将 D20: D24 复制粘贴到 E20: E24，将 E19: E24 复制粘贴到 F19: M24，计算出经营现金流量。

其他公式见 Excel 表，测算出项目现金流量。

第七步：计算净现值。令 E29 = C26 + NPV (K4, D26: M26)，测算出项目净现值。特别说明的是，由于销售量、价格、折现率、成本等数据均是随机变量，所以以此为基础计算出的净现值也是随机变量，E29 单元格只是随机变量的众多数据中的一个样本而已。为了计算净现值的数学期望，需要在此基础上进行多轮样本计算，获得一批样本后，通过计算样本均值来估计净现值的数学期望。

第八步：进行随机试验，获得随机样本。令 P2 = E29，在区域 O2: P1002 进行 1 000 次随机试验，方法同前几章。获得净现值的 1 000 个随机样本。

第九步：计算净现值的均值、标准差、最大值、最小值等数学特征，以便进行频率统计。见 U2: U8。

第十步：计算净现值的频数统计分布。计算方法同第 3 章 3.5.4 小节。

⊖ 说明：D22 的作用是使现金流量规划表中的折旧与折旧方法选择器建立链接，从而能够根据折旧方法的选择引用相应的折旧数据。

第十一步：进行概率决策。在区域 X2: Y4 中输入相关公式，进行净现值的概率决策。在 X2 中添加一个微调器，用来进行决策控制，控制 Y3 单元格；令 Y3 = INDEX（S12: S36，Y2），Y4 = INDEX（V12: V36，Y2），得到净现值大于某个临界值的概率。通过调节微调器，可以动态地得到净现值高于不同临界点的概率，从而为决策者提供决策依据。

第十二步：绘制动态可调图形。为了更加直观地进行项目投资决策，可绘制相关的动态可调图形。

■ Excel 模型二维码

　　模型 6-1　　　　　模型 6-2　　　　　模型 6-3　　　　　模型 6-4　　　　　模型 6-5

■ 案例分析

　　案例 6-1　光伏电站投资项目的多工具组合决策
　　案例 6-2　基于循环经济的项目投资决策方法及应用
　　案例 6-3　管理会计工具整合及其在影视企业项目决策中的应用
　　案例 6-4　综合环境与经济的全成本评估法（TCA）及应用

　　案例 6-1　　　　　案例 6-2　　　　　案例 6-3　　　　　案例 6-4

■ 课后练习与实验操作

讨论题

1. 货币的时间价值和投资的风险价值有何联系与区别，各有什么用途？
2. 何谓现金流量？估算现金流量应遵循哪些原则？为什么？
3. 在进行项目投资决策时为什么更重视现金流量而不是会计利润？
4. 如何评价投资回收期和会计收益率？
5. 试述 NPV、PI 和 IRR 在项目评价中的决策规则及其内在联系。
6. 怎样进行资本限额决策？

计算分析

1. 随着旅游业的兴旺，华光公司看好了旅游工艺品的市场销售前景，并于 1 年前支付了 50 000 元的市场调研费进行了调查研究，公司现拟决定投资生产旅游工艺品，有关资料如下。
   （1）市场调研费 50 000 元已经支付，属于沉没成本。
(2) 生产旅游工艺品需购置生产设备一台，价值为 110 000 元，估计可用 5 年。税法规定的残值为 10 000 元，按直线法折旧。
(3) 旅游工艺品生产车间可利用公司一处闲置的厂房，该厂房当前的市场价格为 105 000 元。
(4) 该产品各年的预计销售量为 5 000 件、8 000 件、12 000 件、10 000 件、6 000 件，市场售价第 1 年为每件 20 元，由于竞争和通货膨胀因素，售价每年将以 2% 的幅度增长；单位付现成本第 1 年为每件 10 元，以后随原材料价格的上升，单位付现成本每年将以 10% 的幅度增长。
(5) 生产该产品需在期初垫付营运资本 10 000 元。
(6) 公司所得税税率为 30%。要求：
绘制销售收入和成本预测表及现金流量预测表。

2. 准备购入一设备以扩充生产能力。现有甲、乙两个方案可供选择，甲方案需投资 20 000 元，使用寿命为 5 年，采用直线法计提折旧，5 年后设备无残值。5 年中每年销售收入为 8 000 元，每年的付现成本为 3 000 元。乙方案需投资 24 000 元，采用直线法计提折旧，使用寿命也为 5 年，5 年后有残值收入 4 000 元，5 年中每年的销售收入为 10 000 元，付现成本第一年为 4 000 元，以后随着设备陈旧，将逐年增加修理费 200 元，另需垫支营运资金 3 000 元。假设所得税率为 40%，资本成本率为 10%。要求：
(1) 计算两个方案的现金净流量；
(2) 计算两个方案的现值指数，并做出决策。

3. 某企业计划投资新建一个生产车间，厂房设备投资 105 000 元，使用寿命 5 年，预计固定资产净残值 5 000 元，按直线法折旧。建设期初需投入营运资本 15 000 元。投产后，预计第 1 年营业收入为 10 万元，以后每年增加 5 000 元，营业税税率 8%，所得税税率 30%。营业成本（含折旧）每年为 5 万元，管理费用和财务费用每年各为 5 000 元。要求：
判断各年的现金净流量。

4. ABC 公司 2009 年年初投资 100 000 元兴建某项目，该项目的使用期为 5 年，公司预计未来 5 年的每年经营状况如下。
(1) 营业收入 120 000 元。
(2) 营业成本 92 000 元（含折旧 10 000 元）。
(3) 所得税税率 33%。
(4) 公司预计的最低投资收益率为 10%。
要求：
(1) 计算投资回收期；
(2) 计算会计收益率；
(3) 计算净现值；
(4) 计算内部收益率。

5. 某公司现有一台旧设备，由于生产能力低下，现在正考虑是否更新，有关资料如下。
(1) 旧设备原值 15 000 元，预计使用年限 10 年，现已使用 6 年，最终残值为 1 000 元，变现价值 6 000 元，年运行成本 8 000 元。
(2) 新设备原值 2 万元，预计使用 10 年，最终残值为 2 000 元，年运行成本 6 000 元。
(3) 企业要求的最低收益率为 10%。
现有两种主张，有人认为由于旧设备还没有达到使用年限，应继续使用；有人认为旧设备的技术程度已不理想，应尽快更新，你认为应该如何处理？

6. 某公司拟引进一条新的生产线，估计原始投资 3 000 万元，预期每年税前利润为 500 万元（按税法规定生产线应以 5 年期直线法折旧，净残值率为 10%，会计政策与此相同），已测算出该方案的净现值大于零,然而董事会对该生产线能否使用5年有争议,有人认为只可用4年,有人认为可用5年,还有人认为可用6年以上。已知所得税税率为33%,资本成本率为10%,报废时残值净收入为300万元。要求:

(1) 计算该方案可行的最短使用寿命(假设使用年限与净现值呈线性关系,用插值法求解,计算结果保留两位小数);

(2) 你认为他们的争论对引进生产线的决策有影响吗?为什么?

7. 某公司准备购入一设备以扩充生产能力。现有甲、乙两个方案可供选择。甲方案需投资30 000元,使用寿命5年,采用直线法计提折旧,5年后设备无残值,5年中每年销售收入为15 000元,每年的付现成本为5 000元,乙方案需投资36 000元,采用直线法计提折旧,使用寿命也是5年,5年后有残值收入6 000元。5年中每年收入为17 000元,付现成本第一年为6 000元,以后随着设备陈旧,逐年将增加修理费300元,另需垫付营运资金3000元。假设所得税率为40%,资本成本率为10%。要求:

(1) 计算两个方案的现金流量;

(2) 计算两个方案的净现值、现值指数和内含报酬率;

(3) 计算两个方案的投资回收期;

(4) 试判断应选用哪个方案。

8. 某企业拟投资185 000元兴建某项目,该项目无建设期,税法规定的折旧年限为3年,按直线法折旧(与会计政策相同),3年后有净残值35 000元,投产后第1年实现营业收入80 000元,以后每年增加5 000元,每年营业成本为各年营业收入的70%,该企业适用30%的所得税率。假设折现率为10%。要求:

(1) 计算投资回收期;

(2) 计算会计收益率;

(3) 假设该项投资按折现率借入,则第3年年底的借款余额是多少?

9. 某企业使用现有生产设备每年实现营业收入3 500万元,每年发生营业成本2 900万元(含折旧200万元)。该企业拟购置一套新设备进行技术改造以便实现扩大再生产,如果实现的话,每年的营业收入预计可增加到4 500万元,每年的营业成本预计增加到3 500万元(含折旧500万元)。

根据市场调查,新设备投产后所生产的产品可在市场销售10年,10年后转产,转产时新设备预计残值30万元,可通过出售取得。

如果决定实施此项技术改造方案,现有设备可以以100万元售出,购置新设备的价款是650万元,购置新设备价款与出售旧设备所得之差额部分需通过银行贷款来解决,银行贷款的年利率为8%,要求按复利计息。银行要求此项贷款须在8年内还清。该企业要求的投资收益率为10%。要求:

(1) 用净现值评价该项技术改造方案的可行性;

(2) 如果可行的话,平均每年应还款多少?

实验操作题

1. 企业现准备开发一种新产品的投资项目,其初始投资额为300万元,有效期为5年。该项目一旦投入运营后,第一年产品的销量是一个服从均值为300万件而标准差为50万件的正态分布。

根据这种产品的生命周期规律,销售量每年的增长率可能为5%(概率20%)、10%(概率65%)、20%(概率15%)。三年内每年还需投入固定成本150万元。新产品的单位变动成本服从在2~3元之间均匀分布。

该产品的销售单价服从下列分布。

单价（元/件）	3	3.5	4	4.5	5
概率（%）	5	20	45	25	5

折现率可能为8%~12%。要求：运用Excel建立相关决策模型。

（1）建立该问题的投资决策模型；

（2）绘制该项目的净现值的概率分布图；

（3）计算不同净现值的概率；

（4）上述计算和分析都要求动态可调。

注：本题相对比较复杂，设计方法和参考模板参见文件：管理会计模型6-5：随机性投资决策的模拟模型.xls。

2. 请用思维导图绘制本章的知识要点。

■ 参考文献与推荐阅读

[1] 温素彬. 管理会计中Excel的高级应用——长期投资决策的蒙特卡罗模拟模型的设计与应用［J］. 财务与会计, 2014（10）.

[2] 顾婧. 考虑心理情绪因素的风险企业价值及投资决策分析［J］. 软科学, 2013（8）.

[3] 张云. 投资项目评价两种方法的比较与选择——净现值法和内含报酬率法［J］. 财经问题研究, 2004（3）.

[4] 边云岗, 郭开仲. 企业技术创新投资决策的效率评价［J］. 数学的实践与认识, 2018（3）.

[5] 李子扬, 何熙琼, 况熙. 管理会计中的"数目捷径"：关于数目启发式对投资决策影响的行为学分析［J］. 会计研究, 2018（1）.

[6] 张志强. 期权理论与公司理财［M］. 北京：华夏出版社, 2009.

[7] 盛继明. 工业和信息通信业管理会计案例集（2018）［M］. 北京：电子工业出版社, 2018.

控制与评价篇

第 7 章　全面预算管理
第 8 章　成本管理与控制
第 9 章　供应链成本管理
第 10 章　责任会计
第 11 章　绩效评价

第 7 章

全面预算管理

凡事预则立，不预则废。

——《礼记·中庸》

■ **学习目标**

1. 了解全面预算的基础知识；
2. 掌握全面预算的编制方法；
3. 掌握全面预算的编制过程。
4. 掌握运用 Excel 进行预算编制的方法。

■ **重点与难点**

1. 全面预算的编制过程；
2. 全面预算编制方法的选择。

■ **导入案例**

2003 年 7 月，在东风和日产合资成立东风汽车有限公司后，"新东风"便开始推行新的预算指标，涉及几乎所有的零部件企业（未列入考核利润的企业要从成本角度进行考量）、商用车等众多板块。

资料显示，零部件事业部下属某子公司的"一版预算"利润指标仅为 3 300 万元，净资产利润率需保持在 9.5%；实行新标准后，"二版预算"将利润提高了近 82%，达到 6 000 万元，净资产利润率也改为 17.29%。东风商用车公司给车架厂下达的新利润指标是 1.72 亿，降低成本指标为 4 500 元。东风湖北襄樊的一家零部件企业，2002 年盈利在 1.65 亿元（公司历年最高水平），2003 年的盈利任务则定在 3 亿元。

新版预算推出后，下属企业面临不同程度的困难：2003 年 1~9 月，东风重型车厂已经完成新目标的 75%，在剩余的时间内只需完成总任务的 25% 就能达到全年考核目标。这是东风能达到新要求的最好的企业。另有一家零部件企业的数据显示：截止到 2003 年 9 月，该厂仅完成利润 2 113 万元，要完成 6 000 万元，需要在余下的 4 个月中每月盈利将近 1 000 万元，即必须有 28 671 辆份的销量支撑。要实现预算目标，余下的四个月都要达到最高产量，这基本不可能实现。此外，在 1～8 月，由于水、电、气大幅度提价，动能费用提高了 300 多万。同时，随着市场的成熟和消费者对产品质量要求的不断提高，质量索赔时有发生，这也在不断地增加着这些企业的成本。

东风的新版考评指标对利润的要求大幅度提升，对成本指标则要求大幅度削减，所以新版预算被形象地称为"榨油计划"。

7.1 全面预算概述

7.1.1 全面预算的含义和作用

1. 全面预算的含义

预算是用货币金额和数量单位反映企业未来某一特定时期的现金收支、资金需求、资金融通、营业收入、成本、经营成果和财务状况的一整套财务计划。现代企业为了达到并完成预定的目标和任务，通常采用预算制度，使用全面预算的方法来规划和控制企业未来的经济活动，实施全面预算管理。这样有利于企业从其战略的角度，统筹安排各种资源，进而保证企业最优决策方案的贯彻与实施，对于企业整体目标的实现具有重要意义。

全面预算是企业对预算期内的经营决策所定目标全面综合的财务描述，又称为总预算，是企业整体的综合性计划，它与企业的经营决策和投资决策既相互联系，又相互作用。通过编制全面预算以保证企业整体目标的实现，已成为现代企业管理的大势所趋。完整的全面预算包括经营预算、专门决策预算和财务预算三个组成部分。它以销售预测为起点，按照企业既定的经营目标，对企业未来特定期间的销售、生产、成本、现金收支等各方面的活动进行预测，并在此基础上，编制出一套预测的利润表、预测的资产负债表等预计的财务报表及其附表，以反映企业在此特定期间的经营成果和财务状况。

2. 全面预算的作用

全面预算作为企业管理当局对未来生产经营活动的总体规划，其作用主要表现在战略管理、风险控制、成本控制、绩效考核、价值管理五个方面。

从战略管理上来说，首先必须将预算制定与企业战略紧密结合。企业通过各种决策活动，制定了自身的总体经营目标。企业的总体目标需要各职能部门共同努力才能够实现，这就需要制定一系列能够指导企业内部各职能部门正常展开生产经营活动的具体工作目标，促进企业内部各部门之间的合作与交流，减少相互间的冲突与矛盾。其次，必须制定始终如一的方针，指导设计高效、合理的战略性配置资源的流程。只有这样才能更清晰地传递公司的战略，并且在资源的分配过程中节省时间，加大对项目以及运作的资金投入，使战略的实施更加行之有效。

从风险控制上来说，全面预算管理可以促进企业计划工作的开展与完善，减小企业的经营风险与财务风险。预算的基础是计划，因此全面预算管理能促使企业的各级经理提前制订计划，避免企业因盲目发展而遭受不必要的经营风险和财务风险。全面预算管理可以初步揭示企业下一年度的预计经营情况，根据所反映出的预算结果，预测其中的风险之所在，并预先采取某些风险控制的防范措施，从而达到规避与化解风险的目的。

从成本控制上来说，首先必须将全面预算管理与成本控制紧密结合。在预算的执行过程中，各部门应当对实际指标和预算指标进行比较分析，及时提供实际偏离预算的差异数额，使预算制定人员得到高质量的信息，做出合理的预算，并且应当找出产生差异的具体原因，及时采取有效的措施，确保自身预定目标的实现。其次，必须降低预算的复杂性以及预算制定周期。预算复杂性的降低可以使得预算更加便于操作，从而降低预算的实施成本。另外，对预算机制的优化可以缩短预算制定周期，在降低成本的同时又不会影响公司的核心增值业务以及预算的质量，不仅能够降低财务部门的成本，还能够降低所有预算制定部门的成本。

从绩效考核上来说，科学的预算目标值可以成为公司与部门绩效考核指标的比较标杆。在执行全面预算的过程中，实际指标偏离预算指标的差异，不仅是控制企业日常经济活动的主要依据，也是考核各职能部门工作业绩的重要标准。因此，预算管理在为绩效考核提供参照值的同时，管理者也可以根据预算的实际执行结果去不断修正、优化绩效考核体系，确保考核结果更加符合实际，真正发挥评价与激励的作用。

从价值管理上来说，全面预算管理的整个过程中所有的变动最终都会反映为财务指标，每一项调整都会在它的系统里面反映为对财务指标的影响，因此全面预算有助于发现生产经营过程中的薄弱环节，划分各职能部门的经济责任，从而为实现总体目标、取得尽可能大的经济效益奠定良好的基础。所以说，全面预算管理的整个过程是进行价值管理的过程。

7.1.2　全面预算的分类

全面预算按其适用时间的长短可分为长期预算和短期预算。长期预算主要是指 1 年以上的预算。如购置大型设备或扩建、改建和新建厂房等的资本支出预算，有时还包括长期资金筹措预算和长期研究与开发预算等。短期预算是指年度预算或者时间更短的季度或月度预算，如直接材料预算、现金预算等。通常长期预算和短期预算的划分以 1 年为界限，有时也把 2～3 年的预算称为中期预算。

全面预算按其涉及的内容分为总预算和专门预算。总预算是指预计利润表、预计资产负债表和预计现金流量表，它们反映企业的总体状况，是各种专门预算的综合。专门预算是指其他反映企业某一方面经济活动的预算，如生产预算、采购预算等。

全面预算按其所涉及的业务活动分为销售预算、生产预算和财务预算。前两个预算又统称业务预算，是反映预算期内企业可能形成现金收付的生产经营活动的预算。财务预算是关于资金筹措和使用的预算，企业财务预算是在预测和决策的基础上，围绕企业战略目标，对一定时期内企业资金的取得和投放、各项收入和支出、企业经营成果及其分配等资金运动所做的具体安排，是围绕企业的战略要求和发展规划，以业务预算、资本预算和筹资预算为基础，以经营利润为目标，以现金流量为核心进行编制的，并以财务报表形式予以充分反映，其中包括现金预算、利润表预算、资产负债表预算等。资本预算是企业在预算期内进行资本性投资活动的预算，包括固定资产投资预算、权益性资本投资预算和债券投资预算。筹资预算是企业在预算期内需要新借入的长短期借款、经批准发行的债券，以及对原有借款和债券还本付息的预算，包括增资预算和负债预算。

全面预算体系及其有关预算之间的关系如图 7-1 所示。

7.1.3　全面预算的编制程序

全面预算的编制是一项工作量大、涉及面广、时间性强与操作复杂的工作。为了保证预算编制工作有条不紊地进行，一般要在企业内部专设一个预算委员会负责预算编制并监督实施。

它通常由总经理和分管销售、生产、财务等方面的副总经理及总会计师等高级管理人员组成。其主要任务是：制定和颁布有关预算制度的各项政策；审查和协调各部门的预算申报工作；解决有关方面在编制预算时可能发生的矛盾和争执；批准最终预算，并经常检查预算的执行情况，促使各有关方面协调一致地完成预算所规定的目标和任务。

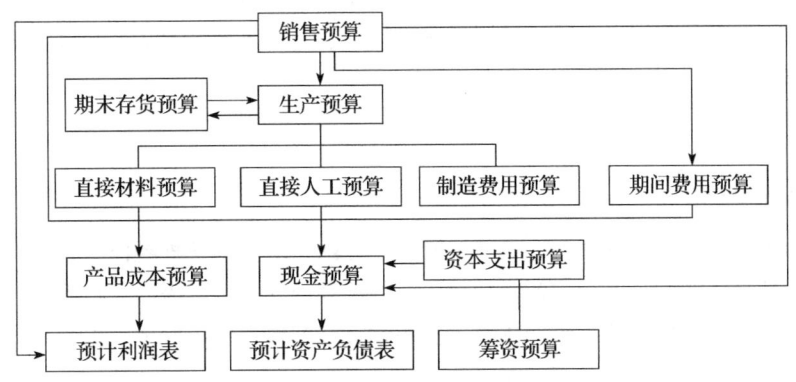

图7-1 全面预算体系关系

企业全面预算的编制，涉及经营管理的各个部门。只有预算执行人员参与预算的编制，才能使预算成为他们自愿努力完成的目标。因此，预算的编制应采取自上而下、自下而上的方法，不断地反复和修正，最后，由有关机构综合平衡，并以书面形式传达，作为正式的预算落实到各有关部门付诸实施。

全面预算的编制程序可归纳为以下几个步骤。

第一，最高领导层根据企业长期规划和有关预算决策资料提出企业一定时期内的经营总目标，并提前约三个月分解下达各基层预算执行单位和各职能部门。

第二，最基层经营管理人员根据基层单位实际情况草拟尽可能可靠的本单位预算草案，并提前两个半月交给所属职能部门。

第三，各职能部门汇总、协调本部门的预算，分别编制出销售、生产、财务等预算并提前约两个月报送企业预算委员会。

第四，预算委员会审查、平衡业务预算，继而汇总出企业的全面预算，并提前一个半月报送企业领导和审议机构。

第五，企业领导和审议机构通过或责令修改预算，并提前一个月提交董事会。

第六，董事会通过、批准后的预算下达各预算执行部门执行。

相关链接

预算松弛

预算松弛是指在预算管理中，预算执行者对预算管理没有形成正确的认知，基于本单位利益，为了能够较容易地完成预算任务，或超额完成任务而获得奖励，倾向于制订较为宽松的预算标准，并在实际工作执行过程中尽力形成对自身更加有利形势的现象。

北辰实业集团于2001年引入联合基数预算法，以确定企业利润指标和下属企业管理者的业绩奖励，当年就实现其下属企业自报利润涨幅达10%~40%不等的佳绩，在很大程度上解决了预算松弛问题。

预算松弛直接影响到预算管理的有效性：

第一，过于宽松的预算，难以激发企业的潜力，带来了大量无效成本。按照古典经济理论，由于成本没有实现最小化，利润也就达不到最优。

第二，预算松弛、预算错误、客观环境变化和工作不努力等都会产生不利的预算差异。预算松弛的存在，为管理者提供了掩盖失误的弹性空间，妨碍查明预算差异的真正原因，影响到业绩评价的客观性。

7.2 预算编制方法

企业全面预算包括企业的生产、销售、研发、分配、筹资等各种经济活动，其内容几乎包括了企业所有的经济活动，十分广泛。针对不同的预算内容和实际需要，在编制时应该采用不同的预算编制方法，以便经济地编制预算，提高预算编制效率，更好地发挥预算的作用。下面分别简要介绍几种比较典型的预算编制方法。

7.2.1 固定预算与弹性预算

按预算编制时的基础不同，可分为固定预算和弹性预算两大类。如果编制的基础是某一个固定的业务量，那么所编制的预算就是固定预算；如果预算编制的基础是一系列可以预见的业务量，那么所编制的预算就是弹性预算。

编制预算的方法按其业务量基础的数量特征不同，可分为固定预算和弹性预算两大类。

1. 固定预算

固定预算（fixed budget）又称静态预算（static budget），是指根据预算期内正常的、可实现的某一业务量（如生产量、销售量）水平作为唯一基础，不考虑预算期内生产活动可能发生的变动而编制预算的方法。一般情况下，对不随业务量变化而变化的固定成本（如企业管理费用）的预算多采用固定预算方法进行编制；但对于变动成本、费用等随业务量的变化而变化的项目，在编制预算时不宜采用此法。

【例 7-1】 某种产品的固定预算如表 7-1 所示。

表 7-1 固定预算
（产量 600 件） （单位：元）

成本项目	总成本	单位成本
直接材料	3 600	6
直接人工	1 200	2
制造费用	1 200	2
合计	6 000	10

如果该产品实际完成 800 件，实际总成本为 7 800 元，其中直接材料为 4 600 元，直接人工为 1 400 元，制造费用为 1 800 元，单位成本为 9.75 元。实际费用与预算相比较，如果与固定预算相比，则超支很大；如果与按产量调整后的固定预算相比，又节约很多。两种方法比较的结果，如表 7-2 所示。

表 7-2　按产量调整的固定预算　　　　　　　　　　　　（单位：元）

成本项目	固定预算	实际费用	差异	按产量调整的固定预算	实际费用	差异
直接材料	3 600	4 600	+1 000	4 800	4 600	-200
直接人工	1 200	1 400	+200	1 600	1 400	-200
制造费用	1 200	1 800	+600	1 600	1 800	+200
合计	6 000	7 800	+1 800	8 000	7 800	-200

这两种比较方法都不太合理，前者产量增加了，费用没有按产量调整，差异说明不了什么意义；后者全部按实际产量调整，然而，实际上其中一部分费用是固定不变的，如制造费用中的固定制造费用，因此也不妥当。

随着产量的变动重新编制固定预算的做法，虽然便于比较考核，但是由于产量变动比较频繁，这样做工作量往往很大。因此，固定预算方法的优点是编制较为简便。它的缺点主要有以下几个方面。

（1）预算机械化，不具有环境适应性。因为编制预算的业务量基础是事先假设的某个业务量。在此法下，不论预算期内业务量水平是否可能发生一些变动，都只按事先确定的某一个业务量水平作为编制预算的基础，但是日后预算执行过程中的实际业务量可能会和预算发生偏差。

（2）缺乏可比性。由于上述情况的存在，通常会导致各项指标的实际数与预算数据失去可比性，因此，按照固定预算方法编制的预算不利于正确地控制、考核和评价企业预算的执行情况。

（3）容易导致预算执行中的突击行为。即在临近预算期末时，将尚未消化的预算额度，无论需要与否，尽可能地耗尽，以防下期预算被缩减，同时也为下期预算留有余地。其结果可能是资源的无谓浪费。

基于上述原因，固定预算只能适用于那些业务量水平较为稳定的企业或非营利组织编制预算。如果用来衡量业务水平经常变动的企业，往往不合适，甚至还会引起人们的误解。

2. 弹性预算

弹性预算又称变动预算或滑动预算。是根据企业可预见的业务量规模，以业务量、成本和利润之间的依存关系为依据，以变动成本法为基础，在编制预算时使预算具有一定的伸缩范围，能够适用于不同业务量的一种编制方法。只要这些数量关系不变，弹性预算可以持续使用较长的时期，不必每月重复编制。

（1）弹性预算的特点。

与固定预算相比，弹性预算具有以下特点。

1）弹性预算按多种业务量水平编制，任何业务量都可以找到相同的控制依据和评价标准。

2）弹性预算按一系列业务量水平编制，资源费用、成本水平、产品价格不变，弹性预算的结果在不同的生产经营活动水平下都能适用。

3）可比性强。弹性预算是按成本的不同性态分类列示，反映了不同成本与业务量之间的关系，便于控制和考核成本，挖掘降低成本的能力。

由于未来业务量的变化会影响到成本、费用和利润的各个方面，因此，弹性预算方法从理论上主要适用于编制全面预算中所有与业务量有关的各种预算，但在实务中，主要用于成本费用和利润预算的编制。

编制弹性预算所依据的业务量，可以是产量、销售量、直接人工工时、机器工时、材料消耗量和直接人工工资等。但要选用一个最能代表本部门生产经营活动水平的业务量计量单位，例如，以手工操作为主的车间，就应选用人工工时；制造单一产品或零件的部门，可以选用实物数量；制造多种产品或零件的部门，可以选用人工工时或机器工时；修理部门可以选用直接修理工时等。

弹性预算的业务量范围，视企业或部门的业务量变化情况而定，务必使实际业务量不致超过确定的范围。一般来说，可定在正常生产能力的70%~110%之间，或以历史上最高业务量和最低业务量为其上下限。

（2）弹性预算的编制方法。

弹性预算的编制通常有如下几种常见方法。

1）公式法。指通过确定 $y = a + bx$ 公式中的 a 和 b，来编制弹性预算的方法。

在分析成本性态的基础上，将任何成本近似地表示为 $y = a + bx$。在公式法下，如果事先确定了有关业务量 x 的变动范围，只要根据有关成本项目的 a（固定成本）和 b（单位变动成本）参数，就可以很方便地推算出业务量在允许范围内任何水平上的各项预算成本。

【例7-2】 表7-3是HL公司按公式法编制的制造费用弹性预算指标（部分），其中较大的混合成本项目已经被分解。

表7-3　HL公司制造费用弹性预算（公式法）
（直接人工工时：500~770小时） （单位：元）

项目	固定成本（每月）a	变动成本（每人工工时）b
管理人员工资	600	
维修费	599	0.11
水费	80	0.08
辅助材料	100	0.21
燃油		0.06
辅助工工资		0.08

公式法的优点是便于计算任何业务量的预算成本；缺点是并非所有的成本都能分解并用"$y = a + bx$"公式来表示，如阶梯成本和曲线成本只能用数学方法进行修正，因此会有一定的误差。

2）列表法。也称多水平法，是指通过列表的方式，在确定的业务量范围内，划分出若干个不同水平，计算相关数值，来编制弹性预算的方法。此法在一定程度上能弥补公式法无法直接计算不同业务量下总成本预算数据的弱点。

表7-4表示的是一个用多水平法表示的弹性预算。在这个预算中，业务量的间隔为10%，这个间隔可以大些，但太大了就会失去弹性预算的优点；间隔较小，用以控制成本较为准确，但会增加编制预算的工作量。

【例7-3】 表7-4是按列表法编制的HL公司制造费用弹性预算。

表7-4　HL公司制造费用弹性预算（列表法） （单位：元）

业务量（直接人工工时）	4 800	5 400	6 000	6 600	7 200
生产能力	80%	90%	100%	110%	120%
变动成本（2.00元/小时）	9 600	10 800	12 000	13 200	14 400
混合成本	3 000	3 100	3 200	3 300	3 400
固定成本	4 000	4 000	4 000	4 000	4 000
合计	16 600	17 900	19 200	20 500	21 800

列表法的优点是比公式法更精确且一目了然，但工作量较大。

7.2.2 增量预算与零基预算

编制成本费用预算的方法按其是否以基期水平为基础，分为增量预算和零基预算两种。

1. 增量预算

增量预算是指以基期成本费用水平为基础，结合预算期业务量水平及有关降低成本的措施，通过调整有关原有费用项目而编制预算的方法。它适合比较稳定的成熟企业预算的编制。该方法的基本假设是：

（1）企业的每项活动都是企业不断发展所必需的；

（2）在未来预算期内企业至少必须以现有的费用水平继续存在；

（3）现有费用已得到有效的利用。

因此，增量预算以过去的经验为基础，承认过去所发生的一切都是合理的，主张不需在预算内容上做较大改进，而是沿袭以前的预算项目。这种方法可能存在以下缺点：

（1）受到原有费用项目与预算内容的闲置。由于按增量预算方法编制预算，可能会不加分析保留或接受原有的成本项目，这就可能使原来不合理的费用开支继续存在下去，导致不必要开支合理化，造成预算上的浪费，甚至可能导致预算落后。

（2）容易导致预算中的"平均主义"和"简单化"。采用此法，容易鼓励预算编制人凭主观臆断，按成本项目平均削减预算或只增不减，不利于调动各部门降低费用的积极性。

（3）可能对企业未来发展考虑不够充分。按照这种方法编制费用预算，对于那些未来实际需要开支的项目来说，可能因没有考虑未来情况的变化而造成预算不够确切。

2. 零基预算

零基预算是指在编制成本费用预算时，不考虑以往会计期间所发生的费用项目和费用数额，而是以所有的预算支出均为零为出发点，一切从实际需要与可能出发，逐项审议预算期内各项费用的内容及开支标准是否合理，在综合平衡的基础上，编制费用预算的一种方法。

编制零基预算的一般程序如下。

（1）动员与讨论。动员企业内部所有部门，在充分讨论的基础上提出本部门在预算期内应当发生的费用项目，并确定其预算数额，而不考虑这些费用项目以往是否发生及发生额多少。

（2）划分不可避免项目和可避免项目。企业发生的全部费用可以划分为不可避免项目和可避免项目，不可避免项目是指在预算期内必须发生的费用项目，可避免项目是指在预算期内通过采取措施可以不发生的费用项目。在预算编制过程中，对不可避免项目必须保证资金供应；对可避免项目则需要逐项进行成本－效益分析，按照各项目开支必要性的大小确定各费用预算的优先顺序。

（3）划分不可延缓项目和可延缓项目。将纳入预算的各项费用进一步划分为不可延缓项目和可延缓项目，不可延缓项目是指必须在预算期内足额支付的费用项目，可延缓项目是指可以在预算期内部分支付或延缓支付的费用项目。在预算编制过程中，必须根据预算期内可供支配的资金数额在各费用项目之间进行分配。应优先保证满足不可延缓项目的开支，然后再根据需要和可能，按照项目的轻重缓急确定可延缓项目的开支标准。

零基预算有以下优点。

（1）不受原有费用项目限制。这种方法可以促使企业合理有效地进行资源分配，将有限的资金用在刀刃上。

（2）有利于调动各方面降低费用的积极性。这种方法有利于充分发挥各级管理人员的积极性、主动性和创造性，促进各预算部门精打细算，量力而行，合理使用资金，提高资金的利用效果。

（3）有助于考虑企业未来的发展。由于这种方法以零为出发点，对一切费用一视同仁，有利于企业面向未来发展考虑预算问题。

零基预算的缺点在于这种方法一切从零出发，在编制费用预算时需要完成大量的基础工作，如历史资料分析、市场状况分析、现有资金使用分析和投入产出分析等，这势必带来很大的工作量，也需要较长的编制时间。

7.2.3 定期预算与滚动预算

按照编制预算方法的预算期是否连续，可分为定期预算和滚动预算两种。

1. 定期预算

定期预算是指在编制预算时以不变的会计期间（如日历年度）作为预算期的一种编制预算的方法。

定期预算的优点是能够使预算期间与会计年度相配合，便于考核和评价预算的执行结果。然而，按照定期预算方法编制存在以下缺点。

（1）缺乏远期指导性。由于定期预算往往是在年初甚至提前两三个月编制的，因此对于整个预算年度的生产经营活动很难做出准确的预算，尤其是对预算后期的预算只能进行笼统地估算，数据笼统含糊，缺乏远期指导性，给预算的执行带来很多困难，不利于对生产经营活动的考核和评价。

（2）灵活性差。由于定期预算不能根据情况的变化及时调整，因此当预算中所规划的各种经营活动在预算期内发生重大变化时（如预算期临时中途转产），就会造成预算滞后过时，阻碍预算的指导功能，甚至使其失去作用，成为虚假预算。

（3）连续性差。由于受预算期间的限制，致使经营管理者的决策视野局限于本期规划的经营活动，不能适应连续不断的生产经营过程，从而不利于企业的长远发展。

为了克服定期预算的缺点，在实践中可采用滚动预算的方法编制预算。

2. 滚动预算

滚动预算又称连续预算或永续预算，是指在编制预算时，将预算期与会计年度脱离开，随着预算的执行不断延伸而不断补充预算，逐期向后滚动，使预算永远保持12个月的一种方法。

滚动预算的编制，可采取长计划、短安排的方式进行，也就是在编制预算时，先按年度分季，并将其中第一季度按月划分，建立各月的明细预算，以便监督预算的执行。其他三季可以粗略一些。到第一季结束后再将第二季的预算按月细分，以此类推。

滚动预算按其预算编制和滚动的时间单位不同可分为逐月滚动、逐季滚动和混合滚动三种方式。

逐月滚动方式是指在预算编制过程中，以月份为预算的编制和滚动单位，每个月调整一次预算的方法。如在2018年1~12月的预算执行过程中，需要在1月末根据当月预算的执行情况，修订2~12月的预算，同时补充2019年1月的预算；2月末根据当月预算的执行情况，修订3月~2019年1月的预算，同时补充2019年2月末的预算；以此类推，逐月滚动。

逐季滚动是指在预算编制过程中，以季度为预算的编制和滚动单位，每个季度调整一次预算的方法。如在 2018 年第 1～4 季度的预算执行过程中，需要在第 1 季末根据当季预算的执行情况，修订第 2～4 季度的预算，同时补充 2019 年第 1 季度的预算；在第 2 季度末根据当季预算的执行情况，修订第 3 季度～2019 年第 1 季度的预算，同时补充 2019 年第 2 季度的预算，以此类推，逐季滚动。

混合滚动方式是指在预算编制过程中，同时使用月份和季度作为预算的编制和滚动单位的方法。它是滚动预算的一种变通方式。这种方式的理论根据是：人们对未来的了解程度具有对近期的预计把握较大、对远期的预计把握较小的特征。为了做到长计划短安排、远略近详，在预算编制的过程中，可以对近期预算提出较高的精度要求，使预算的内容相对详细；对远期预算提出较低的精度要求，使预算的内容相对简单。这样可以减少预算工作量。如对 2018 年 1～3 月的头 3 个月逐月编制详细预算，其余 4～12 月分别按季度编制粗略预算；3 月末根据第一季度预算的执行情况，编制 4～6 月的详细预算，并修订第 3～4 季度的预算，同时补充 2019 年第 1 季度的预算；6 月末根据当季预算的执行情况，编制 7～9 月的详细预算，并修订第 4 季度～2019 年第 1 季度的预算，同时补充 2019 年第 2 季度的预算，以此类推，混合滚动。

与传统的定期预算相比，按滚动预算方法编制的预算具有以下优点。

（1）透明度较高。由于编制预算不再是预算年度开始之前几个月的事情，而是实现了与日常管理的紧密衔接，因此可以使管理人员始终能够从动态的角度把握住企业近期的规划目标和远期的战略布局，使预算具有较高的透明度。

（2）及时性较强。由于滚动预算能根据前期预算的执行情况，结合各种因素的变动影响，及时调整和修订近期预算，因此使预算更加切合实际，能够充分发挥预算的指导和控制作用。

（3）预算年度完整。由于滚动预算在时间上不再受日历年度的闲置，能够连续不断地规划未来的经营活动，不会造成预算的人为间断，同时可以使企业管理人员了解未来 12 个月内企业的总体规划与近期预算目标，因此能够确保企业管理工作的完整性和稳定性。

相关链接

作业基础的全面预算

作业基础预算（the activity-based budget，ABB）是以作业管理为基础、以企业价值增值为目的的预算管理形式，它是在作业分析和业务流程改进的基础上，结合企业战略目标和据此预测的作业量，确定企业在每一个部门的作业所发生的成本，并运用该信息在预算中规定每一项作业所允许的资源耗费量，实施有效的控制和绩效评价与考核。在作业基础预算下，通过战略目标细化，将战略分解到"作业"层次而不仅仅是资源层次，可以使每一名员工都更清楚自己所面对的作业层面的战略目标。以预算形式表现的战略计划，能激发企业员工的主动性，确保企业战略目标的实现。

7.3 全面预算的编制

固定预算包含了预算编制的思想，是其他编制方法的基础。下面以固定预算为例，详细介绍全面预算的编制过程。

7.3.1 全面预算编制的资料准备

企业在编制全面预算之前，应该为预算进行充分的资料准备。一般地，企业应该准备如下资料。

1. 各项预测决策的结果

相关的预测数据是企业编制全面经营预算的基础，如企业的销售预测、产品售价的预测、单位变动成本和固定成本的预测等。

2. 预编本年度的资产负债表

由于编制预算需要以本年度的资产负债表为基础，而本年度的资产负债表在下年度预算时还未编制，所以要预编本年度的资产负债表。

3. 各项标准用量和标准价格

标准用量是指：直接材料用量、直接人工标准耗用工时等。

标准价格主要包括：直接材料标准价格、直接人工标准工资率、各项变动制造费用及销售管理费用标准分配率、固定制造费用及销售管理费用标准支出额。这些标准是考虑企业在预算期内的技术水平和管理水平的依据。当然，它们应是经过努力可以实现的标准，因此可作为预算编制的依据。

4. 其他相关资料

（1）各季度的销售所得金额占当季销售额的比率。
（2）各季度材料采购支出金额占采购额的比率。
（3）各季末产成品存货数量占下季度销售量的比率。
（4）各季末材料存货占下季度生产用量的比率。

7.3.2 全面预算的编制举例

全面预算的编制期间可以是 1 年、2 年或 5 年，其中最常见的是年度预算。它的预算期间和会计年度一致，便于预算执行结果的分析、评价和考核。为了便于在执行年度预算时有分阶段的衡量标准，及时采取控制措施，年度预算又进一步分为季度、月度甚至星期预算。

全面预算是由若干个相互关联的预算组成的有机整体。企业的整体经营目标一旦确定，就要根据各部门之间的约束关系，按照一定的程序编制全面预算。步入正常经营期的企业通常选择以销售预算为核心的预算管理模式来进行全面预算的编制。对于此类企业，销售预算是编制全面预算的关键和起点，销售预算编制的准确与否，直接关系到全面预算的质量和全面预算管理的成败。

全面预算的编制程序为：最先是销售预算，然后是生产预算、直接材料预算、直接人工预算、销售管理费用预算，最后是现金预算、预计损益计划及预计资产负债表。下面将通过编制已进入市场成长期的甲公司 2019 年的预算来简要介绍全面预算的编制。

1. 销售预算

销售预算是编制全面预算的起点。全面预算中几乎全部其他项目（包括产量要求、采购及经营费用）都取决于销售预算。因此，销售预算应尽量准确。而销售预算根据年度目标利润所规定的销售量和销售单价来编制，其准确性取决于准确的销售预测。销售预测需要考虑许多因素，如过去的销售情况、定价政策、未交货订单、市场研究、总体经济形式、行业经济形式、广告和促销计划、竞争等。因此销售量可以按预测销售量来确定，单价可以用企业确定的目标价格或以前年度的销售单价，也可以在以前年度销售价格的基础上适当进行调整。销售收入的计算公式为

$$预计销售收入 = 预计销售量 \times 预计销售单价$$

销售预算通常可以分品种、月份、销售区域和销售人员来编制，并且销售预算通常附有一份预算期的预计收现计划表，用于编制现金预算。预计收现计划表与销售预算一同编制，因为销售部门通常控制着提供给客户的信用条件。任何一个季度的预计现金收入都是以下二者的合计：① 该季的预计现金销售；② 以前各季所赊销的现金回款。

假设甲公司 2019 年度销售预算如表 7-5 所示，甲公司年初应收账款余额为 1 400 元，预计 2019 年销售 4 160 件产品，第四季度达到销售的最高峰。销售预算通常还附有预算期间关于预计现金收入的计算，以便于现金预算的编制。假设甲公司每季度销售收入中收到现金 60%，其余 40% 要下季度才能收到现金。

表 7-5　甲公司 2019 年度销售预算

项目		第一季度	第二季度	第三季度	第四季度	全年合计
预计销售量（件）		1 100	1 000	900	1 160	4 160
销售单价（元）		8	8	8	8	8
预计销售收入（元）		8 800	8 000	7 200	9 280	33 280
预计现金收入	年初应收账款	1 400				1 400
	第一季度销售收入	5 280	3 520			8 800
	第二季度销售收入		4 800	3 200		8 000
	第三季度销售收入			4 320	2 880	7 200
	第四季度销售收入				5 568	5 568
	现金收入合计	6 680	8 320	7 520	8 448	30 968

2. 生产预算

销售预算编制完成后，当期的产量要求可以根据现有存货和预计销售量算出，从而使生产预算得以编制。生产预算确定了为满足企业的销售和存货需要而必须产出的产品数量。在编制生产预算时，管理层必须考虑到生产所需的存货数量。许多企业愿意保有一定数量的原材料和产成品库存以防实际需求超出预计，这样的存货通常称为安全储备。除了要生产足够的数量来满足市场需求以外，企业还必须生产足够的数量来为预期的期末存货水平做好准备。期初产成品存货已满足了一部分产品需求。因此，预计生产量的计算公式如下

$$预计生产量 = 预计销售量 + 预计期末存货数量 - 预计期初存货数量$$

期末存货量大小的选择，需要平衡两个相冲突的目标：一是公司要保证充足的存货储备，以保证生产经营的连续性和节奏性；二是尽量减少不必要的存货，以提高资金利用水平和降低成本耗费。因此，企业要在存货储备成本和未能满足客户需要所致的可能销售损失之间进行比较。企业的存货储备取决于以下多个因素：① 企业客户的订货模式；② 生产和发运产品所需时间；③ 原材料的可得性；④ 原材料供应商的可靠性。

为了确切了解现有生产能力是否能够完成预计的生产量，生产设备管理部门还必须再审核生产预算，若无法完成，预算委员会可以修订销售预算或者考虑增加生产能力；若生产能力超

过需求，则可以考虑把剩余生产能力用于其他方面。编制生产预算的过程中，如果发现销售预算与生产能力不匹配，则应采取相应的补救措施，避免因生产能力不足或不必要的生产能力闲置而降低企业生产经营的经济效益。

一旦知道了企业的预计产量要求，就可以对生产中耗用的资源进行预算。直接材料、直接人工和制造费用的各项预算都要依据生产预算中的产品数量进行预算。

在本例中，假设各个季度的期末存货按下一个季度销售量的15%计算，各季度预计的期初存货与上季期末存货相等，年初有存货165件，年末留存175件。据此，可编制甲公司2019年度的生产预算，如表7-6所示。

表7-6 甲公司2019年度生产预算

时间 项目	第一季度	第二季度	第三季度	第四季度	全年合计
预计销售量（件）	1 100	1 000	900	1 160	4 160
加：预计期末存货（件）	150	135	174	175	175
合计	1 250	1 135	1 074	1 335	4 335
减：预计期初存货（件）	165	150	135	174	165
预算生产量（件）	1 085	985	939	1 161	4 170

3. 直接材料预算

直接材料预算是一项采购预算，是以生产预算为基础，为企业的生产需求提供所需的材料数量。企业需要充足的材料用于当期生产并为原材料的预期期末存货水平做好准备。某些原材料已经以期初原材料存货的形式存在，其余的将向供应商采购。前期的期末存货成为下期的期初存货。如果制造产品所需材料超过一种，那么计划表格要按照材料的种类分别编制，然后将各种材料的成本加总，得出直接材料总成本。

预算期所需直接材料的采购量可用下列公式求得

直接材料预计采购量 = 预计生产量 × 单位产品耗用量 + 预计期末存货 − 预计期初存货

在编制直接材料预算的同时，一般还要编制材料的预计现金支出计划表，用于编制现金预算。该表根据采购部门预期从供应商那里取得的信用条件来编制。

直接材料的预算额可计算如下

直接材料预计采购额 = 直接材料预计采购量 × 单价

在本例中，设单位产品的直接材料耗用量为1.2公斤，每公斤单价为2元。各季度的期末存货按下一季度生产需用量的25%计算，各季度预计的期初材料存货与上季末的材料存货相等，年末预计的材料存货为340公斤。在各季度的材料采购货款中，有60%在本季度内付清，另外40%在下季度付清，2018年年末的应付账款余额为1 550元。据此，可编制甲公司2019年度的直接材料预算，如表7-7所示。

表7-7 甲公司2019年度直接材料预算

时间 项目	第一季度	第二季度	第三季度	第四季度	全年合计
预计生产量（件）	1 085	985	939	1 161	4 170
单位产品材料用量（公斤）	1.2	1.2	1.2	1.2	1.2
生产需用总量	1 302	1 182	1 126.8	1 393.2	5 004
加：预计期末存货（公斤）	295.5	281.7	348.3	340	340

（续）

项目 \ 时间	第一季度	第二季度	第三季度	第四季度	全年合计
合计	1 597.5	1 463.7	1 475.1	1 733.2	5 344
减：预计期初存货（公斤）	325.5	295.5	281.7	348.3	325.5
预计采购量（公斤）	1 272	1 168.2	1 193.4	1 384.9	5 018.5
材料单价（元）	2	2	2	2	2
预计采购额（元）	2 544	2 336.4	2 386.8	2 769.8	10 037
预计现金支出 年初应付账款	1 550				1 550
预计现金支出 第一季度采购额	1 526.4	1 017.6			2 544
预计现金支出 第二季度采购额		1 401.8	934.6		2 336.4
预计现金支出 第三季度采购额			1 432.1	954.7	2 386.8
预计现金支出 第四季度采购额				1 661.9	1 661.9
预计现金支出 现金支出合计	3 076.4	2 419.4	2 366.7	2 616.6	10 479.1

4. 直接人工预算

直接人工预算列示了根据预计生产量进行生产所需的直接人工工时以及相应的成本。人工需要量可以预测，企业可以以直接人工预算为基础来对人工需求进行计划。如果不对人工需求进行计划的话，可能的后果就是人工短缺、不必要的加班或出乎意料的临时裁员。这些后果会影响雇员士气并使员工流动率上升。为预测直接人工的预计总成本，直接人工预算也是必要的。

直接人工需要量是根据预算期的预计生产数量（在生产预算中确定）乘以生产单位产品所需的直接人工小时数计算得出的。直接人工小时总需要量再换算为预计直接人工成本。虽然一家企业由于不同雇员的工资率有差异，各项人工成本可能差异很大，但往往只采用单一的平均费用率来计算直接人工成本。有些企业在各项人工费用率之间差别比较大时为每项人工编制单独的计划表。个别人工计划表按产品分别编制，因为不同产品耗用的人工数量有区别。

直接人工成本的预算数通常从管理部门和工程技术部门获得，其计算公式如下

预计的直接人工 = 预计生产量 × 单位产品直接人工工时 × 小时工资率

在此计算公式中，工资率一般是用每工时的平均工资来计算的。

在本例中，假设只有一个工种，单位产品的工资定额为 1.3 小时，每小时人工成本（单位工时工资率）为 1.50 元。各期需用的直接人工工时直接按当期预计的产成品产量计算。据此，可以编制甲公司 2019 年度的直接人工预算，如表 7-8 所示。

表 7-8　甲公司 2019 年度直接人工预算

项目 \ 时间	第一季度	第二季度	第三季度	第四季度	全年合计
预计生产量（件）	1 085	985	939	1 161	4 170
单位产品工时定额（小时）	1.3	1.3	1.3	1.3	1.3
直接人工总工时（小时）	1 410.5	1 280.5	1 220.7	1 509.3	5 421
单位工时工资率（元）	1.5	1.5	1.5	1.5	1.5
预计的直接人工成本（元）	2 115.8	1 920	1 831.1	2 263.8[①]	8 131.5

① 此处为倒挤数。

5. 制造费用预算

制造费用预算提供一张包含除直接材料和直接人工以外的所有生产成本的计划表。与直接材料和直接人工不同，制造费用项目不存在易于辨认的投入产出关系，其预算需要根据生产水

平、管理层的意愿、长期生产经营能力、公司政策和国家的税收政策等外部因素进行编制。为了简化预算的编制程序，我们把制造费用划分为变动制造费用和固定制造费用两大类。

固定制造费用与生产量之间不存在线性关系，包括厂房和设备的折旧、租金及一些车间管理费用、财产税等，它们支撑企业总体的生产经营能力，一经形成，在短期内会保持不变，其预算通常是依据上年的实际水平做适当调整得到的。

变动制造费用通常包括动力、维修费、间接材料、间接制造人工等。计算变动制造费用的关键在于确认哪些具体项目是可变的，并选择与产量具有线性关系的成本分配基础，如机时、人工小时、产量、作业量等业务量，然后计算变动制造费用的分配率。

预计变动制造费用 = 预计直接人工工时 × 变动制造费用分配率

预计制造费用 = 预计变动制造费用 + 预计固定制造费用

为了给编制现金预算提供必要的信息，在制造费用预算中，通常包括费用方面预算的现金支出。尽管固定资产折旧是计算制造费用分配率所必需的，但由于它在预算期间内无须现金支出，因此，在编制制造费用现金时，应将折旧这一项目扣除。

预计需要支付现金的制造费用 = 预计制造费用 − 折旧

在本例中，假设经有关部门测算，直接人工为 0.251 8 元/件，间接材料为 0.275 8 元/件，维修费用为 0.051 6 元/件，水电费为 0.227 8 元/件，劳动保护费为 0.036 元/件，则甲公司 2019 年度制造费用各项目的预算如表 7-9 所示。

表 7-9 2019 年度甲公司制造费用预算

	第一季度	第二季度	第三季度	第四季度	全年合计
变动性制造费用					
间接人工	273.2	248	236.4	292.3	1 049.9
间接材料	299.2	271.7	259	320.2	1 150.1
维修费	56	50.8	48.5	60	215.3
水电费	247.2	224.4	213.9	264.5	950
劳动保护费	39	35.5	33.8	41.8	150.1
小计	914.6	830.4	791.6	978.8	3 515.4
固定制造费用					
折旧费	350	350	350	350	1 400
维修费	50	50	50	50	200
管理人员工资	103.8	103.8	103.8	103.6[①]	415
保险费	187.5	187.5	187.5	187.5	750
租赁费	77.5	77.5	77.5	77.5	310
小计	768.8	768.8	768.8	768.8	3 075
合计	1 683.4	1 599.2	1 560.4	1 560.4	6 590.4
减：折旧费	350	350	350	350	1 400
现金支出合计	1 333.4	1 249.2	1 210.4	1 397.4	5 190.4

① 此处为倒挤数。

为了便于编制产品成本预算，需要计算费用分配率（以直接人工总工时为标准）。

变动制造费用分配率 = 3 515.4/5 421 = 0.65（元/工时）

固定制造费用分配率 = 3 750/5 421 = 0.57（元/工时）

6. 期末产成品存货预算

期末产成品存货预算不仅提供了编制预计资产负债表所需的信息，同时也为编制预计利润表提供了产品销售成本的数据，其编制的基本步骤为：先计算确定产成品单位成本（根据前述的直接材料、直接人工、变动和固定制造费用的预算材料），然后将产成品单位成本乘以预计期末产成品存货数量，即可得出预计期末产成品存货额。计算方法为

$$期末产成品存货 = 产成品单位成本 \times 预计期末产成品存货数量$$

编制制造费用预算后，我们就可以计算产成品的单位成本，以便于为预计收益表的编制提供销售成本数据，并为预计资产负债表的编制提供期末销售的产成品存货数据。假设年初存货为165件，其成本为980.1元。

根据上述有关资料，可编制甲公司2019年度的产品成本预算，如表7-10所示。

表7-10　2019年度甲公司期末产成品存货预算

项目	单位成本			生产成本 (4 170件)	存货成本 (175件)	销货成本 (4 160件)
	标准分配率	标准耗用量	成本（元）			
直接材料	2元/公斤	1.2公斤	2.40	10 008	420	9 984
直接人工	1.5元/工时	1.3工时	1.95	8 131.5	341.25	8 112
变动性制造费用	0.65元/工时	1.3工时	0.84	3 515.4	147	3 494.4
固定性制造费用	0.57元/工时	1.3工时	0.74	3 075	129.5	3 078.4
合计			5.93	24 729.9	1 041.2①	24 668.8

① 此处为倒挤数。

7. 销售及管理费用预算

销售与管理费用预算包含预算期内将发生的非制造作业的各项费用。该预算一般由承担各项职责的经理们编制的许多个别预算构成。组成全面预算中这一部分的项目，数量可能非常庞大（取决于组织的规模和复杂程度），它们包括各种活动，如营销、会计、人力资源等。像制造费用一样，销售与管理费用也可分为变动部分和固定部分。变动销售与管理费用通常包括销售佣金、运杂费和物料用品费等，它们随着销售量的变动而变动；固定销售与管理费用在一定范围内不受销售量的影响，如租金、保险、折旧和基本工资等，其编制方法与制造费用预算的编制方法相同。另外，在编制销售与管理费用预算时，非现金开支（如折旧）要单独提出，从现金预算中扣除。假设在本例中销售及管理费用皆为固定费用，经有关部门测算，甲公司2019年度销售及管理费用预算如表7-11所示。

表7-11　2019年度甲公司销售及管理费用预算

项目		金额（元）
销售费用		
	销售人员工资	125
	广告费	275
	运输费	150
	保管费	150
管理费用		
	管理人员工资	250
	办公费	175
	职工培训费	75
	保险费	125
合计		1 325
预计现金支出	全年预计的现金支出	1 325
	每季平均的现金支出	331.25

8. 现金预算

现金预算是企业描述预算期所有营业活动现金收支的汇总，通常包括现金收入、现金支出、现金多余或不足以及资金筹集与运用四个部分。通过现金预算，管理者确保企业将有足够的现金开展所计划的各项活动，提前安排适当的融资渠道，以避免负担过高的融资成本。对持有的多余现金，也应进行投资筹划，以争取获得最高的收益。因此，现金预算可视为全面预算中的一个重要环节，有助于企业事先对其现金需要进行有计划的安排。

现金预算一般包括以下四个主要部分：① 现金收入；② 现金支出；③ 现金冗余或短缺；④ 资金的筹集与运用。

这四部分的基本关系是

$$期初现金金额 + 现金收入 = 当期可动用现金合计$$

$$当前可动用现金合计 - 现金支出 = 现金冗余或短缺$$

$$现金冗余或短缺 + 资金的筹集与运用 = 期末现金余额$$

预计的现金收入部分是相应期间现金的所有来源，包括现销、应收账款收回、应收票据到期兑付票据贴现收入、出售长期性资产、收回投资等产生现金的业务。现金的主要来源是销售，由于大部分销售主要是采用赊销方式，因此，企业的一个主要任务就是确定其应收账款的收款方式。

现金支出是指预算期内预计发生的现金支出，包括采购材料支付货款、缴纳税金、股利支出、工资支出、制造费用和管理费用各项预算中的现金支出以及资本性支出等。所有那些不导致现金支出的费用都应排除在外，如折旧费等。短期借款的利息不列入该项，而应放在资金的筹集与运用上。

现金冗余或短缺是预计可动用现金合计数与预计现金支出合计数之间的差额。这一部分的重要性在于它揭示了现金短缺时公司需要借入的款项；当现金冗余时，公司应做出计划，将冗余资金投放出去，以提高资金利用效率。

现金的筹集与运用是根据预算期现金收支差额和企业有关资金管理的各项政策，确定筹集与运用资金的数额。如果现金不足，可向银行取得借款或通过其他方式筹措资金，并预计还本付息的期限和数额；如果现金多余，除了可用于偿还借款外，还可用于购买作为短期投资的有价证券。这一部分现金预算使得企业可以同贷款人密切合作，确保必要时随时可以获得现金。企业常常在多家银行有信用额度，以满足短期现金需要。这部分有助于经理们确定是否有必要在现有信用额度以外寻求任何特殊的借款安排。

现金预算是全面预算的重要部分。即便公司产生了净收益，但如果手头没有日常运作所需的资金，也会遇到严重困难。比如，公司若无法及时结清应收账款，往往会损失折扣，还可能因付款延迟而遭受罚款。更严重的是，供应商可能会拒绝本公司赊账。最严重的后果就是因无法偿还到期债务而被迫破产。因此，对公司的现金需要做出计划是良好的财务管理所必不可少的。

在本例中，甲公司在预算期内还将发生以下经济业务：每季预交所得税 500 元；每季支付现金股利 400 元；第四季度出售一台设备，价款 500 元；第二季度和第四季度分别购入一套生产设备，价款分别为 1 450 元和 1 250 元。该公司规定现金的最低期末余额为 1 000 元，不足数向银行借入。假设银行借款额为 1 000 元的整数倍，需要时期初借入，偿还时期末归还。借款期限最长为 1 年，年利率为 10%。

根据有关资料，可编制甲公司 2019 年度的现金预算，如表 7-12 所示。

第一季度借款额 = 第一季度现金不足额 + 最低现金余额
$$= 926.9 + 1 000 = 1 926.9(元) \approx 2 000(元)$$

第四季度还款利息 $= 2 000 \times 10\% = 200(元)$

第四季度借款额 = 第四季度现金余额 - 第四季度还银行借款本息 + 最低现金余额
$$= 2 129 - 2 200 + 1 000 = 992(元) \approx 1 000(元)$$

表 7-12 2019 年度甲公司现金预算

项目	第一季度	第二季度	第三季度	第四季度	全年合计
（1）期初现金余额	150.0	1 073.1	1 122.4	2 002.9	150.0
（一）现金收入					
（2）经营现金流入					
产品销售收入	6 680.0	8 320.0	7 520.0	8 848.0	30 968.0
经营现金收入合计	6 680.0	8 320.0	7 520.0	8 848.0	30 968.0
（3）其他现金收入					
固定资产变价收入				500.0	500.0
其他现金收入合计				500.0	500.0
（4）现金收入合计					
（4）=（2）+（3）	6 680.0	8 320.0	7 520.0	8 948.0	31 468.0
（5）可供使用现金	6 830.0	9 393.1	8 642.4	1 095.9	35 816.4
（二）现金支出					
（6）经营现金支出					
直接材料	3 076.4	2 419.4	2 366.7	2 616.6	10 479.1
直接人工	2 115.8	1 920.8	1 831.1	2 263.8	8 131.5
制造费用	1 333.4	1 249.2	1 210.4	1 397.4	5 190.4
销售及管理费用	331.3	331.3	331.3	331.3	1 325.0
经营现金支出合计	6 856.9	5 920.7	5 739.5	6 608.9	25 126.0
（7）其他现金支出					
购入及其设备		1 450.0		1 250.0	2 700.0
税款支出	500.0	500.0	500.0	500.0	2 000.0
股利支出	400.0	400.0	400.0	400.0	1 600.0
其他现金支出合计	900.0	2 350.0	900.0	2 150.0	6 300.0
（8）现金支出合计					
（8）=（6）+（7）	7 756.9	8 270.7	6 639.5	8 758.9	31 426.0
（三）现金多余或不足					
（9）可使用现金减现金支出	(926.9)	1 122.4	2 002.9	2 192.0	4 390.4
（9）=（5）-（8）					
（四）筹集资金					
（10）向银行借款	2 000.0			1 000.0	3 000.0
（五）还银行借款					
（11）还银行借款				2 000.0	2 000.0
（12）还借款利息				200.0	200.0
（13）期末现金余额	1 073.1	1 122.4	2 002.9	992.0	992.0

9. 预计利润表

在上述经营预算结果的基础上，根据权责发生制会计原则，即可编制预计利润表。预计利润表是整个预算过程的一个重要环节，是总预算中一张关键的表，它提供未来一段时期内某组织的盈利能力估计，揭示企业预期的盈利情况，从而有利于经营人员及时调整经营策略。

预计利润表是根据上述各有关预算汇总编制而成的。

甲公司 2019 年度预计利润表如表 7-13 所示。

表 7-13　2019 年度甲公司预计利润表

项目	金额（元）	项目	金额（元）
销售收入	33 280	利息	200
销售成本	24 668.8	利润总额	7 086.2
毛利	8 611.2	所得税	2 000
销售及管理费用	1 325	净利润	5 086.2

借助于现金预算，只是编制预计利润表的方法之一。我们也可以运用销售百分比法的原理预测预计利润表各项目的数额，以此编制预计利润表。

10. 预计资产负债表

预计资产负债表是在期初资产负债表的基础上，根据当前的实际资产负债表和全面预算中的其他预算所提供的资料，对相关项目进行调整后而编制的，是预算期期末财务状况的总括性预算，确定了预算期期末的资产、负债和所有者权益金额。

预计资产负债表提供预计资产和负债的有关信息，管理当局可以据此了解企业预算期间的财务状况，预防不良财务状况的出现。

表 7-14　2019 年度甲公司预计资产负债表

资产	年初	年末	负债及所有者权益	年初	年末
流动资产			流动负债		
现金	150	992	应付账款	1 550	1 107.9
应收账款	1 400	3 712	短期借款		1 000
直接材料	651	680			
产成品	980.1	1 041.2			
合计	3 181.1	6 425.2	合计	1 550	2 107.9
固定资产			所有者权益		
房屋及建筑物	7 500	7 500	股本	11 066	11 066
生产设备	9 950	12 150	留存收益	4 840.1	8 326.3
运输设备	1 000	1 000			
累计折旧	(4 175)	(5 575)			
合计	14 275	15 075	合计	15 906.1	19 392.3
总计	17 456	21 500.2	总计	17 456.1	21 500.2

"应收账款"是根据表 7-5 中第四季度销售额和本期收现率计算的

　　期末应收账款 = 本期销售额 × (1 − 本期收现率) = 9 280 × (1 − 60%) = 3 712（元）

"应付账款"是根据表 7-7 中第四季度采购额和付现率计算的

　　期末应收账款 = 本期采购额 × (1 − 本期付现率) = 2 769.8 × (1 − 60%) = 1 107.9（元）

"留存收益"是根据表 7-12、表 7-13 和表 7-14 中的有关数据来计算的

　　期末留存收益 = 期初留存收益 + 本期利润净额 − 本期支付股利
　　　　　　　 = 4 840.1 + 5 086.2 − 1 600 = 8 326.3（元）

7.4　预算管理的 Excel 模型设计

1. 模型概要

（1）问题描述：全面预算管理包括经营预算、财务预算和资本支出预算。经营预算主要

包括销售预算、生产预算、采购预算、直接人工预算、制造费用预算、生产成本预算、销售及管理费用预算；财务预算主要是财务报告预算；资本支出预算是专门决策预算，本教材不涉及资本支出预算。

（2）主要变量：预计销售量、当期收款率、材料采购量、当期付款率、单位人工成本、制造费用总额、期间费用总额、现金流量等。

（3）决策方法：编制预算表。

（4）关键技术：微调器的使用，Excel 的单元格链接功能。

2. 应用举例

【例 7-4】 基础资料见管理会计模型 7-1：预算管理模型 . xls（章后 Excel 模型二维码 模型 7-1）之“基本资料”工作表。

【模型展示】 模型展示如图 7-2 所示。

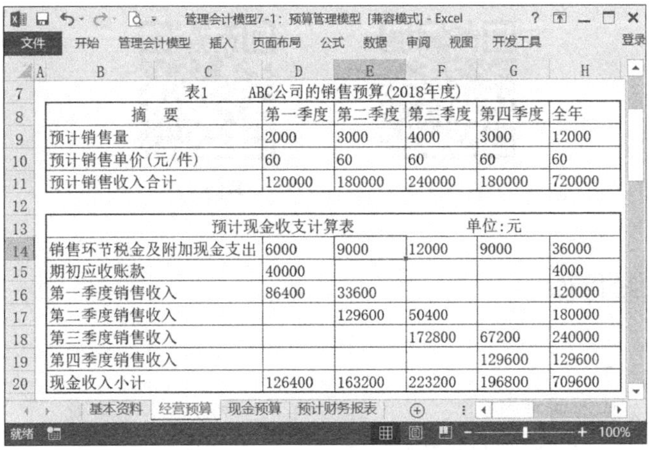

表1　ABC公司的销售预算（2018年度）

摘　要	第一季度	第二季度	第三季度	第四季度	全年
预计销售量	2000	3000	4000	3000	12000
预计销售单价（元/件）	60	60	60	60	60
预计销售收入合计	120000	180000	240000	180000	720000

预计现金收支计算表　单位：元

销售环节税金及附加现金支出	6000	9000	12000	9000	36000
期初应收账款	40000				4000
第一季度销售收入	86400	33600			120000
第二季度销售收入		129600	50400		180000
第三季度销售收入			172800	67200	240000
第四季度销售收入				129600	129600
现金收入小计	126400	163200	223200	196800	709600

图 7-2　预算管理的 Excel 模型

【文件链接】 管理会计模型 7-1：预算管理模型 . xls。

【建模步骤】

第一步：在“基本资料”工作表输入相关变量及已知条件。

第二步：在“经营预算”工作表分别计算销售预算、生产预算等经营预算。

第三步：在“现金预算”工作表输入现金预算表及计算公式。

第四步：在“预计财务报表”工作表输入财务报表及相关计算公式。

第五步：在“基本资料”工作表的相关变量旁边添加微调器，使预算模型成为一个可调模型。

说明：

（1）因为本章涉及的 Excel 技术难度较低，主要运用单元格的链接功能，所以，教材中省略了具体的建模过程。具体建模过程可参考文件管理会计模型 7-1：预算管理模型 . xls。

（2）读者在编制预算时不一定要使用本例所列的表格模式，也可使用其他模式的表格，比如，每一种预算编制一个工作表。

■ Excel 模型二维码

模型 7-1

■ 案例分析

案例 7-1　Luxor 化妆品公司预算案例
案例 7-2　敏感性分析在企业集团全面预算管理中的应用

案例 7-1　　　　案例 7-2

■ 课后练习与实验操作

讨论题

1. 什么是预算？什么是全面预算？
2. 企业的全面预算是由哪些预算组成的？
3. 如何编制全面预算？

计算分析题

1. 华龙公司计划生产和销售某型号装修用高瓷砖，预计每箱瓷砖的原材料消耗定额为 15 千克，计划单价为 30 元。华龙公司的存货政策要求每季度末的存货量应约等于下季度生产需用量的 25%。该公司 20×5 年 1 月 1 日的原材料库存能够满足这个政策的要求，预计 20×5 年各个季度高光瓷砖的销售量分别为 40 000 箱、20 000 箱、30 000 箱和 30 000 箱。华龙公司产成品存货的各季度期末存货量为下季度销售量的 20%，该公司的年初产成品存货为 6 000 箱，年末预计的产成品存货的数量为 4 000 箱，年末预计库存原材料 20 000 千克。要求：

   （1）编制华龙公司 20×5 年高光瓷砖的生产预算。
   （2）编制华龙公司 20×5 年的直接材料预算。

2. 龙腾公司的正常生产能力全部利用时（100%）为 20 000 人工小时，预计 20×5 年第一季度有关制造费用的资料如表 7-15 所示。要求：

表 7-15　龙腾公司制造费用资料

项目	固定成本（元）	变动成本（元/小时）
管理人员工资	6 000	
保险费	500	
折旧费	10 000	

(续)

项目	固定成本（元）	变动成本（元/小时）
间接材料		1.50
运输费		0.50
间接人工	8 000	1.10
维修费	400	0.15
水电费	600	0.25
其他	1 200	0.04

采用列表法编制龙腾公司20×5年第一季度生产能力在80%～120%范围内的弹性制造费用预算。

3. 金科公司拟于20×5年采用零基预算的方法来编制销售及管理费用预算。经销售部门与管理部门全体职工的反复讨论，确定以下费用项目及费用额度（单位：元）。

广告费用	60 000
租赁费	90 000
人工工资	120 000
培训费用	50 000
业务招待费	100 000

在上述费用项目中，租赁费、人工工资和培训费被一致认为是不可避免的费用支出，其余两项费用可以酌情增减。金科公司20×5年度可用于销售及管理费用的财力资源只有400 000元。广告费用和业务招待费的成本-效益分析结果如下表所示。要求：

（金额单位：元）

	成本	收益	成本收益率
广告费	100	50	50%
业务招待费	100	150	150%

根据上述资料，编制金科公司20×5年度的销售及管理费用预算。

4. 海兴公司规定各季度末最低的现金余额为20 000元。若期末最低的现金余额不能满足时，可以向银行借款，借款数额一般为1 000元的倍数，银行借款利率为8%，借款发生于季初，偿还借款均发生在季末，且利息在借款时一起偿付。下面试帮助海兴公司完成20×5年度未完成的现金预算表（见表7-16）。要求：

表7-16 海兴公司20×5年度现金预算 （单位：元）

项目	第一季度	第二季度	第三季度	第四季度	全年
期初现金余额	26 000				
加：现金收入					1 033 000
合计	256 000				
减：现金支出					
直接材料	60 000	80 000		50 000	
直接人工		115 000	90 000		339 500
制造费用	50 000	70 000	60 000	30 000	
销售及管理费用	20 000	22 000	20 000	18 000	
设备购置	60 000	23 000	15 000		118 000
支付股利	0	0	0	20 000	
合计		310 000			
现金余（缺）	(8 500)		65 500		
资金筹集与运用					
银行借款（期初）		7 000			
偿还借款（期末）					
利息支出			(2 020)		
合计					
期末现金余额					

根据上述资料，编制 20×5 年度的现金预算表。

实验操作题

1. 运用 Excel 设计本章 7.3.2 "全面预算的编制举例"中的预算编制模型。要求：
   (1) 充分运用单元格的动态链接功能；
   (2) 能够对收款率、付款率、存供率等指标进行动态调节，使模型变为适应性更强的预算编制模型。

2. 请用思维导图绘制本章知识要点。

■ 参考文献与推荐阅读

[1] 何瑛. 全面预算管理的体系框架和主要功能 [J]. 经济与管理研究, 2005 (2).

[2] 刘凌冰, 孙振, 韩向东. 预算沟通：动因、形式与效果——基于中国企业深度调查的经验证据 [J]. 会计研究, 2016 (7): 81-88.

[3] 刘凌冰, 韩向东, 杨飞. 集团企业预算管理的演进与意义建构——基于神华集团 1998~2014 年的纵向案例研究 [J]. 会计研究, 2015 (7): 42-48.

[4] 邓德强, 刘昊天, 谢华, 等. 外在控制与自我控制在抑制预算松弛中的作用：基于差异调查和道德认知的实验研究 [J]. 会计研究, 2014 (4): 49-57.

[5] 向显湖. 动态竞争战略下的全面预算管理 [J]. 财经科学, 2012 (6).

[6] 佟成生, 潘飞, 吴俊. 企业预算管理的功能：决策, 抑或控制 [J]. 会计研究, 2011 (5): 44-49.

[7] 毛洪涛. 预算报告编制参与、调整及其决策价值 [J]. 会计研究, 2013 (8).

[8] 盛继明. 工业和信息通信业管理会计案例集 (2018) [M]. 北京：电子工业出版社, 2018.

第8章 成本管理与控制

"你不可能驾驭你无法控制的事……我们不能控制售价,但我们可以控制我们的制造成本,我们可以控制我们的效率。"

——[美]史蒂夫·阿普尔顿

"如果管理者想做出好的决策,就必须明白他们的决策对成本的影响。"

——[美]查尔斯·亨格瑞

■ 学习目标

1. 了解成本控制的意义及基本原则;
2. 掌握标准成本的制定;
3. 掌握标准成本差异的计算与分析;
4. 掌握作业成本法的原理与应用方法;
5. 了解时间驱动作业成本法的原理与应用;
6. 掌握作业成本法与传统成本法的区别;
7. 掌握运用 Excel 进行成本分析和成本管理的方法。

■ 重点与难点

1. 标准成本差异的计算与分析;
2. 作业成本法与传统成本法的区别;
3. 作业成本法的实施程序;
4. 作业成本管理;
5. 成本管理与控制的 Excel 模型设计。

■ 导入案例

据《曼谷邮报》(*The Bangkok Post*)报道,安达信顾问公司(Andersen Consulting)的一项调查报告表明,亚洲 40% 的企业都在专注于短期的求存策略。

它们最直接的反应就是削减成本。

企业这些勒紧裤带的行为，使诸如中国香港的连锁快餐企业大家乐、印度的汽车拖拉机生产商马兴公司（Mahindra & Mahindra Ltd.）等企业转亏为盈。但是，尽管成本控制手段十分必要，不失为明智之举，但对许多企业来说，这只能是一些短期的自卫性策略。更甚的是，这些措施只会令企业依然故我地执行原有的战略，只不过采用了一种更高效、更具成本意识的方式而已。

要持续经营，就只能从战略的高度来实施成本控制。换句话说，游戏的规则不是要削减成本，而是要提高生产力、缩短周期时间、增加生产量并确保产品质量。

这正是丰田、富士胶片和佳能等日本企业长期以来所奉行的策略，这使它们得以成为传统上的低成本领先者。也正是这种独到的眼光构成了颇受推崇的海外华人管理模式的基石。

精简供应链

Rajiv Bajaj 有个绰号，叫"终结者"。这是因为自1991年加入巴夏汽车公司以来，这位副总裁兼事实上的产品开发及生产部主管从公司的花名册里砍掉了5 000名员工。

长期以来，巴夏公司以生产低成本的两轮摩托车而著称。公司建立了一个精简的销售商网络，且只有60%的组件需要外包。与此相对，其竞争对手大都需要外包90%的组件。

公司高度的后向一体化（backward integration），使公司随时能够得到优质元件，同时，也使公司的原料成本（约占公司运作成本的57%）保持业内最低水准。

巴夏汽车公司正在为新的车型设计更低廉的成本，同时把产品组装时间从2.5天降低为8小时。另外，公司还利用电子数据交换把从印度全国各地供应商处取得原材料的时间从15天降为3天。

超高效率的典范

西南航空公司是美国1973年以来唯一一家每年都盈利的航空公司。它的净利润率也是业内最高的。在过去5年中，西南航空的规模翻了一番。

弗莱宝和杰琪指出，西南航空素以低成本、短运程、不铺张而著称。因为其票价低、航班多、顾客服务出色，所以公司几乎在其服务的每一个不停站联城市场长期占有不低于60%的份额。

各航线的机队坚持全部使用波音737机型。由于对这种机型的机械原理了如指掌，各航班因维护而造成的延搁更少，因此可能也更安全。

资料来源：世界经理人网站。

8.1 成本控制概述

企业经营的主要目的在于盈利，影响企业利润的因素主要来自销售收入、销售成本及各项费用。在激烈竞争的环境下，开源节流是企业求生存和增加竞争能力所必须努力的方向。所谓开源就是尽可能将产品售价提高或增加销售量，但受市场因素的影响，较不易如期达成，相对而言，成本的降低或控制就变得相当重要。

企业的经营目标确定后，就要围绕经营目标组织实施成本控制，对企业的各项经营活动予以监督。成本涉及企业经营的各个方面，因此成本控制是企业整个经营活动中不可缺少的一个重要方面。

8.1.1 成本控制的意义

1. 成本控制的含义

所谓的"控制"，就是通过计量个人或组织单位的业绩，把实际与计划或标准进行比较，发现其中的差异，并查明差异产生的原因，以迅速的信息反馈来消除导致差异的因素，以确保目标或计划实现的管理过程。

成本控制就是在企业的生产经营活动中，以不断降低成本和提高经济效益为目的，对影响成本的各种因素加强管理，及时发现与预定的目标成本之间的差异，采取一定的措施，保证完成预定的目标成本，尽可能以最少的耗费，取得最大的成果。

以成本的发生为基点，成本控制分为事前控制、事中控制和事后控制。事前控制是成本的前馈控制和预防控制，是指在产品投产前对影响成本的各项经济活动进行事前规划、审核，确定目标成本。成本的事前控制包括成本预测、成本决策和编制成本计划。事中控制是成本的过程控制，是指在成本形成过程中，随时与目标成本对比，发现问题，采取措施，予以纠正，以保证目标成本的实现。事后控制是成本的后馈控制，是指成本形成之后，把日常发生的差异及产生差异的原因汇总起来进行分析研究，探索成本升降的原因，明确经济责任，为下一个成本循环的目标成本确定提出改进意见，以不断降低成本，提高企业经济效益。

成本控制有广义和狭义之分。广义的成本控制包括事前控制、事中控制和事后控制。狭义的成本控制仅指成本的事中控制，即过程控制。狭义的成本控制包括两个方面：一是成本控制的一般方法；二是如何将成本落实到各有关责任中心。

2. 成本控制的意义

成本控制在管理会计中是一个关键的环节，发挥着非常重要的管理作用。

（1）企业开展成本控制，可以事先限定生产经营中的各项费用和消耗的额度。

（2）在费用和消耗的发生过程中，能够实时地控制成本的形成，采取各种措施，使成本不超过预先制定的标准。

（3）成本控制和成本计划密切相连，它是成本计划的具体实施过程，可以促进成本计划更好地落实，发挥出成本计划应有的作用。

（4）通过成本控制，还可以促进企业更好地贯彻执行有关成本管理的各项法令、方针和政策，使企业的成本管理提高到一个新的水平。

8.1.2 成本控制的基本原则

1. 全面性原则

由于成本牵涉企业的方方面面，因此成本控制要进行全过程控制、全员控制、全方位控制。

（1）全过程控制。成本控制应贯穿于成本形成的全过程。不仅要对产品制造过程中发生的全部费用进行控制，而且要对整个产品生命周期内在产品设计、销售、使用过程中发生的设计研发成本、工艺成本、销售成本、管理成本和维修保养成本进行控制。只有这样，成本才能最大限度地降低。

（2）全员控制。企业的任何活动，都会发生成本，都应在成本控制的范围之内。任何成本都是人进行某种经济活动的结果，只能由参与或者有权干预这些活动的人来控制，不能指望另外的人来控制成本。所以，每个员工都应负有控制成本的责任。成本控制是全体员工的共同任务，只有通过全体员工协调一致的努力才能完成。成本控制对员工的要求是：① 具有控制成本的愿望和成本意识，养成节约成本的习惯，关心成本控制的结果；② 具有合作精神，理解成本控制是一项集体的努力过程，不是个人活动，必须在共同目标下同心协力；③ 能够正确理解和使用成本控制信息，据以改进工作，降低成本。

因此，成本控制涉及企业的全体员工和部门。要降低成本，就要充分调动企业各部门和全体员工关心成本和参加成本控制的积极性。

（3）全方位控制。成本控制不是单纯的限制和监督。一方面，要精打细算，节约开支，消除浪费；另一方面，又要按照成本效益的原则实现相对的成本节约，以较少的消耗，取得更多的成果。

2. 责权利相结合原则

要保证落实到责任中心的成本预算能够恰当地执行，就必须赋予它们与其责任大小、控制范围一致的权力，如决定某项成本项目能否开支的权力。此外，成本控制必须在定期考核评价成本实绩的基础之上，与责任中心的奖惩挂钩。

3. 目标管理原则

成本控制必须以目标成本为依据。但是，目标成本作为企业的整体目标，不便进行日常控制。按照目标管理理论，应该把企业的目标成本层层分解，落实到各成本责任中心，分级归口管理。这样可以使责任单位明确责任范围，及时发现成本差异，分析成本差异的原因，并采取措施予以纠正。

4. 例外管理原则

例外管理是要求企业在管理中将注意力集中在超常的关键问题上。因为在日常控制活动中，实际水平与预算数之间的差异，特别是那些数量小、影响不大的差异普遍存在，如果要一一查明，势必影响成本控制工作的效率。因此。应把注意力集中在那些非正常的关键性差异上，对其追根溯源，查明原因，并采取有效措施予以纠正。

5. 经济原则

经济原则，是指因推行成本控制而发生的成本，不应超过因缺少控制而丧失的收益。任何管理工作和销售、生产、财务活动一样，都要讲求经济效果。为建立某项控制，要花费一定的人力或物力，付出一定的代价。这种代价不能太大，不应超过建立这项控制所能节约的成本。通常，增加控制环节发生的成本比较容易计量，而控制的收益确定比较困难，但不能因此否定这条原则。在一般情况下，控制的收益会明显大于其成本，人们可以做出定性的判断。不符合经济原则的控制办法，是没有生命力的，是不可能持久的。

8.1.3　成本控制的基础工作

为使成本控制有效地进行，必须做好以下几项基础工作。

（1）明确各级管理组织和各级人员的责任和权限，把成本费用根据发生的部门、地点分解开来，分给有关部门的车间、工段、班组，并赋予它们一定的权力，由它们对成本进行控制，并根据成绩好坏予以一定的奖励或惩罚。成本的分级归口管理是对成本进行有效控制的必备基础之一。

（2）根据不同情况，制定切实可行的成本控制标准。控制标准是控制的参照依据，标准不能定得太高或太低，太高则可望而不可即，容易挫伤控制者的积极性，太低则失去控制的意义。标准必须定得切合实际，并随着企业经营目标的变化、客观条件的变化而随时予以修改。

（3）搞好成本费用的日常核算工作。搞好成本的日常核算工作就是为成本控制提供经济的、真实而相关的信息。为此企业必须根据成本效益原则,建立健全一套完善的成本核算系统,对企业的生产经营耗费和产品成本进行价值核算,提供费用开支和成本资料。

相关链接

寻找成本标准

Smith 奶制品厂是一个家族式的工厂,生产牛奶及奶制品,并销往俄亥俄州、印第安纳州和肯塔基州。由奶制品厂的冷藏车队将这些产品配送至所有的销售区域。分销成本是奶制品厂仅次于生产成本的第二高成本。因此,该厂决定为卡车在运输中的速度、换挡方式、停驶时间、制动力度、途中温度、对美国运输部(DOT)行车日志要求的遵守情况以及卸货速度制定操作标准。卸货速度慢、车速过快、换挡过频、停驶时间过长和制动过多都会显著增加送货成本。此外,不适宜的温度会使货物变质。

为了更好地监控送货业绩,监督操作标准的执行情况,Smith 在每辆送货卡车上都安装了车载电脑。这些电脑监控并且报告卡车在运输中的速度、换挡和温度;同时,这些电脑也帮助减少了停运时间,并且降低了燃料费。电脑记录也顺理成章地取代了以前由驾驶员手工完成的 DOT 行车日志(每年节约 10 万美元)。通过实时记录车辆的运行情况,这个系统还能加强驾驶员的安全保障。

资料来源:Jack Mans. High-Tech Cost Management [J]. Dairy Foods, 2000 (3):51-53.

8.2 标准成本控制系统

从管理的角度来看,对成本加强控制要比单纯进行成本计算更为重要,企业管理者不仅要了解成本的实际水平,更要了解这样的成本水平是否代表或接近一种有效率的生产经营水平,以便能及时地对成本加强控制。成本控制的基本点是:将生产过程的实际成本与代表成本管理目标值的某些基准数据相比较,了解其差距,进而采取有效的控制措施。导源于 20 世纪初,配合泰勒制的广泛实施而形成的标准成本系统,通过长期实践已趋于成熟并定型化,至今仍是实现成本控制的有效方法,而且它的形成与发展也标志着从原始意义上的成本会计向管理会计的过渡迈出了关键性的 步。

8.2.1 标准成本概述

加强成本控制,不能局限于事后如何确定产品的实际成本,关键在于要把成本的事前计划、日常控制和事后确定产品成本有机地结合起来。这一目标的实现,有赖于标准成本控制的正确运用。

标准成本控制包括制定标准成本、计算和分析成本差异以及处理成本差异三个环节,其核心思想是用集集体智慧于一体的标准成本去度量实际成本,分析和处理成本差异,目的是加强成本管理和成本控制。因此,标准成本控制是对成本进行计划和控制的有效工具,它已成为引导管理者不断改进管理的"指示器"。

1. 标准成本及其特点

所谓标准成本,是指根据已达到的生产技术水平,在有效经营条件下应当发生的成本,是一种预定的目标成本。以标准成本为基础，把实际发生的成本与标准成本进行对比，揭示成本差异，使差异成为向人们发出的一种"信号"，以此为线索进行分析、研究，企业便可以进一步查明差异形成的原因和责任，并据以采取相应的措施，发扬优点，克服缺点，实现对成本的有效控制。期末还可以通过一定的方法将标准成本和成本差异结合起来，确定产品的实际成本。

"标准成本"一词在实际工作中有两种含义：一种是指单位产品的标准，它是根据单位产品的标准消耗量和标准单价计算出来的，准确地说应该称为"成本标准"。成本标准＝单位产品标准成本＝单位产品标准消耗量×标准单价。另一种是指实际产量的标准成本，是根据实际产品产量和单位产品标准成本计算出来的。标准成本＝实际产量×单位产品标准成本。

标准成本具有以下特点。

（1）标准成本是根据对实际情况的调查，用科学的方法制定的，所以它具有客观性和科学性。

（2）标准成本是按正常条件制定的，并未考虑不能预测的异常变动，所以它具有正常性。

（3）标准成本一经制定，只要制定的依据不变，不必重新修订，所以它具有相对的稳定性。

（4）标准成本是成本控制的目标和衡量实际成本的依据，所以它具有目标性和尺度性。

2. 标准成本的种类

会计人员在设定标准成本时，通常是先采用历史数据为分析基础，再加上产品的预期制造过程分析，使成本的设立较具客观性和相关性。在标准成本分类的设定方面，要先了解是设定原产品还是新产品的成本。如果为原有的产品，历史成本数据可作为参考依据，先找出原有的成本计算公式，代入预期产量，即可求出预期的标准成本。

至于新产品的标准成本设定，由于无历史数据可参考，只有对未来成本做预测。在这种情况下，会计人员应与其他相关人员（例如生产单位和销售单位）共同来做成本估计。如果过去生产过类似的产品，则仍可参考历史数据或同业厂商资料。

标准成本设定通常分为三类：① 理想的标准成本，或称理论标准成本、最高标准成本；② 正常标准成本，或称基本标准成本；③ 现实标准成本，或称现时可达成标准成本、可达到的绩效标准成本。此三种标准的设立，因管理者要求的宽严程度不同而异，分述如下。

（1）理想的标准成本。它是指以现有技术、设备和经营管理的最佳状态为基础制定的成本。这种标准成本建立在排除机器故障、工作停顿等一切失误、浪费和耽搁的基础上，只有技术最熟练、工作效率最高的工作人员在最佳状态下尽最大努力才能实现。这种标准成本的优点是具有激励作用，但由于标准过于严格，即使对优秀职工来说，执行起来也非易事，因此容易使职工丧失信心，而且按此标准所揭示的成本差异失去了实际意义，难以进行日常成本控制与考核。

（2）正常标准成本。它是指企业在过去一段时期内实际成本均值的基础上，剔除生产经营活动中的不正常因素，并考虑未来的变动趋势而制定的成本。作为计算成本的基础，其优点是使各期成本有一个共同的比较基础。但是，成本水平较低，不能直接发挥其应有的作用，在实际工作中较少被采用。

（3）现实标准成本。它是指根据目前已达到的生产技术水平，以有效利用生产经营条件为基础所制定的成本。在制定这种标准成本时考虑到了机器发生故障的时间以及工人所需的停顿时间、正常损耗等一些不可避免的不利因素。要达到这种标准虽然不容易，但也并非高不可攀，经过努力是可以达到的。这种标准成本在成本控制中能够发挥积极作用，达到了标准成本要充分体现先进性与现实性相统一的要求，在实际工作中得到了广泛应用。

3. 标准成本的作用

基于传统财务会计的规定及税务法规的考量，一般企业均使用实际成本作为盈亏衡量的依据。标准成本虽不能直接作为产品成本的评价基础，却适用于管理当局当作内部决策的参考依据。实施标准成本系统可协助预算建立、绩效评估、产品成本计算及节省账务成本。此外，标准成本的应用便于例外管理、现金与存货规划，有助于责任会计制度的推行。还可采用标准成本系统来作为建立投标、订立契约及定价的依据。标准成本可帮助管理者从事各种规划和控制工作。标准成本的作用如下所述。

（1）绩效衡量的依据。标准成本是指在有效率的作业下所产生的预期支出成本。企业的实际支出成本要低于标准成本才可以产生营业利润，所以标准成本可作为评估组织单位和管理者的依据。

（2）节省账务处理成本。若材料、在产品、产成品及销售成本以实际成本计算，为使一些间接成本合理地分摊到产品，势必相当耗费时间及人力。若以标准成本记录，可使成本计算更为简化，信息提供更加迅速，至于实际数与标准数差异的部分，只要在期末调整即可。

（3）便于管理者实施例外管理。管理者通常事务繁忙，若每件事不管轻重缓急皆由管理者处理，则会使日常营业赶不上时效。所以设立标准成本可协助管理者来控制成本，当成本超过标准时才采取纠正行动，使管理者可将精力和时间运用在其他更重要的地方。至于差异部分，管理者应探究其差异原因，从而提出改进方案，以达成例外管理的目的。

（4）有助于责任会计的实施。当标准成本与实际成本之间有差异产生时，可将差异做成报告，并逐一归属差异的责任，追踪查明差异的原因，作为下次改善绩效的依据。

（5）协助规划和决策工作。标准成本为一种预计成本，有助于预算的建立，并可作为制定产品售价的依据。如此，企业在未实际出售产品之前，即可预知收入预算数和成本支出数。

（6）激励员工士气。标准成本的制定可配合着奖励制度。掌握员工心态，制定合理的标准可增加员工对成本的认识，并引导员工迅速完成任务。

由此可见，标准成本制度具有实际成本制度无可比拟的优点。所以，它在西方制造业中广受欢迎，据美国学者查尔斯·亨格瑞等人所做的调查，美国、爱尔兰、英国、瑞典和日本等国在会计系统中使用标准成本的比例分别是86%、85%、76%、73%和65%。

8.2.2 标准成本的制定

标准成本是会计部门会同采购部门、劳动工资部门、行政管理部门、技术部门及具体生产经营部门等有关责任单位，在对企业生产经营的具体条件进行认真分析、研究的基础上共同制定的。在制定标准成本的过程中，应尽量吸收负责执行标准的职工参与各项标准的制定。

标准成本的制定通常只针对产品的制造成本，不针对期间成本。对管理成本和销售成本采用编制预算的方法进行控制，不制定标准成本。由于产品的制造成本是由产品的直接材料、直接人工和制造费用组成的，所以制定标准成本时要针对不同的成本项目分别制定。标准成本的基本形式，是以"用量"标准乘以"价格"标准，得到有关项目的标准成本，这样做便于计算、分析实际成本与标准成本之间的差异及其产生的原因，并可以借以明确责任。

1. 直接材料标准成本的制定

(1) 用量标准。它是指在现有生产技术条件下生产单位产品所需要的材料数量,包括构成产品实体的材料、生产中必要的损耗以及不可避免的、产生一定的废品所需要的材料等。一般由工艺部门在生产人员的帮助下,通过分析、测算,确定产品生产所需耗用的直接材料品种及其数量。直接材料标准数量的确定,也可以采用现场测试的方式,即在受控制的条件下,向生产过程投入一定数量的材料来研究其结果。如果存在切割或下料损耗,一般采用以下公式来计算标准数量中包含的损耗

$$要增加的损耗百分比 = \frac{某材料在生产过程中损耗的重量}{制成品中的该材料的净重量}$$

以此为基础,确定在合理的范围内追加一定的损耗百分比,纳入直接材料的标准数量中。

(2) 价格标准。它是指采购部门按供应单位提供的价格及其他因素预先确定的各种材料的单价,包括买价和运杂费等。制定标准价格时,应当充分分析、研究市场环境及其变化趋势、供应商的报价和最佳采购批量等因素。当前流行的准时制生产方式(JIT)管理思想要求使存货最少化,因而较为频繁的小批量订货单对材料价格的影响也是一个必须考虑的因素。与此同时,企业应要求采购部门对采购物品的价格负责,也对采购物品的质量负责,借以避免采购部门只注重寻找报价较低的供应厂商,而对采购物品的质量要求有所忽视。

与实际成本计算中会计人员将材料处理成本分摊到库存材料账户上类似,材料标准价格也应考虑这些费用,为有关的运输、采购、验收和其他材料处理费用设定分配率,加计到材料的标准价格上。

根据用量标准和价格标准就可以确定直接材料的标准成本。其计算公式如下

$$直接材料标准成本 = 材料的价格标准 \times 单位产品的用量标准$$

【例8-1】 某公司生产甲产品耗用 A、B 两种材料,资料如表 8-1 所示,要求计算甲产品直接材料的标准成本。

表 8-1 A、B 两种材料消耗

项目	预计正常用量 (千克/件)	预计损耗量 (千克/件)	预计购买价格 (元/千克)	预计采购费用 (元/千克)
A 材料	2.50	0.50	5	1
B 材料	3	1	6	2

直接材料用量标准:A 材料用量标准 = (2.50 + 0.50) = 3 (千克/件)
  B 材料用量标准 = (3 + 1) = 4 (千克/件)
直接材料价格标准:A 材料价格标准 = (5 + 1) = 6 (元/千克)
  B 材料价格标准 = (6 + 2) = 8 (元/千克)
单位甲产品直接材料的标准成本 = 3 × 6 + 4 × 8 = 50 (元/件)

2. 直接人工标准成本的制定

产品耗用的人工成本是由单位产品耗用的人工工时乘以每小时工资率所决定的。在直接人工标准成本中,用量标准是指工时标准,价格标准是指工资率标准。

(1) 工时标准。它是指在现有生产技术条件下生产单位产品(或零部件)所需要的工作时间,包括对产品进行直接加工所耗用的工时、必要的间歇和停工时间以及不可避免地在废品

上所耗用的工时。制定工时标准时，应经技术测定，先按零件及经过的工序、车间分别计算，然后按产品汇总。

（2）工资率标准。工资率标准取决于企业所采用的工资制度。如果企业采用的是计件工资制，标准工资率就是预定的每件产品支付的工资除以标准工时；如果企业采用的是计时工资制，标准工资率就是每一标准工时应分配的工资。这里应该注意的是，如果同一项操作在不同情况下需要不同的技能才能完成，那么，就应该制定不同的工资率标准。

$$单位工时标准工资率 = \frac{预计直接人工标准工资总额}{标准总工时}$$

式中，"标准总工时"是指企业在现有的生产技术条件下能够完成的最大生产能力。

根据工时标准和工资率标准，可以确定直接人工标准成本。其计算公式如下

$$直接人工标准成本 = 单位工时标准工资率 \times 单位产品的工时标准$$

【例8-2】 接前例，某公司生产甲产品需由第一、二车间连续加工，其人工有关资料如表8-2所示，要求计算甲产品直接人工的标准成本。

表8-2 一、二车间人工消耗

项目	直接加工工时（小时/件）	休息工时（小时/件）	停工工时（小时/件）	废品工时（小时/件）	直接生产工人人数（人）	每人每月标准工时（小时）	生产工人工资总额（元）
一车间	2	0.50	0.40	0.10	50	180	27 000
二车间	3	0.30	0.60	0.10	60	180	43 200

直接人工工时标准：一车间工时标准 = 2 + 0.50 + 0.40 + 0.10 = 3（小时/件）

二车间工时标准 = 3 + 0.30 + 0.60 + 0.10 = 4（小时/件）

直接人工工资率标准：一车间工资率标准 = $\frac{27\,000}{50 \times 180}$ = 3（元/小时）

二车间工资率标准 = $\frac{43\,200}{60 \times 180}$ = 4（元/小时）

单位甲产品直接人工标准成本 = 3 × 3 + 4 × 4 = 25（元/件）

3. 制造费用标准成本的制定

制造费用是指生产过程中发生的除直接材料和直接人工以外的所有费用。制造费用标准成本是按部门分别编制，然后将同一产品所涉及的各部门的单位制造费用标准加以汇总后得出的整个产品的制造费用标准成本。由于制造费用按成本性态分为变动制造费用和固定制造费用，因而制造费用标准成本也分为变动制造费用标准成本和固定制造费用标准成本两部分。

在标准成本系统中，确定制造费用的标准成本，首先要按生产能力的利用程度编制生产费用预算，再除以用直接人工工时或机器工时等表现的生产能力程度的标准生产量来确定制造费用的标准分配率，这是确定制造费用标准成本的两个构成要素。

（1）变动制造费用标准成本。变动制造费用的用量标准与直接人工标准成本制定中所确定的单位产品的工时标准相同，变动制造费用的价格标准是和变动制造费用预算联系在一起的。

$$变动制造费用标准分配率 = \frac{变动制造费用预算总额}{标准总工时}$$

根据上式可以确定单位产品变动制造费用标准成本为

单位产品变动制造费用标准成本 = 变动制造费用标准分配率 × 单位产品工时标准

（2）固定制造费用标准成本。固定制造费用标准成本的制定要视企业的成本计算方法而定。如果企业采用的是变动成本法，固定制造费用应视为"期间费用"，作为边际贡献的扣减项目，产品成本中不包括固定制造费用，因而单位产品的标准成本中也不包括固定制造费用的标准成本。在这种成本计算方法下，不需要制定固定制造费用的标准成本。如果企业采用的是制造成本法，产品成本中应包括固定制造费用，因而需要制定固定制造费用的标准成本。

固定制造费用标准成本的制定和变动制造费用标准成本的制定方法基本相同。用量标准为单位产品的直接人工工时标准或机器工时标准。价格标准的计算公式如下

$$\text{固定制造费用标准分配率} = \frac{\text{固定制造费用预算总额}}{\text{标准总工时}}$$

根据上式可以确定单位产品固定制造费用的标准成本为

单位产品固定制造费用标准成本 = 固定制造标准分配率 × 单位产品标准工时

【例8-3】接前例，某公司制造费用预算如表8-3所示。

表8-3 一、二车间制造费用消耗及预算

项目	工时 （小时/件）	休息工时 （小时/件）	停工工时 （小时/件）	废品工时 （小时/件）	直接生产 工人人数 （人）	每人每月 标准工时 （小时）	变动制造费用 预算总额 （元）	固定制造费用 预算总额 （元）
一车间	2	0.50	0.40	0.10	50	180	5 400	2 700
二车间	3	0.30	0.60	0.10	60	180	7 560	4 320

制造费用工时标准：一车间工时标准 = 2 + 0.50 + 0.40 + 0.10 = 3（小时/件）

二车间工时标准 = 3 + 0.30 + 0.60 + 0.10 = 4（小时/件）

变动制造费用标准分配率：一车间制造费用标准分配率 = $\frac{5\ 400}{50 \times 180}$ = 0.60（元/小时）

二车间制造费用标准分配率 = $\frac{7\ 560}{60 \times 180}$ = 0.70（元/小时）

单位甲产品变动制造费用标准成本 = 3 × 0.60 + 4 × 0.70 = 4.60（元/件）

固定制造费用标准分配率：一车间制造费用标准分配率 = $\frac{2\ 700}{50 \times 180}$ = 0.30（元/小时）

二车间制造费用标准分配率 = $\frac{4\ 320}{60 \times 180}$ = 0.40（元/小时）

单位甲产品固定制造费用标准成本 = 3 × 0.30 + 4 × 0.40 = 2.50（元/件）

单位甲产品制造费用标准成本 = 4.60 + 2.50 = 7.10（元/件）

4. 单位产品标准成本的制定

在确定了直接材料、直接人工和制造费用的标准成本之后，就可以据以汇总确定产品完整的标准成本。通常，企业通过编制"标准成本卡"来反映企业库存商品的标准成本的具体构成，但采用不同的成本计算方法确定的产品标准成本有所不同。

在变动成本法下

产品标准成本 = 直接材料的标准成本 + 直接人工的标准成本 + 变动制造费用的标准成本

在制造成本法下

产品标准成本 = 直接材料的标准成本 + 直接人工的标准成本
+ 变动制造费用的标准成本 + 固定制造费用的标准成本

【例8-4】 接前例,某公司甲产品标准成本卡如表8-4所示,要求计算甲产品的标准成本。

表8-4 甲产品的标准成本卡

成本项目		用量标准	价格标准	标准成本
直接材料	A材料	3千克/件	6元/千克	18元/件
	B材料	4千克/件	8元/千克	32元/件
	小计			50元/件
直接人工	一车间	3小时/件	3元/小时	9元/件
	二车间	4小时/件	4元/小时	16元/件
	小计			25元/件
变动制造费用	一车间	3小时/件	0.60元/小时	1.80元/件
	二车间	4小时/件	0.70元/小时	2.80元/件
	小计			4.60元/件
固定制造费用	一车间	3小时/件	0.30元/小时	0.90元/件
	二车间	4小时/件	0.40元/小时	1.60元/件
	小计			2.50元/件
单位产品标准成本				82.10元/件

8.2.3 成本差异的计算与分析

1. 成本差异的通用模式

所谓成本差异,是指产品的实际成本与标准成本之间的差额。如果实际成本小于标准成本,两者所形成的差异称为有利差异（F）,亦称为顺差；如果实际成本大于标准成本,两者所形成差异称为不利差异（U）,亦称为逆差。成本差异对管理当局而言,是一种重要的"信号",可以据以发现问题,具体分析差异形成的原因及其责任,采取相应的措施,消除不利差异,发展有利差异,从而实现对成本的有效控制,降低成本。

由于标准成本是根据标准用量和标准价格计算的,而实际成本是根据实际用量和实际价格计算的,因此,尽管形成差异的原因很多,但归纳起来不外乎用量因素和价格因素。由用量因素所形成的差异称为用量差异,由价格因素所形成的差异称为价格差异。差异分析的通用模型可以概括如图8-1所示。

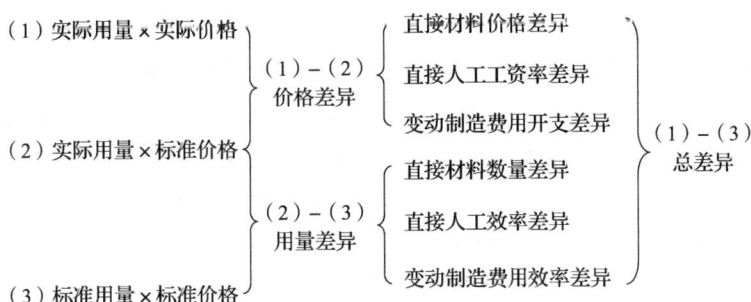

图8-1 差异分析通用模型

2. 直接材料差异的计算与分析

直接材料差异，是指一定产量产品的直接材料实际成本和标准成本之间的差额。

$$直接材料成本差异 = 直接材料实际成本 - 直接材料标准成本$$

式中，

$$直接材料实际成本 = 实际价格 \times 实际用量$$
$$直接材料标准成本 = 标准价格 \times 标准用量$$
$$实际用量 = 直接材料单位实际耗用量 \times 实际产量$$
$$标准用量 = 直接材料单位标准耗用量 \times 实际产量$$

直接材料成本差异包括直接材料用量差异和直接材料价格差异两部分。

(1) 直接材料用量差异。直接材料用量差异是指生产中实际耗用的材料数量与按标准计算的应耗用材料数量之间的差额。直接材料用量差异的计算公式如下

$$直接材料用量差异 = (实际用量 \times 标准价格) - (标准用量 \times 标准价格)$$
$$= 标准价格 \times (实际用量 - 标准用量)$$

直接材料用量差异一般应由生产部门负责，如生产中由于用料出现浪费，或者由于技术水平低而导致用料过多等。但是，有时也可能由于采购部门为了片面压低价格，购进了质量低劣的材料，造成用量过多，并由此形成直接材料数量的不利差异。这种用量差异应由采购部门负责。

(2) 直接材料价格差异。直接材料价格差异是指对于实际采购的材料数量，按实际价格计算的价格与按标准价格计算的价格之间的差额。因此，直接材料的价格差异是根据一定时期的采购数量，而不是根据耗用量来计算的。直接材料价格差异的计算公式如下

$$直接材料价格差异 = (实际数量 \times 实际价格) - (实际数量 \times 标准价格)$$
$$= 实际数量 \times (实际价格 - 标准价格)$$

直接材料价格差异一般应由采购部门负责，如采购的批量、交货方式、运输方法、有无数量折扣以及材料的品质等，其中任何一方面的因素脱离制定标准成本时的预定要求，都会形成直接材料价格差异。对形成直接材料价格差异的原因和责任应进一步具体分析，有时它也有可能是由生产上的原因造成的。例如，为满足生产上的急需，对某种材料采取小批量订货，或者由陆运改为空运而形成的直接材料价格的不利差异。这种直接材料价格差异应由生产部门负责。只有查明原因，才能使责任落实到部门或个人，进一步改进工作。

【例8-5】某公司实际生产甲产品7 000件，实际耗用 A 材料36 800 千克，A 材料的实际单价为1.90元/千克，A 材料的标准单耗为5 千克/件，A 材料的标准单价为2元/千克。

直接材料成本差异计算如下：

$$直接材料实际成本 = 36\,800\ 千克 \times 1.90\ 元/千克 = 69\,920\ (元)$$
$$直接材料标准成本 = 7\,000\ 件 \times 5\ 千克/件 \times 2\ 元/千克 = 70\,000\ (元)$$
$$直接材料成本总差异 = 69\,920 - 70\,000 = -80\ (元)\ (有利差异)$$

式中，

$$直接材料用量差异 = (36\,800 - 7\,000 \times 5) \times 2 = +3\,600\ (元)\ (不利差异)$$
$$直接材料价格差异 = 36\,800 \times (1.90 - 2) = -3\,680\ (元)\ (有利差异)$$

综上所述，直接材料成本差异分析可如图8-2所示。

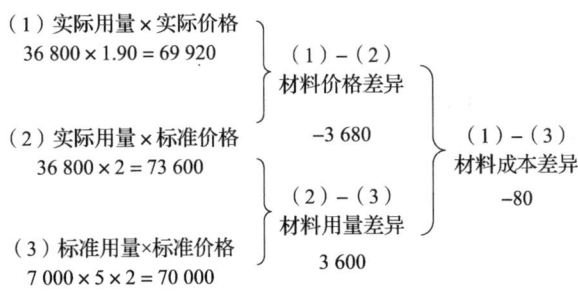

图 8-2 直接材料成本差异分析模型

应该注意的是,在用量差异和价格差异的计算当中,当计算用量差异时,是以标准价格相乘;而计算价格差异时,是以实际用量相乘;不能同时用标准或实际的数值,否则会形成重复计算或漏算。

3. 直接人工差异的计算与分析

直接人工成本差异是指一定产量产品的直接人工实际成本与标准成本之间的差额。

$$直接人工成本差异 = 直接人工实际成本 - 直接人工标准成本$$

式中,

$$直接人工标准成本 = 标准工资率 \times 标准工时$$
$$标准工时 = 单位产品工时耗用标准 \times 实际产量$$

直接人工成本差异又分为人工效率差异和工资率差异两部分。人工效率差异是直接人工成本的用量差异(或工时差异);工资率差异就是直接人工的价格差异,是因为实际工资率脱离标准工资率产生的人工成本差额。

(1) 直接人工效率差异。直接人工效率差异,它是指生产中实际产量耗用的实际工时与按标准计算的应耗用标准工时之间的差额。其计算公式如下

$$直接人工效率差异 = (标准工资率 \times 实际工时) - (标准工资率 \times 标准工时)$$
$$= 标准工资率 \times (实际工时 - 标准工时)$$

直接人工效率差异的产生可能有多种原因,如材料或零件传递方法不正确、机器运转不正常、生产部门安排技术水平低的工人从事技术水平高的工作等。这种直接人工效率差异应由生产部门负责。但是,如果是由于采购部门购入不合格的材料,或者由于生产工艺的改变而造成的与标准工时的差异,则非生产部门可以控制的,应由有关部门负责。

(2) 直接人工工资率差异。直接人工工资率差异是指按实际工资率计算的人工成本与按标准工资率计算的人工成本之间的差额。其计算公式如下

$$直接人工工资率差异 = (实际工时 \times 实际工资率) - (实际工时 \times 标准工资率)$$
$$= 实际工时 \times (实际工资率 - 标准工资率)$$

【例 8-6】 仍用【例 8-5】中的资料,某公司实际生产甲产品 7 000 件,实际人工工时 3 750 小时,实际小时工资率 16.40 元/小时,单位甲产品标准工时为 0.50 小时/件,标准小时工资率为 16 元/小时。

直接人工成本差异计算如下

直接人工实际成本 = 3 750 小时 × 16.40 元/小时 = 61 500(元)
直接人工标准成本 = 7 000 件 × 0.50 小时/件 × 16 元/小时 = 56 000(元)
直接人工成本总差异 = 61 500 - 56 000 = +5 500(元)(不利差异)

式中，

直接人工效率差异 = (3 750 − 7 000 × 0.50) × 16 = +4 000（元）（不利差异）
直接人工工资率差异 = 3 750 × (16.40 − 16) = +1 500（元）（不利差异）

综上所述，直接人工成本差异分析可如图 8-3 所示。

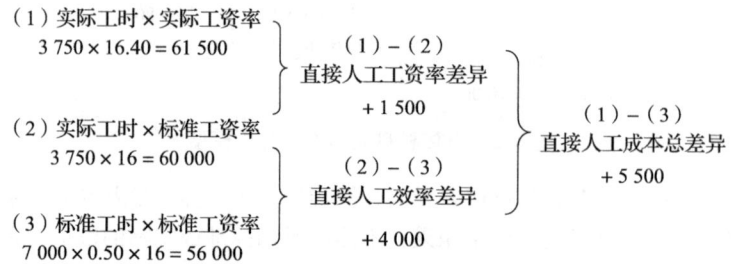

图 8-3　直接人工成本差异分析模型

4. 变动制造费用差异的计算与分析

变动制造费用差异是指一定产量产品的实际变动制造费用与标准变动制造费用的差额，又分为变动制造费用效率差异（"用量"差异）和变动制造费用耗费差异（"价格"差异）。

$$变动制造费用差异 = 实际变动制造费用 − 标准变动制造费用$$

式中，

$$实际变动制造费用 = 实际分配率 × 实际工时$$
$$标准变动制造费用 = 标准分配率 × 标准工时$$
$$标准工时 = 单位产品工时耗用标准 × 实际产量$$

（1）变动制造费用效率差异。

变动制造费用效率差异是指按生产实际耗用的工时计算的标准变动制造费用与按标准工时计算的标准变动制造费用之间的差额。其计算公式如下

$$变动制造费用效率差异 = (标准分配率 × 实际工时) − (标准分配率 × 标准工时)$$
$$= 标准分配率 × (实际工时 − 标准工时)$$

（2）变动制造费用耗费差异。

变动制造费用耗费差异又称为开支差异，是指实际发生的变动制造费用与按实际产量所耗用的实际工时计算的标准变动制造费用之间的差额。

$$变动制造费用耗费差异 = 实际发生额 − 实际产量所耗实际工时 × 标准分配率$$

变动制造费用总差异按下列公式计算

$$变动制造费用总差异 = 变动制造费用的实际发生额 − 实际产量所耗标准小时 × 标准分配率$$

【例 8-7】仍用【例 8-5】中的资料，某公司实际生产甲产品 7 000 件，实际人工时 3 750 小时，实际变动制造费用 4 700 元，单位甲产品标准工时为 0.50 小时/件，标准变动制造费用分配率为 1.20 元/小时。

变动制造费用差异计算如下

变动制造费用实际成本 = 4 700(元)
实际变动制造费用分配率 = 4 700/3 750 = 1.253 3(元/小时)
变动制造费用标准成本 = 7 000 件 × 0.50 小时/件 × 1.20 元/小时 = 4 200(元)

变动制造费用总差异 = 4 700 - 4 200 = +500(元)(不利差异)

式中,

变动制造费用效率差异 = (3 750 - 7 000 × 0.50) × 1.20 = +300(元)(不利差异)

变动制造费用耗费差异 = 3 750 × (1.253 3 - 1.20) = +200(元)(不利差异)

综上所述,变动制造费用成本差异分析可如图 8-4 所示。

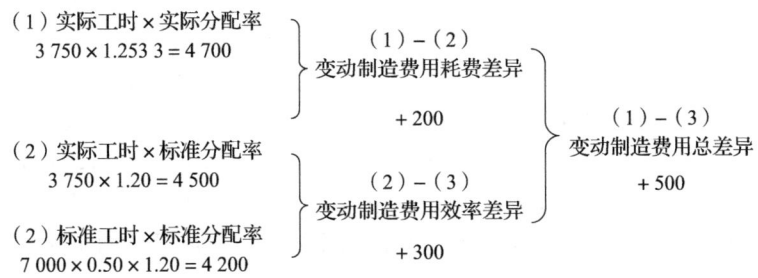

图 8-4　变动制造费用成本差异分析模型

5. 固定制造费用成本差异的计算与分析

固定制造费用主要是企业为了获得生产能力以及维持这种生产能力而发生的费用。它具有在相关范围内总额固定不变的特性,它是通过编制固定预算进行成本控制的。

固定制造费用成本差异是实际固定制造费用与实际产量标准固定制造费用之间的差额。其计算公式如下

固定制造费用成本差异 = 固定制造费用实际成本 - 固定制造费用标准成本
= 固定制造费用实际分配率 × 实际产量的实际工时
- 固定制造费用标准分配率 × 实际产量的标准工时

上式中,成本差异是在实际产量的基础上计算出来的。由于固定制造费用相对稳定,一般不受产量的影响,因此,产量的变动只会对单位产品中的固定制造费用产生影响:产量增加时,单位产品应负担的固定制造费用会减少;产量减少时,单位产品应负担的固定制造费用会增加。这就是说,实际产量与设计生产能力所规定的产量或计划产量的差异会对产品应负担的固定制造费用产生影响。也正因为如此,固定制造费用成本差异的分析方法与其他费用成本差异的分析方法有所不同。固定制造费用成本差异的分析方法通常有"二因素分析法"和"三因素分析法"两种。

(1) 二因素分析法。所谓二因素分析法(亦称二差异法),是指将固定制造费用成本差异分为耗费(预算)差异和能量差异。

固定制造费用耗费(预算)差异是固定制造费用实际数与固定制造费用预算数之间的差额。固定制造费用由许多明细项目组成,如工资、折旧、税金和保险费等。其中很多项目在短期内是不会改变的。由于固定制造费用主要由长期决策决定,而受生产水平变动的影响较小,因而固定制造费用耗费差异通常很小。其计算公式为

固定制造费用耗费(预算)差异 = 固定制造费用实际数 - 固定制造费用预算数

固定制造费用能量差异是固定制造费用预算数与固定制造费用标准成本之间的差额。其计算公式如下

固定制造费用能量差异 = 固定制造费用预算数 - 固定制造费用标准成本
= 固定制造费用标准分配率 × (生产能量标准工时 - 实际产量标准工时)

上式中，生产能量是指年初预计产量的标准工时。

$$固定制造费用标准分配率 = \frac{预计固定制造费用}{预计产量的标准工时}$$

如果预计产量与实际产量一致，固定制造费用能量差异就为0；如果预计产量与实际产量不一致，就会产生固定制造费用能量差异。此时，能量差异可以被视为预测误差，是对管理层不能选择适当的产量来分配固定制造费用的一种反映。但是，如果预计产量代表管理层确信能够生产并销售的产品数量，则能量差异可以提供较为重要的信息。若实际产量小于预计产量，能量差异可以提醒管理层已经发生了损失。不过，该损失额并不等于能量差异金额，而是等于所丧失的未生产和销售的那部分产品的边际贡献。从这种意义上来讲，能量差异反映了生产能力的利用程度。在这种情况下，能量差异的责任应归属于生产部门。然而，如果对产生重大能量差异的原因进行调查，可能会发现差异是由生产部门无法控制的因素造成的。此时，可能其他部门也要对此负责。例如，采购部门购进较低品质的原材料所导致的实际产量小于预计产量等。

（2）三因素分析法。所谓三因素分析法（亦称三差异法），是指将固定制造费用成本差异分为耗费（开支）差异、效率差异和能力利用差异三部分。耗费（开支）差异的计算与二因素分析法相同，不同的是将二因素分析法中的"能量差异"进一步分解为两部分：能力利用差异和效率差异。其计算公式如下

固定制造费用耗费（开支）差异 = 固定制造费用实际成本 − 固定制造费用预算成本

固定制造费用效率差异 = 实际工时 × 固定制造费用标准分配率 − 实际产量标准工时 × 固定制造费用标准分配率 = 固定制造费用标准分配率 × （实际工时 − 实际产量标准工时）

固定制造费用能力利用差异 = 固定制造费用预算成本 − 实际工时 × 固定制造费用标准分配率 = 固定制造费用标准分配率 × （生产能量标准工时 − 实际工时）

【例8-8】某企业本月份固定制造费用预算总额为50 000元。生产C产品的每件标准工时为4小时，月生产能力为2 500件，预计应完成机器工时10 000小时。本月实际生产C产品2 400件，实际耗用机器工时9 640小时，实际发生的固定制造费用为49 500元。则其有关差异及总差异计算如下

二因素分析法

（1）耗费（预算）差异 = 49 500 − 50 000 = −500（元）（有利差异）

（2）能量差异 = 50 000 ÷ 10 000 × (10 000 − 2 400 × 4) = +2 000（元）（不利差异）

（3）总差异 = −500 + 2 000 = +1 500（元）（不利差异）

三因素分析法

（1）耗费（开支）差异 = 49 500 − 50 000 = −500（元）（有利差异）

（2）效率差异 = 50 000 ÷ 10 000 × (9 640 − 2 400 × 4) = +200（元）（不利差异）

（3）能力利用差异 = 50 000 ÷ 10 000 × (10 000 − 9 640) = +1 800（元）（不利差异）

（4）总差异 = −500 + 200 + 1 800 = +1 500（元）（不利差异）

从以上计算公式及结果可以看出，效率差异与能力利用差异其实就是能量差异的进一步分解，前两项差异之和（200 + 1 800 = 2 000元）正好与后者（2 000元）相等。

由于固定制造费用是由许多明细项目组成的，而上面所计算的差异所反映的是总差

异,不便于对每个项目进行控制和考核,因此必须根据固定制造费用项目的静态预算与实际发生数进行对比,进一步分析差异发生的原因,分别视具体情况采取相应的措施。

综上所述,固定制造费用成本差异分析可如图 8-5 所示。

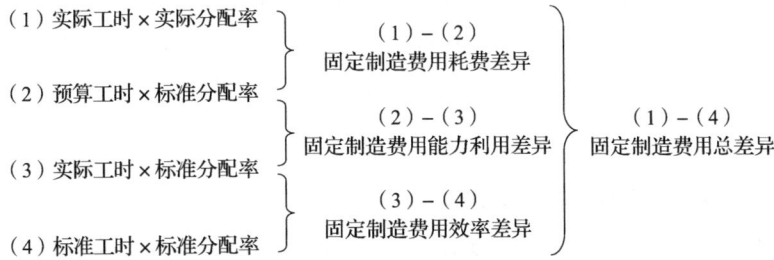

图 8-5　固定制造费用成本差异分析模型

💿 相关链接

AZBB(加速零基预算法): 降成本新利器改进企业成本管理

随着亚洲生产成本的不断升高,各方竞争的日益激烈,如何有效精准地实施企业管理而不损失任何可能的发展机会,对亚洲企业来说至关重要。罗兰贝格管理咨询公司创立的一种自下而上的成本管理模式 AZBB(加速零基预算法),通过精简企业支出和提高相关活动效率,为企业减少不必要的开支。

报告通过研究发现,尽管传统的低成本生产在亚洲仍十分活跃,但随着成本不断上涨,竞争日益激烈,以低成本为动力的经济增长已开始出现减速的迹象。中国的劳动力成本已大幅上升,煤、天然气与石油成本也在增加。此外,亚洲一些大型企业(如腾讯、泰国酿酒和 KDDI 等)以成功的本土战绩为基础,全力在整个亚洲地区寻求拓展,为区域内的其他竞争者带来新的压力。同时,由于全球经济衰退,亚洲经济也在经历一段疲软期。

亚洲市场瞬息万变,面对不断出现的新挑战和日益激烈的竞争,AZBB 方法论可以成为应对这些快速变化的有力管理工具。本期报告还列举出罗兰贝格为客户开展的一个项目,其中利用 AZBB 帮助企业制定中国香港离岸服务和在新加坡的现金管理方案。在 AZBB 框架中,客户演绎出新的现金管理离岸中心方案,找到离岸活动的最佳组合,成功节省了 12% 以上成本的额外投资。

8.3　作业成本管理

自 20 世纪 70 年代以来,随着西方发达国家高新技术广泛应用于生产领域,企业生产过程高度自动化、电脑化。另外,竞争日趋激烈,买方市场逐步形成,这就要求企业提供与众不同的、具有个性的产品或服务。企业经营所面临的环境使企业在制造产品和提供服务方面具有如下特点:① 直接材料、直接人工成本在总成本中所占比重日益下降,制造费用所占的比重日益增加;② 许多企业不得不放弃大批量的生产方式,采用以顾客为导向,对顾客的要求能及时做出反应的弹性制造系统,并改用小批量、差异化产品生产方式,从而使生产过程的复杂程度大大增加。在新的制造环境下,许多人工操作已被机器取代,因此直接人工成本比例大大下降,固定制造费用大幅上升。产品成本结构的根本变化使得以工时或机时为基础的间接费用分配方法已不能准确提供产品成本信息,无法为管理决策和控制提供有用信息,这也使得企业难以取得竞争优势。

作业成本管理制度是一套用来衡量产品成本、作业绩效、耗用资源及成本标的的方法。早在 20 世纪 70 年代的初期,美国通用电气公司即采用作业分析法,对公司的营运作业做详细的分析,但在当时这并未被推广至学术界与实务界。直到 20 世纪 80 年代中期,美国数学教授从事有关作业成本制度的研究,其中库珀(Cooper)教授和卡普兰(Kaplan)教授发表了一系列相关文章,明确指出传统管理会计系统的缺失,并提示作业成本制度是补救这些缺失的一种最好方法之一。

8.3.1 作业成本管理的基本概念

作业成本管理制度是采用多重分摊基础,将全部资源成本分配到每个产品上,如图 8-6 所示,企业先把所发生的全部资源成本,按照第一阶段的成本动因,分摊到四个不同的作业中心,此阶段的成本动因也称为资源动因。再依各项成本与每个作业中心的相关性,把全部成本归纳入原料处理、制造、检验和维修四个作业中心。接着,按照第二阶段的成本动因,把每个作业中心的成本分摊到各项产品上,所以此阶段的成本动因又称为作业动因。依靠全部成本分摊到产品的过程,同时也可控制各个阶段的资源浪费情况。

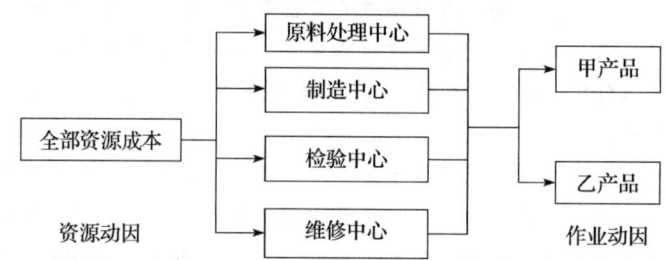

图 8-6 作业成本管理的成本分摊

成本动因可能是与产品数量相关的分摊基础,也可能是与交易相关的分摊基础。当企业的生产形态偏向少量多样时,同一组机器设备可用来制造多种产品,所以与交易相关的分摊基础较适用于计算机整合制造系统。至于成本动因的选择,可同时采用专家意见法、经验法则和统计分析法来加以辨识。这些成本动因可能是财务面的因素,也有可能为非财务面因素,要依实际作业状况来客观判断。(有关成本动因将在下节详细介绍。)

当企业的产品成本结构中,制造费用的比重高且其性质偏向于间接成本时,便需要采用多重的客观分摊基础,来将这些间接性制造费用分配到产品上。理论上,作业成本管理制度较适用于此情况,如集成电路制造商即采用此成本制度,使管理者能有效地控制成本,提高经营效率。

8.3.2 作业成本管理的发展趋势

20 世纪 80 年代中期,美国库珀与卡普兰两位教授开始提倡此新观念,发展至今也经过几次改变。Mecimore 与 Bell 两位学者将作业成本管理制度的发展划分成四代。第一代制度着重于产品成本的计算,第二代兼顾制造与销售部分的营运活动过程,第三代将价值链成本的观念应用在战略分析上,第四代的适用范围扩大并重视国际性的环境因素。同时,作业成本管理制度的应用逐步由制造业推广至贸易业、金融业,甚至非营利组织和政府单位。

四代作业成本管理制度的比较如表 8-5 所示。

表 8-5　四代作业成本管理制度的比较

项目	第一代	第二代	第三代	第四代
架构	成本中心	成本中心	公司个体	企业整体
作业	产品导向	营运过程导向	公司导向	国际化导向
成本	制造	营运－制造－销管	公司的内部和外部	公司的内部和外部
重点	产品成本	营运过程成本	价值链成本	价值链成本
作业间的关系	未连接	连接	连接	连接
成本动因	公司单位内部	公司单位内部	公司的内部和外部	公司的内部和外部
规划	成本中心	成本中心	公司个体	企业整体
控制	成本中心	成本中心	公司个体	企业整体
成本分析	战术性	战术性	区域性战略	国际性战略
组织层次	产品	产品	公司个体	企业整体

第一代和第二代制度通过区分有附加价值作业和无附加价值作业的观念来消除公司内部的浪费，以降低成本和提高绩效。第三代制度着重于价值链的分析，对最终产品或服务与提高附加价值的辅助性作业间的关联，提出明确的分析和解释。也就是说，价值链分析不仅肯定研究发展与企业的价值，而且强调研发与制造、营销、配送、顾客服务间的整合与协调。

至于第四代制度，除了延续前三代的战略之外，还注意到汇率、环保、科技等对企业有间接影响的因素。如此一来，第四代的制度把企业各单位间的作业予以连接，再把公司整体与上下游关系加以整合，同时考虑企业外部的因素。在第四代作业成本管理制度下，企业管理者可获得较多且完整的会计信息，作为决策参考之用。

8.3.3　作业与成本动因

1. 作业的基本概念

作业成本法是一种以作业为基础，对各种主要的间接费用采用不同的间接费用分配率进行成本分配的成本计算方法，它是对传统成本计算方法的创新。

作业是指企业为提供一定数量的产品或劳务而消耗人力、物力、技术、智慧等资源的活动。作业可以作为企业划分控制和管理的单元。企业经营过程中的每项环节，或是生产过程中的每道工序都可以视为一项作业。企业整个经营过程可以划分为许多不同的作业。作业的划分是从产品设计开始，到物料供应，从生产工艺流程的各个环节、质量检验、包装，到发运销售的全过程。作为资源和产品成本中介的作业具有三个基本特性。

（1）"作业"是一种资源的投入和另一种效果产出的过程。在这种活动过程中，它要投入资源，实现活动目的。例如，设计产品投入的是智慧、技术、工具和低值易耗品等，产出的是产品设计图案。又如，检查产品质量投入的是技术、方法、时间，产出的是经过检查的合格产品或不合格产品、废品等。

（2）"作业"活动贯穿于经营的全过程。产品从设计到最终销售出去是通过各种作业的实施来完成的。没有作业的实施，经营活动就无法开展。

（3）作业是可以量化的，即作业可以采用一定的计量标准进行计量。

美国库珀和卡普兰两位教授以制造业为例，将作业分为四个层级。

1）单位作业。此类作业成本将随产品数量增加而成比例增加。例如，直接材料、直接人工、机器运转消耗的电力、按产量法计提的折旧等。这类作业成本通常与产品产量成正比。

2）批量作业。这类作业成本随批量增加而成比例增加，但这类成本与产量多少无直接关系。例如，机器调整准备成本、订单处理成本、产品批检验成本等。这类作业成本高低通常与作业批数成正比,而与产品产量无关。要降低这类成本,只能设法减少作业批数来实现。

3) 产品作业。此类作业成本是为维持特定产品线存在所发生的各种成本。例如,产品开发与设计、设计改良、产品生产安排、制造过程改善、购买零部件管理、处理客户关系、营销等。这类作业成本与特定产品线相联系,而与产品产量、批量无关。

4) 能量作业。这类作业成本是指为维持某一企业的总体生产能力而发生的成本。例如,厂房折旧、厂务管理、厂房维修、人事管理等。这类作业成本通常与总体生产能力相关。

2. 成本动因分析

成本动因是引发成本的推动力或驱动因素,即引起成本发生或变动的原因。例如,在作业成本中,采购订单构成了采购作业的成本动因,生产工单构成了生产作业的成本动因,订货单构成了销售作业的成本动因,等等。

根据作业成本法原理可以将成本动因分为资源动因和作业动因两类。

(1) 资源动因。资源动因是衡量资源消耗量与作业之间关系的某种计量标准,它反映了消耗资源的起因,是资源费用归集到作业的依据。在分配过程中,由于资源是一项一项地分配到作业中去的,于是就产生了作业成本。将每个作业成本相加,就形成了作业成本库。例如,采购人员的人数是采购作业的资源动因。在一般情况下,采购作业的增加会引起采购人员的增加,从而引起工资、福利费的增加。

(2) 作业动因。作业动因是指作业发生的原因,是将作业成本库中的成本分配到成本标的中的依据,也是资源消耗与最终产出沟通的中介。例如,采购订单是采购作业的成本动因,依据采购订单的数量可以将作业成本分配到成本标的中。

辨识成本动因的方法,可用专家意见、经验法则、统计分析等方式。另外,工作评估法也算是一种决定工作完成所需投入因素的系统性分析方法,其所强调的是下列四点要素:① 工作完成所需要的步骤;② 每一个步骤完成所需要的时间;③ 所需人员数目和种类;④ 材料或其他投入因素。

以工作评估法来辨别每一种间接成本的成本动因,在实务界已很普遍,例如邮件处理成本的成本动因是所需处理邮件的数量。成本动因与间接成本之间的关系决定后,可计算出每一种成本动因的单位成本,也可称为间接成本率。最后再把所得的间接成本率乘上成本动因的数量,可将总成本分配到成本目标。

在选择成本动因时,必须注意两个问题:① 成本动因应简单易懂、可数,容易从现存的资料中分辨出来,并且与部门的产出有直接的关联性;② 代表性与全面性相结合。在选择成本动因时,为了避免因作业成本计算法过于复杂、难以执行而流于形式,不宜把面铺得太广,要挑选具有代表性和重要性的成本动因。但是,也要注意避免过于简单化。作业成本计算法下一些典型的作业成本库和成本动因如表8-6所示。

表8-6 作业成本库和成本动因

作业成本库	成本动因
整备	整备次数或整备时数
质量控制	检验次数
材料采购	供应商的数量或购货订单的数量
顾客关系	顾客的数量或部门分布或顾客订单的数量
材料处理	材料移动次数或材料移动距离

8.3.4 作业成本法的计算方法

作业成本法认为"作业耗用资源,产品耗用作业"。"作业"是成本计算的核心,而产品成本则是制造和传递产品所需全部作业的成本总和。成本计算的基本对象是作业。

作业成本计算法的基本原理可以概括为：依据不同的成本动因先分别设置成本库，然后分别以各种产品所耗费的作业量分摊其在该成本库中的作业成本，最后分别汇总各种产品的作业总成本，计算各种产品的总成本和单位成本。由此可见，作业成本计算法将着眼点放在作业上，以作业为核算对象，依据作业对资源的消耗情况将资源的成本分配到作业中，再由作业依据成本动因追踪到产品成本的形成和积累过程，由此得出最终产品成本。

（1）确认和计量各类资源耗费，将资源耗费价值归集到各资源库。资源是执行作业所必需的经济要素。资源可以分为：货币资源、材料资源、人力资源、动力资源，以及厂房设备资源等。企业各项资源被确认后，要为每类资源设立资源库，并将一定会计期间所消耗的各类资源成本归集到各相应的资源库中。

（2）将企业经营过程划分为各项作业。作业的划分不一定与企业的传统职能部门一致。有时作业是跨部门的，而有时一个部门则能完成好几项不同作业。作业的划分应该粗细得当。划分过细，就会使作业总数过多，由此必然导致成本计算工作量太大，同时企业为此所付出的代价势必过高；反之，如果作业划分得过粗，一个作业中含有多种不相关的业务，必然会使产品成本计算结果的准确性大大降低。因此，作业的确定应遵循成本－效益原则。

（3）确定资源动因。资源动因是指资源被各作业消耗的方式和原因。它反映了作业对资源的消耗状况，因而是把资源库价值分解到各作业成本库的依据。确立资源动因的原则有以下几点：① 某项资源耗费如能直观地确定其为某一特定产品所消耗，则直接计入该特定产品成本。直接材料费用通常适用该项原则。② 如果某项资源耗费可以从发生领域上划分为各作业所耗，则可以直接计入各作业成本库。此时资源动因可以认为是作业"专属"耗费，各作业各自发生的办公费一般适用这一原则。③ 如果某项资源耗费从最初消耗上呈混合耗费形态，则需要选择合适的量化依据将资源耗费分解分配到各作业成本库，这个量化依据就是资源动因，如动力费一般按各作业使用电力度数分配等。作业成本法下一些典型的资源和资源动因如表8-7所示。

（4）根据各项作业所消耗的资源动因数，将各资源库汇集的价值分配到各作业成本库。各资源库中的价值应根据资源动因逐项分配到各作业成本库中，将每个作业成本库中转入的各项资源价值相加就形成了作业成本库价值。

表8-7 典型的资源和资源动因

资源	资源动因
职工医疗保险	职工人数
人力	消耗劳动时间
动力	消耗电力度数
房屋租金	使用面积
折旧	所用设备的价值

（5）确认各作业的成本动因，再根据每个成本动因计算相应的作业动因分配率。

（6）根据各项作业所消耗的成本动因数将各作业成本库价值分配计入有关产品或劳务成本计算单，计算完工产品或劳务成本。为了便于分析成本动因，可将不同的作业划分为前述的不同的层次，并在产品成本计算单中按不同的作业层次列出有关成本数据。

作业成本法下产品成本计算过程如图8-7所示。

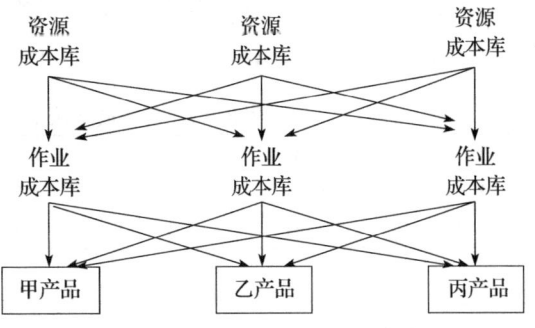

图8-7 作业成本法下产品成本计算过程

8.3.5 作业成本法与传统成本法的区别

【例8-9】 某公司本月所投产的A、B两种产品当月全部完工,有关资料如表8-8所示。

表8-8 A、B两种产品的生产及成本资料

项目	A产品	B产品
产量	50件	4 100件
单位产品机器工时	6小时/件	4小时/件
单位产品直接材料成本	190元/件	180元/件
单位产品直接人工成本	100元/件	110元/件
制造费用总额	395 800元	

其中,制造费用是由4种作业产生的,具体资料如表8-9所示。

表8-9 制造费用作业资料

作业	成本动因	作业成本(元)	成本动因数 A产品	成本动因数 B产品	成本动因数 合计
机器调整准备	调整准备次数	16 000	10次	6次	16次
生产订单	订单份数	62 000	15份	10份	25份
机器运行	机器工时数	233 800	300小时	16 400小时	16 700小时
质量检验	检验次数	84 000	30次	20次	50次
合计		395 800			

根据上述资料,分别采用传统成本法和作业成本法计算A、B两种产品的单位成本。

(1) 传统成本法下计算A、B两种产品的单位成本

A产品机器工时 $= 6 \times 50 = 300$(小时)

B产品机器工时 $= 4 \times 4\,100 = 16\,400$(小时)

制造费用分配率 $= \dfrac{395\,800}{300 + 16\,400} = 23.70$(元/小时)

则

A产品制造费用 $= 23.70 \times 300 = 7\,110$(元)

B产品制造费用 $= 23.70 \times 16\,400 = 388\,680$(元)

A产品单位成本 $= 190 + 100 + \dfrac{7\,110}{50} = 432.20$(元)

B产品单位成本 $= 180 + 110 + \dfrac{388\,680}{4\,100} = 384.80$(元)

根据上述分析与计算可编制产品成本计算表,如表8-10所示。

表8-10 传统成本法下A、B两种产品成本计算表 (单位:元)

成本项目	直接材料	直接人工	制造费用	总成本	产量(件)	单位成本
A产品	9 500	5 000	7 110	21 610	50	432.20
B产品	738 000	451 000	388 680	1 577 680	4 100	384.80

(2) 用作业成本法计算A、B两种产品的单位成本。

首先计算各项作业动因分配率,如表8-11所示。

表 8-11 作业动因分配率计算

作业	作业成本（元）	作业动因数	作业动因分配率
机器调整准备	16 000	16 次	1 000 元/次
生产订单	62 000	25 份	2 480 元/份
机器运行	233 800	16 700 小时	14 元/小时
质量检验	84 000	50 次	1 680 元/次

然后计算 A、B 两种产品消耗作业量的成本，如表 8-12 所示。

表 8-12 A、B 两种产品消耗作业量成本计算

作业	作业动因分配率	作业动因数		制造费用分配额（元）	
		A 产品	B 产品	A 产品	B 产品
机器调整准备	1 000 元/次	10 次	6 次	10 000	6 000
生产订单	2 480 元/份	15 份	10 份	37 200	24 800
机器运行	14 元/小时	300 小时	16 400 小时	4 200	229 600
质量检验	1 680 元/次	30 次	20 次	50 400	33 600
合计				101 800	294 000

最后计算 A、B 两种产品的单位成本，结果如表 8-13 所示。

$$A \text{ 产品单位成本} = 190 + 100 + \frac{101\ 800}{50} = 2\ 326\ (元)$$

$$B \text{ 产品单位成本} = 180 + 110 + \frac{294\ 000}{4\ 100} = 361.70\ (元)$$

表 8-13 作业成本法下 A、B 两种产品成本计算表　　　　（单位：元）

成本项目	直接材料	直接人工	制造费用	总成本	产量（件）	单位成本
A 产品	9 500	5 000	101 800	116 300	50	2 326
B 产品	738 000	451 000	294 000	1 483 000	4 100	361.70

本例说明，在传统成本法下，高产量、生产过程简单的产品成本计算结果显著高于作业成本法的计算结果。而低产量、生产过程复杂的产品的计算结果则恰恰相反。造成这种结果的根本原因在于，后一类产品每件所消耗的间接费用显著高于前一类，而制造成本法却无法将此反映出来。

作业成本法是一种全新的成本计算方法。与制造成本法和变动成本法相比，作业成本法主要有以下几个特点。

1. 对产品间接成本的分配更为合理

与传统成本计算方法相比，作业成本法分配基础（成本动因）发生了质变，它不再采用单一的数量分配基准，而是采用多元分配基准，并且集财务变量与非财务变量于一体，特别强调非财务变量（如调整准备次数、运输距离、质量检测次数等）。因此，作业成本法所提供的成本信息要比传统成本计算法准确得多。

2. "作业"是作业成本法的基本成本对象

传统成本法主要以产品为成本对象计算成本，而作业成本法以"作业"为最基本的成本对象计算成本。其他成本对象的成本计算均通过作业成本进行分配。正是由于作业成本

法可以提供各项作业耗费的成本信息,因此能使管理人员展开作业管理并改善作业链成为可能。

3. 作业成本法是更广泛的制造成本法

传统的制造成本法将许多成本项目列作期间费用,采用在发生的当期"一次性扣除"的方法,而不加以分配。在作业成本法下,对于营销、产品设计等领域发生的成本,只要这些成本与特定产品相关,则可通过有关作业分配至有关产品(或其他成本对象)中。这样所提供的成本信息更有利于企业进行定价等相关决策。

4. 所有成本均是变动的

在变动成本法下,有相当一部分成本,因其在一定范围内不随产量(或机器工时等其他业务量)的变化而变化而被划为固定成本。但从作业成本法的观点看,这部分成本虽然不随产量增加而增加,但却会随其他因素的变化而改变。这些因素包括产品批次、产品线的调整、企业生产能力的增减等。作业成本法将所有成本均视为变动的,这有利于企业分析成本产生的动因,进而降低成本。

虽然作业成本法有前述许多优点,但是该方法并非完美无缺。例如,它需要更多的簿记工作,从而会产生更多的成本。

8.3.6 作业成本法的应用

【例8-10】 某企业同时生产甲、乙和丙三种产品。其中,甲产品是老产品,已经有多年的生产历史,比较稳定。每批大量生产5 000件以备顾客订货需要,年产甲产品60 000件;乙产品是应顾客要求改进的产品,每批生产50件,年产量30 000件;丙产品是一种新的复杂的产品,每批生产5件,年产量6 000件。有关三种产品的生产成本资料如表8-14所示。

表8-14 某企业产品生产成本 (单位:元)

成本项目	直接材料	直接人工	制造费用	合计
甲产品	300 000	120 000	1 200 000	1 620 000
乙产品	180 000	60 000	600 000	840 000
丙产品	48 000	18 000	180 000	246 000
合计	528 000	198 000	1 980 000	2 706 000

根据作业成本计算法,依据不同的成本库,归集制造费用如表8-15所示。

表8-15 依据成本库归集的制造费用 (单位:元)

制造费用项目	金额
间接人工	
整备工作	320 000
材料处理	280 000
检验人员	200 000
采购人员	210 000
产品分类人员	100 000
工厂管理人员	160 000
小计	1 270 000

(续)

制造费用项目	金额
其他制造费用	
供热和照明	80 000
房屋占用	190 000
材料处理设备折旧	80 000
机器能量	140 000
供应商（检验）	70 000
供应商（采购）	60 000
供应商（产品分类）	40 000
供应商（全面管理）	50 000
小计	710 000
合计	1 980 000

进一步假设有关的成本动因资料如下：

（1）甲、乙、丙产品的单位机器工时比例分别为：1、1.50和3.50；

（2）每批次需要一次标准的整备工作；

（3）每批标准检验单位为甲产品每批25件，乙产品每批2件，丙产品每批1件；

（4）甲、乙、丙产品每批材料移动次数分别为15、25和50；

（5）甲、乙、丙产品每件购货订单数分别为100、200和700；

（6）甲、乙、丙产品每件产品分类次数分别为25、35和100。

根据上述资料，按照单位作业成本、批量作业、产品作业和能量作业四个作业层次分配制造费用如下。

1. 单位作业层次

（1）直接材料成本与直接人工成本的计算与制造成本法相同，如表8-16所示。

表8-16　甲、乙、丙产品材料与人工单位成本　　　　（单位：元）

成本项目	甲产品	乙产品	丙产品
直接材料	5	6	8
直接人工	2	2	3
合计	7	8	11

（2）机器能量成本按一定比率分配到产品生产线，计算过程如表8-17所示。

表8-17　机器能量成本分配

产品名称	数量（件）	使用比例	合计	分配率	分配额（元）
甲产品	60 000	1	60 000	0.11	66 700
乙产品	30 000	1.50	45 000	0.11	50 000
丙产品	6 000	3.50	21 000	0.11	23 300
合计	—	—	126 000	0.11	140 000

2. 批作业层次

（1）检验成本按检验次数分配，计算过程如表8-18所示。

表 8-18　检验成本分配

产品名称	批量	每批检验件数	合计	分配率	分配额（元）
甲产品	12	25	300	100	30 000
乙产品	600	2	1 200	100	120 000
丙产品	1 200	1	1 200	100	120 000
合计	—	—	2 700	100	270 000①

① 检验成本：检验人员工资 200 000 元 + 供应商（检验）70 000 元。

（2）材料处理成本以材料移动次数为基础分配，计算过程如表 8-19 所示。

表 8-19　材料处理成本分配

产品名称	批量	每批移动次数	合计	分配率	分配额（元）
甲产品	12	15	180	4.79	862
乙产品	600	25	15 000	4.79	71 828
丙产品	1 200	50	60 000	4.79	287 310
合计	—	—	75 180	4.79	360 000①

① 处理成本：材料处理人员工资 280 000 元 + 折旧费 80 000 元。本表分配率和分配额根据四舍五入取整数。

（3）整备成本以每批整备次数为基础分配，计算过程如表 8-20 所示。

表 8-20　整备成本分配

产品名称	每批整备次数	分配率	分配额（元）
甲产品	12	176.60	2 120
乙产品	600	176.60	105 960
丙产品	1 200	176.60	211 920
合计	1 812	176.60	320 000

3. 产品作业层次

（1）购买成本以购货订单数量为基础分配，计算过程如表 8-21 所示。

表 8-21　采购成本分配

产品名称	购货订单数量（件）	分配率	分配额（元）
甲产品	100	270	27 000
乙产品	200	270	54 000
丙产品	700	270	189 000
合计	1 000	270	270 000①

① 购买成本：采购人员工资 210 000 元 + 供应商（采购）60 000 元。

（2）产品分类成本以分类次数为基础分配，计算过程如表 8-22 所示。

表 8-22　分类成本分配

产品名称	分类次数	分配率	分配额（元）
甲产品	25	875	21 875
乙产品	35	875	30 625
丙产品	100	875	87 500
合计	160	875	140 000①

① 分类成本：分类人员工资 100 000 元 + 供应商（产品分类）40 000 元。

4. 能量作业层次

能量作业层次以主要成本（直接材料成本+直接人工成本）为基础分配，计算过程如表8-23所示。

表8-23 主要成本分配

产品名称	单位主要成本	生产数量（件）	主要成本	分配率	分配额（元）
甲产品	7	60 000	420 000	0.66	277 686
乙产品	8	30 000	240 000	0.66	158 678
丙产品	11	6 000	66 000	0.66	43 636
合计	—	—	726 000	0.66	480 000①

① 能量成本：(1) 工厂管理人员工资　　　　160 000元
　　　　　　 (2) 照明和热动力费用　　　　 80 000元
　　　　　　 (3) 房屋占用费　　　　　　　190 000元
　　　　　　 (4) 供应商（全面管理）　　　 50 000元
　　　　　　 　合计　　　　　　　　　　　480 000元

综合上述计算结果，根据作业成本法，各种产品的总成本和单位成本汇总如表8-24所示。

表8-24 某企业产品生产成本　　　　　　　　　　　　　（单位：元）

项目	甲产品（60 000件）		乙产品（30 000件）		丙产品（6 000件）	
	单位成本	总成本	单位成本	总成本	单位成本	总成本
1. 单位作业层次						
直接材料	5.00	300 000	6.00	180 000	8.00	48 000
直接人工	2.00	120 000	2.00	60 000	3.00	18 000
机器能量	1.11	66 700	1.67	50 000	3.88	23 300
小计	8.11	486 700	9.67	290 000	14.88	89 300
2. 批作业层次						
检验	0.50	30 000	4.00	120 000	20.00	120 000
材料处理	0.01	862	2.40	71 828	47.89	287 310
整备	0.04	2 120	3.53	105 960	35.32	211 920
小计	0.55	32 982	9.93	297 788	103.21	619 230
3. 产品作业层次						
采购	0.45	27 000	1.80	54 000	31.50	189 000
产品分类	0.36	21 875	1.02	30 625	14.58	87 500
小计	0.81	48 875	2.82	84 625	46.08	276 500
4. 能量作业层次						
全面管理	4.63	277 686	5.29	158 678	7.27	43 636
合计	14.10	846 243	27.71	831 091	171.44	1 028 666

8.4 作业成本管理的特点与创新

作业成本计算的产生为成本管理提供了一种新思维——作业成本管理。同时，它也对整个会计信息系统产生了较大的影响，展示了成本计算方法由"数量基础"到"作业基础"的最新进展。作业成本计算法的产生可以视为成本会计发展的一次革命。我国的企业，尤其是高科技企业，也应根据生产经营环境的变化和企业自身的条件，适时地推广和应用作业成本计算法，提高成本信息和决策的有用性。因此，作业成本计算法与其说是一种先进的成本计算方法,不如说是一种实现了成本前馈控制与反馈控制相结合、成本计算与成本管理相结合的"全面成本管理系统"。

8.4.1 作业成本管理的基本特点

作业成本计算法虽然起源于产品成本计算的精确性要求,但是,其意义已经完全超越了成本计算的精确性要求这个层面,深入到了企业作业链－价值链重构,乃至企业组织结构设计问题。不过,作业成本计算法只是认识价值链的手段,作业成本管理才能改造和优化价值链。因此,从作业成本计算发展到作业成本管理就成为历史的必然。

作业成本管理就是应用作业成本计算所提供的明细、动态信息优化企业价值链。作业成本管理的主要目标是:第一,尽量通过作业为顾客提供更多的价值;第二,从为顾客提供的价值中获取更多的利润。这些目标的实现要求把管理的重点放在作业上。

从企业整体经营过程来看,作业成本管理具有以下几个特点。

1. 把管理深入到作业水平,以作业为核心进行作业分析的价值链的持续优化过程

如前所述,作业成本管理的主要目标是尽量通过作业为顾客提供更多的价值并从中获得更多的利润。然而,并不是所有的作业都能增加企业的价值。为此,作业成本管理必须深入到作业水平,进行作业分析,明确作业为何发生、如何发生,哪些是增值的作业,哪些是不增值的作业。这样,才能剔除不增值的作业,寻找改进的机会。

作业分析包括四个步骤:① 辨别不必要或不增值的作业;② 对重点的增值作业进行分析;③ 将作业与先进水平相比较;④ 分析作业之间的联系。

通过作业分析,溯本求源,剔除不增值的作业,把企业有限的资源用于能够为企业最终产品增加价值的作业上,并增加顾客价值,提高作业效率与效益,从而使企业处于不断改善的环境之中,促进企业价值链的优化。因此,作业成本管理不仅仅是一项管理工作,更重要的是,它还是持续改善和优化企业作业链－价值链的过程。

2. 以作业成本计算为中介并贯穿始终

企业要进行作业成本管理,优化作业链－价值链,首先要明确作业链中的各种作业耗费。这就要求变革传统的成本计算,以与之相适应,即要求成本计算深入到每一个作业,进行作业成本计算。作业成本计算作为一个明细、动态的信息系统,通过对作业追踪进行的动态反映,能够为旨在改进和完善企业作业链－价值链而进行的作业管理提供所需要的信息。作业成本管理正是应用作业成本计算所提供的信息优化企业价值链的。

如前所述,作业成本计算从纵横两个方面(成本分配观和过程分析观)为企业优化作业链、减少作业耗费、提高作业产出提供信息。作业成本计算处于作业成本管理的中心,作业成本管理包含作业成本计算,它以非成本尺度将作业成本计算和作业成本管理联系在一起,应用作业成本计算所提供的信息优化企业价值链。因此,作业成本计算是作业成本管理的基础和中介,并贯穿于作业成本管理的始终。

3. 以产品设计、适时生产系统和全面质量管理等基本环节为重点

虽然企业本身就是一系列作业的集合体,作业成本管理贯穿于企业生产经营管理的每个环节。但是,作业成本管理必须突出重点,应该把重点放在产品设计、适时生产系统和全面质量管理等基本环节上。

产品设计是企业最重要的作业动因,适时生产系统是没有任何浪费地执行各种作业,全面质量管理则是没有任何缺陷地执行各种作业。产品设计、适时生产系统和全面质量管理三位一体，缺一不可，三者只有同步进行，相互配合，才能相得益彰，优化企业作业链－价值链。因此，作业管理必须把重点放在产品设计、适时生产系统和全面质量管理等基本环节。

4. 生产周期是衡量整个企业作业链效率的重要依据

当今社会，时间就是生命，时间就是财富，时间就是市场份额。因此，时间已经成为一个重要的竞争因素。企业从产品设计直至把产品最终交给顾客的整个过程就是企业的生产周期。企业以市场需求为导向，缩短生产周期，就可以增加销售量或产品销售毛利或者两者兼而有之，从而提高企业的获利能力和竞争能力。当生产周期被分解成各个不同的时间片段时，它便会转化为与各种产品、顾客订单或者批产品相联系的易于管理的各种过程。这些过程是由一系列消耗诸如工资、薪金、津贴、工具、存货、折旧等的各种作业组成的。因此，缩短生产周期，优化作业链，企业可以在不增加生产能力和保证及时交货的情况下，提高产量和市场竞争能力。

时间是最基本的生产资源，它是度量企业作业链效率的一把尺子，有助于理解生产周期内所耗费的资源是否增加了价值以及在多大程度上增加了价值。虽然生产周期包括产品设计时间、准备时间、加工时间、检验时间、运输时间、等待时间和储存时间，但是，并不是所有的时间都可以增加最终产品的价值，只有设计时间和加工时间可以增加最终产品的价值。因此，作业成本管理下的"增加价值的作业和不增加价值的作业"可以表述为下面的等价形式：整个生产周期时间分为增加价值的时间和不增加价值的时间。作业成本管理的目的就是要使不增加价值的时间为零。由此我们不难看到，如果一项作业是增加价值的作业，则该项作业是在增加价值的时间内进行的。如此一来，一切作业所耗费的资源大多数可以转而用时间来表述。因此，作为适时生产系统的延伸，生产周期是衡量整个企业作业链效率的重要依据，如何对其进行科学管理显得日益重要。

5. 以人为本的柔性管理

作业成本管理的目标是为顾客提供满意的产品，从而获得更多的利润。企业要使顾客（外部顾客）满意，首先要以员工（内部顾客）的满意作为基础和条件。只有让员工（内部顾客）满意，才能剔除一切不增加价值的作业，优化企业的作业链－价值链。在作业成本管理下，企业管理的重点从过去强调对员工行为的控制转向让员工知情并授权他们自己解决问题和持续改善作业链－价值链，由此导致企业管理从过去的命令－控制观念转向知情－改善观念。对此，传统的"以规章制度为本"的刚性管理是难以胜任的。

为了充分发挥企业每个员工的自主性和开拓、创新精神，优化企业整体价值链，作业管理必须辅之以柔性管理，改变传统企业管理的权力结构，从原来纵向的专制独裁式集权管理转向横向的分权化民主管理，以作业链及其背后的"员工链"作为管理权力的基点，确立全体员工的主体地位，赋予他们充分的自主权、知情权和发言权，即以人为本，以员工满意作为外部顾客满意的基础和条件，满足外部顾客的需要。因此，作业管理形成了企业内部新的权力结构，有助于将柔性管理原理落到实处。从某个层面来看，作业成本管理就是以人为本的柔性管理，它以人为本设计企业组织框架和运转机制，促进了企业再造工程的兴起。

8.4.2 作业成本管理的重大开拓

作业成本管理通过充分发挥计算机集成制造系统的优势，改进和完善企业的作业链－价值链，把不增加价值的作业降低到最低限度，从而把有限的资源应用于能够增加价值的作业上，极大限度地提高企业的整体经济效益，不断增强企业的市场竞争力。

作业成本管理作为一种全新的管理模式，对传统的企业成本管理产生了重大影响。

1. 作业管理与持续降低成本

传统的企业管理以"产品"为起点和核心，在成本管理方面，把重点放在标准成本上。与之相适应，标准成本、费用预算及其差异分析把重点放在实际与标准或预算差异的控制上。按照这种思路，传统成本管理只注重"通过数量进行管理"，而很少注意成本发生的前因、后果。这种成本管理方式本末倒置，没有对成本的降低追本溯源，有针对性地采取相应的措施，因而难以获得持续的成本节约。在某些情况下，员工抱怨工作紧张和工作负担日益加重，致使其工作效率下降。成本不仅没有降低，反而上升了。传统成本管理尽管也重视产品设计和质量管理，但是，由于它没有从根本上改变企业管理的观念，而是以"产品"为核心和起点，没有达到更高的层次，因而其效果在广度和深度上都受到了很大的限制。

与此相反，作业成本管理以"作业"为核心和起点，在成本管理方面把重点放在每一个作业的完成及其所耗费的资源上。通过作业分析，追本溯源，根据技术与经济相统一的原则，不断改变作业方式，重新配置有限的资源，达到持续降低成本的目的。

根据作业成本计算所提供的信息，如果发现某项高成本的作业，首先要确定这项作业是否有必要，能否增加顾客价值。如果该作业是不必要的作业，不能增加顾客价值，企业就应该剔除这项作业，而根本不必去提高它的效率。企业应该时刻考虑为什么要完成各种作业，这些作业是否有必要，它能否增加顾客价值，能否改进。

简而言之，作业成本管理持续降低成本的步骤可以归结为：① 减少完成某项作业所需要的时间或耗费；② 剔除不必要的作业；③ 选择成本最低的作业；④ 尽量实现作业共享，为降低作业成本创造有利条件；⑤ 利用作业成本计算提供的信息，编制资源使用计划，重新配置未使用的资源。这些步骤贯穿于企业整个生产经营过程，使企业处于不断改善的环境之中，达到持续降低成本的目的。

2. 作业管理与成本管理发展趋势

与传统的成本管理相比，作业成本管理在成本管理方面的发展主要表现在以下几个方面。

（1）成本计算方法的发展。成本计算方法是成本管理的基础，成本计算结果的准确性和相关性直接影响到企业的经营决策。在高新技术条件下，传统的成本计算方法丧失了其存在的条件。如前所述，作业成本管理把管理深入到了作业水平，以作业成本计算为中介并贯穿始终。在"适时生产系统"下，实现了"零存货"。产品成本与期间成本的差异消失了，形成了一种不受期末存货成本结转影响的非累积性成本计算。此时，变动成本法与完全成本法的差异也随之消失。

（2）成本控制方法的变化。成本控制是成本管理的关键。传统的成本控制方法主要是以"产品"为中心的标准成本制度的应用。在标准成本制度下，实际绩效与标准绩效的差异也成为对管理人员进行奖惩的重要依据。在高新技术条件下，标准成本制度的控制功能虽然没有完全消失，但已受到严重的挑战。产品生命周期缩短，富裕社会需求的多样化，都加速了生产方法的改进，使得贯彻标准成本的重要条件——生产过程的稳定性和批量化程度大大降低。与将目前的"现实标准"作为成本控制基础的标准成本制度不同，作业成本管理以持续完善和优化价值链为目标，将企业成本管理分为成本避免和成本控制两个层次，并贯穿于企业的整体作业链，剔除一切不能增加价值的作业，使企业处于不断改善的环境之中。

(3) 重视产品生命周期成本和质量成本的计量和报告，全方位地进行成本控制。

综合上述，作业成本管理将成本管理的重心放到作业水平上，以"作业"作为企业管理的起点和核心，与传统的以"产品"作为企业成本管理的起点和核心相比，它在层次上得到了深化，是企业成本管理上的一次重大的革命性变革。它预示着企业成本管理的发展趋势。

相关链接

戴尔公司的作业成本法

几年前，戴尔公司对其成本核算系统进行了改良，以一张 Excel 电子表格为起点，研发了一套简单的作业成本管理系统来关注公司最重要的 10 项生产活动。下面列示了戴尔公司在开始改良其成本核算系统时面临的一些决策。

决策内容	指南
如何研发一套作业成本法管理系统	（1）鉴别每项生产活动并预计各自的总间接成本 （2）鉴别每项生产活动的成本动因，然后预计每项成本动因分配基础的总数量 （3）计算每项生产活动的成本分配率 （4）分配间接成本到成本对象
如何计算一项作业的成本分配率	预计某项作业的间接总成本÷预计某项分摊基础的作业量
如何分配一项作业成本到成本对象	该项作业的成本分配率×成本对象实际使用的分配基础数
管理人员使用作业成本法制定何种决策	管理人员使用作业成本法数据进行如下决策 ● 定价与产品组合决策 ● 削减成本决策
如何设定目标成本	目标价格（基于市场调查）－预期利润＝目标成本
如何达到目标成本	使用价值工程改进产品设计与生产过程来削减成本
作业成本法的主要优点	● 传递更准确的产品成本信息 ● 更详细的作业成本以及成本动因有助于经理人控制成本

资料来源：M 苏珊娜·奥利弗，查尔斯 T 霍恩格伦．管理会计［M］．大连：东北财经大学出版社，2012：73-74.

8.5 时间驱动作业成本法

8.5.1 时间驱动作业成本法的原理和方法

卡普兰和史蒂文·R. 安德森（Steven R. Anderson）在传统作业成本法的基础上，建立了一种新的作业成本方法：时间驱动作业成本法（time-driven activity-based costing）。这种作业成本法不仅能很好地弥补传统作业成本法的缺陷，而且简化了公司的作业成本财务核算系统，并能使成本核算更具科学性和适应性。

时间驱动作业成本法以时间作为分配资源成本的依据，通过经验丰富的管理人员对实际产能和作业单位时间数的可靠估计，计算出作业的成本动因率，进而计算出该项作业应分摊的成本。在时间驱动作业成本法中，管理人员可以直接估计每项交易、每种产品或每个客户所消耗的资源。对于每一类资源，企业只需要估计两个参数：一是供给资源产能的单位时间成本，即单位时间产能成本（the cost per time unit of capacity）；二是产品、客户或服务在消耗资源时所占用的单位时间数，即作业单位时间数（the unit times of activities）。通过上述两个参数的相乘，就可以得到成本动因率（cost-driver rate），进而计算出该项作业的成本。另外，时间驱动作业成本法是以事件为基础的，可以随时对模型进行更新，从而便于企业及时提供更具决策相关性的成本信息，准确反映企业当前的实际情况。

时间驱动作业成本法主要通过以下几个步骤实现对成本的核算。

第一步：估计单位时间产能成本。

首先，管理人员根据经验和观察直接估计所提供资源的实际产能，而不是像传统作业成本法那样去调查员工在各作业中是如何耗费时间的。例如，管理人员可以根据经验估计：实际产能为理想产能的80%～85%，即如果一个员工或一台机器有能力每周工作40小时，那么他（它）的实际产能是每周32～35小时。之所以这样考虑，是因为：其一，员工有部分时间用来休息、交流和离开；其二，机器设备也需要一定的时间用来调试、维护和修理。另外，也可以根据历史水平，运用回归分析等科学系统的方法来确定所提供资源的实际产能。无论选择哪种方法，都允许存在一定的误差（如5%～10%）。当然，如果对实际产能的估计是错误的，那么随着作业的进展，时间驱动作业成本法将会揭示这个错误。其次，用本部门的总成本除以员工的工作时间数（实际产能），可得到单位时间产能成本，即单位时间产能成本＝部门总成本÷员工工作时间数。

例如，假设某公司的客户服务部门的总成本是560 000元，理想产能为1 000 000分钟，并且管理人员根据经验估计得出实际产能为理想产能的80%，那么管理人员就能以此计算出单位时间产能成本为0.7元/分钟。

虽然大多数资源的产能以时间形式进行计量，但是时间驱动作业成本法也能以其他形式进行计量，比如：一个仓库或者一个车间的容量可以按其提供的空间计量，记忆存储能力可以按提供的字节计量。在这些情况下，就可以以此为基础计算出单位资源产能成本，如每立方米资源成本、每兆字节资源成本等。

第二步：估计作业单位时间数。

管理人员可以通过调查、交谈、计量等方法制定完成每项作业所需的时间（作业单位时间）。这些数据主要通过管理人员与员工的交谈或是直接的观察取得。当然，在计算作业单位时间数时也允许存在一定的误差。

接上例，假设该公司的客户服务部门需要执行以下三项作业：处理订单、客户咨询和信用核对。现假设管理人员通过与员工的交谈以及直接的观察得到以下数据：处理订单所耗用时间为10分钟/次，客户咨询所耗用时间为45分钟/次，信用核对所耗用时间为50分钟/次。

第三步：计算成本动因率。

成本动因率的经济含义为某项作业的单位作业成本。通过相乘上述两步得到的参数，管理人员可以计算出成本动因率，即成本动因率＝单位时间产能成本×作业单位时间。一旦成本动因率被确定，就可以在作业发生时将作业成本计入产品，最后汇总计算出产品成本。

依上例，对于该客户服务部门，管理人员可以依次计算出处理订单、客户咨询以及信用核对的成本动因率，依次为0.7元/分钟×10分钟/次＝7元/次；0.7元/分钟×45分钟/次＝31.5元/次；0.7元/分钟×50分钟/次＝35元/次。

第四步：分析和报告成本。

通过各作业的成本动因率，管理人员能够随时报告部门各项作业的成本。根据报告中的产能供给和产能使用之间的差异，管理人员能够回顾分析未使用的产能成本，以决定是否在后期减少对未使用产能的供给和如何减少未使用产能的供给。

依上例，假设这三项作业的实际工作量依次为42 000次客户订单、2 100次客户咨询和

2 500次信用核对。通过这三项作业的作业数量和相应的成本动因率相乘，管理人员就可以依次计算出处理订单、客户咨询、信用核对各自的以及总耗用的成本，分别为294 000元、66 150元、87 500元和447 650元。根据总耗用产能（447 650元）与总提供产能（560 000元）之间的差异，管理人员可以回顾分析未使用的产能成本，以决定在后期如何进行成本控制和提高产能利用率。

第五步：更新模型。

因为时间驱动作业成本法以事件为基础而不是以时间为基础更新作业成本法模型，所以管理人员能够轻松地更新模型，并能得到对当前情形更为精确的反映。

时间驱动作业成本法的模型更新主要体现于成本动因率。引起成本动因率变化的因素主要有两个。第一，被供给资源的价格变化，主要影响到单位时间产能成本。例如，假设原单位时间产能成本是0.6元/分钟，如果员工得到一项6%的补偿额，那么新单位时间产能成本就会从0.6元/分钟增加到0.636元/分钟。如果新的机器取代原有机器或是增加到一个操作过程中，那么单位时间产能成本也将被修正。第二，作业效率的变化，主要影响到作业单位时间数。操作流程的改进、员工技术水平的提高或新技术的引进等，都能使同样一个作业耗用更少的时间或更少的资源。当这些改进永久地、持续地发生时，管理人员就需要重新估算作业单位时间数，以及时反映这些改进。例如，如果客户服务部门采用一个新的数据系统，那么员工执行作业的单位时间必将缩短。为了体现这一改进，不仅作业单位时间数需要更改，而且成本动因率也会需要随之改变。当然，管理人员要把购买新的数据系统的成本所产生的影响考虑在内（影响到单位时间成本）。

8.5.2 时间驱动作业成本法的应用

1. 案情简介

某物流公司是国内一家新型的现代物流公司，主要为客户提供货物运输、货运代理、仓储、城市配送、货物包装等物流服务。现阶段物流业的间接费用比重较大，业务种类多并且比较繁杂，这就决定了物流成本核算和管理的复杂性。传统成本法将物流费用与其他费用合并在一起计算，并且只有在全部活动结束后才能得出成本的统计结果。因此，公司无法计算各业务的成本，也就无法对每项业务进行合理的定价和盈利性分析。同样，公司也无法对各客户进行分析，无法了解利润贡献最大的客户，因此影响公司进行有效的客户管理。因为缺乏各个业务活动的成本信息，所以公司不能对业务活动进行分析，无法识别增值作业和非增值作业，也无法掌握作业的效能，这也就阻碍了公司的发展。为此，我们运用作业法对其业务进行成本分析。该部门主要存在以下活动：①发车前检验；②装货；③固定货物与检查；④货物发送登记等办公作业；⑤发车；⑥运货；⑦开门及检查货物；⑧卸货；⑨清扫货车；⑩办公作业和管理。根据这些活动的性质和重要性，现把该部门的这些活动归为三类作业：装货（①~⑤）；运货（⑥）；卸货（⑦~⑩）。本月度该部门的理想产能为125 000分钟，该部门本月的实际工作量为198次装货、198次运货以及198次卸货。该部门本月成本归集如表8-25所示。

表8-25 物流公司成本

项目	输送活动	活动编号	成本动因	输送费用（元）
人力费	托板堆积	②⑧	堆积时间	3 500
	其他活动	其他活动	需要时间	14 000

(续)

项目	输送活动	活动编号	成本动因	输送费用（元）
燃料费	货车行程	⑥	行程距离	36 100
设备费	设备使用	②⑧	使用时间	4 000
	货车使用	⑥	行程距离	24 000
总输送费				81 600

2. 传统作业成本法的计算

首先，管理人员经过对员工的调查，得到了装货、运货、卸货所消耗的时间比重分别约为 15%、70%、15%；其次，根据调查得到的时间比重，分别计算出这三项作业应分摊的成本；最后，用各项作业所承担的成本除以相应的作业量，得到各项作业的成本动因率。具体计算过程如表8-26所示。

表8-26 传统作业成本法计算

作业	耗用时间比（%）①	总成本（元）②	分摊的成本（元）③=①×②	作业量（次）④	成本动因率（元/次）⑤=③/④
装货	15%		12 240	198	61.82
运货	70%	81 600	57 120	198	288.48
卸货	15%		12 240	198	61.82
总计	100%	81 600			

3. 时间驱动作业成本法的计算

如采用时间驱动作业成本法，则通过以下几个步骤实现对成本的核算。

步骤一：估计单位时间产能成本。

管理人员根据长期观察，发现员工在工作过程中平均有20%的时间用于交流、离开和休息，即实际产能为理论产能的20%。

$$实际产能 = 理想产能 \times 80\% = 125\,000 \times 80\% = 100\,000（分钟）$$

单位时间产能成本 = 部门总成本 ÷ 员工实际工作时间数量（实际产能）
$$= 81\,600 / 100\,000 = 0.816（元/分钟）$$

步骤二：估计作业单位时间数。

为了估计作业单位时间数，管理人员可以通过与员工的交谈和直接的观察得到。具体数据如下：装货为66分/次、运货为328分/次、卸货为66分/次。

步骤三：计算成本动因率。

$$成本动因率 = 单位时间产能成本 \times 作业单位时间数$$

根据公式，可以依次计算得出装货、运货和卸货的成本动因率，分别为53.86元/次、267.65元/次和53.86元/次。

步骤四：分析和报告成本。

用装货、运货以及卸货各自的成本动因率乘以相应的作业量，得到这三项作业应分摊的成本，分别为10 663元、52 994元以及10 663元。因此，这三项作业的成本耗用合计为74 321元。通过总耗用产能成本（74 321元）与总提供产能成本（81 600元）的比较，管理人员可以回顾分析未使用的产能成本，以决定是否在后期减少对未使用产能的供给和如何减少未使用产能的供给。

时间驱动作业成本法的计算过程如表8-27所示。

表8-27 时间驱动作业成本法计算

作业	作业数量 （次） ①	作业单位 时间数 （分钟/次） ②	单位时间 产能成本 （元/分钟） ④	成本动因率 （元/次） ⑤=②×④	总耗用时间 （分钟） ③=①×②	分摊的成本 （元） ⑥=①×⑤
装货	198	66	0.816	53.86	13 068	10 663
运货	198	328	0.816	267.65	64 944	52 994
卸货	198	66	0.816	53.86	13 068	10 663
耗用合计					91 080	74 321
总提供产能					100 000	81 600
未使用产能					8 920	7 279

4. 分析结论

通过上述两种方法在实例中的运用可见，时间驱动作业成本法较传统作业成本法具有如下突出优点。

第一，时间驱动作业成本法使成本核算更具科学性。时间驱动作业成本法考虑了在传统作业成本法中员工有可能虚报有效工时的情况，避免了作业所占时间比之和始终等于100%的弊端，考虑了实际产能和理想产能之间的差距，从而计算出了更符合实际的成本动因率，使成本核算更具科学性。

第二，时间驱动作业成本法提供的成本信息更具决策相关性。时间驱动作业成本法能够通过成本报告揭示总提供产能、已使用产能和未使用产能三项内容，并且能够以事件为基础及时地更新作业成本法模型，能够为管理人员提供及时的、更具相关性的成本信息。上例中，实际产能是100 000分钟，占理想产能的80%，而有效利用的产能为91 080分钟，利用率仅为91%，还存在8 920分钟的闲置产能，说明该部门还存在8 920分钟的产能节约空间。同时，在成本分摊方面，实际分摊的成本总计为74 321元，比总提供成本少了7 279元，说明该部门还存在7 279元的成本降低空间。

由此可见，时间驱动作业成本法在提高产能利用率、控制成本方面具有广阔的应用前景。

8.6 成本管理与控制的 Excel 模型设计

8.6.1 标准成本系统的 Excel 模型设计

1. 模型概要

（1）问题描述：标准成本系统包括成本标准的确定、成本差异分析、成本差异处理，许多情况下成本标准并不是固定不变的，成本标准需要根据实际情况进行一定程度的调整，运用 Excel 可以方便地对标准成本系统进行调节，从而大大节约了分析者的工作量。

（2）主要变量：标准成本、实际成本、成本差异。

（3）决策方法：比较法、图示法。

（4）关键技术：成本差异的计算，微调器的使用，绘制面积图。

2. 应用举例

【例8-11】 某企业生产甲产品，相关数据如图8-8所示。

某企业生产甲产品的标准成本和实际成本如下表：

成本项目	数量标准	价格标准	标准成本
直接材料：	千克	元/千克	元
材料	8.00	18.00	144.00
直接人工：	小时	元/小时	元
生产车间	6.00	6.00	36.00
制造费用：	小时	元/小时	元
变动费用	3.00	5.00	15.00
单位产品变动性实际生产成本	195.00		

成本项目	实际数量	实际价格	实际成本
直接材料：	千克	元/千克	元
材料	10.2	19.5	198.90
直接人工：	小时	元/小时	元
生产车间	5.5	7.5	41.25
制造费用：	小时	元/小时	元
变动费用	5	7	35.00
单位产品变动性标准生产成本	275.15		

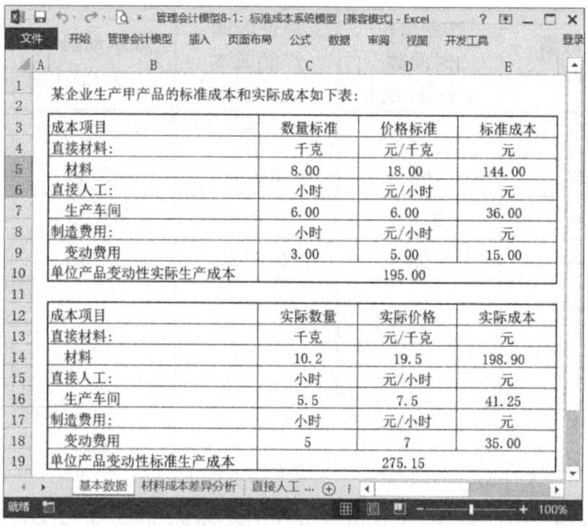

图8-8 基本数据

注：基本数据来源见文件管理会计模型8-1：标准成本系统模型.xls（章后Excel模型二维码 模型8-1）。

【模型展示】 模型展示如图8-9和图8-10所示。

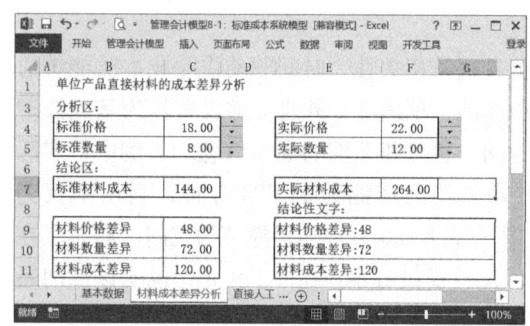

图8-9 成本控制的Excel模型

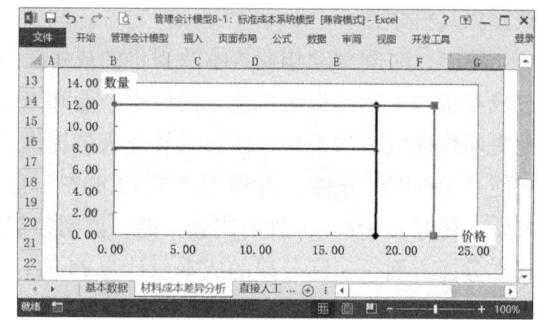

图8-10 成本控制的Excel动态模拟图

【文件链接】 管理会计模型8-1：标准成本系统模型.xls。

【建模步骤】 以材料成本差异为例。

第一步：在基本数据工作表输入已知条件。

第二步：设计分析区和结论区，输入相关公式。

第三步：添加价格和用量的微调器，使模型可调。

第四步：绘制成本差异分析图。绘图方法见前面章节有关动态图形的方法讲解。

第五步：修饰图表。

人工成本差异、变动性制造费用差异的分析模型，设计方法同上。

8.6.2 作业成本法的Excel模型设计

1. 模型概要

（1）问题描述：由于传统的成本计算方法对制造费用的分配存在不准确的问题，需要运用作业成本法进行成本计算，而作业成本法的计算需要根据产品消耗作业量来对制造费用进行分配，有时不同的产品所消耗的作业量会有多种，手工计算的方法往往不能满足决策的要求，需要借助计算机来完成，Excel 的电子表格功能为成本计算提供了方便。

（2）主要变量：产品生产量、直接材料、直接人工、制造费用、作业、作业成本。
（3）决策方法：完全成本法、作业成本法、比较法。
（4）关键技术：两种成本计算方法的 Excel 实现方法，单元格的引用，绘制堆积图。

2. 应用举例

【例 8-12】 以【例 8-9】为例，计算两种成本计算方法下的产品单位成本，并进行比较。

【模型展示】 模型展示如图 8-11 和图 8-12 所示。

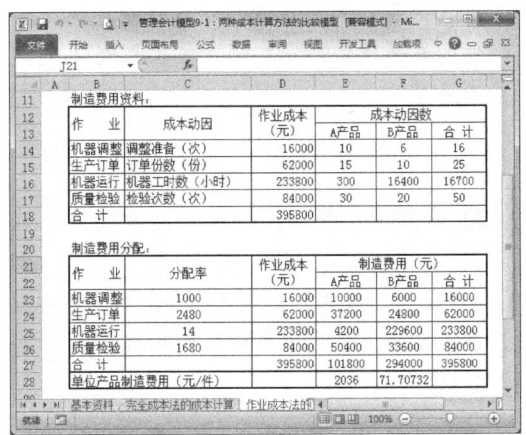

图 8-11　基于 Excel 的成本计算

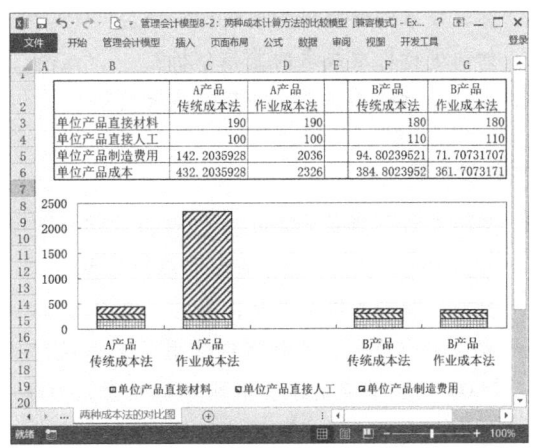

图 8-12　两种成本方法的比较

【文件链接】 管理会计模型 8-2：两种成本计算方法的比较模型 .xls（章后 Excel 模型二维码 模型 8-2）。

【建模步骤】 略，见文件管理会计模型 8-2：两种成本计算方法的比较模型 .xls。

■ Excel 模型二维码

模型 8-1

模型 8-2

■ 案例分析

案例 8-1　标准成本核算系统案例
案例 8-2　全面成本管理及其在 OTC 公司的应用

案例 8-1

案例 8-2

课后练习与实验操作

讨论题

1. 什么是标准成本系统？标准成本的特点是什么？采用标准成本系统的作用是什么？
2. 标准成本的制定应如何进行？
3. 如何进行标准成本的差异分析？
4. 作业成本计算法产生的背景是什么？
5. 作业成本计算法与传统的成本计算方法有何区别？
6. 为什么说作业成本管理是现代企业成本管理的发展趋势？它在哪些方面取得了突破性进展？

计算分析题

1. 某企业计划期的产品的直接材料的消耗定额为 10 千克，每千克的标准单价为 50 元。标准工时为 6 000 小时，直接人工工资总额为 36 000 元，变动制造费用预算总额为 24 000 元，固定制造费用预算总额为 30 000 元。假定生产甲产品的直接人工的工时定额为 75 小时。要求：
计算甲产品标准成本。

2. 某公司生产甲产品，每瓶的直接材料和直接人工的标准成本资料如表 8-28 所示。

表 8-28 甲产品标准成本资料

成本项目	价格标准	用量标准	标准成本
直接材料	1.20 元/克	8 克/瓶	9.60 元
直接人工	6 元/工时	0.50 工时/瓶	3.00 元

假设本月份实际发生的业务情况如下：
（1）购进直接材料 15 000 克，实际支付 18 750 元；
（2）本期购进材料全部用于生产，共生产甲产品 1 760 瓶；
（3）本期共耗用直接人工 835 工时，支付人工成本 5 177 元。要求：
1) 计算本月份的材料价格差异与用量差异；
2) 计算本月份的工资率差异和人工效率差异。

3. 某公司一贯采用标准成本、弹性预算来控制产品成本，它的加工成本的标准如表 8-29 所示。

表 8-29 某公司加工成本标准资料

成本项目	价格标准	用量标准	标准成本
变动制造费用	2 元/工时	3 工时/件	6 元
固定制造费用	1 元/工时	3 工时/件	3 元

上述费用分配率是按 50 000 件标准产量计算的。
本月份该公司实际生产 40 000 件，其实际加工成本资料如下
实际工时总数：125 000 工时；
实际制造费用（其中变动费占 255 000 元）：411 000 元。要求：
（1）计算变动制造费用的开支（耗费）差异和效率差异；
（2）二差异法计算固定制造费用的预算差异和能量差异；
（3）三差异法计算固定制造费用的开支差异、效率差异和生产能力利用差异。

4. 某企业从事 A、B 两种产品的生产，这两

种产品的生产工艺过程基本相同。所涉及的作业主要有五项：①订单处理；②设备调整；③设备运行；④质量检验；⑤生产计划编制。各项作业所消耗的资源情况如表 8-30 所示。A、B 两种产品消耗作业情况如表 8-31 所示。要求：

按作业成本法计算 A、B 两种产品成本。

表 8-30　作业消耗资源情况表

作业	订单处理	设备调整	设备运行	质量检验	计划编制
工资	1 600	480	4 320	5 000	4 000
电力	200	160	1 440	1 400	180
折旧	2 500	560	5 040	7 700	2 400
办公费	1 200	140	1 260	1 900	1 600

表 8-31　A、B 产品消耗作业情况表

作业	作业动因	作业动因数			
		A 产品	B 产品	未耗用	合计
订单处理	订单处理份数	80	45	75	120
设备调整	调整次数	2	60	38	100
设备运行	机器小时	100	10	40	150
质量检验	检验批数	2	30	18	50
计划编制	生产计划份数	4	26	10	50

5. 某公司生产 A、B 两种产品，A 产品为小批量、高技术产品，生产工人平均技术等级较高；B 产品为大批量产品，生产工艺较 A 产品更简单。有关资料如表 8-32 所示。

表 8-32　A、B 产品资料

项目	A 产品	B 产品
产销量（件）	10 000	40 000
机器调整（次）	5	2
原材料处理（次）	10	5
质量检验（次）	100	50
机器制造工时（小时）	20 000	60 000
直接材料成本（元）	250 000	600 000
直接人工成本（元）	100 000	240 000

该企业当年制造费用项目与金额如表 8-33 所示。要求：

表 8-33　制造费用资料

项目	金额（元）
机器调整成本	140 000
原材料处理成本	150 000
质量检验成本	300 000
间接人工成本	34 000
燃料与水电费用	160 000
设备折旧	240 000
其他费用	176 000
合计	1 200 000

（1）按传统成本计算法以直接人工工时为基础分配制造费用，计算 A、B 两种产品成本；
（2）按作业成本计算法以作业为基础分配制造费用，计算 A、B 两种产品成本。

实验操作题

1. 以【例 8-5】、【例 8-6】、【例 8-7】、【例 8-8】为基础，设计标准成本分析的 Excel 模型。要求：
   （1）使用微调器，能够对成本标准进行动态修改；
   （2）绘制成本差异的动态变动图。
2. 了解某一种产品的生产工艺，并对该产品进行成本动因分析，设计该产品的作业成本计算流程。
3. 运用 Excel，以计算分析题第 4 题、第 5 题为对象，设计作业成本计算的 Excel 模型，并对两种成本计算方法进行比较，绘制成本构成比较图。
4. 请用思维导图绘制本章的知识要点。

■ 参考文献与推荐阅读

[1] Robert S Kaplan, Steven R Anderson. 时间驱动作业成本法[J]. 会计师, 2005(2): 66-66.

[2] 江伟, 胡玉明. 企业成本费用粘性: 文献回顾与展望[J]. 会计研究, 2011(9).

[3] 赵息, 李亚光, 齐建民. 时间驱动作业成本法述评: 方法、应用与启示[J]. 西安电子科技大学学报（社会科学版）, 2012(3): 32-39.

[4] 李世辉. 基于生命周期成本管理的知识库构建研究[J]. 会计研究, 2013(7).

[5] 温素彬. 时间驱动作业成本法的原理与应用[J]. 财务与会计, 2007, (2).

[6] 张蕊, 饶斌, 吴炜. 作业成本法在卷烟制造业成本核算中的应用研究[J]. 会计研究, 2006(7): 59-65.

[7] 盛继明. 工业和信息通信业管理会计案例集（2018）[M]. 北京: 电子工业出版社, 2018.

第9章

供应链成本管理

真正的竞争不是企业与企业之间的竞争，而是供应链和供应链之间的竞争。

——[美]马丁·克里斯多夫

■ **学习目标**

1. 了解供应链管理的思想；
2. 理解供应链成本的分类与影响因素；
3. 理解供应链成本管理的方法。

■ **重点与难点**

1. 供应链成本的分类与影响因素；
2. 供应链成本管理的常用方法。

■ **导入案例**

谁为中兴滑铁卢买单

中兴通讯利用金融危机后的经济复苏期，将公司规模发展至160亿美元，并压倒松下获得全球PCT专利第一。2010年中兴开始调整战略，将销售额定为事业部最重要的考核指标。然而在通信行业迅猛发展的2010年和2011年，中兴的净利润却在不断下滑，2011年净利润20.6亿元，低于2010年的32.5亿元，同比下降36.6%。2012年中兴便面临28.4亿元的巨额亏损。到2013年，虽然年报显示中兴净利润达到了13.58亿元，但其主要来自资产出售，无法掩饰其主营业务收入的下滑——其国内业务实现营业收入比上年同期下降9.68%；国际业务实现营业收入比上年同期下降11.34%。根据其财报显示，亏损是欧美和非洲多个低毛利项目造成的。欧洲市场多个大单集体亏损，每个大单的亏损额都在上亿元级别。

究其亏损原因，中兴通讯90%的手机依靠供应链前端运营商出货，而该渠道的出货利润率普遍很低。据估算，千元智能机利润率不超过10%，再减掉运营费用，所剩无几。并且各厂家争相抢占智能机市场，只推行低价不关注成本，导致竞争策略不断失效。

中兴所在的供应链前端销售毛利极低，而不被重视的供应商成本居高不下。该公司倾向于对大国大市场的突破，付出的成本偏高，国外接单较多隐性成本，面对供应商的交付往往需要付出额外成本。例如，欧洲挪威运营商Telenor的项目价值1亿美元，代表处当时预计会亏损2 000万至3 000万美元，而执行过程中发现对成本估计不足，所在区域地势恶劣，交付非常困难，很多地方没有公路，最终该项目亏损了6 000万美元，远超预期。

忽略了所处供应链的特点，盲目依靠低价占领市场而忽视成本，是中兴亏损的重要原因。缺乏同供应商合作控制成本，仅仅通过促销宣传聚焦于销量，导致某些产品毛利率为负，销量越大亏损越严重，最终重创中兴的盈利能力。

资料来源：网易财经，《中兴亏损：以薄利争夺市场 手机业务只是牺牲品》。

9.1 供应链成本管理概述

随着企业内部制造成本管理方法的日益完善与成熟，通过提高劳动生产率和节约企业内部资源来增加利润的空间正逐步缩小，如何开辟利润增长的新源泉成为管理者的新问题。由于企业之间的竞争越来越被供应链之间的竞争所取代，成本优化的潜力通过管理整个供应链才能实现，因此，供应链成本管理近年来受到广泛重视。当整个供应链的成本降低以后，企业必然从更大的蛋糕中获利。根据国际著名管理咨询公司科尔尼（A. T. Kearney）的报告，供应链可以耗费整个公司高达25%的营运成本，而对于一个利润率仅为3%~4%的企业而言，降低5%的供应链成本则能够使整个企业利润翻番。由此可见，把握住供应链成本就是把握住了真正的核心竞争能力。

9.1.1 供应链与供应链管理

1. 供应链管理定义

供应链的概念源于物流与生产运作管理，是从扩大的生产（extended production）概念发展而来的。供应链是围绕核心企业，通过对信息流、物流、资金流的控制，从采购原材料开始，制成中间产品以及最终产品，最后由销售网络把产品送到消费者手中的将供应商、制造商、分销商、零售商直到最终用户连成一个整体的功能网链结构模式，它将企业的生产活动进行了前伸和后延。

与传统销售链不同，供应链的概念跨越企业界限，从全局和整体的角度考虑产品经营的竞争力，使供应链从运作工具上升为一种集成的管理方法体系及思维模式，从而产生了供应链管理（supply chain management，SCM）的概念。供应链管理的经营理念是从消费者的角度出发，通过企业间的协作，谋求供应链整体最佳化。成功的供应链管理能够协调并整合供应链中所有的活动，最终成为无缝连接的一体化过程。

供应链管理模式是顺应市场形势的必然结果，供应链管理能充分利用企业外部资源，快速响应市场需求，同时又能避免企业自己投资带来的建设周期长、风险高等问题，赢得产品在成本、质量、市场响应、经营效率等各方面的优势，增强企业的竞争力。

2. 供应链管理意义

（1）供应链管理能提高企业间的合作效率。现代社会中，大部分产品需要各种企业的分工协作才能完成。譬如，波音747飞机的制造需要400多万个零部件，可这些零部件的绝大部分并不是由波音公司内部生产的，而是由65个国家的1 500个大企业和15 000个中小企业提供的。在这些合作生产的过程中，众多的供应商、生产商、分销商、零售商构成了供应链冗长、复杂的流通渠道，企业之间的合作效率极低。供应链管理的实质是跨越分隔顾客、厂家、供应商的有形或无形的屏障，把它们整合为一个紧密的整体，并对合作伙伴进行协调、优化管理，使企业之间形成良好的合作关系。

（2）供应链管理能提高客户满意度。供应链从客户开始，到客户结束，是真正面向客户的管理。从前的生产是大批量生产，但随着越来越多客户个性化需求的出现，现在的生产要求满足客户的不同需求。供应链管理把客户作为个体来进行管理，并及时把客户的需求反映到生产上，能够做到对客户需求的快速响应，因而不仅满足了客户的需求，而且挖掘了客户潜在的需求。比如，供应链管理中的客户关系管理（customer relationship management，CRM），就可以根据客户的历史记录，分析客户的潜在需求，在客户想到之前把客户需求的产品生产出来。

（3）供应链管理是企业新的利润源泉。供应链管理思想与方法目前已在许多企业中得到了应用，并且取得了很大的成就。调查表明，通过实施供应链管理，企业可以降低供应链管理的总成本，提高准时交货率，缩短订单满足提前期，提高生产率，提高绩优企业资产运营业绩，降低库存等，以此提高企业的经济效益。

3. 供应链管理内容及特点

供应链管理实际上是对从供应商到客户之间的商流、物流、信息流、资金流的集成管理。主要包括五大基本内容。

（1）计划。计划是供应链管理的策略性部分。采用特定策略管理所有的资源，以满足客户对产品的需求。好的计划是建立一系列的方法监控供应链，使其能够有效、低成本地为顾客递送高质量和高价值的产品或服务。

（2）采购。选择能为产品和服务提供货品和服务的供应商，和供应商建立一套定价、配送和付款流程并创造方法监控和改善管理，并把对供应商提供的货品和服务的管理流程结合起来，包括提货、核实货单、转送货物到制造部门并批准对供应商的付款等。

（3）制造。安排生产、测试、打包和准备送货所需的活动，是供应链中测量内容最多的部分，包括质量水平、产品产量和工人的生产效率等的测量。

（4）配送。亦被称为物流的一部分，是调整用户的订单收据、建立仓库网络、派递送人员提货并送货到顾客手中、建立货品计价系统、接收付款。

（5）退货。这是供应链中的问题处理部分。建立网络接收客户退回的次品和多余产品，并在客户应用产品出问题时提供支持。

供应链管理最大的特点是集成管理，通过将链上企业视为整个系统，通过协调各组织统一决策，以提高系统整体效益为目的，减少由于企业间竞合关系带来的成本与效率问题，优化各企业决策及绩效实现共赢。而供应链管理中的一个重要分支，即是供应链成本管理。

9.1.2 供应链成本及其分类

供应链成本管理近年来受到业界以及学术研究界的广泛重视，主要原因可以归结于两个方面：首先，企业间的竞争越来越被供应链之间的竞争所取代；其次，成本优化的潜力亟须通过管理整个供应链系统的成本来实现——将成本管理的方法从企业内部扩展到整个供应链，利用供应链成员合作关系降低各环节成本，使整条供应链更有竞争优势，各企业亦从中受益。

1. 供应链成本定义

供应链的运作必然伴随着费用和支出，这就构成了供应链成本。供应链成本的概念定义为从原材料投入开始到最终产品送达消费者的整个过程中发生或应发生的价值耗费，它是为实现整个供应链的利益而投入的资源价值。供应链成本不仅包括企业内部成本，还包括企业之间由物流、现金流、资金流所引起的成本以及供应链协同过程中产生的机会成本和整合成本的总和。

美国供应链委员会（Supply Chain Council）给出的供应链经营参考模型根据不同计量水平的指标将供应链成本界定如下：销货成本、总供应链管理成本、订货管理成本、材料购置成本、存货储存成本、供应链相关信息技术成本、附加值生产率、售后担保/退回成本。

2. 供应链成本类别划分

在对供应链成本进行研究和管理时，首先应界定好其内涵及分类，这关系到采用何种视角看待供应链成本，以及在实践中对供应链成本如何界定、如何计量与测算、如何控制与优化等一系列问题。在供应链成本管理的发展过程中，研究专家对于其内涵及外延的确切定义尚无定论。较为普遍的是在直接成本和间接成本的传统划分及作业成本法的基础上从三个层次将供应链成本划分为：物流成本、交易成本和直接成本。

（1）物流成本。该类成本包括与产品生产或服务形成没有直接关联，但与产品的生产交付相关的物料空间移动所引起的成本。根据物流活动的基本环节，将其分为运输成本、库存持有成本、包装成本、配送成本等。

（2）交易成本。此类成本包括处理供应商和客户信息及沟通所产生的所有成本。这些成本源于供应链上的核心企业与其他企业的相互协调交流。这类成本大致分为信息费用、交易谈判费用、签约费用、监督履约成本和交易变更成本、流程再造及关系整合成本等。

（3）直接成本。直接成本是由生产每一单位产品引起的，包括原材料成本、人工成本和机器成本等。这类成本发生在企业内部，属于传统意义上的产品生产成本，可以加强企业内部管理来控制。由于直接成本与供应链管理水平关系甚微，因此本章主要讨论供应链物流成本及交易成本。

物流成本和交易成本跨企业边界发生，需要通过供应链企业间相互间协调管理加以控制，因此是供应链成本控制的核心内容。图 9-1 即是基于成本动因分析的供应链成本构成要素。

根据供应链成本管理中最主要的部分——物流成本与交易成本，本章首先分析两类成本构成与影响因素，然后在其核算方法的基础上通过几种供应链成本管理方法进行控制，最后实现供应链成本管理对于企业绩效的提升。

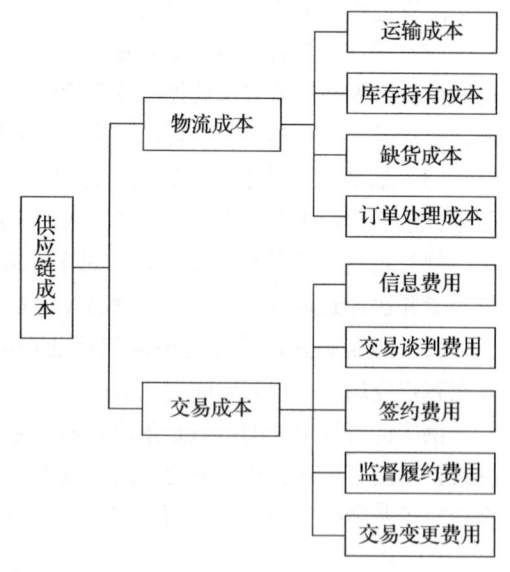

图 9-1　供应链成本分类及构成要素

9.2　供应链成本分析

降低供应链成本是进行有效供应链管理的主要目标。从国内外对于供应链的讨论不难看出，供应链成本的发展历程经历了分销成本—后勤成本/物流成本—供应链成本的过程。其包含的范围也逐步扩大，对于供应链管理的作用也更加明显。在供应链成本动因分析的基础上，本节着重分析供应链成本中的物流成本和交易成本。

9.2.1 供应链物流成本分析

1. 物流成本的构成与分类

根据所处领域不同，物流成本主要涵盖了生产制造企业、流通企业、物流企业物流成本。尽管不同类型企业在经营领域和范围方面有很大差异，但就物流成本的构成内容方面却非常类似。尤其从物流功能的角度来分析，不同类型企业的物流成本构成基本相同。基于各种分类标准，本节选取按照物流活动的成本项目进行分类及分析，即物流成本可分为功能成本和存货相关成本。

按照功能分类，供应链物流成本主要可分为运输、仓储、包装、装卸搬运、流通加工、物流信息、物流管理等成本。其中仓储是涉及存货的大成本概念，包括纯粹的仓储运作成本，也包括与存货相关的流动资金占用成本、风险成本和保险成本等。由于存货占用资金量大，基于业务分工的细化和精细管理需要，将与存货相关的资金占用成本等单独进行分析管理，探索加速存货资金周转、减少存货风险损失，从而降低物流总成本的方法是现代供应链物流成本管理的重点之一。

2. 供应链物流成本核算

供应链物流成本核算包括显性和隐性成本。对于显性物流成本，主要考虑涉及的会计科目选取以及物流成本账户问题，该问题取决于物流成本计算对象选取以及物流成本管理的要求。基本的物流成本计算对象包括三个维度：物流成本项目、物流范围以及物流成本支付形态。企业可以选择以物流成本作为一级科目，以物流成本项目所包含的具体成本作为二级科目，以各物流范围作为三级科目，以各支付形态作为四级科目，同时结合各企业的实际情况及核算要求设置物流成本明细账户。

隐性物流成本是企业在运输、储存、流通加工等物流过程中使用自有资源时发生的机会成本。这部分成本在会计核算体系之外，通过统计存货的相关资料，按一定的公式计算得出，隐性物流成本主要包括存货占用资金的机会成本，以及由于物流服务不到位而造成的缺货损失等。

3. 基于作业成本法的间接物流成本分配

物流成本按其能否直接计入成本对象分为直接物流成本和间接物流成本。对于直接物流成本，可参考一般的成本计算方法及步骤，即可直接计算出结果，此处不一一赘述。但对于间接物流成本，则需要对归集的成本采用一定的参数作为成本分配基础。一般来说可供选择的间接物流成本分配基础包括：从事物流作业或物流范围作业人员比例、物流工作量比例、物流设施面积或设备比例以及物流作业所占资金比例等。本节将介绍如何采用作业成本法进行间接物流成本的分配。作业成本法的核心实现是在资源和成本计算对象之间插入了作业，通过对间接物流成本使用多元分配标准，从而使其分配更加准确。

（1）计算供应链物流成本时资源的选取。在计算物流成本选取资源时，要从成本费用类科目入手，即从管理费用、销售费用、财务费用、生产成本等科目入手，找出原始的费用支付形态，例如人工费、材料费、折旧费、维修费、办公费等，作为物流成本的资源消耗源头。

（2）计算物流成本时作业的确定。作业应根据企业实际情况和管理需求，考虑成本收益的原则进行确定。一般应先把企业所有的作业划分为物流作业和非物流作业，然后将物流作业进一步划分为运输、仓储、包装、装卸搬运、流通加工、物流信息、物流管理等作业活动。

(3) 确定资源动因,将资源耗费分配至作业。对于由若干项作业同时耗费的间接成本,资源耗费呈混合状态,需要确定资源动因进行分配。如某企业三月支付的电费为10 500元,选择的资源动因为消耗电力度数,消耗电力资源的作业包括仓储、包装、装卸搬运等,分配标准为:电费总额/电力消耗度数,具体计算如表9-1所示。

表9-1 资源耗费分配

作业\资源消耗	作业消耗电力度数	分配标准	分配电费额(元)
运输	1 200	0.85	1 016.13
仓储	2 800	0.85	2 370.97
装卸搬运	1 300	0.85	1 100.81
流通加工	2 700	0.85	2 286.29
物流信息	600	0.85	508.06
物流管理	1 300	0.85	1 100.81
非物流作业	2 500	0.85	2 116.94
合计	12 400	0.85	10 500.00

(4) 确定成本动因,将物流作业成本分配至成本计算对象。确定成本动因应考虑其与成本计算对象之间的相关性、可计量性并考虑成本收益原则,选择适合企业实际运作情况的成本动因。企业可以根据管理需要选择不同的产品、客户或不同的物流范围作为成本计算对象。

接上例,如仓储作业消耗电费额为2 370.97元,其作业成本动因为产品占用的库房面积,分配如表9-2所示。

表9-2 产品消耗仓储费用的分配

产品\仓储费用	占用库房面积(平方米)	分配标准	分配仓储费额(元)
甲产品	500	2.37	1 185.49
乙产品	300	2.37	711.29
丙产品	200	2.37	474.19
合计	1 000	2.37	2 370.97

按照上面的方法将运输费用等其他作业的资源消耗费用在不同产品之间进行分配完毕之后,列表计算不同产品耗用的物流作业费用,如表9-3所示。

表9-3 产品耗用物流作业的费用分配

作业\产品	甲产品	乙产品	丙产品	小计
运输	415.27	212.79	388.07	1 016.13
仓储	1 185.49	711.29	474.19	2 370.97
装卸搬运	454.54	330.79	315.48	1 100.81
流通加工	985.97	679.58	620.74	2 286.29
物流信息	251.34	156.17	100.55	508.06
物流管理	486.14	337.78	276.89	1 100.81
合计	3 778.75	2 428.40	2 175.92	8 383.07

把供应链节点企业的物流成本按照产品分类合并汇总后,结合产品供应链成本构成要素的划分,可以计算出各节点企业单位产品的直接成本、物流作业成本等,将其沿供应链进行合

并，并替换内部交易成本即可得到产品的供应链成本。对于供应链物流成本的分析，使产品成本在供应链中体现，为集中决策与推行供应链成本管理方法打下基础。

9.2.2 供应链交易成本分析

1. 供应链交易成本构成

对于供应链交易成本有狭义和广义之分，狭义概念专指市场交易成本，而广义的概念将市场交易活动、组织内部管理活动以及创建和变革制度或组织等引起的费用均视为交易成本。对于企业层面而言，交易成本主要指供应链合作伙伴形成过程中所发生的以及维持其伙伴关系所耗费成本。因此，分析交易成本构成时，可分为事前和事后两部分。签约前选择合作伙伴及获取交易信息耗费的前期费用——人工费、材料费、咨询费等，以及谈判签约过程中发生的费用，以及供应链信息流、资金流的衔接等问题都属于事前交易成本。而一旦供应链合作关系建立，相应关系维护如道德风险成本、解决契约纠纷的成本等视为事后交易成本。

对于企业实际发生的交易成本，可以通过供应链成本核算方法，从会计原始单据中获得数据并利用作业成本法进行分析和确认。而对于尚未发生的事后交易成本，由于其在财务会计资料中没有反映，只能根据供应链节点企业所处的交易环境状况及交易者对于风险的规避态度，运用经验方法和数学模型进行推测。

2. 供应链交易成本影响因素分析

供应链交易成本与交易者、特定交易相关因素以及交易市场环境息息相关，控制供应链交易成本，即需要对于供应链交易成本三大影响因素进行分析，从而分别提出策略方案进行成本管理。

（1）交易者因素，包括人的有限理性及其机会主义行为倾向。人的有限理性是由于人的理性受到信息传播能力和效率及接受能力等因素的限制，不具备做出充分合理决策的条件。基于有限理性的机会主义倾向是人们在经济活动中尽最大能力保护和增加自身利益的行为倾向，人们往往利用合约条款的漏洞为自身牟利。通过长期合同折扣等方式加强供应链企业间的合作关系，有利于克服决策人的有限理性，可以避免过多讨价还价引起的交易成本。

（2）特定交易有关的因素，包括交易的不确定性、资产专用性、交易的次数。交易的不确定性是由于不能充分预测未来，因而在缔约之前难以对契约做出详尽无遗漏的规定，履约过程不确定性越多，订立的合同条款就需要越详细，谈判时间相应增加，交易成本增高。为了减少交易不确定性，除了加强长期合作供应关系管理，企业间常见做法还有提供信息交流共享机制或系统，这一方法亦被学术界证明能够减少终端市场不确定性带来的成本。

资产专用性是用于某一给定交易的资产的可转让程度。资产专用性高的投资意味着交换关系之外该项资产具有较小利用价值，如针对供应商为了满足特定生产进行的设备工具等投资。资产专用性是促使交易成本产生的实质因素，供应链企业通过合作联盟行动，大大提高专用性资产的投资力度和使用效率，进而减少交易成本。

交易次数通常与交易成本负相关。各企业在长期重复的交易关系中，交易频率越高，交易时间越长，了解和信任程度越高，可以极大地减少人的有限理性及交易不确定性对交易成本的增加作用。

（3）交易的市场环境因素。竞争有利于发挥市场机制的作用，减少机会主义的发生。充分竞争的市场环境能够给企业选择合作伙伴提供充分的选择余地，减少供应链企业对个别企业的依赖程度，企业往往可选择的供应链合作伙伴更多，交易成本更具降低的可能。除了供应商数量和质量这一市场环境因素，许多企业从自身出发完善市场环境，以减少交易成本。依靠信息技术、电子商务技术的普及和发展，一些企业合作推行供应链电子系统，并实现核心企业数据同银行的对接，透明化仓储、物流、付款等真实信息，使得供应链信息更加透明，供应链合作企业选择更加容易，交易成本和风险大大降低。

🌐 相关链接

无法忽视的供应链交易成本

提及成本，人们往往特指生产、运输、仓储等支出，而交易成本经常被忽视。但是，在人工成本节节飙升的当下，交易成本越来越受到关注。而其解决方案，可以从电子商务和优化商业关系入手寻找。

电子商务的盛行使企业可通过信息化来将以前需要手工完成的任务自动化。例如订单管理，从请购计划到订单生成、下单、跟单、催单、验货、付款，均可由电子商务来处理：需求者在线提出申请、审批者在线批准后，请购单转入 ERP；ERP 运转后，订单自动生成，传递到电子商务系统；供应商登录电子商务系统，在线确认交期、数量和单价；供应信息在线反馈到 ERP 系统后，如与需求日期、数量、单价相匹配，则无须任何人为干预，否则提醒采购员来处理例外；最后，请购单、采购单、交货单经过信息系统自动对账并自动付款给供应商。这样，采购员只处理很少的例外情况。

倘若没有电子商务系统，采购员其实是把所有的订单都当作例外来处理，不得不花费大量的人力资源。比如国内某设备制造商，没有 ERP 及电子商务系统，所有订单都依靠手工操作，40 亿的采购额需要采购员 80 位以上。相比之下，硅谷某设备制造商，100 亿元左右的采购额，在完整的电子商务系统支持下，只需 20 余位采购员。采购方花费如此多的人力资源处理订单，供应商只能以更多人力资源应对：采购方所做的每一件事，在供应商处都有对等的事；而且由于采购方的低效，供应商必须花更多的资源来应对。比如付款环节，在很多公司，请购单、订单和交货单分属不同的系统，三个单据的数量、金额需手工对齐，常常出错；供应商拿不到货款，需要耗费更多的人力来提供额外信息，反复核实。这些都系统地增加了供应商与采购方做生意的成本，因此需要通过信息化来降低。

9.3 供应链成本管理方法

常规的成本管理一般局限于单个企业，供应链成本管理的基本理念就是将企业内部成本管理的理念与方法拓展到整个供应链，即将这种方法推广到组织的界限外。这些方法的核心理念就是充分利用供应链上的协同管理思想，共享信息，实现供应链成本最小化，最终实现链上企业的共赢。目前应用于供应链成本管理的方法较多，被学术界广泛讨论且在实业界运用较广的是目标成本法、改善成本法、供应商管理库存方法。

9.3.1 目标成本法

1. 供应链目标成本法内容

目标成本法是丰田公司在 20 世纪 60 年代开发出的成本管理方法，在供应链成本管理中，这种方法主要将客户需求转化为对供应链上所有相关流程的强制性成本约束，以保证未来产品能够创造出预期利润。这种方法是一种多应用于产品设计开发阶段的前馈型成本管理方法，可以分成三个主要部分：市场驱动目标成本法、产品层次目标成本法和部件层次目标成本法，如图9-2所示。

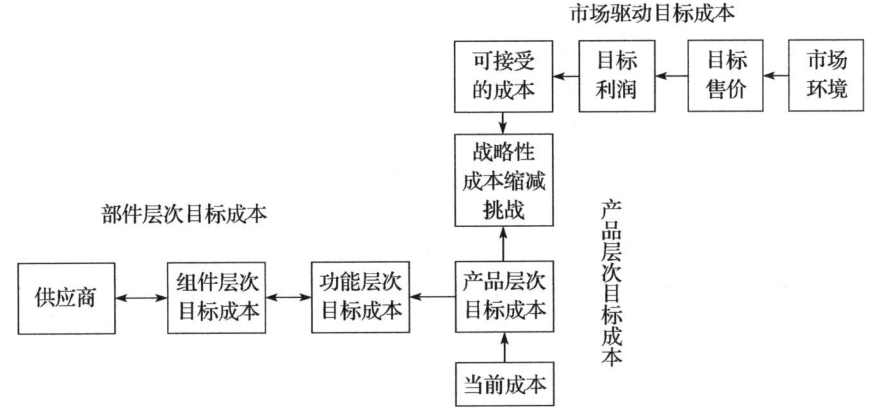

图9-2 目标成本管理的三个部分

（1）市场驱动目标成本法。市场驱动目标成本法的主要意义在于将企业面临的市场竞争压力传递给产品设计者和供应商。为了避免生产产品所付出的成本高于市场上顾客愿意支付的价格，企业应该合理地根据预期的市场价格确定可接受的目标成本。这个过程可以分成三个步骤：确定产品目标销售价格；决定目标利润水平；最终得到可接受的成本目标。成本目标可以由此表示为

$$成本目标 = 目标销售价格 - 目标利润水平$$

企业确定目标销售价格，通常是通过分析企业所在市场环境、预测市场需求、观察竞争对手产品及战略与定价定位。而企业目标利润水平，通常是以历史利润率作为预测的起点，具体方法在预测一章已给出。

（2）产品层次目标成本法。市场驱动成本法中得出的可接受目标成本并未考虑到企业的内部管理和生产能力，因此存在无法实现的风险。为保证目标成本方法设置的目标可行，许多企业将可接受目标成本与产品层次的目标成本区别开来，根据产品的当前成本来确定产品层次的目标成本。

企业产品的当前成本是指不采取任何成本降低措施、不通过任何改进设计或价值工程进行成本控制时的成本。当前成本与产品层次的目标成本之间的差额就是成本降低目标。通常设置目标时，需要考虑生产能力与设计等诸多因素。一旦产品层次的目标成本确定，其可被分解为三个部分：组件层次的目标成本、组装目标成本和间接目标生产成本。产品层次目标成本的计算公式为

$$产品层次目标成本 = 组件层次的目标成本 + 组装目标成本 + 间接目标生产成本$$

（3）部件层次目标成本法。部件层次目标成本的核算目的在于为产品的每一个部件制定目标成本，从而确定企业所需外购零件的可接受购买价格，以及内部自制零件的转移价格。如果主要功能体是外包的，则部件价格可能由供应商或购货方来确定。部件水平的目标成本核算在目标成本法中有至关重要的作用，通过部件目标成本的制定，可以将利润在供应商与购货商之间进行分配。这一层次的目标成本构成能够成为供应链企业签订合同的基础，从而将成本压力传递到整个供应链。

2. 供应链目标成本法的主要思想与原则

供应链上的目标成本法已经不只是企业内部的成本管理活动。这种方法的实施需要供应链

上下游企业之间更为密切的合作，从而实现成本信息的分享以及控制供应链总成本的目的。

供应链成本管理中的目标成本法的主要思想主要包括四个方面。

首先，购货方（供应链下游）须设定供应商可以完成的部件层次目标成本。如果供应商无法完成目标则会降低其努力积极性。

其次，购货方必须选择适当方法对供应商应用目标成本法。核心在于，设置成本降低目标，以及当供应商完成成本降低目标时决定是否给予供应商足够的自由空间。

再次，供应链下游企业可以设置激励系统来激发供应商的创新能力和提高成本降低率。

最后，如果涉及内部供应商，部件层次的目标成本的应用方式就应改变，以适应供应商作为子公司的特殊地位。

供应链成本管理的目标成本法有三个主要原则。

（1）面向市场价格主导成本、关注客户需求。供应链目标成本法强调市场关注、注重客户需求，通过目标成本方法的应用，提高质量、降低成本、增加柔性和产品差异，成本的降低围绕市场需求进行。

（2）注重设计。由于80%～90%的新产品成本在设计阶段就得以确定，因此，供应链目标成本法主要在产品设计阶段应用，在进入制造阶段之前就应该得到推广。设计阶段降低目标成本的工具主要有价值工程或价值分析、质量功能展开、制造组装设计、图纸改善以及精益制造。

（3）价值链和面向产品生命周期要求跨职能参与。产品的生命周期成本是指与产品生命周期相关的制造商成本（研发成本和制造成本）、用户成本（使用成本和处置成本）。产品的生命周期跨越供应链上多个企业，通过在多个企业之间及企业内部运用目标成本法进行产品零部件成本控制，可有效降低产品的生命周期成本。因此供应链目标成本法还应面向产品周期，其成本构成要求各企业参与整个供应链的成本管理。

9.3.2 改善成本法

成本降低的机会是贯穿于整个产品生命周期的，因此企业可以在产品的生产阶段抓住额外的机会实现成本降低。在产品生产阶段，跨组织成本管理是一种战略性的成本管理方法，可以协调供应链的生产活动，使它们的产品和组件可以在满意的成本下生产出来。在这个过程中，改善成本法（kaizen costing）是首要的成本约束机制。

改善成本法是通过合理化建议的实施，达到提高工作效率、保证和提高产品质量、改善工作环境和降低成本的效果，并激发企业员工的积极性创造性，推动企业的发展。改善成本法以"成本可以持续改善"为核心理念，反映了"降低成本的潜力无止境"的成本管理意识。这种成本意识是企业长期保持成本优势的基础。

供应链改善成本法将成本降低的重点放在产品生命周期的生产制造阶段，将目标成本法在产品开发阶段建立的规则延伸到了生产阶段，是对于目标成本法的补充。在一个设计周到的供应链成本管理项目中，目标成本法和改善成本法紧密合作，确保按足够的成本降低压力贯穿整个供应链各个企业和产品的生命周期阶段。改善成本法亦是前馈型成本管理方法，通过预期的成本降低需要来制定产品成本的降低目标，而不是成本超标后再做出反应。

改善成本法的三种实施方式为：期间型、项目型、费用型。这三种方式有不同的目标和重点（见表9-4）。

期间型改善成本法的目标是通过当前既定量来降低生产过程的成本。大部分企业利用这种成本的降低来维持其盈利能力。

表 9-4 改善成本法的目标和重点

改善成本法	目标	重点
期间型	降低生产过程成本	直接成本
项目型	降低特定产品成本	直接成本
费用型	降低费用、维持成本	间接成本

项目型改善成本法的目标是降低特定产品的成本，以获得长期利润。这样的介入手段既可以用于成本过高的新产品，也可以用于售价下调程度高于成本降低程度的成熟产品。

费用型改善成本法旨在减少产品组合复杂性，从而降低项目的费用成本。

总体而言，期间型和项目型改善成本法侧重于直接成本控制，而费用型改善成本法是侧重间接成本控制。

供应链成本管理强调，以上三种改善成本方式的主要不同点在于它们将购货商成本压力转移到供应商的方式。在期间型改善成本法下，每个组件的售价降低了。在项目型改善成本法下，只有特别选中的一些组件的成本被降低。费用型改善成本法并不将压力转移给供应商，而是通过简化产品订单的组合复杂性来降低项目的费用成本。通过运用费用型改善成本法，购货商在降低零件组合的复杂程度的同时，亦降低了从供应商处购买的零件组合的复杂程度，从而达到成本降低的目标。

9.3.3 供应商管理库存法

供应商管理库存法（vendor managed inventory，VMI）是一种以供应链上下游都获得最低成本为目的，在一个共同的协议下由供应商管理库存，并不断监督协议执行情况和修正协议内容，使库存管理得到持续地改进的合作性策略。图 9-3 是供应商管理库存法的流程，制造企业根据销售计划或生产计划向供应商发出配送指令，供应商负责的 VMI 仓库处理订单发送至供应商部门，供应商根据订单进行库存管理，以及出库与进货。

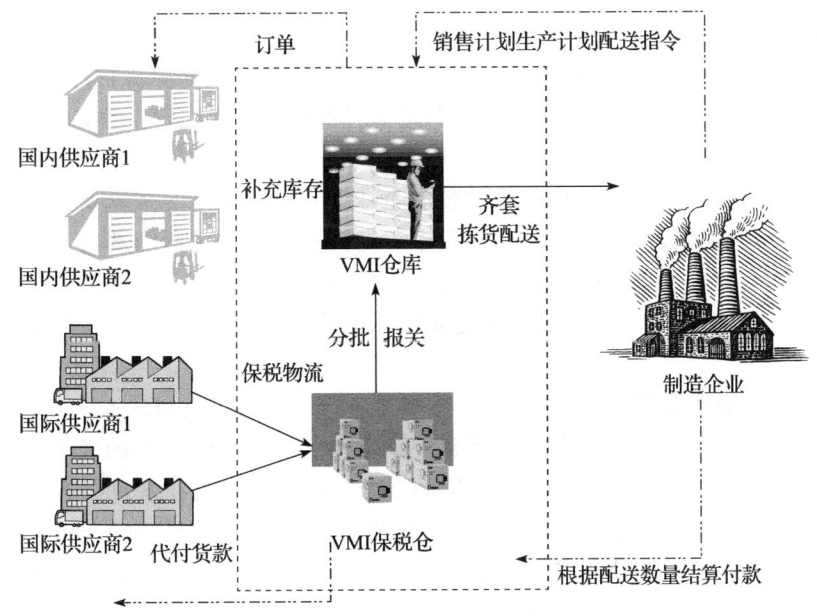

图 9-3 供应商管理库存法流程

这种供应链成本管理策略打破了传统的各自为政的管理模式，体现了供应链的集成化管理思想，能够优化供应链企业绩效，适应市场变化的要求。目前 VMI 在分销链中的作用十分重要，因此被越来越多的人重视。

1. 供应商管理库存法的库存决策

供应商必须监控 VMI 库存水平，防止库存过高、偏低，保持 VMI 库存处于合理水平。在企业运营实际中，根据采取高低库存控制项目与否，对最低库存要求不同。在高低库存控制项目中的库存处于设定的库存下限与设定的库存上限之间。当未采取高低限制库存控制设置时，通常采用完全预测方法对于未来需求进行预测并控制库存，此时 VMI 库存水平不低于未来 2 周的用量，亦不能高于未来 4 周的用量。

根据库存控制要求，在发布需求预测以后，供应商根据以下公式计算各期的补货数量。

高低库存控制项目的补货数

最小补货量 = 最低库存控制线 + 当期预测需求 − 期初库存

最大补货量 = 最高库存控制线 + 当期预测需求 − 期初库存

完全预测控制项目的补货数量

最小补货量 = 当期起 2 周的预测需求之和 − 期初库存

最大补货量 = 当期起 4 周的预测需求之和 − 期初库存

图 9-4 即是某公司在 VMI 模式下的库存系统报表，该公司采用了完全预测控制法，根据期初库存和相应需求预测值，计算出每期最大/最小补货数，为决策提供依据。

供应商	零件类型	数据类型	11/29/2013	12/06/2013	12/13/2013	12/20/2013	12/27/2013	01/03/2014
141042	E	完全预测值	6790	9500	2500	9400	4200	7000
		期初库存	10000	3300	4500	5700	5210	8870
		最大补货数	6290	8700	7400	7900	5990	6830
		最小补货数	18190	22700	18600	23800	19190	18030

图 9-4　供应商管理库存报表

2. 供应商管理库存法的适用范围

VMI 主要要求供应商对下游企业库存策略、订货策略以及配送策略进行计划和管理。企业在实施 VMI 前，应该对自己所处的环境和自身的条件加以分析与比较。考虑的因素主要是企业在供应链中的地位和位置。

首先，适合实行 VMI 方法的往往是"核心企业"或供应链中至关重要的企业。VMI 要求实施企业必须拥有具备较高管理水平的人才和专门的用户管理职能部门，用以处理供应商与用户之间的订货业务、供应商对用户的库存控制等其他业务，也需要企业具有强大的实力推动 VMI，使供应链中的企业都按照它的要求来实行补货、配送、共享信息等目标框架协议。

此外，VMI 一般适合零售业与制造业，经典的例子就是沃尔玛和戴尔集团。这类企共同的特点是在供应链中所处的位置都很接近最终消费者，即处在供应链的末端。VMI 对于企业供应链位置的要求主要是因为其对于预测的要求。由于信息流在从最终客户向原始供应商端传递的过程中，需求信息扭曲逐渐放大，即出现"长鞭效应"（bull whip effect），使供应链库存积压或缺货，最终导致成本增加。而 VMI 方法中供应商在帮助下游企业管理库存时，了解下游市场需求，统一进行预测，从而削弱了"长鞭效应"的影响，极大地减小了供应链成本。

相关链接

VMI 的起源和发展应用跟零售业息息相关。宝洁与沃尔玛就是 VMI 的早期成功案例之一。但是,几十年来,这一模式已传入很多行业。例如在航空业,波音公司于 2000 年前后开始在世界范围内推广 VMI,对象是航空公司。它把大约 7 万种机架类备件纳入其中,目标是更低的成本和更高的有货率。对于 VMI 策略,波音公司的宗旨如下:

- 波音负责这些备件的采购、库存和物流;
- 备件将放置到航空公司所在地或附近,便于航空公司就近采用;
- 备件在消费前属于波音(或者波音的合作供应商),此举大幅度降低了航空公司的库存成本;
- 波音的供应链管理系统监控全球各库存点的库存水位、消耗与补货,并制定预测,指导供应商的生产;
- 波音开发信息技术,有效集成航空公司的备件需求、飞机维修信息,以指导备件的规划与补给。

众所周知,波音公司实力雄厚,而 VMI 增加库存占用资金量大,这样做是否合算?研究结果表明,VMI 不管是对波音还是航空公司,都是利大于弊。就波音而言,很多备件的消耗量低,如果让航空公司建立自己的库存,周转率就很低,尤其是对小航空公司而言。相反,由波音来建库存,支持多家在同一地域的航空公司,规模经济的优势得到体现,库存周转率提高,还可紧急调用给全球别的航空公司。此外,作为飞机生产商,波音往往比航空公司更了解备件的消耗率,从而能做出更准确的库存规划,客观上降低库存总体水平,提高库存周转率。

波音飞机的全球备件消耗占 70 亿美元左右,全行业库存在 250 亿美元(来源:Matthews and Hendrickson)。行业研究表明,航空公司的库存、物料管理成本为库存的 35% 左右。波音的 VMI 可为航空公司节省的成本、释放的资金相当可观。对波音而言,VMI 密切了它与航空公司的关系。VMI 计划实施初期,波音的服务水平就从 80% 或 90% 左右提高到 95% 左右,停机待修和加急订单从 70% 左右降低到 10% 以下,而波音 747 的维修延误机会成本为 1 分钟 4 万美元,因此这势必节省了大笔成本。飞机利用率提高了,航空公司的投资回报期缩短,飞机的全寿命成本降低,这增加了波音的竞争力,有利于其赢得更多订单。同时,库存周转率也稳步提升。

资料来源:Corporate Executive Board 的研究报告 *Leverage Vendor-Managed Inventory Arrangements*,2012。

案例分析

案例 9-1 价值链成本管理及应用
案例 9-2 供应链成本管理:你不了解的中国制造优势

案例 9-1　　　　案例 9-2

■ 课后练习与实验操作

1. 分别设计一个制造型企业的供应链系统和服务型企业的供应链系统，并对比其不同之处。
2. 请用思维导图绘制本章的知识要点。

■ 参考文献与推荐阅读

[1] 鲍新中. 供应链成本：改善供应链管理的新视角 [M]. 北京：人民交通出版社，2010.

[2] 大卫·辛奇-利维. 供应链设计与管理：概念、战略与案例研究 [M]. 北京：中国人民大学出版社，2012.

[3] 苏瑞，等. 供应链成本管理 [M]. 郭晓飞，译. 北京：清华大学出版社，2014.

[4] 马士华. 供应链管理 [M]. 北京：机械工业出版社，2005.

[5] 宿晓，林宏伟. 供应链成本核算与控制策略研究 [M]. 北京：化学工业出版社，2013.

[6] Pettersson A I, Segerstedt A. Measuring supply chain cost [J]. International Journal of Production Economics，2013 (2).

[7] 陈良华，祖雅菲，韩静. 供应链成本分配的权变结构研究 [J]. 会计研究，2016 (10)：50-55.

[8] 殷俊明，杨政，雷丁华. 供应链成本管理研究：量表开发与验证 [J]. 会计研究，2014 (3)：56-63.

第 10 章
CHAPTER10

责任会计

上下同欲者胜。

——《孙子兵法》

■ 学习目标

1. 了解责任会计的基本内容、基本原则、实施基础；
2. 理解责任中心的类型及其划分；
3. 掌握责任中心的业绩评价与考核；
4. 掌握内部转移价格的制定方法。

■ 重点与难点

1. 责任中心的划分及其业绩评价、考核；
2. 内部转移价格的制定方法及其选择。

■ 导入案例

互联网不仅改变了企业的销售模式和产品开发模式，还在改变企业的管理模式。为了应对挑战，海尔做出了一些有益的尝试。传统组织当中，员工在工作中可能只是听上级领导的，员工只是一个执行者。海尔集团一改传统管理组织模式，提出"人人是创客，让员工创客化"的理念，将员工变成一个创业者。2014年，海尔全面推进"企业平台化、员工创客化、用户个性化"，让每位员工都成为创客，在海尔这个大平台上实现内部创业。创客们可以有三种创业方式：自主创业、在线和在册创业、自演进机制。这些探索下有一个典型的成功案例。2011年海尔集团并购日本三洋白电，通过引入"人单合一双赢模式"，使团队从原来的"唯尊是从"变为"唯用户是从"。由此形成的机会公平、结果公平的文化氛围大大激发了日本员工的创新活力，海尔集团并购当年，日本三洋白电止亏。

10.1 责任会计概述

10.1.1 责任会计与分权管理模式

责任会计是指以企业内部建立的各级责任中心为主体,以责、权、利的协调统一为目标。利用责任预算为控制的依据,通过编制责任报告进行业绩考核评价的一种内部管理会计制度。

责任会计萌芽于20世纪初的泰勒制,其产生与分权管理模式的形成有密切的关系。为了管理纷繁复杂的事物,公司通常要在两种决策方法——集权式和分权式中做出选择。集权式决策方法(centralized decision making)是决策由最高层做出,低层管理人员仅仅负责决策的执行。分权式决策方法(decentralized decision making)则允许低层管理人员在责任范围内制定并执行关键决策。分权管理(decentralization)就是指将决策权授予低层管理人员的管理方法。

在分权管理模式下,企业一定期间的总预算必须依靠各责任单位的努力才能实现。企业管理当局把全面预算进行分解,形成责任预算,并对责任预算的执行情况进行日常核算和控制,定期进行评价和考核。这种在企业内部以责任单位为主体进行的会计工作,就是管理会计的重要组成部分——责任会计。分权管理被广泛使用,是因为其具有以下优点。

1. 便于及时收集和利用当地的信息进行决策

决策的质量会受到可获信息质量的影响。随着公司在不同市场和地域的扩展,高层管理人员不可能及时了解具体的信息。在信息的获取方面,低层管理人员具有一定优势。因此,对低层管理人员授予一定的决策权有利于企业做出正确的经营决策。

2. 便于公司高层进行宏观管理

分权管理授予低层管理人员一定的决策权,企业的高级管理层得以从具体的事务中解脱,从而致力于宏观战略管理,提高企业的竞争力。

3. 有利于对管理人员的培训、激励

在分权管理方式中,所有管理人员,无论是高层还是低层,都可以在其责任范围内进行决策,这就是一种培训方式。同时这还有利于企业对管理人员进行考核,以及选拔后备管理人员以替补离职的高层管理人员。

此外,对管理人员授予决策权、责任范围,可以使管理人员工作更有成就感,激发其主动性和创造性,使其工作更加努力。

4. 增加管理人员的竞争压力

分权管理在赋予管理人员决策权的同时也规范了责任,同时对其决策进行考核。在这种情况下,企业对每个管理人员都有具体考核指标,增加了管理人员的竞争压力。

但是,企业采用分权管理的同时要注意:越是下放经营管理权,越要加强内部控制。而正是在这样的背景下,责任会计应运而生。

相关链接

大型跨国公司组织结构设计与变革

一、西门子确立已久的德国事业部体制

西门子公司于1874年成立,它在德国电气工业史上发挥着核心作用,并成为德国工业最具声望的品牌。其早期历史与德国工业的发展是密切联系在一起的，西门子公司是多国多分部管理最初的代表之一。

战后该公司经历了两次重大的结构变化，两次的目的都是加强分权化和运营的灵活性，同时保持利用和发展组织协调的能力。第一次结构变化发生在1966~1969年，起初组建了6个事业部，后来增加到了7个。公司组建了5个总部职能部门，分别是计划/组织、财务、人事、RD和分配。这一结构实行到1989年，由于规模的扩张以及电气和电子市场的快速变化，西门子于1989年采纳了一种修正结构，即引入更小、更为专业化的"事业部"。值得注意的是，和许多其他组织不同的是，这种事业部大多数不具有独立的法律地位。

二、联合利华公司组织结构

英－荷联合利华是一家国际食品和家庭及个人卫生用品集团。该集团在20世纪90年代经过了彻底重组。在过去，联合利华是高度分权化的，各国的子公司均享有高度的自治权。在20世纪80年代后期和90年代初，公司开始引入新的创新和战略流程，同时清理其核心业务。然而，1996年启动的杰出绩效塑造计划也造成了公司结构的实质性改变。

直到1996年，由荷兰和英国的董事长以及他们的代表组成的一个特别委员会和一个包括职能、产品和地区经理的15人董事会一直独揽着公司的决策大权，整个结构是矩阵式的，其中产品"协调人"（经理）负有西欧和美国的利润责任，地区经理则负有其他地区的利润责任。责任经常是模糊不清的，一部分内部报告称，"我们需要明确的目标和角色，董事会使自己过多地卷入了运营，从而对战略领导造成了损害。"

杰出绩效塑造计划废除了特别委员会和地区经理这一层级，代之以一个8人（后变为7人）的董事会，由董事长加上职能和大类产品（即食品、家庭和个人卫生用品）的经理组成。向他们报告的是13位（后来是12位）负有明确盈利责任的业务集团总裁，后者在特定地区对其管理的产品类别负有完全的利润责任。全球战略领导被明确地置于执委会一级；运营绩效则是业务集团的直接责任。

在这种正式结构调整之后，国际协调是由许多正式和半正式的网络促成的。研究和发展由国际网络创新中心负责实施，其领导责任通常属于中心的专家而不是自动属于英国或者荷兰的总部机构。产品和品牌网络国际业务小组在全球范围内协调品牌和营销。同时，职能网络也开展了一系列计划，以便就一些关键问题（如录用和组织效能）实现全球协调。所有这些网络均大大依赖于非正式的领导和社会过程，同时也依赖于电子邮件和内部网络方面投入的增加。是否参与这种协调在很大程度上是由业务集团而非公司总部确定并资助的。

三、英国钢铁公司：从职能组织到多分部专业化

英国钢铁公司成立于1967年，由14个国有化钢铁生产商组成。在此之前的几十年内，公司尝试过多种组织形式——按地区或者按产品构造，但为了整合其凌乱的业务，一直在加强中央的控制。到1983年，英国钢铁公司拥有了"事业部"，但权力仍牢固地保留在总部，贸易、购买和工业关系职能都是集中化的。在事业部缺乏对投入或产出政策控制的情况下，英国钢铁公司实际是以职能模式组织的。1988年，公司进行了私有化，因而转向一种更注重盈利的组织形式。1990年该公司收购了英国主要的钢铁批发商WalkerGroup，随之组成了批发事业部。1992年英国钢铁公司发动了名为"组织、深度变革、风格"的重组。该计划旨在大幅度地消减总部职能和成本，并将管理责任分散到12个业务单位。其中关键的一条是业务领导不再在董事会任职，而是向相对独立的执委会成员报告。

10.1.2 责任会计的基本内容

责任会计是以各个责任中心为主体，以责、权、效、利相统一的机制为基础而形成，为评价和控制企业经营活动的进程和效果服务的信息系统。其基本内容可分为责任会计制度的建立和实施两大部分。

1. 责任会计制度的建立

责任会计制度的建立是责任会计的基础，包括以下内容。

（1）划分责任中心，明确职责范围。根据企业自身经营管理和组织形式的实际需要，确定企业内部各单位、各部门的经济责任归属层次，划分若干既相互区别又相互联系的责任中心，并明确其职责范围。这里所说的责任中心是指企业内部负有特定管理责任的部门和单位，每个责任中心必须有十分明确的由其控制的经济活动范围。按其所负责和控制范围的大小和类型，责任中心一般可分为成本中心、利润中心和投资中心。责任会计中的事前计划、事中核算和事后分析都是以责任中心为基础进行的。

（2）确定业绩评价方法。为了正确反映和监控责任履行情况，实现经济责任的制度化和数量化，必须建立一套完整的日常记录，报告有关责任预算执行情况的信息系统。主要包括以下五个方面：

1）确定衡量责任中心目标的一般尺度，例如成本量、利润额等；
2）确定目标尺度的解释方法；
3）规定业绩尺度的计量方法，如成本分摊、内部转移定价等；
4）选择预算或标准的确定方式，如固定预算或弹性预算等；
5）确定报告的制度，包括报告的时间、内容及形式等。

（3）制定与业绩评价体系相关的奖惩制度。制定与业绩体系相关的奖惩制度是责任会计对责任人及部门的反馈，也是责任会计进行良好运作的保证。

2. 责任会计制度的实施

实施责任会计包括三个环节。

（1）编制责任预算，确定考核标准。把全面预算所确定的企业生产经营总目标，按责任中心进行层层分解、落实，并为各个责任中心编制具体的责任预算，作为今后控制该中心经济活动的根据，同时也是评价这个中心业绩的标准。通过确定责任预算利润考核标准，各责任中心有了明确的奋斗目标和行为标准。如为了正确评估各责任中心的工作业绩，对企业内部各责任中心之间相互提供产品或劳务的活动，必须由企业管理当局审慎地、合理地制定出适合本企业特点的内部转移价格，以便据此进行计价和核算。应注意的是，在责任预算的编制和责任目标的确定过程中，应充分考虑到各责任中心的特点和积极性。

（2）核算责任中心的工作执行情况。在日常核算过程中，应对各责任中心及责任人的劳动数量、质量、财产物资和经济往来等进行计量、记录，形成原始记录。原始记录既是计量结果的客观载体，又是责任中心生产经营活动过程的客观反映，是全面、及时、准确地反映责任中心业绩的基础，也是正确考核、评价责任中心的工作并实施奖惩的基本依据。还要建立完善的内部结算制度，及时、准确反映各责任中心之间的相互联系和责任关系。

（3）分析、评价和报告业绩。对预算执行情况建立一套跟踪考核系统，定期提交责任报告，对其实际执行情况与预算进行比较，分析差异，明确责任，并通过信息反馈控制和调节经营活动及实施奖惩。这个环节是责任会计制度的反馈工作。

10.1.3 责任会计的基本原则

责任会计作为社会化大生产和企业实行分权管理、推行内部经济责任制的产物，它的建立对于促进企业转变经营机制、增强企业活力、完善经济责任制等具有重要作用。建立责任会计制度，可因企业类型不同而有所区别。但对任何企业而言，要建立一套科学、完整、有效的责任会计系统，都必须遵循以下基本原则。

1. 责、权、利相结合原则

责任会计制度持续良好的实施依赖于责任中心的责任与其权力和利益相结合。"责"是核心，"权"是为完成责任的前提条件，"利"是激励因素。即在责任会计系统中，不仅要求责、权、利有机结合，而且要求责、权、利保持对称关系。一方面，责任中心的权限大小应与其责任范围相匹配：权大于责，会导致权力滥用并损害其他部门或企业整体的利益；权小于责，又会使责任中心无力履行其职责，造成责任虚无化。另一方面，责任中心利益大小应与其责任范围相适应：利大于责，实际上就侵害了其他部门的利益，造成内部冲突；利小于责，又会挫伤责任中心履行责任的积极性。因此，责、权、利相结合的原则要求在责任会计系统中实现激励与约束机制的有机结合。

2. 总体优化原则

总体优化原则，就是要求各责任中心目标与企业总体目标的一致。建立责任会计的目的是有效促进各个责任中心共同完成企业总体目标，但是在操作过程中会出现各个具体的责任中心之间利益的冲突。因此，在责任会计的设计及执行过程中必须遵循总体利益至上的原则。

3. 可控性原则

可控性原则是指各责任中心只能对其可控制的因素负责，对其权力不及的、控制不了的经济活动，不承担责任。在考核中，应该将责任中心不能控制的因素排除，做到责任分明，奖惩合理。贯彻这一原则，就是在划分和确定责任中心的经济责任时，要根据责任中心对经济责任是否可控以及可控程度决定；同时应尽可能消除责任中心之间不可控因素的相互影响，避免出现因职责不明、相互混淆而产生相互推诿的情况。

4. 反馈性原则

反馈性原则是指要求各责任中心对其生产经营活动提供及时、准确的信息，提供信息的主要形式是编制责任报告。及时准确的责任报告，以及对责任报告的分析、评价信息对于新年度责任预算的编制具有一定意义；及时适当的奖惩对企业总体目标的实现具有重要意义。良好的反馈功能，能更好地发挥责任会计的控制职能，进一步提高企业管理水平。反馈性原则的贯彻具体体现在两个方面：一方面要求企业最高管理当局及时向各责任中心反馈预算执行情况，帮助各责任中心掌握预算执行的进度、偏差等信息，促使责任中心采取必要的措施实现预算目标；另一方面要求各责任中心及时向上一级责任中心反馈信息，以利于协调和决策，并指导下属责任中心的工作。

5. 重要性原则

重要性原则，指要求各责任中心对其生产经营过程中发生的重点差异进行重点分析、控制。重要性原则有利于提高责任会计的效率。

10.2 责任中心的设置与考核

10.2.1 责任中心的设置

试行责任会计制度的企业，必须使每个责任单位对它们所进行的经济活动有十分明确的权责范围。在实行分权经营体制的条件下，按照目标管理的原则，将企业生产经营的整体目标分解为不同层次的子目标，落实到有关单位去完成。形成的企业内部责任单位称为责任中心（responsibility center）。责任中心是指企业内部有一个主管人员负责承担着规定责任并具有相应权力的组织单位。

责任中心的划分要与企业的组织管理系统相适应。凡是在管理上可以划分的、责任上可以辨认的、成绩上可以单独考核的单位，大到分公司、地区、工厂或部门，小到产品、班组甚至单位设备，都可以划分为责任中心，只有既能划清责任又能进行单独核算的企业内部单位，才能作为一个责任中心。

责任中心可以按照其责任权限范围及业务活动的特点，分为成本中心（cost center）、利润中心（profit center）和投资中心（investment center）三类。

1. 成本中心

成本中心是指只发生成本（费用），不取得收入的责任中心。通常成本中心的经营活动只对成本的高低发生影响。对这类责任中心只考核成本控制业绩。

（1）成本中心的类型。任何不取得收入的责任领域都可确认为成本中心，其应用范围最广泛。成本中心可以分为标准成本中心和费用中心。

1）标准成本中心。标准成本中心是指所发生的投入可以针对产品对象化的生产成本责任中心。这类成本中心所发生的是财务会计中的生产成本，其产出是具体产品或劳务，具有投入产出的关系稳定且明确的特点。标准成本中心的典型代表是制造业的分厂、车间、工段、班组等。对这类成本中心通常考核单位产品的成本投入量。

2）费用中心。费用中心是指所发生的投入不能针对产品对象化的费用的责任中心。这类成本中心发生的投入通常是财务会计中的期间费用，具有产出物不能用财务指标来衡量，或者投入和产出之间没有密切关系的特点。这类成本中心包括一些管理职能部门，如会计、人事、计划部门，研究开发部门，以及某些销售部门。对这类成本中心通常考核其总成本投入量。

（2）与成本中心有关的成本概念。为发挥责任会计的积极作用，明确成本的可控性具有重要意义。责任中心的成本中，能为这个责任中心所控制、为其工作好坏所影响的成本，属于"可控成本"（controllable cost）；否则就是"不可控成本"（uncontrollable cost）。

1）责任成本与可控成本。按照责任会计的可控性原则，成本中心无法对其不可控的成本负责任。因此成本中心发生的责任成本是其所有可控成本的总和。

可控成本是指成本中心真正能够控制和调节的、受其经营活动和业务工作直接影响的有关成本，它是衡量和考核成本中心工作业绩的主要依据。一般来讲，可控成本应同时符合以下四个条件：第一，责任中心能够通过一定的方式了解将要发生的成本；第二，责任中心能够对成本进行计量；第三，责任中心能够通过自己的行为对成本加以调节和控制；第四，责任中心可以将这项成本的责任分解落实。

将成本中心的成本区分为可控成本和不可控成本不是绝对的，而是相对的。一个成本中心的可控成本往往是另一个成本中心的不可控成本；下一层次成本中心的不可控成本，对上一层次成本中心来说则可能是可控成本。就一个成本中心来说，变动成本一般是可控成本，固定成本一般是不可控成本，但也不完全如此。例如，在手表厂的装配车间，表壳和表带属于变动成本，随着产销量的变动而按正比例变动，但是如果表壳和表带是外购的，对于装配车间责任者来说就是不可控成本了。又例如，车间管理人员工资属于固定成本，但车间责任者如果可以决定或影响它的发生，就可作为可控成本。

2）责任成本和产品成本。由于责任会计是围绕各责任中心来组织的，因此，成本资料的收集、整理和分析，不是以产品为对象，而是以各责任中心为对象。以产品为对象归集和计算的成本称为产品成本，而以责任中心为对象归集和计算的成本称为责任成本。一般来说，只有责任中心的可控成本，才能构成该责任中心的责任成本，不可控成本不能列为责任成本。因此，某责任中心的各项可控成本之和，即构成该责任中心的责任成本。

责任成本和产品成本是有联系的，一个企业在一定时期内发生的全部责任成本和全部产品成本应一致。但责任成本与产品成本又是有区别的，主要表现在以下两个方面。

第一，产品成本是按产品核算的，将一定时期内发生的费用归集到产品中；而责任成本是按成本中心核算的，是每个成本中心的可控成本。

第二，产品成本核算是为了确定如何物化劳动消耗和对劳动消耗进行补偿，而责任成本核算则是为了考核各责任中心责任的完成情况，找出不足，查明原因，采取措施，降低成本。

现举例说明产品成本和责任成本的区别。

【例 10-1】 假定企业生产 A、B 两种产品。该企业有甲、乙两个生产部门和丙、丁两个管理部门，均为成本中心。2017 年 3 月有关两种产品的全部成本为 51 000 元，具体资料如下。

直接材料 22 000 元、直接人工 15 000 元。

间接制造费用：管理人员工资 1 600 元、间接人工 1 400 元、物料消耗 900 元、其他 1 100 元；小计 5 000 元。

一般管理费用：管理人员工资 2 300 元、间接人工 5 000 元、物料消耗 300 元、其他 1 400 元；小计 9 000 元。

根据两种产品和各部门的资料，编制全部成本和责任成本对照表，如表 10-1 所示。

表 10-1 全部成本和责任成本对照表

成本项目	全部产品成本			
	A 产品 2 000 件		B 产品 1 000 件	
	总成本	单位成本	总成本	单位成本
直接材料	15 000	7.5	7 000	7
直接人工	8 000	4	7 000	7
间接制造费用	4 000	2	1 000	1
一般管理费用	7 000	3.5	2 000	2
合计	34 000	17	17 000	17

(续)

成本项目	部门责任成本			
	甲部门	乙部门	丙部门	丁部门
直接材料	19 000	3 000		
直接人工	5 500	9 500		
管理人员工资	700	900	750	1 550
间接人工	600	800	2 000	3 000
物料消耗	500	400	100	200
其他	400	700	550	850
合计	26 700	15 300	3 400	5 600

2. 利润中心

利润中心（profit center）是指既能控制成本也能控制收入，并将成本和收入进行对比，继而控制利润的责任中心。利润中心通常具有生产经营权，例如能独立生产并自行对外销售最终产品或中间产品的分公司、分厂等。与成本中心相比，利润中心的权力和责任相对要大得多，是比成本中心更高层次的责任中心。利润中心不仅控制成本的发生，还要控制收入、利润的实现，对成本和收益同时承担责任。

按照收入来源的性质不同，利润中心可以分为自然利润中心和人为利润中心两种。

（1）自然利润中心。自然利润中心指能够直接对企业外部销售产品或提供劳务，并从企业外部取得独立的收入为特征的利润中心。这类利润中心具有产品的销售权、定价权、材料采购权和生产决策权。一般来说，一个完整的、独立的企业才能称为自然的利润中心。

（2）人为利润中心。人为利润中心指其产品和劳动不直接进入企业外部市场，而是按照内部转移价格在本企业内部有关部门和单位之间销售。人为的利润中心往往是企业试行内部经济结算条件下的某些部门和单位，由于其产品和劳务在企业内部进行销售而形成了相对独立的收入，使其能够控制收入和利润，才形成的利润中心，所以称其为人为的利润中心。由于将一个责任单位变成利润中心能够促使管理人员加强经营管理，因此，人为利润中心的应用越来越普遍。

3. 投资中心

投资中心（investment center）是最高层次的预算责任单位，适用于对资产具有经营决策权和投资决策权的独立经营责任单位。投资中心既要对成本、收入和利润负责，还要对其资本利润率或资产利润率等投资报酬负责。从组织形式看，投资中心通常都是独立的法人。只有具备经营决策权和投资决策权的独立经营单位才能成为投资中心。

一般来说，跨国、跨地区、跨行业的大型企业，如果采取分权管理方式，其事业部或分公司拥有投资权和经营权，则这些分公司或事业部就是投资中心。该中心拥有对产品生产的经营决策权，固定资产的构建、处置权和扩大或缩小某项产品的生产规模的权力，对中心的利润及投资效益负责。

相关链接

责任会计与阿米巴

责任中心是责任会计的核算对象，大型集团企业中独立权责的事业部的绩效是典型的责任会计的应用。那么，是不是企业到一定规模后才能应用责任会计呢？其实不尽然。

在《稻盛和夫自传》中，稻盛和夫思考如何才能最大限度地发挥每个人的能力，让大家在工作中认识到人生的意义。最终答案是，只要回归创业阶段，就可以做到这一点。具体就是，人人都是经营者，把整个公司按照工序、产品类别划分成若干个小规模的组织，把它们视为一个个中小企业，放手经营，采取独立核算的方式加以运作。这些小集体并非一成不变，而是各自根据环境的变化而进行自我繁殖，因此取名为阿米巴。

阿米巴就是责任中心，每个阿米巴就是一个小公司，下一道工序（或流程）的阿米巴就是它的客户。这种放手经营、独立核算的方式其实就是责任会计。

京瓷在日本国内有13 000多名员工，阿米巴的数量超过3 000个，平均每个阿米巴不到5个人。也就是说，责任中心不是大型企业的专营，任何企业，不管规模大小，都可进行应用。不过，在实际应用过程中，数量庞大的责任中心，对责任会计体系的建立与完善是一个巨大的挑战，这需要设计一个庞大细致的内部转移定价表及后续更新机制。不过在目前，企业业务外包已很成熟，基本上所有业务都可以外包，也就是说，都存在单独计价的可行性，这也为内部转移定价设计打下了基础。

阿米巴这种管理模式，更多的是赋予了责任会计哲学色彩，一方面，阿米巴从人的心理本性为基础，结合了马斯洛的需求层次理论，激发人的创业精神，是"人人都是主人翁"的现实版实践；另一方面，就是其动态调整，从权变的角度，承认各自的特殊性，满足不同情况之下责任会计的推进实施。

10.2.2 对责任中心的评价和考核

实行责任会计制度的企业，要对每个责任中心的可控成本、收入和利润等编制责任预算。责任预算就是以责任中心为对象，为责任中心的成本、利润或投资编制的预算。责任预算是责任中心的目标，也是对责任中心进行考核的依据。责任预算是全面预算的补充和具体化。

在责任预算的执行过程中，应该设置一套账户对责任中心的经济业务活动进行记录。也可以考虑责任会计的要求，再设立会计账户体系，使其既满足对外报告的需要，又能够满足责任会计进行管理的需要。

责任预算和对责任中心的经济业务活动的记录是责任中心进行考核的依据。考核责任中心通常是通过编制责任报告对责任预算的执行情况进行比较分析。不同的责任中心，其责任预算的内容和考核办法都不一样。

1. 对成本中心的评价和考核

由于成本中心没有收入，只能对成本负责，因此对成本中心的评价与考核应以责任成本为重点。通过编制责任报告反映责任成本的执行情况，并分析产生差异的原因。

成本中心编制的责任报告，亦称业绩报告。在编制责任报告时，既要注意报告的适时性和适用性，尽量使报告的时间与生产经营活动进行规划、控制的时间相适应，使责任报告的内容最大限度地满足企业内部不同管理层次和管理人员的信息需要，又要注意报告的相关性和确切性，尽可能保证责任报告提供的资料、数据的准确度和可信度，使各级管理者对其责任区域内的真正能够控制的经济业务活动，进行切实有效的管理。

成本中心的责任报告一般包括该中心可控成本的各明细项目的预算数、实际数和差异数。对不可控成本则可采用两种处理方式，一种是全部省略，不予列示；另一种是把不可控成本作为参考资料列入业绩报告,以便管理当局了解成本中心在一定期间内耗费的全貌。

责任报告中的成本差异是评价和考核成本中心工作实绩的重要标志。如果实际数小于预算数,称为有利差异,它表示成本的节约额;如果实际数大于预算数,称为不利差异,它表示成本的超支额。责任报告中还应有差异原因分析,以便于采取措施巩固成绩,纠正偏差。

由于各责任中心是逐级设置的,因此责任预算和责任报告也应自下而上,从最基层的成本中心逐级向上汇报,直至最高管理层次。每一级的责任预算和责任报告,除最基层成本中心只有本身的可控成本外,都应包括自身的可控成本和下属单位转来的责任成本。成本中心的责任报告格式如表 10-2 所示。

表 10-2 2017 年 4 月甲公司 A 车间(成本中心)责任报告　　（单位:元）

项目	预算数	实际数	差异数
一、可控成本			
间接成本	16 500	16 840	-340
间接人工	12 030	12 060	-30
管理人员薪金	10 270	10 170	100
设备折旧费	20 620	20 620	0
设备维修费	20 200	20 600	-400
物料消耗	5 770	5 500	270
合计	85 390	85 790	-400
二、下属单位转来的责任成本			
A 工段	62 360	62 560	-200
B 工段	94 870	94 470	400
合计	160 000	160 500	-500
本车间责任成本合计	317 230	317 530	-300

2. 对利润中心的评价和考核

由于利润中心既对成本负责又对收入及利润负责,因而对利润中心的评价和考核应以边际贡献与税前净利为重点。在进行业绩考评时,主要是通过实际销售成本与实际销售收入进行对比,再集中分析和考核利润目标的完成情况。对利润中心进行业绩考评时,主要采用边际贡献、净利润和销售净利润等指标。

利润中心编制的责任报告包括预算数、实际数和差异数。就销售收入来说,如果实际销售收入超过预算销售收入,其差异额为有利差异,反之则为不利差异;对成本来说,如果实际成本超过预算成本,其差异额为不利差异,反之则为有利差异。实际利润额超过预算利润,其差异额为有利差异,反之则为不利差异。

利润中心的责任报告格式如表 10-3 所示。

表 10-3 2017 年 4 月甲公司 A 分公司(利润中心)的责任报告　　（单位:元）

项目	预算数	实际数	差异数
销售收入	160 000	180 000	20 000
变动成本			
变动生产成本	70 000	75 000	5 000
变动销售及管理成本	25 000	25 200	200
变动成本小计	95 000	100 200	5 200
边际贡献	65 000	79 800	14 800

（续）

项目	预算数	实际数	差异数
期间成本			
固定生产成本	30 000	30 000	0
固定销售及管理成本	10 000	12 000	2 000
固定成本小计	40 000	42 000	2 000
税前净利	25 000	37 800	12 800

2017年4月甲公司A分公司边际贡献增加14 800元，固定成本超支2 000元。该利润中心实际利润超出预算12 800元。

3. 对投资中心的评价和考核

投资中心往往是企业较高的管理层次，如事业部、分公司、分厂等，不仅能控制成本和收入，而且能控制其所占用的资产。因此对投资中心的考核，不仅要考核其利润，而且要衡量其资产，并把利润与资产联系起来。投资中心的考核指标主要有投资报酬率、剩余收益等。

（1）投资报酬率。投资报酬率（return on investment，ROI）是投资中心利润和投资额之间的比率，又称投资利润率、净资产利润率。它反映投资中心运用"公司产权"供应的每1元资产对整体利润贡献的大小，或投资中心对所有者权益的贡献程度。其计算公式为

$$投资报酬率 = 经营利润 \div 经营资产 \times 100\%$$

公式中经营利润通常指息税前利润（EBIT），经营资产通常指平均值。

【例10-2】 北京某公司投资中心的有关资料为期初资产原价为80 000元、期末资产原价为100 000元、营业净利为40 000元，计算投资报酬率。

投资报酬率 = 40 000 ÷ [（80 000 + 100 000）÷ 2] × 100% = 40 000 ÷ 90 000 = 44.4%

为了合理分析投资报酬率的影响因素，可以将投资报酬率指标进一步展开

$$投资报酬率 = \frac{经营利润}{销售收入} \times \frac{销售收入}{经营资产} \times 100\% = 销售利润率 \times 资产周转率$$

由上述公式可见，提高投资报酬率的途径不仅在于降低成本、增加盈利、降低经营资产的平均占用，还在于资产的周转速度及销售获利能力。

投资报酬率作为广泛采用的评价投资中心业绩的指标，其主要优点是促使管理者像控制费用一样控制资产占用或投资额的多少，综合反映一个投资中心全部经营成果，主要表现在以下几个方面。

1）通过对投资报酬率的分解，管理人员可以从销售利润率和资金周转率两方面分析原因。

2）投资报酬率有横向可比性，即在剔除了因投资额不同而导致利润差异等的不可比因素的基础上，将各投资中心的投入与产出进行比较。

3）投资报酬率可以促使经理人员关注工作的效率，而不仅仅是产出数。

但是投资报酬率也有两个明显的局限性。

1）过分重视投资报酬率，会使得投资中心只关注责任中心的盈利而忽视企业整体目标。

2）这个指标容易导致经理人的短期行为。

（2）剩余收益。剩余收益是指投资中心所实现的利润，与企业要求的最低报酬之间的差额。企业要求的最低投资报酬可以通过投资中心的营业资产和最低报酬率相乘进行计算。剩余收益的计算公式为

剩余收益＝营业利润－（营业资产×最低投资报酬率）

剩余收益是绝对数指标，其优点在于简单，相同的基本情况下，剩余收益越大越好。这可以克服评价投资中心工作绩效采用投资报酬率的片面性，使各投资中心的局部目标同整个企业的总体目标保持一致。与投资报酬率相比，剩余收益的主要缺点是不便于规模不同的投资中心之间的分析比较。

【例 10-3】 依【例 10-2】，假定投资中心同期的营业利润为 40 000 元，最低投资报酬率为 30%，则剩余收益为

剩余收益 ＝ 40 000 －（90 000 × 30%）＝ 40 000 － 27 000 ＝ 13 000（元）

由于投资中心不仅要对利润负责，而且要对投资效果负责，所以，投资中心的责任报告应包括收入、成本、利润、投资额及投资使用效益等项内容。

【例 10-4】 根据上述资料填制的该投资中心责任报告如表 10-4 所示。

表 10-4　2017 年 4 月某公司 A 事业部（投资中心）的责任报告　　（金额单位：元）

项目	预算数	实际数	差异数
销售收入	12 0000	130 000	1 000
减：成本	80 000	85 000	5 000
营业利润	40 000	45 000	5 000
平均资产原价	90 000	96 000	6 000
销售利润率	33.33%	34.62%	1.29%
资产周转率	1.33 次	1.35 次	0.02 次
投资报酬率	44.44%	46.88%	2.44%
预期投资回报率	30%	—	—
剩余收益	13 000	16 200	3 200

该投资中心 2017 年 4 月的实际剩余收益比预算数增加 3 200 元。其中销售利润率增加 1.29%，资产周转率增加 0.02 次，投资报酬率增加 2.44%。

（3）业绩评价指标的多元性。投资报酬率和剩余收益是常用的对投资中心进行业绩评价的指标，但是它们的共同特点在于只能用来评价短期业绩。为了抑制这种短期行为，可以采用与投资中心健康发展更为相关的辅助性业绩指标共同评价。例如采用市场占有率、销售渠道的发展状况、客户意见、员工流动率以及员工的能力发展状况等非财务指标。

10.3　内部转移价格

10.3.1　内部转移价格及其定价要求

1. 内部转移价格及其意义

内部转移价格（interdivisional transfer price）也称内部结算价格，是指企业内部各责任主体之间相互提供产品（或半成品）和劳务并进行结算时所采用的一种内部价格标准。

企业内部各责任单位在生产经营活动中既相互联系，又相互独立地开展各自的活动，各责任中心之间经常相互提供产品或劳务。为了客观公正地评价企业内部各责任中心的业绩，明确区分各自的经营责任，使各个责任中心的业绩评价与考核建立在客观而可比的基础上，从而有

利于调动各责任中心的积极性，有必要根据各责任中心业务活动特点，制定内部转移价格。内部转移价格作为一种内部结算价格标准，一方面影响着提供产品或劳务的责任中心的经营成果；另一方面影响着产品或劳务的责任中心的成本费用。因此，科学、合理的内部转移价格对于分权组织有效实行管理控制具有非常重要的意义。

（1）制定内部转移价格是划分各责任中心经济责任的必要条件。划分各责任中心之间的经济责任是实行责任会计制度的主要内容，而制定合理的内部转移价格又是明确划分经济责任的必要条件。要划分各责任中心的经济责任，除正确计量和核算直接发生在各责任中心的成本外，还应合理确定由其他责任中心转来的材料、中间产品或劳务的结算价格。没有合理的内部转移价格，就无法划分各责任中心的责任界限，从而使责任会计制度流于形式。

（2）制定内部转移价格是客观、公正考评各责任中心的基础。合理的内部转移价格，能恰当地衡量企业内部各责任中心的工作实绩，准确计算和考核各责任中心责任预算的实际执行情况。因为内部转移价格充分考虑到了各责任中心的成本费用的消耗和补偿，并充分考虑到了各责任中心的经营成果，同时，又充分考虑到了各责任中心的客观性和公正性，因而能够对各责任中心的工作实绩进行统一的比较和综合的评价，使业绩考评公平合理。

（3）制定内部转移价格是制定正确经营决策的重要手段。制定和运用内部转移价格，可以对企业内部各责任中心的业绩进行公平而客观的评价，因而企业的最高管理层可依据各责任中心的业绩报告来确定哪些部门的业务应当发展，哪些部门的业务应当缩小或淘汰，哪些产品和劳务应当自制或外购。各部门的责任者也可以根据本部门的责任预算执行情况的会计信息，做出有关本部门生产经营的决策。

2. 内部转移定价的基本原则要求

为了充分发挥内部转移价格的有益作用，制定内部转移价格时应该符合如下基本要求。

（1）整个企业与责任中心目标一致。由于内部结算价格直接决定着每个责任中心的利益，每个责任中心出于自身利益的考虑，会为争取最大利益而努力，例如，希望能够尽量压低购进的半成品价格，尽量提高出售半成品的价格等。这样，各责任中心的利益将会出现矛盾。因此，制定内部转移价格时，一切要从企业整体利益出发。如果因内部转移价格不合理，导致某一责任中心利润虚增，或某一责任中心的利润反映不足，将影响各责任中心的积极性，可能使整个企业的经济效益受到影响。

（2）简单易行，易于操作。企业内部各个层次的责任中心很多，包括要生产或提供多种多样的产品和劳务，因此，制定内部转移价格，确定转账、结算、计价方法时，一定要注意简便易行，以减少不必要的工作量，并使各责任中心心中有数，操作方便。这样才能真正发挥内部转移价格的作用，达到责任会计制度的预期目的。

（3）公平性。合理的内部转移价格首先应该是能够使"买卖"双方均感到公平合理而乐于接受的价格。在建立和实施责任会计时，企业应避免出现由于内部转移价格制定不当而导致责任中心之间的非"等价交换"、苦乐不均等状况，这对于具有前后"传递性"关系的分权组织而言十分重要，这关系到它们是否可在公平、合理、对等的条件下努力工作的问题。甚至可以说，内部转移价格制定得是否公允直接关系到责任会计制度是否能真正建立起来。

10.3.2 内部转移价格的定价依据

1. 以成本为依据的内部转移价格

以成本为基础的转移价格在实践中经常使用，尤其适用于以下情况：第一，转让的产品没有外部市场；第二，尽管有外部市场，但不完全，因为市场价格受到制定转移价格企业对外销售数量的影响，或者因为只有有限的外部需求；第三，产品包含秘方，管理人员不想对外泄露时。如果存在上述三者之一的情况，成本就成为定价的现实选择。正因为此，各成本中心之间相互提供产品或劳务时通常只能采用以成本为基础的内部转移价格。根据所依据成本和定价的具体方式不同，以成本为依据的定价包含以下几种方式。

（1）实际成本。实际成本（actual cost）是指直接将产品或劳务的实际成本作为内部转移价格。用实际成本作为内部转移价格具有一定的客观性。由于各责任中心通常都有各种产品或劳务的实际成本资料，因而使用起来也比较方便。但是使用实际成本有一个明显的缺点，即不能促使提供产品和劳务的部门降低成本，相反，通过产品和劳务的部门会将生产经营上的成绩与缺陷完全转嫁给使用部门。因此，按产品或劳务的实际成本进行结转或分配会削弱供需双方控制成本的积极性，从而与责任会计的要求不相符。

（2）实际成本加成。实际成本加成（actual cost-plus）就是以产品或劳务的实际成本为基础，再加上一定比例的利润来决定内部转移价格。使用实际成本加成法，可使提供产品或劳务的部门得到一定数额的利润，因而有助于提高他们的积极性。但这种方法同样不能把各责任中心的责任划分清楚。影响了责任各方的业绩评价，与责任会计的要求相悖。

（3）标准成本。标准成本（standard cost）是按照产品或劳务的标准成本来制定内部转移价格。由于标准成本是在事前制定的，并且在制定时就已经排除了无效率的耗费，因此以标准成本作为内部转移价格能够促使企业内供需双方改善生产经营，降低成本，能起到激励作用。标准成本法简便易行，且易于划分供需双方的责任，避免了实际成本法的缺陷。

（4）标准成本加成。标准成本加成（standard cost-plus）就是在标准成本的基础上，再加上一定比例的利润来确定内部转移价格。标准成本法适用于成本中心的产品转移，而对于利润中心，则可以使用标准成本加成法，以便于用利润指标对其业绩进行考核。此方法的缺点是在确定加成的利润率时，难免带有主观随意性。因此，确定加成利润率时需要慎重考虑，以调节供需双方的利益。

2. 以市场价格为依据的内部转移价格

以公开市场上的产品或劳务价格作为内部转移价格的定价依据，通常适用于有外部市场、有市价可循的中间产品或劳务。

（1）市场价格。市场价格就是以产品或劳务的价格作为内部转移价格，在西方国家，通常认为市场价格是制定内部转移价格的最好依据。因为市场价格比较客观，对买卖双方都无所偏袒，所以能够促使卖方努力改善经营管理，不断降低成本。同时市场价格法也最能体现责任中心的基本需求，那就是在企业内部引进市场机制，造成一种竞争的气氛，使每个利润中心都成为独立的机构，各自经营，相互竞争，再通过利润指标来评价与考核其经营成果。但是采用市场价格法也有一定的局限性。有些产品或劳务没有现成的市场价格可参考，或者只有非完全竞争条件下的市场价格。在这种情况下，只能借助于其他方法来制定内部转移价格。

（2）双重市场价格。当某种产品或劳务有不止一种市场价格时，供应方希望采取较高的市场价格，而需求方则希望采用较低的市场价格。为了满足不同责任中心的需要，可允许双方各自按照自己希望的市场价格进行结算，而不强求一致。这就是双重市场价格（dual market price）。因为内部转移价格主要是为了对企业内部各责任中心的业绩进行评价和考核，因此双方的内部转移价格不必完全一致。双重市场价格的区别对待，可以更好地满足各责任中心在不同方面的需要，从而可以激励双方在生产经营中更好地发挥其主动性和积极性。

（3）协商价格。内部转移价格可以通过供需双方协商确定。这种通过供需双方协商确定的价格叫作协商价格（negotiated price）。协商价格适用于某种产品或劳务没有现成的市场价格，或有不止一种市场价格的情况。协商价格不仅要使供需双方乐于接受，而且不能损害企业的整体利益。一般来说，应把市场价格作为协商价格的上限，把标准成本作为协商价格的下限。双方经过协商，确定一个都能接受的"公允价格"作为计价基础。当具体情况发生变化时，双方可以重新协商，确定价格。

相关链接

阿米巴经营如何制定内部交易定价

我国 A 公司在日本和美国分别设有一家子公司。日本子公司负责生产某电子部件，美国子公司负责各阿米巴单元的购销交易，因此其中必然涉及各工序环节的定价问题。

内部交易价格是各阿米巴单元之间用于产品交换及利润计算的内部转移价格。但是有的阿米巴输出的是劳务，有的则是货物实体，作业模式种类繁多，交易价格缺乏客观的基准，怎么办？这一问题难倒过众多企业，A 公司也不例外。

例如，下游环节的阿米巴尽可能地要低价，上游环节则"狮子大开口"，谁都无法在实现个体利益、自身发展的同时，也让企业的整体利益最大化；销售阿米巴为自身的利益轻易对客户降价，而生产阿米巴却无法让成本降低同样幅度，认为本次交易将导致自身的"入不敷出"，因而拒绝接单……不合、内斗的蝴蝶效应最终将导致企业发展的后劲不足。

但是，一个严峻的问题摆在 A 公司面前。每个节点的定价都应当让各阿米巴都认为公平合理，能被各方接受和认可，但要实现这点谈何容易？定价方案调整多次，但总有个别人认为不公平。

定价标准众口难调，如何解决？

A 公司中，产品实体额的真实成本和利润都可以衡量，可以把实际成本作为交易价或在标准成本、成本率的基础上，根据预期售价（订单价）倒算出各道工序的"成交价"。其他无形商品，如服务的定价如何操作？方法有不少，譬如"市场定价法""比例定价法"等。研究各工序的部门费用、公共费用、技术难度、劳务费用、劳力、部门时间、公共时间后，A 公司管理者敲定了最适合自身的方式。之后，他们又对一些相关"商规"进行确定，比如对半成品不做计价评估，综合管理部的运作费不让各阿米巴单元分摊等。

在大家的集思广益下，根据自身的业务特点，A 公司终于制定了一致认可的内部交易定价。

资料来源：道成咨询 http：//www.simchn.com/。

10.3.3 制定内部转移价格基本方法

1. 机会成本定价法

机会成本定价法是指在制定内部转移价格时同时考虑销售双方的利益，通过确认销售方愿意接受的最低价格和购买方愿意接受的最高价格来指导内部转移价格的制定。其中，销售方愿意接受的最低价格和购买方愿意接受的最高价格就是内部转移的机会成本。内部转移定价的基

本计算公式为

$$内部转移价格 = 单位支付成本 + 单位机会成本$$

式中，单位支付成本是指提供产品或劳务的部门为生产和转让产品或劳务而发生的直接相关的现金流出额，通常包括产品或劳务的直接可变成本和其他仅由于转移而发生的支出成本。单位机会成本则是指提供产品或劳务的部门因为将产品或劳务用于内部转移而放弃的将其用于外部销售所能获得的利润。不同的市场环境将导致不同的机会成本。

在公司各部门有权决定内部买卖或外部买卖的情况下，各部门将有可能根据机会成本转移定价方法，确定对各部门同时也是公司整体最为有利的内部转移价格方案。因为，对于供给方而言，它据此计算的是一个"最低可接受价格"。根据这一价格，供应方无论是对内销售还是对外销售，其利益均不会受到损失。对于购买方而言，它的"最高可接受价格"是其产品或劳务的"销售价格"与其后续工序加工过程中发生的支付成本之差额，这也是购买方从其自身环节而言所发生的机会成本。当购买方以该价格向内部其他部门购买时，其利益也才不会遭受损失。

因此，可行的内部转移价格应该介于供应方的"最低可接受价格"和购买方的"最高可接受价格"之间。只要供应方"最低可接受价格"不高于购买方的"最高可接受价格"，就应该而且可能进行内部转移。否则将有可能因对其中一方不公而导致内部转移失败。

由简单的成本基础定价或市价基础定价均可能引发问题。机会成本定价法在两者之间寻求一种均衡，如果供求双方能够善用相关成本前提下的机会成本定价法，则不仅可以促使目标一致性决策，增强企业内部业绩评价的合理性，而且也可以起到更好的激励和改善作用。通过这一定价方法，既能确保双方都不会因为产品的内部转移而遭受损失，同时又能实现目标一致的原则，有利于企业整体利益最优化。然而机会成本的计量本身就比较困难，机会成本的高低依赖于外部市场销售价格和销售数量，而外部市场销售价格和销售数量又依赖于生产者的生产决策，包括是否内部转移的决策。这种循环关系导致了在很多情况下很难准确确定机会成本，因而也限制了机会成本定价法的运用。

2. 协商转移定价法

现实生活中，中间产品的市场是不完全竞争的，在这种情况下，对其转移价格的确定通过供销双方进行协商确定的方法就是协商转移定价法。一般而言，协商价格是一种准市场价格，它通常介于市场价格和成本价格之间，较正常市价稍低。因为中间产品的结转相对于外部销售有节约销售费用、扩大产量等优势，因此，以低于市场的价格，"供给方"的利益仍能得到保证，而"需求方"则更倾向于内部购买，在大多数情况下，它能够有利于企业整体利益最大化的实现。

协商转移定价是解决分权组织目标一致性问题的一种有效手段，具体来说可以实现内部转移定价的三个目标：准确的业绩评价、目标的一致和经营资质。此外，协商转移定价方法可以作为企业高层协调企业行为的一种手段。应该说，自主参与式的内部转移价格均是协商达成的结果，它是一种最为普遍的内部转移价格定价方式，但是这种方法也存在以下缺点。

第一，责任中心的负责人可能会利用内部信息的优势从其他责任中心获得利益，对于这个问题，可以通过企业高层直接向各责任中心管理人员提供其他责任中心的会计资料来解决，以避免由于信息不对称引起的不公平；第二，业绩评价可能会受到双方谈判技巧等因素的影响，如果责任中心负责人的谈判水平高，则容易获得更加有利的内部转移价格，从而无法真实地反映管理人员的管理能力；第三，双方的协商可能会耗费大量的资源和时间。过度的协商会影响管理人员其他的管理活动，在这种情况下，企业高层可能会参与调解。但是一旦协商达成，今后将一直执行，实现具体协商带来的一劳永逸，则有利于企业的利益。

下面举例说明协商转移定价法的应用。

(1) 节约销售费用。

【例 10-5】 假设某企业是个家电生产企业，其中甲分厂生产电路板，其市场价格为 20 元，该电路板销路非常好，能按市价销售所有的产品。目前，该电路板的成本情况为：变动性制造成本为 10 元，变动性销售费用为 2 元，每年的固定性制造费用为 1 000 000 元。该企业的乙分厂生产游戏机，需要甲分厂的电路板，乙分厂的游戏机市价为 32 元，变动性销售费用为 3 元，固定性制造费用为 500 000 元。甲乙分厂的销售及成本情况如表 10-5 所示。

表 10-5 销售及成本数据情况　　　　　　　　　　　　（单位：元）

	甲分厂（电路板）	乙分厂（游戏机）
销售量		
每日	1 000	350
每年（每年按 260 个工作日计算）	260 000	91 000
单位数据		
市场售价	20	45
变动性制造费用	10	32（其中电路板成本为 20）
变动性销售费用	2	3
每年的固定性制造费用	1 000 000	500 000

由于乙分厂是最近才合并进入公司的，所以从未和甲分厂发生中间产品的内部转移，双方就内部转移价格进行协商。甲分厂提出：每个游戏机需要一个电路板，每天的产量是 350 台，愿意按市场价（20 元）销售给乙分厂。乙分厂提出：我们希望价格更优惠些，因为产品在内部转移，你们可以省去销售、运输和包装等方面的支出，这些费用我们咨询过公司总部，大约是 2 元，因此希望能以低于市场价 2 元的价格，也就是 18 元的价格购买，这样的话，并不会影响你们的利润，同时能为公司增加利润 364 000 元（=4×910 00）。最后双方达成协议，按 19 元的价格进行内部转移，这样一方面通过内部转移可以增加公司利润，另一方面公司的利润也得到了提高。协商前后的比较利润表 10-6 所示。

表 10-6 比较利润表　　　　　　　　　　　　（单位：元）

	协商前：与外部进行交易		
	甲分厂（电路板）	乙分厂（游戏机）	合计
销售收入	5 200 000	4 095 000	9 815 000
减：变动性制造费用	2 600 000	2 912 000	5 512 000
变动性销售费用	520 000	273 000	793 000
贡献毛利	2 080 000	910 000	2 990 000
减：固定性制造费用	1 000 000	500 000	1 500 000
净利润	1 080 000	410 000	1 490 000

	协商后：以19元进行内部交易		
	甲分厂（电路板）	乙分厂（游戏机）	合计
销售收入	5 190 000	4 095 000	9 285 000
减：变动性制造费用	2 600 000	2 821 000	5 421 000
变动性销售费用	338 000	273 000	611 000
贡献毛利	2 252 000	1 001 000	3 253 000
减：固定性制造费用	1 000 000	500 000	1 500 000
净利润	1 252 000	501 000	1 753 000
利润差额	172 000	91 000	263 000

由表10-6可知，内部交易使得企业整体利润提高了263 000元，这部分新增的利润在企业的两个分厂进行的分配是：甲分厂172 000元，乙分厂91 000元。这个内部交易使得企业整体利益与责任中心个体利益都得到了实现。

(2) 生产能力过剩。在一个完全竞争的市场中，销售方能以市价销售出其所有产品。而在一个不完全竞争的市场中，销售方可能无法以市价销售出其所有产品，这就是生产过剩。生产过剩的情况下，按照低于市场价的内部交易价格进行交易，以扩大其产量，分摊部分固定性费用，对于交易的双方都是有利的，对企业整体目标也是有益的。

【例10-6】仍以上题中家电企业的甲乙分厂为例，有关生产数据与上例相同，但甲分厂的销售并不好，出现了生产过剩的情况。甲的年生产能力为260 000件，但实际只能对外销售160 000件。此时甲乙分厂进行协商，乙分厂提出，因为理解到甲分厂生产能力过剩，可以按12元的单价向甲每年订购91 000件产品。甲分厂提出，确实存在生产能力过剩问题，还可以提供100 000件产品，所以能够完成乙分厂的订单，但是对于乙分厂的价格不能接受，因为电路板的变动成本就是12元，因此这个价格没有任何边际利润。最后双方协商按照15元的单价成交。协商前后的比较利润表如表10-7所示。

表10-7 比较利润表　　　　　　　　　　　　（单位：元）

	协商前：与外部进行交易		
	甲分厂（电路板）	乙分厂（游戏机）	合计
销售收入	3 200 000	4 095 000	7 295 000
减：变动性制造费用	1 600 000	2 912 000	4 512 000
变动性销售费用	320 000	273 000	593 000
贡献毛利	1 280 000	910 000	2 190 000
减：固定性制造费用	1 000 000	500 000	1 500 000
净利润	280 000	410 000	690 000
	协商后：以15元进行内部交易		
	甲分厂（电路板）	乙分厂（游戏机）	合计
销售收入	4 745 000	4 095 000	8 840 000
减：变动性制造费用	2 600 000	2 457 000	5 057 000
变动性销售费用	338 000	273 000	611 000
贡献毛利	1 807 000	1 365 000	3 172 000
减：固定性制造费用	1 000 000	500 000	1 500 000
净利润	807 000	865 000	1 672 000
利润差额	527 000	455 000	982 000

由表 10-7 可知，内部交易使得企业整体利润提高了 982 000 元，这部分新增的利润在企业的两个分厂进行的分配是：甲分厂 527 000 元，乙分厂 455 000 元。这个内部交易使得企业整体利益与责任中心个体利益都得到了实现。

3. 双重价格定价法

双重价格是针对责任中心各方面分别采用不同的内部标准所制定的价格。具体又分为双重市场价格和双重成本价格两种。双重市场价格即"供给方"可采用较高的市价，而"需求方"则采用较低市价，其差额由会计最终调整。之所以采用双重价格是因为内部转移价格，主要是为了对企业内部各责任中心的业绩进行评价、考核，故各相关责任中心所采用的价格并不需要完全一致，可分别采用对责任中心最有利的价格为计价依据。双重价格有以下几种形式。

（1）按标准成本与市价双重定价。采用这种方法时，各责任中心之间相互提供的材料、半成品、劳务、产成品一律按标准成本定价，以反映各责任中心再生产过程中的实际耗费（量差因素影响），便于分清彼此的经济责任，及时进行成本核算。同时，为了加强协作，鼓励优先考虑向企业内部其他责任中心出售产品或劳务，对拥有外销权的责任中心的半成品、产成品或劳务按市价定价，以保证其利润的完整，并以此作为考核业绩的依据。

（2）按标准成本与成本加成双重定价。采用这种方法时，企业内部各责任中心之间相互提供产品与劳务一律按标准成本定价，以反映各责任中心在生产过程中的实际耗费，便于企业及时进行会计核算，编制及上报会计报表。与此同时，用含一定利润的内部转移价格进行第二种核算，以确定各责任中心的责任利润，将其作为评价考核的依据。

（3）按市价与变动成本双重定价。采取这种方法时，对于售出方出售的产品和劳务，按市场价格定价，以利于考核其经营业绩。对于购入方购入的产品和劳务，按变动成本定价，以利于其做出正确的经营决策。

双重定价方式可以满足"供需"双方对价格的不同需求，避免因"讨价还价"而可能导致的低效，也避免接受部门因产品内部定价高于外部市场价格而不从企业内部进货，采取向外部进货的"职能失调"行为。但是双重转移价格运用的结果必然导致总部利润与分部利润之和的差异，两者的差额虽然可由总部进行调整、消化，却给企业相关分析、决策带来不便，而且还可能掩盖和纵容各责任中心的低效行为，不利于从根本上调动各责任中心的积极性。因为采用双重内部转移价格后，交易双方都可能获得较高的内部利润，而这种较高的内部利润则可能是事实上并不存在的虚增利润，由于这种利润虚增，各个分权组织就不容易看清它们的经营与企业整体利益之间的真实关系，从而会放松严格的成本管理，造成企业长远利益的损失。因此，实务中采用双重价格定价法的企业已经呈现越来越少的趋势。

■ 案例分析

案例 10-1　稻盛和夫的"阿米巴哲学"：小集体管理之道

案例 10-1

课后练习与实验操作

讨论题

1. 简述责任会计的含义与作用。
2. 简述责任中心的含义与分类。
3. 理论联系实际谈谈建立与健全责任会计的现实意义。

计算分析题

1. 已知：某企业有甲乙两个生产部门，均为利润中心。甲部门生产的 A 部件既可以直接在市场上出售，也可以作为乙部门生产 B 产品的一种配件；乙部门生产的 B 产品作为最终产品向外部市场销售。A 部件与 B 产品的投入产出比为 1∶1。有关资料如表 10-8 所示。要求：

   就以下不相关的情况进行如何确定内部转移价格的分析。

   表 10-8　相关收入、成本及利润资料

甲部门		乙部门	
A 部件市场价格（元/件）	200	B 产品市场价格（元/件）	400
单位变动成本（元/件）	160	单位加工费用（不含 A 部件成本，元/件）	164
		单位销售费用（元/件）	52
		预计市场销售量（件）	1 000

   情况一：甲部门生产的 A 部件最大产量为 1 000 件，全部可以在外部市场上找到销路，且该部门没有剩余的生产能力。乙部门要求按甲部门的单位变动成本作为内部转移价格，即甲部门按 160 元的单价所生产的全部 1 000 件产品销售给乙部门，否则，乙部门将不予购买。

   情况二：甲部门生产的 A 部件最大产量为 1 000 件，全部可以在外部市场上找到销路，且该部门没有剩余的生产能力。甲部门要求按 A 部件的外销单价作为内部转移价格，即乙部门必须按 200 元的单价从甲部门购买 1 000 件 A 部件；否则，甲部门将不予对内销售。

   情况三：甲部门生产的 A 部件最大产量超过 2 000 件。尚有剩余的生产能力可以为乙部门额外生产 1 000 件 A 部件，但外部市场已经无法容纳这些产品。甲部门要求按 A 部件的外销单价作为内部转移价格，即乙部门必须按 200 元的单价从甲部门购买追加生产的 1 000 件 A 部件；否则，甲部门将不予对内销售。

   情况四：甲部门生产的 A 部件最大产量超过 2 000 件。尚有剩余的生产能力可以为乙部门额外生产 1 000 件 A 部件，但外部市场已经无法容纳这些产品。乙部门要求按甲部门的单位变动成本作为内部转移价格，即甲部门按 160 元的单价将追加生产的 1 000 件产品销售给乙部门；否则，乙部门将不予购买。

   情况五：甲部门按外销单价 200 元与单位销售费用（假定为 20 元）之差 180 元作为内部转移价格，乙部门按单位变动成本 160 元作为内部转移价格。

   情况六：为了鼓励甲部门充分利用闲置的生产能力和乙部门积极从企业内部"采购"，经甲乙双方协商，决定采取双方都能够接受的 170 元作为内部转移价格。

2. 某投资中心投资额为 100 000 元，年净利润为 20 000 元，公司为该投资中心规定的最低投资报酬率为 15%。请计算该投资中心的投资报酬率和剩余收益。

3. 假定某分部的经营资产为 20 000 元，经营净收益为6 000元。要求：
(1) 计算分部的投资利润率；
(2) 如果利息按15%计算，其剩余收益是多少？
(3) 如果采用投资利润率来衡量其工作成果，预计对管理部门的行动有何影响？
(4) 如果采用剩余利润来衡量其工作成果，预计对管理部门的行动有什么影响？

4. 甲企业的A部门为利润中心，利润中心销售收入110万元；利润中心销售产品变动成本和变动销售费用50万元；利润中心负责人可控固定成本20万元；利润中心负责人不可控而应由该中心负担的固定成本12万元。要求：
(1) 计算该利润中心的边际贡献总额；
(2) 计算该利润中心负责人可控利润总额；
(3) 计算该利润中心可控利润总额。

5. 某公司下设A、B两个投资中心。A投资中心的部门资产为2 000万元，投资报酬率为15%；B投资中心的投资报酬率14%，剩余收益为200万元。设该公司平均资本成本率为10%。要求：
(1) 计算A中心的剩余收益；
(2) 计算B中心的部门资产。

(3) 说明投资报酬率和剩余收益作为投资中心业绩评价指标的优缺点。

6. 某企业下设A投资中心和B投资中心。两投资中心均有一投资方案可供选择，预计产生的影响如表10-9所示。要求：
(1) 计算并填写表10-9中的空白；
(2) 运用剩余收益指标分别就两投资中心是否应追加投资进行决策。

表10-9　A、B投资中心投资方案

项目	A投资中心		B投资中心	
	追加投资前	追加投资后	追加投资前	追加投资后
投资额	50.00	100.00	100.00	150.00
息税前利润	4.00	8.60	15.00	20.50
息税前利润率	0.08		0.15	
剩余收益	(1.00)		5.00	

7. 公司某利润中心的有关数据资料如下
部门销售收入　　　　　80 000元
部门销售产品变动
成本和变动销售费用　30 000元
部门可控固定成本　　　5 000元
部门不可控固定成本　　6 000元
要求：计算该责任中心的各级利润考核指标。

8. 某投资中心投资额为100 000元，年净利润为20 000元，公司为该投资中心规定的最低投资报酬率为15%。请计算该投资中心的投资报酬率和剩余收益。

实验操作题

1. 以计算分析题第1题为例，设计一个Excel模型，用来确定内部转移价格。要求：
(1) 运用Excel的组合框，在一个计算模型中能够选择不同的内部转移价格进行计算；
(2) 绘制不同内部转移价格下的企业利润动态变化图，并进行比较。

2. 模拟一个生产粉笔的制造企业，设计该企业的责任中心和考核指标。

3. 请用思维导图绘制本章的知识要点。

参考文献与推荐阅读

[1] 邱鸿飞. 基于阿米巴经营模式的管理会计创新[J]. 中国国际财经（中英文），2017（6）.

[2] 敖小波，李晓慧，谢志华，等. 管理

会计报告体系构建研究［J］.财政研究，2016（11）：91-102.

［3］邹国海.集团公司的财务集权管理和分权管理探讨［J］.中国总会计师，2013（6）.

［4］汤谷良，杨春霞.利润中心制度：整合公司战略控制与财务控制的组织视角［J］.会计师，2005（2）：22-27.

［5］黄玥，舒烟雨.战略导向下企业预算管理体系构建——以华润集团为例［J］.财会通讯，2013（2）：96-97.

［6］勇小芹，刘孝鹏.基于盈亏平衡视角下目标利润分解与市场费用核定的管理实践——以聊广网络为例［J］.财务与会计，2018（3）.

［7］李洪涛.企业增量利润分成预算体系的设计与实践［J］.财务与会计，2017（8）：31-33.

第11章

绩效评价

所有组织都必须思考:"绩效"是什么? 这在以前简单明了,现在却不复如是,策略的拟订越来越需要依据绩效的新定义。

——彼得·德鲁克

■ **学习目标**

1. 了解绩效评价的概念、特点和相关理论;
2. 掌握基于企业利润的绩效评价方法;
3. 掌握基于EVA的绩效评价方法;
4. 掌握基于战略的绩效评价方法。

■ **重点与难点**

1. 基于企业利润的绩效评价方法;
2. 基于EVA的绩效评价方法;
3. 基于企业战略的绩效评价方法。

■ **导入案例**

雀巢、百事饮料、本田汽车、贝莱德、美铝、德意志银行、沃达丰、迪士尼、金佰利、美泰……这些企业有什么共同特征?过去15年中,这些高绩效企业被合益咨询(Hay Grop)效能研究中心所跟踪,其五年平均资产收益率、投资报酬率、净资产收益率等指标,几乎是同行业其他公司的两倍。在15年中都出类拔萃,这些企业靠什么"赢"?合益咨询东北亚区总裁陈玮表示,通过比较全球50家高绩效企业和其他普通绩效企业,合益咨询集团发现前者领先的秘密在于它们在三个维度上做得与众不同,并且善于与时俱进。

这三个领域包括:战略效能、组织效能和领导效能。所谓战略效能,指的是组织需要对战略方向和重点达成共识,以此塑造持久的核心竞争优势,同时又能做到上下同心。组织效能指的是组织能够根据环境和战略重点的变化,持续不断地优化组织模式,使之高效敏捷,同时能够营造一个卓越的工作环境，激励员工在组织中高效地工作。所谓领导效能，指的是企业重要的各级领导人，能否随需应变地调整领导风格，以形成一个高绩效的组织气氛。

调研显示，当一个企业拥有高战略效能、组织效能和领导效能时，其在资产报酬率上将实现40%~60%的提升，并能减少54%的员工主动离职率。知己知彼，百战不殆。陈玮认为，中国企业花费了大量时间和精力去"知彼"，比如去了解市场、客户、竞争者，但在"知己"方面做得还很不够，对自己的组织特性的了解主要靠直观的判断，缺乏必要的工具和方法论。而借助这样一套整合了战略效能、组织效能和领导效能的"赢"模式作为工具和方法，企业可以获得对自己优势和弱势的真知灼见，并采取系统性的行动提升组织绩效。

11.1 绩效评价概述

11.1.1 绩效评价的概念与分类

1. 绩效评价的概念

绩效在英文中使用performance一词，中文也有译作业绩、效绩的。根据《韦伯斯特新世界词典》的解释，绩效的意思是：① 正在执行的活动或已完成的活动；② 重大的成就，正在进行的某种活动或者取得的成绩。因而，业绩既可以看作是一个过程，也可以看作是该过程产生的结果。《现代汉语词典》将业绩解释为：① 建立的功劳和完成的事业；② 重大的成就。可见，中文和英文中对绩效的理解既有相同之处，也有不同之处。相同之处是，二者都强调绩效的结果性，即绩效是重大的成就；不同之处是，英文中强调绩效的过程性，过程往往是结果的动因。

企业绩效是指一定经营期间的企业经营效益和经营者业绩。企业经营效益水平主要表现在盈利能力、资产运营水平、偿债能力和后续发展能力等方面。经营者业绩主要通过经营者在经营管理企业的过程中对企业经营、成长、发展所取得的成果和所做出的贡献来体现。企业绩效评价包括了对企业经营效益和经营者业绩两个方面的评判。

企业绩效评价是指运用数理统计和运筹学原理、特定指标体系，对照统一的标准，按照一定的程序，通过定量定性对比分析，对企业一定经营期间的经营效益和经营者业绩做出客观、公正和准确的综合评判。企业绩效评价是在会计学和财务管理的基础上，运用计量经济学原理和现代分析技术而建立起来的剖析企业经营过程、真实反映企业现实状况、预测未来发展前景的一门科学。

2. 绩效评价的分类

根据不同的标准，企业绩效评价有以下几种分类。

（1）按照企业经营性质分类，企业绩效评价可以分为工商类企业绩效评价和金融类企业绩效评价。工商类企业绩效评价又可分为工业企业绩效评价、商业企业绩效评价、服务企业绩效评价；金融企业绩效评价又可分为银行绩效评价和非银行金融机构绩效评价。这是因为不同经营性质的企业，经营目标不尽相同，所体现的经营绩效特点也有差别，在进行绩效评价时就应在方法上有所区别。

（2）按照评价特点分类，企业绩效评价可以分为例行评价和特定评价。例行评价和特定评价在评价时间、评价年度和评价方式选择方面都有差异。

（3）按照评价的深入程度分类，可以分为初步评价、基本评价和综合评价。企业绩效评价指标体系分三个层次，三层次指标是层层深入、逐步递进的关系。指标层次选择不同，评价结论的综合程度就不同，初步评价、基本评价和综合评价就是选用不同层次指标开展的评价，其反映企业绩效的综合程度是逐步深入的。另外，在经过评价组织机构批准后，评议指标也可以独立产生企业绩效的定性评价结论。

（4）按照评价对象性质分类，可以分为企业评价、行业评价、区域评价。这套企业绩效评价体系主要是对单个企业实施绩效评价，但也可在企业评价的基础上对行业经济效益和区域经济实力实施评价。

（5）按照评价目的分类，可以分为单户企业评价和多户企业评价。前者纯粹是为了得出企业的经营绩效，一般采用综合评价方式；后者是为对多个企业经营绩效进行比较、分析，一般只实施基本评价。

11.1.2 绩效评价的理论

绩效评价是组织管理控制系统的重要构成部分，在 19 世纪的管理文献中就有记载。从 150 多年前对远离总部的生产部门成本和效率的评价，到 20 世纪初杜邦等综合类组织中分部投资效益的评价，绩效评价一直是管理会计的重要内容。绩效评价的理论吸收了很多管理学中其他理论的思想，主要有委托代理理论、激励理论、控制理论和战略管理等企业管理理论，这些理论研究的结论成为绩效评价理论的基础，也对绩效评价方法的设计提出了指导性的要求。

1. 委托代理理论

委托代理理论是研究组织绩效评价问题的基础。正是由于现代组织中存在委托－代理关系，才使对各级组织和人员进行绩效评价并以此为基础建立激励机制和约束机制变得十分必要，控制和约束确保代理人不做委托人不希望他做的事情，而激励则是激发代理人做那些委托人希望他做的事情。

委托代理理论认为，社会中委托－代理关系是普遍存在的，委托人与代理人明确地或隐含地订立契约，授予代理人某些管理决策权并代表其从事某种经营活动。最理想的情况是委托人与代理人目标一致，而实际情况却大相径庭。在信息不对称的情况下，契约是不完全的，往往会出现道德危机（契约后代理人利用信息不对称而不为委托人的最大利益努力工作）和逆向选择（契约前代理人利用信息不对称有意选择有利于其自身利益而有损于委托人利益的决策行为），导致代理成本增加。因此，契约的有效执行一定程度上必须依赖于代理人的"道德自律"，如何减少信息不对称，以及如何使得代理人与委托人的目标一致起来，成为委托代理关系顺利发展的关键。

组织内部绩效评价系统被看作委托代理关系中降低代理成本的有效工具。一方面科学严密的绩效评价系统可以及时反馈代理人的工作状况，降低信息不对称的程度，从而阻止代理人的道德危机和逆向选择行为；另一方面通过绩效评价系统，可以传递组织战略目标与具体任务，引导代理人的生产经营行为与委托人的目标协调一致，从而降低代理成本，提高管理效率。同时以此为基础建立激励机制，按照利益共享、风险共担的原则鼓励管理者既为自己也为组织谋取最大利益。

2. 激励理论

在经济发展的过程中，劳动分工与交易的出现带来了激励问题。激励理论是行为科学中用于处理需要、动机、目标和行为四者之间关系的核心理论。行为科学认为，人的动机来自需要，由需要确定人们的行为目标，激励则作用于人的内心活动，激发、驱动和强化人的行为。激励理论是绩效评价理论的重要依据，它说明了为什么绩效评价能够促进组织业绩的提高，以及什么样的绩效评价机制才能够促进业绩的提高。

早期的激励理论研究是对于"需要"的研究，回答了以什么为基础，或根据什么才能激发调动起工作积极性的问题，包括马斯洛的需要层次理论、赫茨伯格的双因素理论和麦克利兰的成就需要理论等。最具代表性的马斯洛需要层次论就提出人类需要是有等级层次的，从最低级的需要逐级向最高级的需要发展。需要按其重要性依次排列为：生理需要、安全需要、社会需要、尊重需要和自我实现需要。该理论同时提出当某一级的需要获得满足以后，这种需要便中止了它的激励作用。

激励理论中的过程学派认为，通过满足人的需要实现组织的目标有一个过程，即有必要通过制定一定的目标影响人们的需要，从而激发人的行动，包括弗洛姆（V. H. Vroom）的期望理论、洛克（E. A. Locke）和休斯（C. L. Huse）的目标设置理论、波特和劳勒的综合激励模式、亚当斯的公平理论、斯金纳的强化理论等。最具代表性的弗洛姆的期望理论认为，一个目标对人的激励程度受两个因素影响，一是目标效价，指人对实现该目标有多大价值的主观判断，如果实现该目标对人来说很有价值，人的积极性就高；反之，积极性则低。二是期望值，指人对实现该目标可能性大小的主观估计。只有人认为实现该目标的可能性很大，才会去努力争取实现，从而在较高程度上发挥目标的激励作用；如果人认为实现该目标的可能性很小，甚至完全没有可能，目标激励作用则小，以至完全没有。在弗洛姆之后，美国管理学家洛克和休斯等人又提出了目标设置理论，概括起来，主要有以下三个因素。

（1）目标难度。目标应该具有较高难度，那种轻而易举就能实现的目标缺乏挑战性，不能调动起人的奋发精神，因而激励作用不大。当然，高不可攀的目标也会使人望而生畏，从而失去激励作用。因此，应把目标控制在具有较大难度又不超出人的承受能力这一水平上。

（2）目标的明确性。目标应明确、具体，诸如"尽量干好""努力工作"等笼统空泛、抽象性的目标，对人的激励作用不大。而能够观察和测量的具体目标，可以使人明确奋斗方向，并明确自己的差距，这样才能有较好的激励作用。

（3）目标的可接受性。只有当职工接受了组织目标，并与个人目标协调起来时，目标才能发挥应有的激励功能。为此，应该让职工参与组织目标的制定，这比由管理者将目标强加于职工更能提高目标的可接受性，可以使职工把实现目标看成自己的事情，从而提高目标的激励作用。

这些关于需要和目标的研究，都成为设计绩效评价体系必须考虑的因素，特别是激励的过程理论中提出的若干要求，对于设计有效的绩效评价体系具有指导意义。

3. 控制理论

控制作为一项重要的管理活动很早就为管理学家和企业家所重视，法约尔提出的五项管理职能即计划、组织、指挥、协调、控制。到了现代，哈罗德·孔茨认为管理的职能为计划、组织、领导、人事和控制。这些学者都认为控制作为一种重要的手段对管理目标的实现起着根本性的保障作用。

控制理论认为，任何系统的控制过程都包括以下三个基本环节（见图11-1）：① 确定系统运行目标；② 根据目标衡量系统运行情况；③ 分析偏离目标的差距并在约定时机以约定方

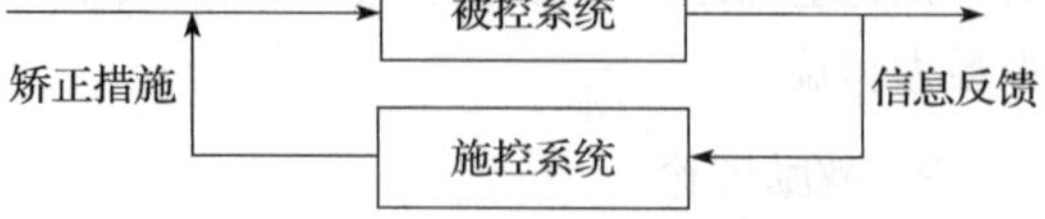

图 11-1 控制系统结构

式进行矫正。这可以概括地表述为控制的事前准备、事中反映和事后判断。这里说的事前事后是针对控制循环中一小段运行过程而言，对一个持续运行的系统而言，所有的控制环节都在事中循环不断地进行。

在控制系统中，根据施控系统作用于被控系统的根据不同，管理控制的方式可分为反馈控制和前馈控制。反馈控制是施控系统根据被控系统输出的现实状态与给定状态间的偏差或偏差信息，调整和改变被控系统的未来活动或过程。正是由于它是根据过去来调整未来，所以反馈控制带有本身不可能消除的局限性，即延迟性和滞后性。前馈控制是施控系统根据被控系统在未来的运行过程中可能出现的偏差，提前调整被控系统的输入，以使被控系统在未来的运行过程中避免对于给定状态的偏离和偏差的形成。前馈控制的实施是以进行多方面的科学预测为前提的，相应地，前馈控制的局限性也就突出地表现在它的可靠性差和风险性大上。

在控制系统运行过程中，要克服和避免反馈控制的延迟性和滞后性，依靠反馈控制是办不到的，它需要借助于前馈控制。正是从这种意义上说，前馈控制是对于反馈控制局限性的补充。而前馈控制一旦失误，则会使被控系统的运行期间偏离给定状态，出现偏差，这就需要通过及时、适度、有效的反馈控制消除已出现的偏差。也正是从这种意义上说，反馈控制是对于前馈控制的失误和局限性的补充。因此，反馈控制与前馈控制的关系恰恰是一种互补的关系。因此，在实际的控制工作中，必须将反馈控制和前馈控制这两种控制方式有机地结合起来。

4. 企业管理理论

组织内部绩效评价的发展深受组织管理思想的影响，并随着经济和管理的发展逐步发展和完善。

早在20世纪初，泰勒的科学管理原理影响了整个企业管理界。他强调通过为工艺流程的计划提供标准的信息，使原材料和时间的浪费限制在一个最低的程度。企业管理中出现了利用原材料和人工标准方面信息控制实际成本的一种方法，即利用实际成本和标准成本之间的差异控制企业的经营。这种管理思想影响了随后几十年的绩效评价系统。在此基础上，标准成本、预算控制和差异分析等方法被广泛使用。

随着企业规模的扩大和资本市场的发展，投资者对于企业投资回报能力的要求受到了越来越多的重视。为此，大多数企业采用销售利润率作为绩效评价指标，而后逐渐发展成为投资报酬率（ROI）和剩余收益等评价指标。随后逐步形成了预算与实际利润比较、投资报酬率、现金流量等财务指标为主的绩效评价方法体系。

随着行为研究的发展，人们开始认识到业绩计量指标不仅能够衡量经营活动的结果，而且不同的绩效评价类型会对组织人员的行为产生不同的影响，以至于对业绩产生影响。在这方面，最初始的研究始于20世纪70年代，当时组织绩效评价关注的重点是预算和成本利润指标。有研究人员发现，相对于以利润为绩效评价指标的企业，基于预算进行绩效评价的企业中观察到更多的与工作相联系的压力和功能失调行为。这样的研究结论引起学术界关注。同时，因为最初的研究环境、计量方法上都有不完善的地方，也引起了很多的争议。所以，近30年来，不断有学者以此研究为基础，进行延伸与发展。

同时，20世纪中后期，由于日本和欧洲对美国经济的挑战和经济全球化的影响，出现了许多新的管理理念：竞争战略、核心竞争力、扁平化组织、虚拟公司、集成制造、价值链分析、适时制、质量成本分析、作业管理等。这些管理思想对绩效评价都产生了影响。作为传统的绩效评价核心的会计指标，在组织控制实践的变化中受到人们的怀疑。实践中，制造过程的控制似乎越来越少依靠预算为基础的业绩指标,随着战略管理对客户、竞争和其他外部因素的强调,面向内部的绩效评价体系也受到了冲击。许多公司已经注意到非财务指标对评价业绩的作用,生产率、市场占有率、客户满意度、企业学习和成长能力、与政府的关系等非财务指标开始受到重视。

11.1.3 绩效评价系统设计

1. 绩效评价系统的设计原则

绩效评价系统的设计原则对绩效评价的具体指标设计、模式选择和实施过程起到指导作用,主要有以成果为重、追求远大的绩效以及评估正确的项目三个方面。前两项原则必须成为公司的基本理念,而第三种原则影响如何评估机制以及如何让评估措施有效运作。

(1) 以成果为重。企业面对竞争和变革的环境,绩效评价的指标也应当适应变革的需要而设计。任何变革,无论是战略的确定还是制度的革新,首先都应设定绩效目标,而不是在业务流程设计好后,再来决定评估措施与绩效目标。由于评估措施既难设计,又难形成共识,所以很多公司迟迟不肯把本身希望得到的结果化为具体的数字。但这其实是错误的,应该在一开始让人们有明确的目标可依循。

同时,真正的目标应该要以成果为重,而不要以达成目标的手段为重,即评估措施应该要告诉被评估的对象,他们要完成哪些事,而不是要怎么做。当然,如果要让评估措施与成果相联系,首先必须彻底了解公司的整体目标。假如组织对于预期的成果不是很肯定,就应该先停下采取具体措施的脚步加以澄清。企业再造的效果之所以会打折扣,有时候就是因为不了解组织想要获得什么样的成果(或是对组织想要获得什么样的成果缺乏共识),或是应该以什么样的策略达到这些成果。

(2) 追求远大的绩效。曾经主掌通用电气公司多年的前任首席执行官杰克·韦尔奇就说过:"评估多半都有一个问题,那就是你会把它设定在你可以做到的程度。"远大的目标对于改善公司的业绩会造成很大的影响,这正是行为学派研究的成果。假如绩效目标定得不好,公司就等于失去了激励员工的重要工具。

公司往往会很得意地宣称,自己已经达到了去年所设定的目标。但要是这些目标都要求不高,而且很容易达到,那又有什么好得意的?远大的目标所重视的是希望做到什么,而不是可以完成什么。远大的目标会让人以创新的方式思考,寻求那些以前没有注意到的改善业绩的方法和途径,并取得成果。

当然,公司在设定积极进取的目标时,应该要对良好的表现给予奖励,即使目标没有达成也一样,因为这总好过降低标准,只奖励达到平凡目标的人。

(3) 评估正确的项目。在企业的战略和变革过程中,必须明确,你所衡量的就是你所得到的,因为衡量标准驱动行为。因此,衡量标准的制定必须依据你想实现的目标。一旦选择了错误的评估项目,将可能导致行动的结果完全背离预期和规划。只有选择了正确的评估项目,才能够实现绩效评价的激励和控制目标。

为了寻求那些正确的评估项目,很多理论和实务界的人士已经构建了很多评估框架和方法,例如平衡计分卡、欧洲质量管理基金会建立的作为欧洲质量奖审核标准的企业卓越模式等。但是,有一点需要明确的是,无论这些方法和框架的支持者声称得有多好,在评估经营绩效时,绝对没有哪一种方式是所谓"最好"的。其中的原因在于,经营绩效这个概念本身就是由许多不同的方面拼凑而成,每个企业在不同的发展阶段可能侧重于不同的方面。如果不能在适当的时期选择适当的评价指标体系，那么绩效评价将难以起到积极的作用。

（4）明确的管理责任承担结构。虽然绩效评价应当以结果为重，但这并不意味着对于过程的忽视。绩效评价体系的中心目标应当是帮助企业的业务顺利地开展，它应当能够向业务流程中各个环节的责任人表明何时必须采取纠正措施，而不仅仅是由高级经理评价所取得的成绩。在传统的职能分工组织中，没有专门的职能部门能够对一个完整的价值实现程序负责，各部门往往也是孤立地设计自己的评价体系，因而没有办法测评整个企业的价值增值程序。目前，人们关于企业业务流程的关注越来越多，为了评价流程的效率和效果、促进业务流程的顺利开展，必须设计相应的绩效评价体系，这一绩效评价体系的基础就是对于业务流程中各个关节点责任的明确。有些企业基于流程设计，创造出一个能为整个价值实现过程负责的组织——团队。从这个意义上说，绩效评价体系的设计与业务流程的设计在相互影响中发展着。

2. 绩效评价体系的实施步骤

完整的绩效评价体系绝不是指简单的考评一项工作，相反，绩效评价是一个完整的过程。它应当包括如图 11-2 所示的五个步骤的活动。

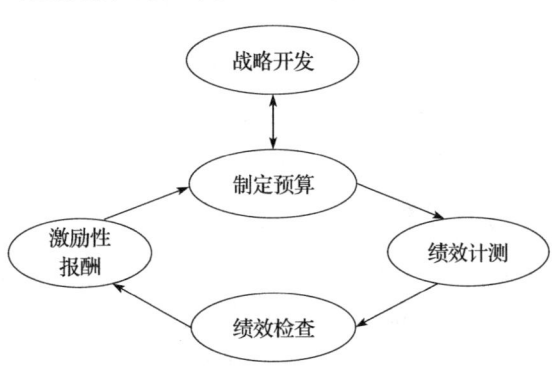

图 11-2　绩效评价体系的五个步骤

（1）战略开发。绩效评价首先是为了测量战略目标和行动计划完成的情况，因此，作为绩效评价计划的起点的必然是战略的开发，它建立在彻底理解以取得竞争优势为目标的价值驱动因素的基础上。战略开发程序中，不仅应当计算追求的未来财务结果，而且应当强调对价值创造活动做具体计划；不仅应当向内看，注重内部的改善和提高，而且应当考虑到环境发展，重视与竞争对手的相对优势的变化情况。

（2）制定预算。这一程序将战略目标细化为具体经济业务和过程的目标，并通过预算的形式分配资源。制定预算必须考虑经营环境的易变性，通过弹性预算、滚动预算等形式将变化纳入预算的范围内，从而使得预算具有更好的可操作性，能够成为衡量业绩的标准。

（3）绩效计测。这一程序及时收集、处理和归集与绩效有关数据和信息，为有效执行后续子程序奠定基础。信息的相关性、可靠性、及时性都影响绩效评价的效果。造成绩效评价无法顺利进行的原因之一就是人们对于经济业务所产生的信息无法产生一致的认识，因此收集的信息应当能够体现经济业务发生的轨迹，并按照责任归属进行归集和汇总，以避免在考评时发生不必要的争执。

（4）绩效检查。这一程序及时检查实际绩效与目标的差距，并进行必要的预测，以确保及时采取更正性和预防性行动，保证公司向着预期目标前进。

在信息技术尚未充分发展时，绩效检查是定期进行的，不但浪费时间，还不能充分关注绩效问题和困难。同时，预测通常依据经验等进行，缺乏科学的方法和技术支持，因此预测很难作为采取预防性行动的基础。随着技术的发展和人们对于预测和绩效评估质量要求的提高，差异分析可以及时进行，时效性提高，预测也可以科学的模型和高速的数据处理为基础开展，可靠性得到提高。这样的绩效评价能够更好地实现控制的作用。

（5）激励性报酬。在前四个环节中，任意环节的工作缺乏有效性，激励性报酬程序都不能够对人们的行为形成正确的引导。但是，如果前面四个环节的工作都做好了，这一程序没有能够提供相应的报酬或者惩罚措施，那么将降低人们完成战略目标和计划的积极性。通过一种报酬和福利相结合的平衡政策，激励性的报酬计划把具体的运营行动和影响战略目标实现的关键价值驱动因素联系起来。

最后应当强调的是，信息技术是提高绩效评价体系运行效果的重要工具，它对于实现信息透明化、实时化、集成化至关重要，使管理人员能获得满意的管理信息。有效的绩效评价系统离不开有效的信息系统的支持。

相关链接

阿里巴巴绩效评估体系

阿里巴巴第九届全球网商大会在杭州召开期间，阿里巴巴集团顾问关明生在会上公布了阿里巴巴集团的绩效评估体系。在这一体系中，业绩和价值观被列为两大考核指标。围绕这两个指标构成的坐标轴，员工绩效评估被分为"狗""野狗""牛""小白兔"和"明星"五个类型。

这一绩效评估体系再次印证了价值观在阿里巴巴集团内受重视的程度。在阿里巴巴内部，业绩优秀且价值观符合公司要求的员工才能成为大家认可的明星员工。阿里巴巴集团曾制定了一套价值观系统，并命名为"独孤九剑"，后精简为"六脉神剑"。

关明生 2001 年加入阿里巴巴任总裁兼首席营运官，2004 年出任首席人力官，现为集团资深顾问。他认为，电商的快速发展使企业变得浮躁、急功近利，并且陷入恶性竞争，为达目的不计后果。因此价值观对于企业来说非常重要。

网商大会是阿里巴巴集团举办的电子商务行业性会议，于 2004 年首办。

资料来源：《创业邦》。

11.2 企业绩效评价体系的演进过程

11.2.1 国外绩效评价体系的演进

根据绩效评价研究的演变过程，可将国外企业绩效评价的研究成果归纳为三种模式：成本模式、财务模式和平衡模式。

1. 绩效评价的成本模式

成本模式是指绩效评价和绩效考核以成本核算和成本控制为主。这一阶段又可划分为三个阶段：总成本控制阶段、成本分类控制阶段、标准成本控制阶段。总成本控制阶段的主要特征是：成本分析和控制以事后分析和控制为主，主要体现为单纯的总成本降低，成本核算较为简单，成本分析和控制较为笼统。成本分类控制阶段的主要特征是：随着生产力水平的进一步提高，单纯地降低总成本的方法已经不能适应生产经营的要求，需要对成本进行进一步的分类，成本核算开始划分直接成本和间接成本，并按照直接成本和间接成本对成本进行分类分析和分类控制，但这一阶段的成本分析和控制仍然是以事后的成本分析和控制为主。标准成本控制阶段的主要特征是：开始重视事前预测和事中控制；建立标准成本制度；成本分类和成本核算更加科学；实施标准成本制度，事前进行成本预测和成本规划，制定标准成本，事中进行成本控制，事后进行成本差异分析，处理成本差异。

2. 绩效评价的财务模式

财务模式是指以财务指标为主的绩效评价体系。根据评价指标的计算方法，财务模式可进一步分为以利润为核心的财务模式和以 EVA（economic value added）为核心的财务模式。

（1）以利润为核心的财务模式。早期的财务指标仅仅表现为成本指标，进入 20 世纪后，随着所有权与经营权的进一步分离，财务指标的范围从单一的成本指标扩大到了包括偿债性指标、收益性指标和经营性指标在内的更大范围。其中的典型代表如下所述。

1）亚历山大·沃尔在《信用晴雨表研究》和《财务报表比率分析》中提出的流动比率、净资产/负债、资产/固定资产、销售成本/存货、销售额/应收账款、销售额/固定资产、销售额/净资产等 7 项指标。

2）杜邦公司提出的以投资报酬率为核心的杜邦财务系统。

3）20 世纪 80 年代美国管理会计委员会提出的净收益、每股盈余、现金流量、投资报酬率、剩余收益、市场价值、经济收益、调整通货膨胀后的业绩等 8 项指标。在这些指标中，投资报酬率被认为是使用最为频繁的财务绩效指标。

财务指标作为企业绩效评价的工具，其最大优点在于操作性和可考核性强，没有重复计算，一定程度上能够反映企业为投资者创造的增值，并且在计算过程中执行统一的会计准则，不同企业之间具有较强的可比性。但是，由于会计准则从谨慎性的角度来反映投资者的要求，并且按照历史成本原则进行资产计量，是一种保守的评价模式，不利于评价公司的战略价值；同时，由于财务指标的生成以会计准则为基础，会计操纵会使会计核算的结果偏离真实情况。另外，以会计利润为基础的财务指标，仅仅考虑企业生产经营所发生的制造成本，未考虑企业使用资本的资本成本，无法反映企业为投资者创造的真正财富。

以利润为核心的财务模式的特点是：① 综合考虑成本和收益；② 以利润作为绩效评价的主要指标；③ 未考虑企业的资本成本；④ 以投资者利益为绩效评价的价值取向。

（2）以 EVA 为核心的财务模式。针对传统的利润指标未考虑资本成本的缺陷，斯腾思特咨询公司于 1991 年正式提出了 EVA 绩效评价系统。EVA 即经济增加值，是在利润的基础上，进一步考虑资本成本，经过一系列调整后的财务指标，用于衡量企业生产经营的增加价值，其目的在于促使公司经营者以股东价值最大化作为行为准则，谋求企业战略目标的实现。

与传统的利润指标相比，EVA 评价系统的主要优点在于考虑了资本成本，从而在以下几个方面表现出相对的优越性：① EVA 是在会计利润的基础上进行相关调整后的结果，一定程度上降低了由于会计操纵引起的经营绩效扭曲现象，是一种比会计利润更准确地测定管理者经营绩效的指标和方法；② EVA 将股东利益和经理业绩紧密联系在一起，避免了所有者与经营者之间的讨价还价，克服了经营者的利润粉饰行为；③ EVA 综合考虑了企业生产经营的制造成本和资本成本，对企业增值的反映更加彻底。

但是，EVA 仍然存在较大的缺陷，主要表现为如下几点。

1）EVA 是总量指标，只能反映企业的创值规模，无法衡量企业的创值水平。

2）与其他利润指标一样，EVA 也是事后核算的静态指标，强调短期成果，容易产生短期行为，不利于科技创新和长期发展。

3）EVA 仍然是会计估计值，它的准确性依赖于会计信息披露的一整套制度。

4）在计算 EVA 的过程中，斯腾思特公司对财务数据进行了多达 160 多项的调整，一方面导致了 EVA 计算的复杂性，另一方面也容易产生 EVA 计算的随意性。

5）EVA 的计算是以有效市场假设为基础的，而事实上资本市场并非是完全有效的，资本市场的有效性问题会极大地影响 EVA 的正确计算。美国 2000 年度上市公司的经济增加值与市场增加值相关性为 0.81，日本的这一数字为 0.7，中国仅为 0.1。

6）资本成本的计算缺乏准确性。目前并没有一种能够准确计算资本成本的成熟方法，当前更多地运用资本资产定价模型（CAPM）来计算资本成本，但是，资本资产定价模型也是以有效资本市场假设为基础的。

7）EVA 系统仍然是以投资者为核心利益主体的绩效评价体系，不利于保护其他利益相关者的利益，不利于调动其他利益相关者的积极性，也不利于按照可持续发展的要求引导企业履行相应的生态责任和社会责任。

EVA 评价系统的特点是：① 综合考虑成本和收益；② 不仅考虑产品的制造成本，而且考虑企业的资本成本；③ 以 EVA 为绩效评价的主要指标；④ 以投资者利益为绩效评价的价值取向。

3. 绩效评价的平衡模式

20 世纪 80 年代后，全球竞争日益激烈，市场瞬息万变，如何使业绩评价适应新的环境成为绩效评价所要研究的新课题。面临新的挑战，出现了一系列新的业绩评价观点和方法体系，比较明显的特征是，非财务指标开始被纳入企业绩效评价体系之中，逐渐形成了财务绩效和非财务绩效相结合的绩效评价模式。其中的典型代表有卡普兰和诺顿的平衡计分卡体系、尼利的绩效三棱镜和其他一些基于利益相关者理论的绩效评价体系。

（1）平衡计分卡。由卡普兰和诺顿提出的平衡计分卡包括四个维度：财务、顾客、内部业务、创新和学习。财务方面用来反映企业组织如何满足股东的需要；顾客方面用来反映企业组织如何满足客户的需要；内部业务方面用来反映企业组织是否较好地完成了其核心工作；创新和学习方面用来反映企业改进与创新的能力。四个维度之间密切相关，形成了一个较为完整的绩效评价体系。

平衡计分卡成功地弥补了传统业绩评价只重财务指标和短期目标的缺陷，将长期因素与短期因素、财务因素与非财务因素、外部因素与内部因素等多方面有机地结合起来，对企业绩效评价的创新起到了非常积极的促进作用。但是，平衡计分卡也并非完美无缺。首先，平衡计分卡仅仅考虑到投资者、顾客和员工的利益，仍然没有考虑债权人、政府、社会公众等其他重要利益相关者的利益；其次，平衡计分卡所提出的一些非财务层面指标面临着难以量化的问题；再次，平衡计分卡没有考虑时间因素，各维度的指标都是在静态的时间截面上选取的，无法厘清何种因素从动态上对财务结果产生影响。

（2）绩效三棱镜。绩效三棱镜是英国克兰费尔德大学（Cranfield University）管理学院的安迪·尼利等教授和安德森咨询公司（Andersen Consulting）的合作研究成果。他们经过长期的研究，针对传统的业绩评价体系都过分强调股东利益的缺点，以及平衡计分卡只考虑了股东、员工与顾客三大利益相关者的不足，提出了绩效三棱镜（performance prism）体系。绩效三棱镜的基本寓意为：日光经过三棱镜的折射显示出七种颜色，而企业经营环境经过绩效三棱镜的"折射"则反映出各类利益相关者的要求，企业可以据此开展管理并对结果进行评价。关于绩效三棱镜的介绍见下文。

（3）其他一些基于利益相关者理论的评价体系。除了绩效三棱镜以外，国外学者还提出许多基于利益相关者理论的绩效评价体系。美国学者索南菲尔德从外部利益相关者的利益出发，从社会责任和社会敏感性两个方面设计问卷，提出了企业绩效的外部利益相关者评价模式,问卷要求利益相关者对企业的社会责任和社会敏感性进行综合评价。克拉克森从企业、雇员、股东、消费者、供应商、公众利益相关者等方面,借鉴瓦提克和柯克兰描述企业社会绩效的四个术语建立了评价企业社会绩效的 RDAP 模式,这四个术语是:"对抗型"(reactive)、"防御型"(defensive)、"适应型"(accommodative)和"预见型"(proactive)。达文波特以伍德的公司社会绩效模型和弗里曼的利益相关者框架为基础,从企业伦理行为、利益相关者责任、环境责任三个方面,按照"公司公民身份"的要求,对企业绩效进行了评价。Sirgy 提出了"利益相关者关系质量"的概念,将利益相关者分为内部利益相关者(internal stakeholders)、外部利益相关者(external stakeholders)和末端利益相关者(distal stakeholders),建立了基于上述三种利益相关者关系质量的绩效评价体系。

综上所述,可以将国外绩效评价体系的研究成果分类归纳为表 11-1。

表 11-1 绩效评价体系分类

分类		主要内容或主要指标
成本模式		总成本、单位成本、标准成本、成本差异
财务模式	以利润为基础的财务模式	收入、成本、利润、净利润
	以 EVA 为基础的财务模式	EVA、MVA
平衡模式	平衡计分卡	财务、内部业务流程、顾客、创新与学习
	绩效三棱镜	利益相关者满意、利益相关者贡献、战略、流程、能力
	RDAP 模式	企业、雇员、股东、消费者、供应商、公众利益相关者
	公民身份模式	企业伦理行为、利益相关者责任、环境责任
	利益相关者关系质量模式	内部利益相关者、外部利益相关者、末端利益相关者

11.2.2 国内绩效评价体系的演进

从绩效评价主体来看,我国一直实行以政府为主导的企业绩效评价模式;从绩效评价的内容和指标体系来看,我国的企业绩效评价主要表现为财务模式,同时也呈现出向平衡模式发展的趋势。近年来,随着绩效评价实施和研究的进一步深化,我国的有关机构和学者也提出了一些新的绩效评价体系。

1. 我国政府颁布实施的绩效评价体系

概括而言,我国政府颁布实施的企业绩效评价体系主要包括两大阶段。

第一个阶段:财务绩效评价体系。

1999 年《国有资本金绩效评价规则》颁布之前,我国政府颁布的绩效评价体系都以财务绩效评价为主要内容,具有代表性的有:1992 年颁布的《企业财务通则》根据经营权和所有权分离的要求,主要从出资者角度重新设置了新的评价指标,共规定了 8 项企业绩效评价指标。但是,企业财务通则所规定的 8 项指标仅仅从偿债能力、营运能力、获利能力三方面对企业绩效进行评价,忽视企业的长期发展和社会贡献,容易使企业产生短期经营行为。1995 年财政部颁发了《财政部企业经济效益评价指标体系(试行)》。这套指标体系由销售利润率、总资产报酬率、资本收益率、资本保值增值率、资产负债率、流动比率(或速动比率)、应收账款周转率、存货周转率、社会贡献率、社会积累率等 10 项指标组成。但是,上述指标体系仍然存在一些不足:第一,没有考虑现金流量;第二,没有考虑人力资本的作用;第三,没有考虑企业社会责任的履行情况;第四,没有考虑企业对环境保护和资源节约的贡献和影响。

第二阶段：财务与非财务相结合的阶段。

1999年6月1日财政部等联合印发了《国有资本金绩效评价规则》及《国有资本金绩效评价操作细则》，对国有企业的绩效评价进行了重新规范，重点是评价企业资本效益、资产经营、偿债能力和发展能力4项内容，包括基本指标、修正指标和评议指标3个层次，共计32项指标，初步形成了财务指标与非财务指标相结合的企业绩效评价体系。此后，为了适应企业绩效评价工作深入开展的需要，进一步规范企业绩效评价行为，增强评价结果的客观性和公正性，建立有效的激励与约束机制，财政部、国家经贸委等于2002年2月对《国有资本金绩效评价规则》及《国有资本金绩效评价操作细则》进行修订，制定了《企业绩效评价操作细则》，将企业绩效评价指标体系由32项指标改为28项。与原评价体系相比，该体系更加科学、完整，较好地适应了社会主义市场经济的要求。

2003年11月25日国务院国有资产监督管理委员颁布了《中央企业负责人经营业绩考核暂行办法》。该体系经2006年、2009年、2012年三次修订。

2012年修订后的《中央企业负责人经营业绩考核暂行办法》包括年度绩效评价和任期绩效评价。

（1）年度经营业绩考核指标包括基本指标与分类指标。基本指标包括利润总额和经济增加值；分类指标由国资委根据企业所处行业特点和功能定位，针对企业管理"短板"，综合考虑企业经营管理水平及风险控制能力等因素确定。

（2）任期经营业绩考核指标包括基本指标和分类指标。基本指标包括国有资本保值增值率和总资产周转率；分类指标由国资委综合考虑企业所处行业特点和功能定位，选择符合企业中长期发展战略、反映可持续发展能力的指标予以确定。

2006年4月7日国务院国有资产监督管理委员进一步颁布了《中央企业综合绩效评价管理暂行办法》，办法规定中央企业综合绩效评价由财务绩效定量评价和管理绩效定性评价两部分组成。财务绩效定量评价指标由反映企业盈利能力状况、资产质量状况、债务风险状况和经营增长状况等4个方面的8个基本指标和14个修正指标构成。

（1）企业盈利能力状况以净资产收益率、总资产报酬率两个基本指标和销售（营业）利润率、盈余现金保障倍数、成本费用利润率、资本收益率4个修正指标进行评价，主要反映企业一定经营期间的投入产出水平和盈利质量。

（2）企业资产质量状况以总资产周转率、应收账款周转率两个基本指标和不良资产比率、流动资产周转率、资产现金回收率3个修正指标进行评价，主要反映企业所占用经济资源的利用效率、资产管理水平与资产的安全性。

（3）企业债务风险状况以资产负债率、已获利息倍数两个基本指标和速动比率、现金流动负债比率、带息负债比率、或有负债比率4个修正指标进行评价，主要反映企业的债务负担水平、偿债能力及其面临的债务风险。

（4）企业经营增长状况以销售（营业）增长率、资本保值增值率两个基本指标和销售（营业）利润增长率、总资产增长率、技术投入比率3个修正指标，主要反映企业的经营增长水平、资本增值状况及发展后劲。

企业管理绩效定性评价指标包括战略管理、发展创新、经营决策、风险控制、基础管理、人力资源、行业影响、社会贡献等8个方面的指标，主要反映企业在一定经营期间所采取的各项管理措施及其管理成效。

2009年，为了加强对金融类国有及国有控股企业的财务监管，积极稳妥地推进金融类国有及国有控股企业的绩效评价工作，财政部颁发了《金融类国有及国有控股企业绩效评价暂行办法》《金融类国有及国有控股企业绩效评价实施细则》，设置了包括盈利能力、经营增长、资产质量、偿付能力4类指标的金融企业绩效评价指标体系，该体系于2011年失效。

财政部于2011年重新印发了《金融企业绩效评价办法》，新的金融企业绩效评价指标体系包括如下指标。

（1）盈利能力指标：包括资本利润率（净资产收益率）、资产利润率（总资产报酬率）、成本收入比、收入利润率、支出利润率、加权平均净资产收益率6个指标，主要反映金融企业一定经营期间的投入产出水平和盈利质量。

（2）经营增长指标：包括国有资本保值增值率、利润增长率、经济利润率3个指标，主要反映金融企业的资本增值状况和经营增长水平。

（3）资产质量指标：包括不良贷款率、拨备覆盖率、杠杆率、认可资产率、应收账款比率、净资本与风险准备比率、净资本与净资产比率7个指标，主要反映金融企业所占用经济资源的利用效率、资产管理水平与资产的安全性。

（4）偿付能力指标：包括资本充足率、核心资本充足率、偿付能力充足率、净资本负债率、资产负债率5个指标，主要反映金融企业的债务负担水平、偿债能力及其面临的债务风险。

我国学者也提出了一些新的企业绩效评价体系，在绩效评价方面也做了许多开拓性的研究，代表性成果有：王爱华，綦好东（2000）按照可持续发展的要求，建立了由环境效益、经济效益、社会效益所构成的企业可持续发展指标体系；李苹莉（2001）以利益相关者理论为基础，建立了经营者业绩的利益相关者评价模式；张蕊（2002）以平衡计分卡为基础，建立了战略经营业绩评价指标体系；李健，邱立成，安小会（2004）从经营效果、绿色效果、资源能源属性、销售和消费属性、生产属性、环境效果、发展潜力等方面构建了面向循环经济的企业绩效评价指标体系；温素彬（2005）以可持续发展理论为基础，建立了企业三重绩效评价体系；张蕊（2007）基于循环经济提出了新的企业战略绩效评价指标体系。

11.2.3　国内外绩效评价体系的比较

从国内外的发展状况来看，企业绩效评价开始逐步平等地考虑利益相关者的利益和社会责任，呈现出财务绩效与非财务绩效相结合、经济绩效与社会绩效以及环境绩效相结合的发展趋势。企业绩效评价模式的演变及其优缺点比较汇总如表11-2所示。

表11-2　企业绩效评价模式的演变趋势与比较分析

绩效评价模式		推出时间	理论基础	价值取向	评价内容	优点	不足
成本模式		20世纪初期	新古典经济理论 科学管理理论	股东	单位成本 标准成本	目标明确；有利于成本控制	内容不全面；忽视资本成本
财务模式	以利润为核心	20世纪中期	新古典经济理论	股东	偿债能力指标 营运能力指标 盈利能力指标	操作性强 可比性强 与会计核算相一致	过于追求经济利益；忽视社会责任；忽视战略管理；忽视资本成本
	以EVA为核心	1991年	资本成本理论 代理理论	股东	EVA MVA	考虑了资本成本侧重股东价值评估	以经济利益为中心资本成本不易确定忽视社会责任

(续)

绩效评价模式		推出时间	理论基础	价值取向	评价内容	优点	不足
平衡模式	平衡计分卡	1992年	新古典经济理论 战略管理理论	股东 顾客 员工	财务、内部流程、创新与学习、顾客	以战略为导向；注重过程评价；财务与非财务相结合	未考虑股东、顾客和员工以外的其他利益相关者和环境责任
	GRI(第1版) GRI(第2版) GRI(第3版)	2000年 2002年 2006年	利益相关者理论 可持续发展理论	利益相关者	经济绩效 环境绩效 社会绩效	以可持续发展为目标；内容全面	多为总量指标；偏重于结果评价；未提出量化方法
	绩效三棱镜	2002年	利益相关者理论	利益相关者	利益相关者满意、战略、流程、能力、利益相关者贡献	注重战略；关注利益相关者和社会责任；反映企业与利益相关者之间的互动	未明确利益相关者的主次；未提出量化方法；需要扎实的利益相关者管理基础
	中央企业绩效评价办法	2006年	战略管理理论 利益相关者理论	利益相关者	财务绩效 管理绩效	财务绩效与管理绩效相结合	对环境责任和社会责任考虑不够全面
	中国工业企业社会责任指南	2008年	社会责任理论 利益相关者理论	利益相关者	28个方面 80项指标	注重社会责任评价	多为总量指标；重于结果评价；指标体系结构松散
	金融企业绩效评价暂行办法	2009年 2011年	资本保全理论 目标管理理论	股东	盈利能力、资产质量、经营增长、偿付能力	注重利润质量与资产质量评价	本质上仍然属于财务绩效评价模式；未包含环境绩效和社会责任
	中央企业负责人经营业绩考核暂行办法	2012年	资本保全理论 目标管理理论	股东	利润、EVA、资本保值增值率、资产周转率等	注重EVA评价	本质上仍然属于财务绩效评价模式

资料来源：作者整理。因篇幅有限，表中只列出了已经付诸实施并具有代表性的绩效评价体系。

11.3 以利润为核心的绩效评价

11.3.1 企业利润及其不同内涵

利润是企业在一定期间的经营成果，即收入与成本费用相抵后的差额，如果收入小于成本费用，则为亏损。按照我国现行会计准则，企业的利润应分步计算，包括营业利润、息税前利润、利润总额和净利润，不同步骤的利润有着不同的含义，分别从不同角度反映了企业的绩效水平。

"营业利润"是企业的营业收入与营业成本、税金及附加、期间费用、资产减值损失、公允价值变动损益及投资收益配比的结果。营业利润是公司利润的主要来源，营业利润越高，主营业务在行业中的地位越高，企业的可持续发展能力越强，投资价值也越大。但是，企业真正的"营业利润"应该是"息税前利润"。

"息税前利润"是企业营业收入扣除营业成本、税金及附加和期间费用等经营过程中发生的各种成本与费用,但还没有扣除利息费用和所得税费用之前的余额,这是企业真正的经营利润,反映了企业运用全部资产通过经营活动所取得的经营成果,因此在基于利润的企业绩效评价中,这一指标有其特殊的重要性。但是在我国企业的利润表中还始终没有这一项目,只是在一些财务管理的教科书中有所介绍。

"利润总额"是营业利润加上营业外收入、减去营业外支出,但尚未扣除所得税前的余额,反映了企业经营活动、投资活动和筹资活动共同的财务成果。

"净利润",也称"净收益",是企业最终的财务成果,是企业利润总额减去所得税费用的结果。净利润属于所有者权益,构成利润分配的对象,在其他条件不变的情况下,净利润越多,企业盈利能力就越大,成果也就越显著。

鉴于以上不同内涵的利润概念,在企业绩效评价中也就可以从不同角度和不同层面设立不同财务指标评价企业的经营管理水平,常用的评价指标有:总资产报酬率、长期资本报酬率、净资产收益率和每股收益。

11.3.2 以利润为核心的评价指标

1. 总资产报酬率

总资产报酬率是企业的息税前利润同平均资产总额的比率,是反映企业资产综合利用效果的指标,也是衡量企业总资产获利能力的重要指标。其计算公式为

$$总资产报酬率 = \frac{息税前利润}{平均资产总额} \times 100\% \quad 或 \quad \frac{净利润}{平均资产总额} \times 100\%$$

2. 长期资本报酬率

如果说总资产报酬率从资产负债表左方进行了"投入"与"产出"的比较,那么长期资本报酬率则是从资产负债表的右方进行"投入"与"产出"的比较。长期资本报酬率也称长期资本收益率,是收益总额与长期资本平均占用额之比,反映企业投入长期资本的获利能力。其中长期资本是企业长期负债和所有者权益之和,而收益总额是指利润总额。其计算公式为

$$长期资本报酬率 = (利润总额 \div 长期资本额) \times 100\%$$

$$长期资本额 = 平均非流动负债 + 平均所有者权益$$
$$= (期初非流动负债 + 期末非流动负债) \div 2 + (期初所有者权益 + 期末所有者权益) \div 2$$

(1) 长期资本报酬率反映的是每单位长期资本能够获得多少盈利。该指标是从长期资金的提供者——长期债权人和所有者的角度来分析其投资报酬率。显然,要提高长期资本报酬率,一方面要增强企业的获利能力,另一方面要尽可能减少长期资本的占用。

(2) 在利用长期资本报酬率衡量企业的获利能力时,不能仅分析企业某一个会计年度的长期资本报酬率,还应当结合趋势分析和同业比较分析,这样才能有助于得出相对准确的分析结论。

(3) 长期资本报酬率与总资产报酬率相比,由于后者衡量的是所有资金提供者的收益,通常该比率较低;而长期资本报酬率衡量长期资金提供者的收益,由于短期资金的收益相对较低,所以该比率要高于总资产报酬率。

3. 净资产收益率

净资产收益率(ROE)亦称净资产报酬率、股本报酬率、净值报酬率。该指标是企业一定

时期内净利润与平均净资产（所有者权益）之比，反映了企业所有者所获投资报酬的大小。其计算公式为

$$净资产收益率 = \frac{净利润}{平均净资产总额} \times 100\%$$

上式中净利润为企业税后净利润，平均净资产总额为企业期初净资产总额与期末净资产总额的平均数。

需要说明的是，对于股份公司来说，净资产收益率通常是指普通股东权益报酬率。如果公司股份中有优先股，应将这部分内容剔除。财务制度规定，优先股股利在企业提取任意盈余公积和支付普通股股利之前支付，而且无论公司的收益如何，优先股的股利一般是固定不变的。因此，可以说普通股股东才是公司资产的真正所有者和风险的主要承担者，所以这时候的净资产收益率的计算公式为

$$净资产收益率 = \frac{净利润 - 优先股股利}{平均净资产总额 - 平均优先股股东权益} \times 100\%$$

对于净资产收益率的分析要注意以下两点。

第一，净资产收益率立足于所有者权益的角度来考核企业获利能力和投资回报能力，因而它是最受所有者关注的、对企业具有重大影响的指标。一般来说，净资产收益率越高，企业净资产的使用效率就越高，投资者的利益保障程度也就越大。

第二，报表使用者通过分析净资产报酬率指标，一方面可以判定企业的投资效益，另一方面，可以了解企业管理水平的高低。同时对该指标的分析还是所有者考核其投入企业的资本保值增值程度的基本途径。在具体分析时，可以结合指标的时间趋势分析和行业或同业比较分析等方式进行。

11.4 以 EVA 为核心的绩效评价

11.4.1 EVA 及其功能特点

1. EVA 的概念

EVA 是经济增加值（economic value added）的英文缩写，作为一种度量企业经营业绩的指标，已有两百多年的历史，其理论渊源出自早期开发的"剩余收益"思想，并在技术方法上进行了以下几个方面的改进：① 引进了财务经济学的资本资产定价模型，用以确定企业的资本成本，分析各部门的风险特征；② 以对外报告的会计数据为基础进行调整，矫正了传统财务指标的信息失真。从概念上说，EVA 是指扣除产生利润的投资的资本成本后所剩下的利润，也就是经济学家所称的"剩余收入"或"经济利润"。它与大多数指标的不同之处在于：考虑了带来企业利润的所有资金（债务和股本）的成本，是对真正"经济"利润的评价。

现代管理学之父彼得·德鲁克在《哈佛商业评论》上的一篇文章中指出："作为一种度量全要素生产率的关键指标，EVA 反映了管理价值的所有方面。"EVA 不仅是一个全面的绩效衡量指标，还是一个全面财务管理的框架、一种经理人的薪酬激励机制。从本质上说，EVA 管理是基于价值的管理，它揭示了价值创造的途径，指出了创造财富的真正关键所在，是一种变革性战略。它通过影响一个企业从董事会到基层上上下下的所有决策，改善组织内部每一个人的工作环境，改变员工的行为方式和企业文化，帮助管理者为股东、客户和自己带来更多的财富。

EVA 已被可口可乐、索尼、西门子等一些杰出的公司所采用,并帮助它们取得了非凡的财务业绩。加入 WTO 以后,中国的企业面临着一个新的市场环境。传统的会计衡量标准和管理模式日趋落伍,新的经济管理手段和技能越来越重要。竞争性市场经济要求企业必须改变经营理念,摒弃多年来奉行的注重销售额或市场份额、注重总资产和总产出的规模导向战略,认识到价值创造的重要性,逐步从"收益管理——基于会计指标的管理"向"价值管理——EVA 管理"转变,将管理和创造股东(所有者)财富作为企业财务目标并将其贯彻到管理决策的方方面面。新的战略要求通过设立新的指标体系来统帅企业的各项经营活动,使企业价值包括股东(所有者)的价值最大化,而不是像传统做法那样只考虑销售额的最大化。经济增加值(EVA)作为企业经营效益的衡量标准和财务管理的手段,在企业业绩衡量、财务管理、价值评估及员工激励机制的变化中将扮演越来越重要的角色。

2. EVA 的计算

EVA 是一种以会计为基础的期间(年度、季度或月度)经营业绩的衡量标准。EVA 等于税后净营业利润(net operating profit after tax,NOPAT)减去债务和股本成本,公式如下

$$EVA = 税后净营业利润 - 总资本 \times 加权平均资本成本$$

在实际使用时需要注意的是上述公式的应用是以一定的会计制度为基础的,由于各国会计制度不同,会计核算方式不同,在应用经济增加值计算公式时应根据具体情况进行修正。从我国的实际情况看,使用这个公式时应注意以下几个方面。

(1) 税后净营业利润:首先,这里的"净"是指进行了一些调整,去除了各种会计信息的扭曲。如果我们简单地利用会计上的底线利润,税后净营业利润将会低估真实的经济利润,因为会计准则将太多的项目如研究开发费等作为本期费用处理,但从股东角度出发,这些项目应在资产负债表上作为资产更合适。其次,上式的税后利润是营业利润减去所得税额后的余额;而我国现行制度中的税后利润则是指利润总额减去所得税后的余额。最后,上式中的营业利润是指税前利润,即营业利润中包括利息费用在内,而我国现行制度中的营业利润不包括利息费用在内,利润总额中也不含利息。因此,在计算时税后净营业利润修正为

$$税后净营业利润 = 税后净利润 + 利息费用 + 少数股东损益 + 本年商誉减值^{\ominus} +$$
$$递延税款贷方余额的增加 + 其他准备金额的增加 +$$
$$资本化研究开发费用 - 资本化研究开发费用在本年的摊销$$

(2) 总资本:这里的总资本指的是企业产生利润所占用的全部资金的账面价值,包括债务资本和股本资本,其中债务资本是指债权人提供的短期和长期贷款,不包括应付账款、应付票据等商业信用负债;股本资本不仅包括普通股权益还包括少数股东权益。同时,由于各项准备金并不是企业当期资产的实际减少,准备金余额的变化也不是当期费用的现金支出,因此在进行资本总额的调整时应将其计入资本总额当中,即

$$资本总额 = 股东权益合计 + 少数股东权益 + 递延税款贷方余额(借方余额则为负值) +$$
$$各种准备金(坏账准备等) + 累计商誉减值 + 研发费用的资本化金额 +$$
$$借款总额(短期借款、长期借款)$$

在实际计算时既可以采用年初的资本总额,也可以采用年初与年末资本总额的平均值。

(3) 加权平均资本成本:这里的资本成本概念体现了亚当·斯密以来的基本思想,即企

⊖ 这里的商誉主要指在企业购并活动中所产生的收购价款超过被并购企业净资产公允价值的差额。根据新准则,持有期间商誉不再摊销,应至少于每年年度终了进行减值测试,摊销额列为费用。

业投入的资金应当带来最低限度的、具有竞争力的回报。负债成本是企业借款的利息，只要利息可以抵税，就使用税后利率。股本资本不仅包括普通股，还包括少数股东权益。股本资本成本的计算首先以长期国债为计算的起点加上权益风险报酬（随着行业的不同而有很大的差异）。在计算了股本成本后，企业根据资本结构中债务和股本的比例可以得到加权资本成本。具体公式为

股本成本 = 五年期固定利率国债利率 + 公司的 β 值 × (过去五年股市年平均收益率 +
　　　　　未来风险调整 – 未来五年期固定利率国债利率) 债务成本
　　　　= 借款利息率 × (1 – 税率) 加权平均资本成本
　　　　= 股本资本成本 × 股本资本占全部资本比重 + 负债成本 × 负债资本占全部资本比重

根据 EVA 的创造者斯图尔特咨询公司的研究，要精确计算经济增加值要进行的调整多达 120 多项。然而，在实际应用中，并不是每个企业都要进行所有这些调整。大多数公司只需做出 15 项左右的调整就可以满足要求了。决定一个项目是否进行调整，首先最重要的一个原则是：该项调整是否"举足轻重"，是否是实质性的，是否对管理行为有影响。这里的"举足轻重"并不是依据某个数据相对于企业资产或利润的比重大小而定，而是指有关数据对下层决策者来说是否重要，这样的会计调整是否影响股东财富，影响管理人的决策。如果一项调整不能影响决策，通常就不值得去做。大量实践表明，涉及 EVA 调整的不外乎有以下几类：① 对稳健会计影响的调整；② 对可能导致盈余管理项目的调整；③ 对非经营利得和损失的调整；④ 弥补指标计算本身固有缺陷的调整。主要调整项目如表 11-3 所示。

表 11-3　EVA 计算主要调整项目

项目	调整方法	调整的目的和原因
商誉	资本化，不摊销 把当期的商誉摊销加到 NOPAT 中，把过去年份已摊销的商誉加到资本中	① 大多数商誉资产的寿命是无限期的，比如品牌、声誉和市场地位等，能为企业带来收益 ② 可以使管理者更加关注现金流，而不仅仅是记账
研发费用	资本化并摊销	研发占用企业资金，需要资本化并按一定期限摊销
存货	先进先出法	采用后进先出法将低估存货占用的资金（通货膨胀）
战略性投资	开始产生 NOPAT 时，再考虑计算投资所占用的资金的成本	扩展管理者视野，鼓励他们认真考虑长期的投资机会
折旧	偿债基金法	对于拥有大量长期设备的公司来说，运用直线折旧法来计算 EVA 会造成很大的偏差，不利于对新设备的投资。其原因在于，相对于资产本身价值的不断下降，EVA 方法中扣减的资本成本也在下降，因此旧的资产看起来比新资产要便宜得多。这样一来，管理者就不愿用"昂贵"的新设备取代"廉价"的旧设备
资产清理	直接从资产负债表转出	让企业部门经理不必对这部分的资产得或损失负责，以保证其业绩是由生产经营产生的
税收	把过去从利润中扣除的递延税款从资产负债表中的负债项下移出，加到股本中	从经济观点看，公司应该从当前利润中扣除的唯一税款就是当前交纳的税款，而不是将来可能或不可能缴纳的税款。因此，为了在公司层次上计算 NOPAT 和 EVA，公司扣除的税款只应是在度量期内所缴纳的税额
各种准备金	当期变化加入利润，余额加入资本总额	准备金并不是当期资产的实际减少，准备金余额的变化也不是当期费用的实际支出

3. EVA 的功能特点

第一，EVA 概念简单，易于非财务人员掌握和应用，因此它是一种培训员工，甚至是培训

公司最普通员工的简单而有效的方法。第二，从理论和实践的角度看，作为一种度量企业业绩的指标，EVA 最直接地联系着股东（所有者）财富的创造。对股东来说，EVA 总是越多越好。从这个意义上讲，EVA 是唯一能够指导经营者正确行动的业绩度量指标，它能够连续地度量业绩的改进。相反，销售利润率、每股盈余、投资回报率等评价与市场价值的联系比较微弱，有时甚至会误导决策，侵蚀股东财富。第三，EVA 架构下的综合性财务管理系统几乎可以指导公司的每一个决策，这些决策包括年度经营预算、年度资本预算、战略谋划、企业收购和公司出售等，纠正了目前财务管理系统指标混乱，决策无所适从的现状。此外，EVA 还是一个独特的薪酬激励制度中的关键变量，它真正把管理者的利益和股东利益一致起来，促使管理人像股东那样思考和行动。

综合来说，EVA 是一种治理公司的内部控制制度。在这种制度下，所有员工协同工作，积极地追求最好的业绩。

相关链接

EVA 告诉你不同的故事

沃伦·巴菲特在《致股东的信》里说过："最值得拥有的公司能够长期以非常高的报酬率利用大笔不断增值的资产；最不值得拥有的公司会反其道而行之，一贯以非常低的回报使用不断膨胀的资产。"经济增加值（EVA）就是这样一个综合考量企业使用资本的规模及运用这些资本所获得的回报水平的指标。

2008 年位居中国上市公司收入榜首的中国石化实现销售收入 14 521 亿元，净利润 297 亿元。但该公司获得这些收益运用的资本总额高达 4 912 亿元，其中股权资本为 3 301 亿元，扣除所有资本的成本后中国石化的 EVA 为 -410 亿元。这意味公司在 2008 年毁损了 410 亿元的财富。在考察的所有 1 411 家 A 股公司中，中国石化运用的资本仅次于中国石油，排第 2 位，资本效率居于 1 251 位。这种效率低下但规模庞大的特征，使该公司位于所有上市价值毁损榜的榜首。

通过跟踪考察多年的 EVA 并进行同行业内公司的对比分析，可以更清晰地了解一家企业创造价值的能力。2004~2008 年这五年的数据显示，航空公司是价值毁损的多年常客。中国三大航空公司——南方航空、中国国航和东方航空所有年份的 EVA 均为负值，五年合计毁损的价值分别为 223 亿元、183 亿元和 179 亿元。将这三家公司进行对比分析，中国国航的资本效率为 -4.9%，但情况远好于东方航空（资本效率 -7.7%）和南方航空（资本效率 -7.3%）。

再来看一下格力电器，按收入排名该公司位列第 51。它在 2008 年运用资本 77.5 亿元，为 2004 年资本总额的 2.8 倍。公司利用资本的效率在过去几年也逐年提高，由 2004 年的 5% 稳步提高到 2008 年的 15.4%。由于规模和效率这两方面的指标都在不断提高，公司创造财富的能力也不断增强。格力电器 2004 年 EVA 为 1.5 亿元，2008 年则达到了 12 亿元。在我们考察的 1 411 家公司中，格力电器运营资本的金额排第 151 位，资本报酬率排第 44 位，由于两方面的指标发展比较均衡，2008 年格力电器 EVA 排名第 28。

11.4.2 EVA 绩效评价系统

1. EVA 绩效评价基本原理

20 世纪 90 年代以后，企业经营的宏微观环境发生了巨大的变化。新的商业环境使传统的会计衡量标准和旧的管理模式捉襟见肘，包括经济增加值在内的新的经济管理手段和技能显得越来越重要，如今备受推崇的 EVA 绩效评价方法就是在这种背景下被开发出来的。在该系统中，业绩以企业市场价值的增值为衡量标准，而非投资收益率等传统绩效评价指标，从而消除了传统绩效评价系统中存在的诸多弊端。

EVA 是 EVA 评价方法的核心指标。斯图尔特咨询公司认为无论是会计收益还是经营现金流量指标都具有明显的缺陷，应该坚决抛弃；会计收益没有考虑企业权益资本的机会成本，难以正确地反映企业的真实经营业绩；而经营现金流量虽然能正确反映企业的长期业绩，但却不是衡量企业年度经营业绩的有效指标。相反 EVA 能够将这两方面有效地结合起来，因此是一种可以广泛用于企业内部和外部的绩效评价指标。

采用 EVA 评价企业的经营业绩意味着是以股东（所有者）价值最大化为目标。它所蕴含的基本思想是：只有投资的收益超过资本成本，投资才能为投资者创造价值。企业以 EVA 作为业绩的评价标准，就必须提高效益，并慎重地选择融资方式：是出售新股、借贷，还是利用收益留存和折旧，哪种方式能使股东价值最大化就选择哪种方式。这样企业就有了一个最基本的经营目标，能为股东、经营者、监管部门提供最客观的经营表现，同时也能为奖酬制度提供合理的依据。

2. EVA 绩效评价指标

在选择 EVA 作为评价企业经营业绩和考核企业资本保值增值的核心指标时，应根据企业面临的风险不同，计算股本成本时可使用不同的收益率，用三个不同水平的 EVA 指标对经营结果加以评价。

（1）基本标准和要求是企业的净利润应大于或等于股本资本的时间价值，我们可将其称为基本 EVA 值。其具体计算公式为

$$基本\ EVA = NOPAT - IC \times \left[\frac{D}{D+E} K_D + \frac{E}{D+E} R_F \right]$$

式中，$NOPAT$ 是税后净营业利润，IC 是总资本，D 是有息负债，E 是所有者权益，K_D 是负债资本成本，R_F 是无风险投资报酬率。

根据公式可知，该指标为零时，说明资本所有者投入资本没有损失，即资本保值，经营业绩一般；该指标大于零时，说明资本所有者投入资本获得增值，经营业绩较好；该指标小于零时，说明资本所有者投入资本遭到损失，经营业绩较差。

（2）正常标准和要求是企业的净利润应大于或等于股本资本的正常利润，我们可将其称为正常 EVA 值。其具体计算公式为

$$正常\ EVA = NOPAT - IC \times \left[\frac{D}{D+E} K_D + \frac{E}{D+E} (R_F + R_P) \right]$$

式中，R_P 是风险补偿率，其余符号含义同上。

根据公式可知，该指标小于零时，说明企业经营没有达到社会平均利润率或正常利润水平，资本所有者投入资本不但未得到保值，而且遭到损失，经营业绩较差；该指标为零时，说明资本所有者投入资本实现了保值，经营业绩一般；该指标大于零时，说明资本所有者投入资本获得增值，经营业绩较好。

（3）理想标准和要求是企业的净利润应大于或等于普通股成本，我们可将其称为理想 EVA 值。其具体计算公式为

$$理想\ EVA = NOPAT - IC \times \left[\frac{D}{D+E}K_D + \frac{E}{D+E}K_M\right]$$

式中，K_M 是按资本资产定价模型计算的股本成本，其余符号含义同上。

根据公式可知，当该指标小于零时，说明企业经营没有达到股票市场投资者对它的期望水平，资本所有者投入不但未得到保值，而且遭到损失，经营业绩较差；当该指标为零时，说明资本所有者投入资本实现了保值，经营业绩一般；当该指标大于零时，说明资本所有者投入资本获得增值，经营业绩较好，由于此时的资本成本率完全反映了市场的评价，因此理想 EVA 值的大小将直接反映企业市值的变化。

一般来说，低风险企业选择第一种标准，中度风险企业选择第二种标准，上市公司选择第三种标准。

运用 EVA 指标计算结果来评价企业业绩时与传统指标所采用的方法有所不同，对于每股收益、销售净利率、权益报酬率等指标来讲，侧重于比较其绝对量的大小，绝对值越大，意味着企业的经营效果就越好。而笔者认为对于 EVA 来讲不但要考虑其绝对值的大小，要更注重它与前期的比较，如果本期 EVA 指标值大于前期值，则认为企业的经营比较有效，创造了更多的股东财富。需要注意的是在比较时企业前后期 EVA 指标计算的一致性，如果两者计算的基础不一样应予以调整，这样才能得出正确的结论。此外，还可以将企业的 EVA 值与行业平均水平和同类企业相比，同样需要注意 EVA 计算的相关问题。

相关链接

美国 500 强中的 EVA 明星

经济附加值 EVA 是由美国思腾思特公司在 1991 年引入价值评估领域的。这项指标有助于我们了解公司近期的历史。EVA Dimensions 详细分析了数据，找出了过去 5 年的《财富》美国 500 强中最大的价值创造者和毁灭者。技术公司名列前茅。苹果公司（Apple）独占鳌头，年均 EVA 增长率达到惊人的 22.1%（相对于 2007 年的销售收入）。而美国 500 强公司在此项数据上的中位数仅为 0.3%。旅游网站 Priceline.com 排名第二，谷歌公司（Google）和 IT 外包商高知特公司（Cognizant Technology Solutions）位列前十。垫底的是受困于低价格的资本密集型的石油和天然气企业，比如戴文能源公司（Devon Energy）和切萨皮克能源公司（Chesapeake Energy）；还有受到金融危机重创的金融机构，比如美国银行（Bank of America）和纽约梅隆银行（Bank of New York Mellon）。

迪尔公司（Deere's）的 EVA 赢利能力也创下历史新高，但投资者似乎厌倦了这家标志性的拖拉机及其他农用设备制造商。在过去一年，迪尔公司的 EVA 动量（反映公司的价值增加速度）比别的美国 500 强公司高出 50% 以上。但股票走势仅与大市持平。EVA Dimensions 的全球股权研究主管克雷格·斯特林说："它的价位没有体现它的利润潜力。"他断定，机械制造商仍然处于强劲的利润增长周期。

EVA Dimesions 共有 10 只首选股，其他分别是：喜达屋酒店集团（Starwood Hotels）、工业联合企业 3M 公司、巧克力生产商好时公司（Hershey）、银行巨头摩根大通（J. P. Morgan Chase）、生物技术公司安进公司（Amgen）、Biogen 公司、石油巨头雪佛龙（Chevron）、IT 设备制造商易安信公司（EMC）、百货连锁店诺德斯特龙（Nordstrom）。

3. EVA 绩效评价相关指标

（1）修正的经济增加值（REVA）。从理论上讲，在计算 EVA 的过程中资产净额应使用资产的市场价值，因此产生了修正的经济增加值指标。它的计算公式如下

$$REVA = NOPAT_t - K_w \times MV_{t-1}$$

式中，$NOPAT_t$ 是 t 时期公司的税后净营业利润。MV_{t-1} 是 $t-1$ 期期末公司资产的市场总价值，在数值上等于公司所有者权益的市场价值加上负债价值。

该指标认为：公司用于创造利润的资本价值总额是其市场价值。因为在任何一个会计年度的开始，投资者作为一个整体都可将公司按照当时的市场价值出售，然后将获得的收入投资到与原来公司风险水平相同的资产上，从而得到相当于公司加权平均资本成本的回报。如果投资者没有将其拥有的资产变现，这些投资者就放弃了获得其投资的加权资本成本的机会。在任何一个给定的时期内，如果一个公司真正为投资者创造了利润，那么该公司的期末利润必须超过以期初资本的市场价值计算的资本成本，这是因为投资者投资到该公司的资本的实际价值正是当时的市场价值。

（2）市场增加值（MVA）。EVA 是股东价值的主要原动力，但斯图尔特公司提出的另外一个指标——市场增加值（market value added，MVA）也能精确地描述公司股东所发生的损益，对于关注股东财富的公司来说，MVA 最大化应是首要目标。MVA 的定义是公司市场价值和过去几年里对公司的投资总和的差额。从算术角度说，$MVA = $ 市值 $-$ 总资本，为了确定公司的市场价值，权益按照计算当日的市价来计算，债券则是按账面价值确定。总资本是根据 EVA 概念对资产负债表中的总资产数值进行调整后的数额，涵盖了从第一天开始进入公司的总投资——付息债券和权益，包括留存收益。MVA 是绝对数指标，如需对不同规模的公司进行比较，则可用市场增加值附加率（market value added rating，MVAR）

$$MVAR = \frac{市场增加值}{净资产总值}$$

它是不同公司之间市场认同状况的可比性指标，是评价经营者的比较客观、公正的指标。

斯图尔特咨询公司对 EVA 和 MVA 之间的关系作了大量的经验性研究。从 1 000 家公司业绩榜的数据中他们发现，在统计意义上，EVA 对一家公司 MVA 的变动"解释"了 50%，再没有其他业绩度量指标能够这么好地解释 MVA 的变动。由此可以看出，EVA 的增长和市场价值增长之间存在着显著的关联：EVA 的可持续性增长将会带来公司市场价值的增值。增长的 EVA 通常预示着市场价值的增加，也就是说市场增加值是未来预期 EVA 的现值。

MVA 是评价财富创造的准确方法，因为它计算的是资金流入与现金流出之间的差额，即投资者投入一家公司的资本和他们以当前市场价格卖掉股票所获收益之间的差额。MVA 代表的是公司增加或减少股东财富的累积总量，也是从外部评价公司管理业绩的最好方法，因为它反映了市场对管理者使用稀缺资源的效率的评价。此外，MVA 还能反映经营者对公司的长期定位是否适当，因为市场价值是公司的预期长期收益的现值。

11.4.3 EVA 绩效评价的优势与不足

1. EVA 绩效评价的主要优势

（1）EVA 是从股东角度定义的利润，正如彼得·德鲁克所说："在一家公司获得大于其资本成本的利润回报之前，它的经营都是处于亏损状态的，只要企业对经济的回报小于对资源的

损耗，它就是在摧毁财富而不是在创造财富。"从股东的角度看，只有当企业的税后收益高于投资的机会成本时，该项投资才是真正盈利的。这正是 EVA 较其他会计指标的优势所在。其次，EVA 计算中对传统会计事项的调整减少了传统会计指标对经济效率的扭曲。

（2）EVA 与价值创造活动高度相关，与企业的财务目标一致。EVA 比任何传统的指标都更能体现投资者的利益和企业的运作状况，能将股东利益与经理业绩紧密联系在一起，有助于管理层做出符合股东利益的决策，避免盲目投资。由于 EVA 是股东定义的利润，EVA 的持续增长就意味着企业市场价值的不断增加和股东财富的持续增长，管理层在决策时可以利用 EVA 指标决定各个不同业务部门的资本分配，使资本配置更加合理。对企业经理人来说，首先，他们必须更有效地使用留存的收益，因为每使用一笔都是要提取成本费用的；其次，必须想方设法提高资本运营管理能力，比如，提高流动资金的使用率、缩短应收账款使用期、关闭一些效率低下的部门、把部分业务外盘出去等。日本的索尼公司将自己的两个电子产品公司卖掉后，虽然当年资产平衡表不大好看，但公司的 EVA 却提高了，公司股价也节节上升。

（3）经济增加值扣除所有资本（股权和债务）的机会成本，明确了股东权益的回报要求。从传统的会计科目设置和会计体系的稳健性原则看，会计体系鼓励的是保守的、以确保能够偿还债务为目的的经营行为，会计报表是债权人的财务报告。这种精神与股东的利益是不一致的，股东一般要求企业在战略上更富有进取心，在收益和风险之间寻求积极的平衡，在长短期利益上有综合的考虑，从结果上看，股东要求把他们投入的资本的收益要求直接、突出地体现出来。举例来说，在 EVA 计算里，应收账款作为对资金的占用是计成本的，而预收账款由于不要求回报而不计资本占用。这样，EVA 在收款方式上量化地明确了什么是"好的行为"，什么是"坏的行为"。由于 EVA 和奖金相联系，又能从经济上激励员工考虑收款问题。

（4）EVA 具有很强的适用性，这表现在两个方面：一方面，它是通过财务报表数据经过调整后计算而得的，不仅适用于上市公司，也同样适用于非上市公司（包括国有企业和民营/私营企业）。对非上市公司而言，EVA 能模拟股价效应对企业经营者提供所有权激励。对上市公司而言，可以把针对企业最高管理者的股权期权方案和针对其他各级经营管理人员的 EVA 奖金方案综合在一起使用，为上市公司建立完善的业绩考核、奖励激励制度，真正创造企业员工的所有者文化。另一方面，它不仅仅是公司整体衡量体系，还可以分解到事业部、工厂、店铺甚至是产品线。公司中的任何一部分，只要是牵涉收入、成本和占用的资本（最核心的部分）的分摊，就可以用到 EVA。美国森图银行有限公司是位于北卡罗来纳州的洛基山的一家银行控股公司，它不仅算出了每条产品线和每个分行的 EVA，甚至算出了所有顾客的 EVA，这样公司可以将精力集中于可以带来最高利润的顾客身上，提高资源的使用效率，避免资源的浪费。

（5）EVA 评价显示了一种新型的企业价值观。EVA 的改善是同企业价值的提高相联系的。为了增加公司的市场价值，经营者就必须表现得比竞争对手更好。因此，一旦他们获得资本，必然要求在资本上获得的收益超过由其他风险相同的资本资金需求者提供的报酬率。如果完成了这个目标，企业投资者投入的资本就会获得增值，投资者就会加大投资，其他的潜在投资者也会把他们的资金投向这家公司，从而导致公司股票价格的上升，表明公司的市场价值得到提高。如果他们不能完成这个目标，就表明存在资本的错误配置，投资者的资金就会流向别处，最终可能导致股价的下跌，表明企业贬值。

（6）采用 EVA 能促使企业克服短视行为，更加注重可持续发展。一个企业是否优秀，要看企业有没有持续发展的能力，许多证券投资者看中的也是企业持续增长的潜力。EVA 不鼓励企业以牺牲长期利益来夸大短期效果，而是要求经营者着眼于企业的长远发展，促使经营者进行能给企业带来长远利益的投资决策,如新产品的研究和开发、品牌的拓展、人才的培养等,从根本上杜绝了经营者的短视行为。在 EVA 的评价体系下,不管是开创期的费用,新品牌的营销和广告,还是新产品的开发,其现金支出先是被加到资产负债表上,然后在 5~10 年内逐渐抵扣收入,这对经营者来说更加公平,使他们敢于在短期内加大这方面的投入来维持企业持续的发展。

2. EVA 绩效评价的局限

(1) EVA 的计算受资本成本波动影响。不同时期,资本成本通常是 EVA 等式中最不稳定、最易变的变量,例如,如果公司对现有资产中的投资预期会创造显著经济价值,可是,几个月内,市场收益率迫使资本成本上升,新投资变成损耗价值,而不是期望的创造价值。这种 EVA 的波动使那些操作层经理面临他们无法控制的风险,这种情况下以 EVA 作为业绩衡量指标,难免会出现偏差。

(2) EVA 受规模差异影响。规模大的公司即使盈利能力比规模小的公司差,资本报酬率低,但由于其资本总额大,EVA 值可能比规模小的公司要大,这显然不能用来比较它们的盈利能力。一般而言,规模较大的公司(或工厂、部门)比规模较小的公司(或工厂、部门)趋于创造更高的 EVA,因此 EVA 不能有效地控制公司(或工厂、部门)之间的规模差异因素对评价结果产生的影响。

(3) EVA 系统认为主要是财务资本驱动着企业的成长,而非财务资本(如人力资本、顾客资本、革新资本、过程资本等)都是由财务资本驱动的。由于 EVA 用完全以产出为基础的业绩计量替代以投入为基础的战略制定过程(Jan Mouritsen,1998),故而 EVA 所谓的战略实际上是一个"黑箱"。显而易见,EVA 系统对非财务资本重视不够,无法提供诸如产品、员工、创新等方面的信息。EVA 所设计的股东–经理之间的关系是以财务理论中理想的组织形式为基础的,它所关心的是决策的结果,而不是驱动决策结果的过程因素,因此无法揭示财务业绩指标与公司的经营、运作和战略之间的关系。

(4) 财务导向。虽然经过多项调整,EVA 仍是一个计算出的数字,它依赖于收入实现和费用确认的财务会计处理方法。为了提高部门的 EVA,部门经理可能通过设计决策的顺序来操纵这些数字。如他可以选择满足或延迟客户的订单来操纵本会计期间确认的营业收入;在本会计期间的后期,加速执行收入相对较高的订单,在商定的交货日期之前送达用户手中,而获利较少的订单就可能被推迟执行,在商定的交货日期或本会计期间结束之后交货。这么做的最终结果虽然提高了本期间的 EVA,却降低了用户的满意度和忠诚度。这反映出如果企业仅仅以 EVA 来评价管理者的业绩可能会造成激励失灵或功能失调。笔者认为,将平衡计分卡和 EVA 方法的结合使用会在一定程度上抑制这类行为的发生,前者根据企业战略来制定当前与未来需关注的最重要的目标;后者作为股东价值衡量的终极标准,将其他财务和非财务指标紧密地联系在一起,并最终指向价值的创造。

11.5 基于战略的绩效评价

11.5.1 企业战略绩效评价的概念与特点

1. 企业战略与战略绩效评价的概念

"战略"源于古代兵法,属军事术语,意译于希腊一词"Strategos",其含义是"将军",

词义是指挥军队的艺术和科学，也意指基于对战争全局的分析而做出的谋划。在军事上，"战"通常是指战争、战役，"略"通常是指筹划、谋略，联合取意，"战略"是指对战争、战役的总体筹划与部署。我国古代兵书早就提及过"战略"一词，意指针对战争形势做出的全局谋划。三国时期著名政治家、军事家、战略家诸葛亮对战略还有一段精辟的论述："不谋万事，不足谋一时；不谋全局，不足谋一域"，并通过对当时错综复杂的政治、经济、军事形势进行分析，确立了"三分天下"的战略思想，成为刘备立国之本。在中国革命战争中，"战略"甚至决定着战争全局的成败。

俗话说："商场如战场"。鉴于市场经济激烈的竞争环境，为兼顾长、短期利益，促进企业长远发展，受美国经济学家安索夫于20世纪60年代出版的《企业战略论》一书的影响，"战略"一词便开始广泛应用于经济管理中，并由此延伸至社会、教育、科技等各个领域。

在西方学术界，"战略"有很多种定义，一些学者认为，战略是设立企业长远目标，制定经营方针及资源分配等的经营决策；另一些学者认为，战略是对企业长远目标、经营方针、所需资源分配的规划；还有的学者认为，战略是针对产品与市场有效组合，实现经营环境、战略方向、管理组织相协调的策略。战略管理大师迈克尔·波特认为，战略的本质是抉择、权衡和各适其位。针对"战略"，我国学者也提出了各自不同见解：战略是确定企业长远发展目标，并指出实现长远目标的策略和途径；战略是企业面对激烈变化、严峻挑战的环境，为求得长期生存和不断发展而进行的总体性谋划；战略是指根据市场现状及远景预测，结合自身资源基础，规划的企业发展轨迹和确立的企业奋斗目标。无论对"战略"赋予何种定义，其本质都脱离不了要涉及经营环境分析、未来发展预测、远景目标设定、规划远景目标轨迹和制定战略策略等要素。

企业经营不是一个短期的行为，面对动态的竞争环境，"战略"的内涵表现为远景的经营思考和经营决策。按"战略"在经济管理活动中的地位和作用，依据战略的本质特点，企业战略可以定义为：根据市场状况，结合自身资源，通过分析、判断、预测，设立远景目标，并对实现目标的发展轨迹进行的总体性、指导性谋划。它界定了企业诞生的使命、经营范围、远景目标、发展方向、经营方式等坐标，明确了企业的经营方针和行动指南，是组织实现目标的重大方针与计划，正确的战略是组织走向成功的前提。

"战略绩效评价"是从战略的角度，动态地对企业的业绩进行评价，并提供及时反馈信息，以便企业形成正确的决策，从而引导企业发展的一种管理体系。我们知道，企业战略绩效评价是在传统的绩效评价系统基础上发展而来的，它结合企业的战略，采用财务与非财务性指标相结合的方法动态地衡量企业的经营业绩，并提供及时反馈信息。所以它不仅仅是一种绩效评价系统，也是一种战略管理系统。

2. 企业战略绩效评价的特点

企业战略绩效评价是企业面对复杂多变的外部环境，为求得长期生存和发展而进行的总体性经营绩效评价。它是一种短期与长期、结果与过程、内部与外部结合的全方位的绩效评价体系。概括起来，有以下主要特点。

（1）注重对企业可持续发展能力的评价。传统的经营绩效评价过分地重视和维持短期财务结果，助长了企业经营者急功近利的思想和短期投机行为，使得企业不愿进行可能会降低当前盈利目标的资本投资去追求长期战略目标，以致企业在短期业绩方面投资过多，而在长期的价值创造方面投资过少。对于为企业未来创造财务价值的投资行为，传统评价不能提供充分的行动导向。而战略绩效评价在充分考虑企业战略目标的基础上，注重对企业长远发展潜力的评价，侧重衡量企业的长期利益以及未来企业的驱动因素。如用智力资本投资比率（企业总投资中对人力资源投资所占的比重）衡量企业的长远发展潜力，揭示企业对未来成长能力的预先准备情况。

（2）注重对企业内部经营过程的评价。传统经营绩效评价往往过分注重企业财务业绩中的一些可直接量化的价值因素，忽视非财务指标的不可直接计价因素。然而，当竞争环境越来越需要管理者进行决策时，仅仅依靠传统经营绩效评价方法已经显得明显不足。战略绩效评价侧重衡量企业的经营活动是否为满足顾客需要而进行，因此企业的经营过程成为其评价的重要内容。

（3）重视与外部相关利益主体的关系。传统经营绩效评价所描述的是过去的状况，这对于工业时代的企业来说是足够的，因为以投资提高企业的长期竞争能力以及改善与顾客的关系对这些企业能否取得成功并不是很重要。然而，信息时代的企业要投资于顾客、供应商、经销商、雇员，只有这样，它们才能完成创造未来价值的行程，对于指导和评价这一行程来说，传统绩效评价捉襟见肘。战略绩效评价在注重企业内部经营管理过程的同时，将视野投向企业外部的利益主体，关注如何吸引顾客、如何令股东满意、如何获取政府的支持，以及如何赢得公众的好评等。也就是说要本着满足企业外部相关利益主体的需要来制定业绩衡量指标。

（4）重视财务指标和非财务指标相结合。传统的绩效评价系统主要以财务指标来考核企业的管理业绩。我们知道，财务指标不仅显示的是企业过去的业绩状况，具有事后性特点，难以对经营过程中发生的不良行为施加影响，而且管理者根据财务指标体系所提供的信息做出的决策也主要是短期的和内向型的。因此，传统的财务性指标绩效评价方法不是从全方位和战略的角度对企业的业绩进行综合计量和考核，它重财务指标而轻非财务指标，缺乏对智力资本的正确评价，忽视相对竞争地位在绩效评价中的作用，没有真正发挥绩效评价的控制和激励效用。战略绩效评价是一种综合绩效评价系统，既利用财务指标进行评价，又重视诸如产品返修率、产品质量等级、业务流程、员工满意度、员工知识水平和顾客满意度等非财务指标的作用，因而能达到较好的评价效果。

（5）战略绩效评价是一个动态绩效评价系统。传统的绩效评价反映的是过去一段时间内企业的经营业绩，因而是静态的评价。而战略绩效评价则把企业战略、具体行动和绩效评价不断重新组合；战略通过具体行动来实施，而绩效评价则指导战略的实施，并通过实际效果调整战略和计划。战略绩效评价将绩效评价指标与战略结合起来，主要从提高竞争地位的角度来评价业绩，抓住了绩效评价的本质，能充分促进企业工作质量的提高。

11.5.2　企业战略绩效评价的模式

20世纪80年代，美国管理会计委员会从财务效益的角度发布了"计量企业业绩说明书"，提出了净收益、每股盈余、现金流量、投资报酬率、剩余收益、市场价值、经济收益、调整通货膨胀后的业绩8项计量企业经营绩效的指标。但这些指标基本是以财务指标为核心的，而以战略为核心的绩效评价体系能克服这个缺点，国内外学者和我国政府有关部门先后提出了多种战略绩效评价模式或模型，具有代表性的有平衡计分卡和绩效三棱镜。

1. 平衡计分卡模型

1992 年，卡普兰和诺顿提出了平衡计分卡（BSC）。该方法最大的贡献在于它引入了非财务评价指标，它从四个不同的视角（财务视角、顾客视角、内部业务视角、创新和学习视角）提供一种考察价值创造的战略方法，从而克服了单纯利用财务手段进行绩效管理的局限。平衡计分卡通过以下四个方面评价企业的绩效。

（1）财务。反映企业如何满足股东的需要，即实现股东价值最大化，指标包括净资产收益率、现金流量、盈利能力和利润预测的可靠性等。

（2）顾客。反映企业如何满足客户的需要，代表性的指标有客户满意程度、市场占有率、产品交货率等。

（3）内部业务。反映企业是否较好地完成了其核心工作，具体指标包括产品制造周期、单位成本收益率、废品率、机器利用率、生产准备时间、生产能力利用等。

（4）创新和学习。反映企业改进与创新的能力，具体指标有员工满意程度、员工培训次数、员工建议数量、提供新服务收入所占比重等。这种方法所采用的考核指标来源于组织的战略目标和竞争需要，它是一种综合性的绩效，在企业中引起了强烈的反响。它成功使绩效评价走出了传统绩效评价的只重财务指标和短期目标的误区，将长期与短期因素、财务与非财务因素、外部与内部因素等多方面引入绩效评价体系。平衡计分卡的主要框架如图 11-3 所示。

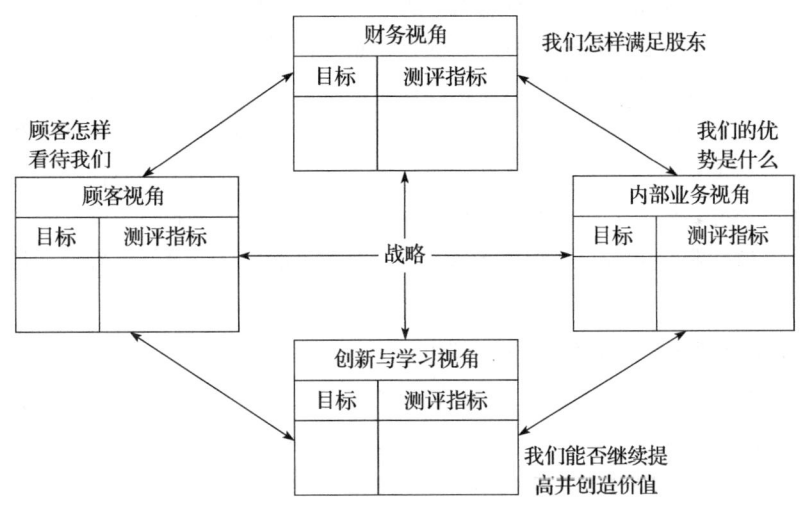

图 11-3 平衡计分卡模型

但是 BSC 仍然存在一些不足：非财务指标以多种数据形式衡量，没有标准化的定义，在不同公司其定义变化很大，量化困难；翰尼（Hanne, 2000）认为联系非财务指标和长期绩效之间的因果联系缺少合理的定义；BSC 要求企业从四个方面考虑战略目标的绩效实施，每个方面必须制定详细的目标和指标，成本很高，而且需要建立的时间很长，往往要 1 年以上，国外许多公司的实践表明，采用平衡计分卡是一个长期的过程，企业从上到下都要对其有充分的了解和认同；忽视了社会责任，没有在社会责任方面提出相应的指标体系。

2. 绩效三棱镜模型

2002 年尼利提出了绩效三棱镜的概念，绩效三棱镜展示了全面的绩效衡量结构，它包括利益相关者的满意、利益相关者的贡献、战略、流程、能力五个层面，具有内在紧凑联系的这五个层面共同构成了一个绩效计量的三维体系。绩效测量贯穿于绩效模型的五个方面，而且结合公司实际情况，每一个方面又都可以进一步细化和分解为许多具体问题，而每一个问题都必须用计量指标来表示。由于模型五个方面具有内在的联系，因此由模型衍生出来的计量指标之间自然也就具有相互依存的关系。测量指标不局限于财务指标，也不强调以非财务指标作为对财务指标的补充，而是以绩效棱镜五个层面为引导，如图11-4所示。

虽然从理论上讲基于绩效三棱镜模型的绩效管理是近乎完美的，但在实际操作中仍然存在着一些不可完全克服的问题：非财务指标难于计量且精确度不够；财务指标与非财务指标的权衡和搭配困难；由于现有的管理者补偿大多依据财务绩效而制定，这可能破坏非财务绩效与管理者补偿之间的应有联系；若绩效模型衍生的指标过多，则可能分散管理者的注意力，甚至令其无所适从；过分强调根据实际与标准的对比而调整，从而易陷入一种自我封闭的循环中，不利于产生新的改进机制。

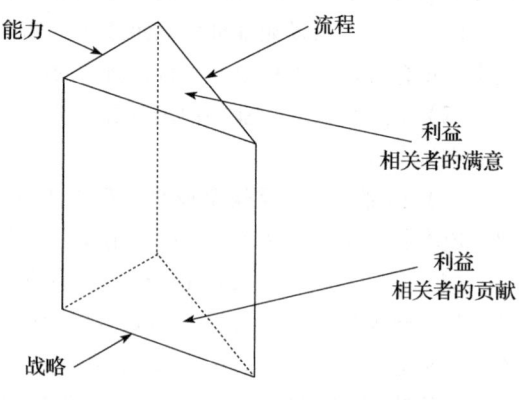

图 11-4 绩效三棱镜模型

国外绩效评价指标体系的演变过程来看，进入20世纪80年代后，企业绩效评价指标体系得到了极大的改进，理论创新层出不穷。绩效评价指标体系的设置开始逐步突破单一财务指标体系的范畴，涉及了许多非经济性指标。指标体系的设定开始考虑企业的其他利益相关者的利益，而不仅仅为股东服务。但是上述企业绩效评价体系，仍然以企业的经济绩效和经济发展战略作为绩效评价的主要内容，非经济性指标的设计忽视了对人类的子孙后代的利益和非人类群体的利益，漠视环境、社会责任丢失，没有从综合的、动态的、全面的角度来考虑，不能全面地反映可持续发展战略的思想，不能全面地反映企业在经济、社会等方面价值创造的协调性的持续性。

3. 中央企业负责人经营业绩考核暂行办法

2003年11月25日国务院国有资产监督管理委员颁布了《中央企业负责人经营业绩考核暂行办法》。该体系经2006年、2009年、2012年三次修订。

2012年修订后的《中央企业负责人经营业绩考核暂行办法》包括年度绩效评价和任期绩效评价。

（1）年度经营业绩考核指标包括基本指标与分类指标。基本指标包括利润总额和经济增加值；分类指标由国资委根据企业所处行业特点和功能定位，针对企业管理"短板"，综合考虑企业经营管理水平及风险控制能力等因素确定。

（2）任期经营业绩考核指标包括基本指标和分类指标。基本指标包括国有资本保值增值率和总资产周转率；分类指标由国资委综合考虑企业所处行业特点和功能定位，选择符合企业中长期发展战略、反映可持续发展能力的指标予以确定。

4. 中央企业综合绩效评价体系

2006年4月7日国务院国有资产监督管理委员进一步颁布了《中央企业综合绩效评价管理暂行办法》，办法规定中央企业综合绩效评价由财务绩效定量评价和管理绩效定性评价两部分组成。其中，财务绩效定量评价包括盈利能力、资产质量、债务风险和经营增长四个方面；管理绩效评价包括企业发展战略的确立与执行、经营决策、发展创新、风险控制、基础管理、人力资源、行业影响、社会贡献等方面。中央企业综合绩效评价指标体系如表 11-4 所示。

表 11-4　中央企业综合绩效评价指标体系

评价内容与权数		财务绩效（70%）				管理绩效（30%）	
		基本指标	权数	修正指标	权数	评议指标	权数
盈利能力状况	34	净资产收益率 总资产报酬率	20 14	销售（营业）利润率 盈余现金保障倍数 成本费用利润率 资本收益率	10 9 8 7	战略管理 发展创新 经营决策 风险控制 基础管理 人力资源 行业影响 社会贡献	18 15 16 13 14 8 8 8
资产质量状况	22	总资产周转率 应收账款周转率	10 12	不良资产比率 流动资产周转率 资产现金回收率	9 7 6		
债务风险状况	22	资产负债率 已获利息倍数	12 10	速动比率 现金流动负债比率 带息负债比率 或有负债比率	6 6 5 5		
经营增长状况	22	销售（营业）增长率 资本保值增值率	12 10	销售（营业）利润增长率 总资产增长率 技术投入比率	10 7 5		

由于我国国家部门与国有企业之间的关系密切，国家规范的绩效评价体系在一定程度上可以左右企业的改革方向，对企业经营者决策具有明显导向作用。因此，可以说国家规范的绩效评价对企业尤其国企的绩效和经营具有指导意义。

5. 三重绩效评价模型

从可持续发展的角度看，企业是一个使用"多重资本"，追求"多重价值"的"社会经济生态人"，绩效评价应坚持利益相关者价值取向，企业的利益相关者不仅包括当代利益相关者，还包括后代利益相关者；不仅包括人类利益相关者，还包括非人类利益相关者。这些利益相关者要求企业不仅追求经济利益，而且追求生态利益和社会利益，尤其是后代利益相关者和非人类利益相关者更注重企业生态价值和社会价值的创造。所以，基于可持续发展的企业应该以"三重底线"为基础，追求经济绩效、生态绩效和社会绩效全面协调持续发展，为全体利益相关者创造持续发展的价值。其中，经济绩效着重考察企业在经济方面的贡献和影响，表示一定时期内企业为利益相关者创造的经济财富，主要通过 EVA、增加值、利润等经济指标来反映；生态绩效主要考察企业在生态平衡方面的贡献和影响，表示企业在一定时期内为了维护和增强生态平衡而创造的生态财富，主要通过各项生态技术指标来反映；社会绩效是对企业履行社会责任的能力和效果的评价，表示企业在一定时期内履行社会责任所创造的社会价值，主要通过社会评价指标来反映。为了反映企业的全面绩效，温素彬借鉴 Elkington 提出的三重底线的概念，提出了企业的三重绩效评价模式，如图 11-5 所示。

6. 共生战略绩效时钟模型

在充分考虑企业社会责任因素，以企业共生理论为基础，近年国内学者徐光华提出了"共生战略绩效时钟"模型，构建了企业共生战略绩效评价体系，内容包括三个方面：财务绩效

（战略结果）、经营绩效（经营管理战略）和社会绩效（社会责任战略），如图11-6所示。

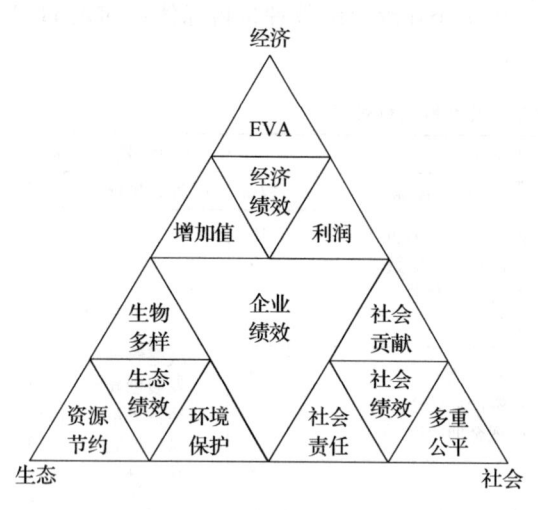

图 11-5　三重绩效评价模型

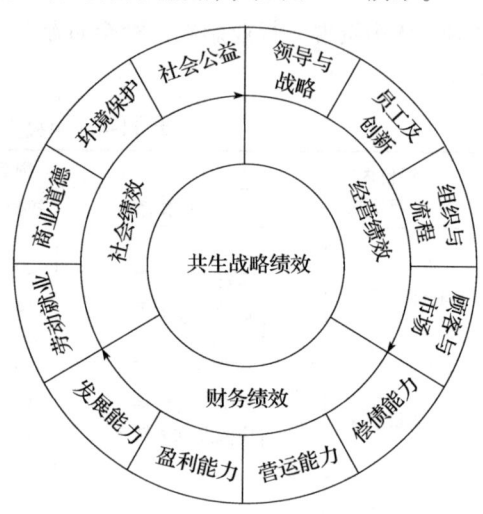

图 11-6　共生战略绩效时钟模型

相关链接

罗伯特·卡普兰

罗伯特·卡普兰，是平衡计分卡的创始人，美国平衡计分卡协会主席。现执教于哈佛商学院领导力开发专业之 Marvin Bower 教席，担任哈佛教职长达 18 年，之前他曾执教于卡耐基-梅隆大学管理学研究生院（GSIA）达 16 年之久，其中 1977~1983 年任该研究生院主任，取得麻省理工学院电子工程学士和硕士学位，以及康奈尔大学运营研究博士学位，1994 年，取得德国斯图加特大学荣誉博士学位。

他为北美和欧洲的许多一流公司的业绩和成本管理系统设计担任顾问，经常在北美、欧洲和以色列举行研讨会，并在全球各地演讲。目前，他担任 J. I. 基斯拉克组织（迈阿密）的理事、复兴方案公司的董事和泰克尼恩理事会（以色列科技学院）的学术委员会委员。他的研究方向为快速变化环境下制造业和服务业组织的新成本计量和业绩管理系统。作为 8 本书和 100 多篇论文的著者或合著者，他获得了多项教学和论著方面的奖励。为数十个组织提供业绩管理和成本管理系统设计方面的咨询，并就这些主题在世界各地举办讲座。

罗伯特·卡普兰先后出版 10 本专著并发表 120 余篇文章，其中 10 篇发表于《哈佛商业评论》。主要著作有《战略中心型组织：使用平润与业绩的成本与效果》《平衡计分卡：变战略为行动》，最近在《哈佛商业评论》中发表的文章包括《战略出了问题，画出你的战略地图！》《使用平衡计分卡作为战略管理系统》《整合成本系统的未来前景和过往失误》。

平衡计分卡也许是卡普兰一生最伟大的贡献。1992 年，在 1~2 月号的《哈佛商业评论》上，卡普兰与戴维·诺顿（David P. Norton）发表了关于平衡计分卡的第一篇文章《平衡计分卡——业绩衡量与驱动的新方法》。这是一套企业业绩评价体系，它打破了传统的只注重财务指标的业绩管理方法，认为传统的财务会计模式只能衡量过去发生的事情。

在工业时代，注重财务指标的管理方法还是有效的，但在信息社会里，传统的业绩管理方法并不全面。组织必须通过在客户、供应商、员工、组织流程、技术和革新等方面的投资，获得持续发展的动力。基于这种认识，平衡计分卡方法认为，组织应从以下四个角度审视自身业绩：客户、业务流程、学习与成长、财务。

1996年，卡普兰关于平衡计分卡的第一本专著《平衡计分卡：化战略为行动》出版，标志着这一理论的成熟。卡普兰将绩效考核的地位提升到组织的战略层面，使之成为组织战略的实施工具。平衡计分卡自问世之日起便打动了许多企业管理人员的心弦，就连美国陆军也在多年前用上了平衡计分卡。平衡计分卡是一个全方位的架构，将企业的策略转换成一套前后连贯的绩效衡量，而且重视四个不同的方面对于战略执行的影响。它弥补了传统绩效衡量制度只重视财务的不足，平衡了股东及顾客的需求，也平衡了对过去结果及未来可能性的衡量。

11.5.3 平衡计分卡的设计

平衡计分卡是一种以信息为基础的战略绩效评价工具，分析哪些是完成企业使命的关键成功因素以及评价这些关键成功因素的项目，并不断检查审核这一过程，以把握绩效评价促使企业完成目标。平衡计分卡为企业管理人员提供了一个全面的框架，它把企业的使命和战略转变为目标和衡量方法，这些目标和衡量方法分为四个方面：财务、顾客、内部业务以及创新和学习，如图11-7所示。记分卡的四个方面使一种平衡得以建立，这就是兼顾短期和长期目标、理想的结果和结果的绩效驱动因素、硬的客观目标和较软的主观目标。

1. 平衡计分卡中的因果关系

一份好的平衡计分卡应当全面反映企业的战略。它应该确认和阐明评价结果和这些结果的绩效使然因素之间的因果关系。被选中列入平衡计分卡绩效评价体系的每一项评价方法都应当是因果关系链的组成部分。该链条把经营单位的战略的含义传达给企业各级组织。平衡计分卡还应当是衡量结果和绩效使然因素的混合。光有衡量结果而没有绩效使然因素，则无法说明怎样才能取得结果，这些结果还不能及时显示战略是否正在成功地实施。如果只有绩效使然因素，虽然可能会使经营单位实现短期操作上的改进。但是却不能显示这些改进是否已被转化为对现有和新客户业务的扩大，并最终转化为财务绩效的提高，即达到既定的目标。

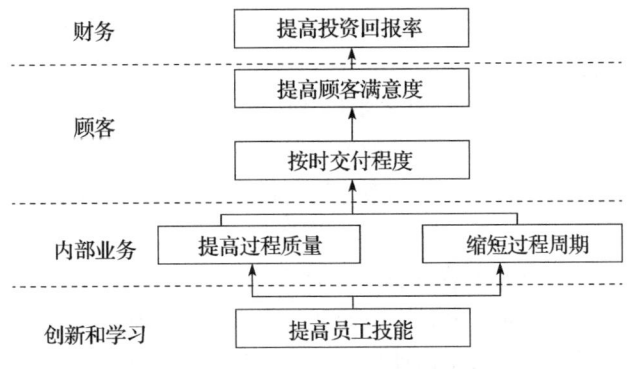

图11-7 平衡计分卡的因果关系

平衡计分卡通过因果关系提供了把战略转化成可操作内容的一个框架。根据因果关系，对企业的战略目标进行划分，可以造出实现企业战略目标的几个子目标，这些子目标是各个部门的目标，同样，各中级目标或者评价指标可以根据因果关系继续细分，直至最终形成可以指导个人行动的绩效指标和目标。例如，利用资本回报率可以是财务方面的一项记分卡衡量方法。这一方法的使然因素可能是现有客户重复购买和购买量的增加，而这又是由于客户青睐程度高。于是,客户满意度被纳入平衡计分卡的客户方面,因为预计它将对资本回报率产生很大影响。但是,组织如何才能获得客户的青睐呢?对客户偏好所做的分析结果可能会显示,客户很重视产品的按时交付和高质量。因此,准时交付率和质量的提高预计将导致客户青睐度的上升,准时交付率和质量指标被纳入记分卡的内部经营过程方面。而要提高准时交付率,则需要在企业内部经营过程方面进行一系列的改善,包括对于各种流程的重组与优化,采用计算机信息系统等;要提高质量只需要加强全面质量管理;而要从根本上提高准时交付率和质量,则需要组织和员工的学习来实现,只有提高质量和准时交付率的各种方法成为一种制度或者形成员工自发的行为时,才可以说这个企业是有生命力的,企业的长远发展才有保障。

2. 平衡计分卡的设计

建立平衡计分卡的关键在于企业内部就战略问题达成共识,并弄清楚如何把一个部门的使命和战略转换成经营目标和评估手段。平衡计分卡的制定开始于企业战略,所以它反应的是企业高级主管班子的集体智慧和能力,如果没有高级主管的积极参与,就不应该制定平衡计分卡。制定平衡计分卡通常包括以下步骤。

(1)为平衡计分卡计划确定目标。选择设计人员在企业高层就制定平衡计分卡达成共识并获得支持。企业高层应明确平衡计分卡的主要意图并在认识上取得一致。企业高层应该确定一个能够担当起平衡计分卡总体设计的重任的人选。

(2)选择适当的企业部门。设计人员必须确定出适宜于实行最高级别的平衡计分卡的业务部门。最初的平衡计分卡过程最好从一个具有战略意义的业务部门开始,这个业务部门的活动最好贯穿企业的整个工作流程——创新、经营、营销、销售和服务。这样一个下属业务部门应有自己的产品和客户、销售和流通渠道和生产设施。同时,该部门应容易制订全面业务绩效评估手段,且不涉及同企业其他部门的开支和产品与劳务转让价格问题。确定该部门同其他业务部门的关系,使该部门面临的机遇和受到的限制明朗化。

(3)就该部门的战略目标达成共识。设计人员通过对部门的全面了解,帮助部门管理人员理解企业的战略目标并了解他们对平衡计分卡的评估手段的建议,解答他们提出的问题。在充分交流的基础上,确定企业的战略目标。确定战略目标是一个重复的过程,通常需要经过反复的讨论才能最终确定。

(4)选择和设计评估手段。该阶段主要包括以下要点:对于每个目标设计能够最佳实现和传达这种目标意图的评估手段;对每一种评估手段,找到必要的信息源和为获得这种信息而采取必要的行动;对于每一目标的评价体系之间的相互影响以及与其他目标的评价体系的影响进行评估。

(5)制订实施计划。以实施平衡计分卡目标部门的下属部门为单位,成立实施小组。各实施小组确定平衡计分卡的目标并制订实施计划。该计划包括如何把评估手段同数据库和信息体联系起来,负责在企业内部传播平衡计分卡,并帮助下级部门制订实施计划。直至完全建立一个全新的执行信息制度。

(6)通过最终的实施计划,把平衡计分卡融入企业的管理制度并发挥作用。制定平衡计分卡一般持续3个月的时间。在制定过程之中,主管人员可以有充分的时间考虑平衡计分卡和战略、信息制度以及最重要的管理过程之间的形成和演变。制定平衡计分卡的过程,也就是企业目标在组织中进行传播的过程,如果能够让企业的各级员工参与到记分卡的制定上来,将有助于战略目标的推广和得到员工的认同。

3. 平衡计分卡的实施

A公司是在水下工程建筑业中处于全球领先地位的企业。20世纪80年代，水下建筑行业竞争特别激烈，一些小企业退出了该行业，一些大的石油企业客户希望与自己的供货商发展长期的合作伙伴关系，而不根据价格选择供货商。

企业制定了远景规划："我们应向顾客提供最高的安全，并在质量标准方面处于行业领先地位。"该远景规划分解为五个战略目标：超出顾客预期和需要的服务；高水平的顾客满意度；安全、设备可靠性、灵敏性和成本效率的不断提高；高质量雇员；实现股东预期。

A公司又把远景规划和战略目标转化成平衡计分卡的四套绩效测评指标。

（1）财务。包含三个对股东很重要的指标。资本报酬率和现金流反映了对短期结果的偏好；预测可靠度表明了母企业希望减少由于业绩的预期外波动而引起的历史不确定性。A公司的管理层增加了两个财务指标：项目盈利性集中于把项目作为计划和控制的基本单位，销售储备有助于减少绩效的不确定性。

（2）顾客。A公司希望能把两类顾客区分开来：第一层顾客是指想建立高附加值关系的石油企业；第二层顾客是指那些根据价格选择供货商的顾客。企业设立了价格指数。把关于竞争位置的可得信息综合起来，以确保当竞争加剧时能保住第二层顾客的生意。企业还请某组织和顾客对企业的顾客满意度进行调查分析，并统计企业市场份额。

（3）内部业务。为了构造出内部程序的测评指标，A公司的经理人员界定了一个项目从启动（认识到顾客的需要）到完成（顾客的需要被满足）所经过的生命周期。对项目周期中的五个业务程序阶段都一一制定了测评指标。这五个业务阶段的测评指标是，所花费的与潜在的顾客讨论新工作的小时数，投标成功率，准备和交付项目的效率，安全指数、损失控制以及返工率，项目终止周期的长度。

（4）创新和学习。创新和学习的目的在于加速财务、顾客和内部程序的改进。在A公司这类改进除了来自于内部业务程序的不断改善外，还来自于会带来新的收入来源和市场扩展的产品和服务创新。为了同时促进产品/服务创新和业务改进，企业认为有必要为雇员创造一种充满激励气氛的环境。职员态度调查和雇员建议数量的统计指标，都可以用来衡量是否创造了这样一种氛围。

11.5.4 绩效三棱镜的设计

1. 绩效三棱镜的五个构面

绩效的第一个方面是利益相关者的满意（stakeholder satisfaction）：绩效三棱镜理论认为，绩效评价的起点不应该是"这个组织的战略是什么"，而应该是"谁是组织的主要利益相关者，他们的愿望和要求是什么"。

绩效的第二个方面是利益相关者的贡献（stakeholder contribution）：管理者期望从利益相关者那里获得什么？

绩效的第三个方面是战略（strategies）：管理者应该采用什么样的战略来满足利益相关者的需求，同时也满足企业自身的需求？战略是否确实得到了实施？如何协调组织内的战略？如何鼓励和刺激战略的执行？战略执行的结果如何评价？

绩效的第四个方面是流程（processes）：流程是能使组织运转的活动，它是关于做什么、在什么地方做、什么时候做及如何做的活动安排。企业需要什么样的流程才能执行其战略？

绩效的第五个方面是能力（capabilities）：根据绩效三棱镜理论，流程不能单独发挥作用，它的执行还需要人们的能力、物资基础设施以及相应的技术。企业需求什么样的能力来运作这些流程？

这五个方面说明了绩效评价管理中真正复杂的内容。

（1）利益相关者的满意。绩效三棱镜评价体系将投资者、顾客和中间商、员工和劳工协会、供应商和合作联盟以及定规者、压力集团和社区作为一个组织的关键利益相关者，并充分考虑不同的相关利益者对企业的要求，这就是绩效三棱镜绩效测量方法的起点。

为了有效地保持和利益相关者的关系，企业必须清楚地知道不同利益群体的不同利益需求，如表11-5所示。

（2）利益相关者的贡献。每个利益相关者与企业之间是一种基于社会交换理论和公平理论的互惠互利的相互关系，利益相关者需要从企业获得一定的收益，必然要对企业有一定的付出，如表11-6所示。

表11-5　绩效三棱镜之利益相关者的满意

利益相关者	利益相关者的满意
投资者	利润、奖金、数据和忠实
顾客和中间商	快速、适当、便宜和容易
员工和劳工协会	意图、关心、技能和报酬
供应商和合作联盟	利益、增长、建议和信任
定规者	合法、公平、安全和真实
社区	工作、忠诚、正直和财富

表11-6　绩效三棱镜之利益相关者的贡献

利益相关者	利益相关者的贡献
投资者	资金、信用、风险和支持
顾客和中间商	利润、增长、意见和信任
员工和劳工协会	手、心、思想和声音
供应商和合作联盟	快速、准确、便宜和方便
定规者	规则、原因、明确和意见
社区	形象、技能、服务和支持

（3）战略。与以往的绩效评价体系所不同的是，绩效三棱镜评价体系设计的理论不是来源于战略，战略并不是最终目的，而只是如何达到所期望的目标的路线，它能够使组织更好地在各种利益相关者之间分配价值。在绩效测量方法的设计中，企业要考虑包括总体战略、业务战略、品牌、产品和服务战略、经营战略在内的不同的战略层次：第一，要能够帮助管理者了解他们所采取的战略是否确实得到了执行；第二，要能够协调组织内的战略；第三，能够鼓励和激励战略的执行；最后，能够分析测量数据，检测战略的实施效果。

（4）流程。流程就是做事情的顺序。业务流程是指按顾客要求投入原材料，生产出对顾客有价值的产品及服务的一系列关联活动的总称。业务流程是提高企业绩效的最有力的驱动因素，它决定了产品和服务的质量、效率、周期和成本。随着自由贸易与全球经济一体化的步伐日趋加快，加速了企业外部经营环境中各种不确定因素的增加，对企业提出了快速响应和弹性运作的变革要求，业务流程"过程性"和"创新性"的特点随之备受关注。组织的流程与其战略的不匹配往往是导致战略失败最常见的原因。1993年美国原麻省理工学院教授哈默与詹比提出了业务流程再造（BPR），即对企业的业务流程进行根本性的再思考和彻底性的再设计，从而获得在成本、质量、服务和速度等方面业绩的显著性的改善。

绩效三棱镜的业绩评价系统将对企业的核心业务流程进行改进和再造。安迪·尼利等认为，从开发产品和服务、产生需求、满足需求、设计和管理企业这四个方面出发，流程的测量一般可以分为五个方面：质量（连贯性、可靠性、一致性、精确性、可信任性）；数量（容量、生产量、完整度）；时间（速度、交付期、有效性、快捷度、适时性、进度）；使用的容易程度（弹性、便利、可到达性、清楚、支持性）；货币（成本、价格、价值）。当然，还要涉及意外事故流程如产品召回、各类系统故障处理的准备执行水平。同时，对所有流程都要求从流程的结果和产出的测量开始，进而再考察流程中的行动和投入。

（5）能力。特纳（Turner）和克劳福德（Crawford）列出了企业应当具备的11种行为能力：执行管理、资源应用、激励、协调、制度的制定、沟通、承诺、探索、发展、系统/程序工程和选择管理。齐庆祝和杜纲将企业能力由内向外分为三个层面。最内层面为资源与基础层面，主要包括领导管理能力、资源保障能力、组织学习能力、内外协同能力等；中间层面为业务与技术层面，主要包括技术研发能力、产品制造能力、业务整合能力、流程再造能力等；最外层面称为市场与盈利层面，主要包括产品竞争能力、市场营销能力、市场反应能力、客户管理能力等。而企业能力在各个层面间的关系表现为各个能力层面要素之间的物质、能量、信息交换。安迪·尼利等认为，所谓能力是指一个组织的人力、实践、技术和基础结构的结合，它们共同代表了组织通过截然不同的运作方式为其利益相关者创造价值的能力。

绩效三棱镜评价理论认为，企业的能力，尤其是核心能力必须实现利益相关者所特别关注的价值，能够为利益相关者提供根本上和实质性的利益和效用。安迪·尼利等认为，绩效测量一般需要关注那些关键的、能够使其与众不同的并能在未来保持这种特色的组成元素。通过绩效三棱镜的测量方法可以帮助管理者考察企业具有哪些能力，这些能力是否与流程匹配，哪些是具有竞争性的与众不同的能力，即所谓的核心能力，并特别强调针对能力动态性的识别与评价研究，即企业内部过程对环境变化的动态适应。

2. 绩效三棱镜评价体系的优势分析

（1）引入了系统思想。即使是平衡计分卡，其单向式的因果关系也存在着严重缺陷，它不能解决现实经济活动中大量存在的"动态性复杂"问题。绩效三棱镜的五个透视层面之间的逻辑关系则更加明确，其设计是一环扣一环的，从而使其在逻辑上构成了一条"因果闭环"。"因果闭环"的存在不仅可使企业明确各种结果与其驱动因素的逻辑关系，而且还能使企业看清每一方面的行动都会对闭环上前后各方面行为或结果造成影响，这实际上大大拓宽了企业决策的视野。"因果闭环"能很好地解决单向因果链不能反映"动态性复杂"的难题。

（2）重新认识了企业绩效评价的起点是利益相关者的满意。关于绩效计量的一个普遍性认识是：绩效计量是从战略衍生、推导出来的，也即是以战略为起点的。尼利等人认为，人们为了从战略中获得这些方法，却从根本上误解了这种方法的目的和战略角色。在当前的经济环境下，能对企业产生影响的利益相关者越来越多，影响也越来越大，战略就必须要适应利益相关者需求的变化而变化。因此，绩效计量的起点应是谁是利益相关者以及他们的愿望和要求是什么，即为利益相关者创造价值，而非战略。

（3）突出战略的地位。在平衡计分卡中战略是"隐藏在幕后的"——它通过一系列存在因果关系的指标表现出来。这种设计的最大缺点就是使得战略呈现静态特征而难以进行检验、确认和修订。为了纠正平衡计分卡的这个缺陷，绩效三棱镜将战略作为评价对象中的一项重要构件凸显出来，使其能够根据利益相关者需求的变化而变化，从而便于企业对战略的沟通与执行，也便于将战略和流程、能力进行匹配，更便于对当前战略建立的前提条件进行监测并及时对战略进行调整。

（4）考虑了利益相关者在企业中的双向作用。利益相关者的价值取向认为，公司与其利益相关者之间是一种互动的关系。一方面，利益相关者从公司得到了需求的满足；另一方面，利益相关者也对公司做出了贡献。利益相关方对公司的贡献大小直接影响企业战略的实施及企业最终目标的实现，因此测量这方面的指标非常有必要。平衡计分卡只注重从员工、顾客、投资者的满意度一个侧面来进行绩效评价，它考核了员工的贡献却忽视了员工的满意度，评价了股东、顾客的满意度却未反映其对企业的贡献。尼利等人认为，利益相关者的满意与贡献其实是企业生存与发展的两翼，缺少对其中任何一方的测评对企业都是不利的，因此他们在业绩三棱镜中就提出了不仅考虑利益相关者的满意，而且测量利益相关者对企业的贡献的思想，从而更能体现利益相关者在企业绩效的能动地位，实现企业及其利益相关者双方的共存与双赢，才能适应未来更加动荡的市场竞争环境。

3. 绩效三棱镜实施的基本流程

绩效三棱镜评价体系的开发和展开有四个基本步骤。

第一个步骤是绩效测量指标的设计，即了解应该测量什么并对应该怎样测量进行定义。

第二个步骤是为实施绩效测量系统做准备，即对怎样获得所需数据进行计划，创建绩效测量系统，处理和分发数据，以及克服人们对绩效测量在政治上的和文化上的偏见。

第三个步骤是使用绩效测量指标进行管理，即使用测量进行实际实施与运作，利用绩效测量数据了解组织中正在发生的事情以及使用这种洞察力推动组织绩效的改善。

第四个步骤是管理绩效测量系统本身，即确保绩效测量系统是与时俱进不断更新的，并且保证测量方法与组织需求相关。具体如图 11-8 所示。

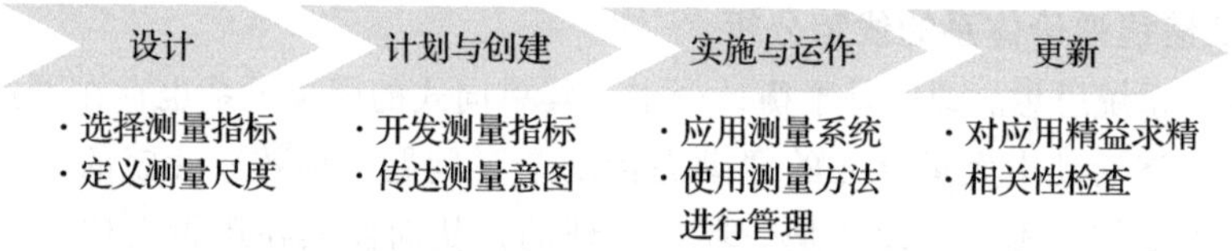

设计	计划与创建	实施与运作	更新
·选择测量指标 ·定义测量尺度	·开发测量指标 ·传达测量意图	·应用测量系统 ·使用测量方法进行管理	·对应用精益求精 ·相关性检查

图 11-8　绩效三棱镜评价的四个基本步骤

在测量系统的设计阶段，应特别重视对测量指标的定义和对测量指标的质量测试。

在测量指标的定义环节，我们需要考虑实际上想要测量的是什么。如果想获得期望的结果并引导适当的行为，那么测量指标需要进行准确的、仔细的设计。可以通过测量定义模板来回答测量的目的是什么、谁来进行测量、他们会做什么、目标是什么等一系列问题，从而在确定出绩效测量指标设计的具体规定后识别出需要解决的棘手问题，为每一个度量指标阐述合适的准则并具体指明数据来源。测量定义模板工具见表 11-7。

表 11-7　测量定义模板工具

项目	内容
测量方法	
目的	
相关性	
测量尺度	
目标水平	
频率	
数据来源	
谁来测量	
谁按数据行动	
他们将做什么	
备注/评论	

在对测量指标进行质量测试的环节，需要考虑已设计好的测量指标是否是一个好的测量指标。主要可以进行 10 项测试，具体测试工具如表 11-8 所示。

表 11-8 绩效测量指标的质量测试工具

序号	测试方法	测试目的
1	真实性测试	我们真的在测量我们打算测量的东西吗
2	焦点性测试	我们仅仅在测量我们打算测量的东西吗
3	相关性测试	对于我们想要观察的绩效因素而言，这是一项合适的测量指标吗
4	一致性测试	不管是谁来进行测量，总是以相同的方式收集数据吗
5	可行性测试	定位和捕捉进行测量所需要的数据容易吗
6	明确性测试	在解释结果时存在含糊不清吗
7	行动性测试	能够按照报告数据采取行动吗
8	适度性测试	能够迅速并经常在获取数据吗
9	成本测试	测量指标与测量成本相匹配吗
10	对策测试	该测量指标可能鼓励不期望的或不适当的行动吗

在计划与创建阶段，必须克服与引进新的绩效测量系统相关联的恐惧和关注；必须获得测量数据；必须将测量数据呈现给利益相关者等，具体实施计划如图 11-9 所示。

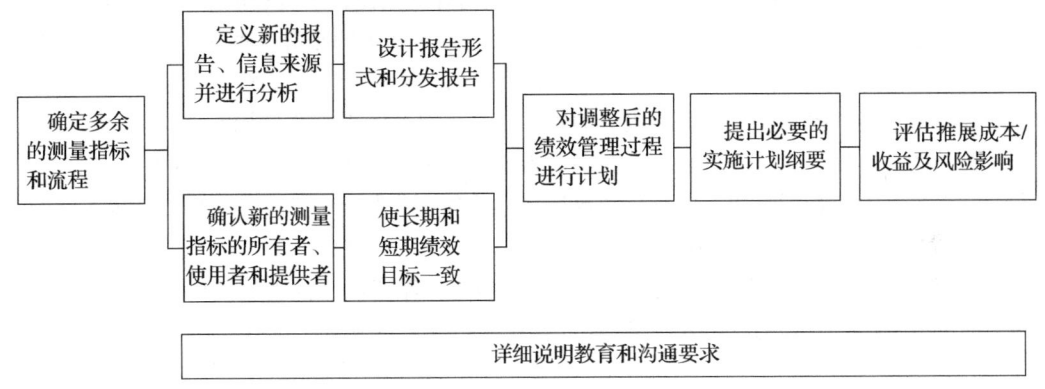

图 11-9 实施计划

4. 绩效三棱镜的常用指标

（1）以投资者为中心的测量指标。

投资者满意：股东回报总额；每股收益；企业利润率；实际业绩与预测业绩之比；行业的 EBITDA；价值附加值；销售收入；运营成本；每股财产净价值；单位资产利润。

投资者贡献：金融机构投资者所拥有的资产净值；金融机构投资者的投资水平；负债水平；流动能力；利息费用水平；红利水平；存货周转率；信用机构负债水平。

相关战略：希望的销售收入和营业利润增长；市场占有率增长；产品收益率；研发费用；资本支出水平；员工生产率；资本占用；资本成本。

相关流程：新产品或服务的销售额；新市场或新部门的销售额；内部财务管理方案、预算的流程；流程改进计划；股票价格对公司公告的反应；投资者关系成本。

相关能力：在开发线上的产品数量和潜在的销售量；品牌评估；多样化管理；盈亏平衡点；在设计的调整方案或重建方案项目。

(2) 以顾客为中心的测量指标。

顾客满意：顾客满意度；顾客感知调查预测；顾客投诉水平；产品保证权利水平；次品返还水平；顾客获得的节约水平。

顾客贡献：顾客忠诚；顾客终身价值；重复购买价值；失去的业务价值；现有顾客增加的业务价值；愿意提出的建议水平；顾客改进建议水平；预测需求的准确性；信用风险水平。

相关的战略：顾客的数量；新产品销售趋势；现有产品销售趋势；新业务趋势水平；市场占有率；顾客利益率。

相关的流程：准时交付承诺绩效；订单周期；存货脱销水平；装运/配送/安装/账单错误水平；质量低下所付的成本；广告/促销反应程度；新产品/新服务的投资水平。

相关的能力：需求与能力对比水平；顾客细分和概况；品牌意识；竞争性的销售价格基准；每个销售渠道的收入；吸引新顾客与保留现有顾客的成本。

(3) 以雇员为中心的测量指标。

雇员满意：雇员满意度；雇员流动趋势；离职原因描述；雇员的不平等待遇程度；培训质量。

雇员贡献：每个雇员的销售额或附加值；雇员生产率；服务的平均时间；旷工率；对培训课程的反馈；雇员自我发展的主动性；雇员向公司提议的主动性。

相关的战略：职员总数与计划数之比；招聘人数与计划之比；技术总量与计划之比；经理与工人的人数比；高层雇员离职比例；工资奖金水平；与雇员相关的花费；雇员冗余和相关费用。

相关的流程：雇员对公司战略和政策的知晓程度；招聘周期；应聘人员与接受人员的比例；培训的有效性；提供的人力资源服务的水平；每个雇员的人力资源标准。

相关的能力：每个雇员的总成本；新职员素质与设定标准相比；员工每年的受训时间；工资和津贴水平；人力资源政策；违反公司道德规范的程度；安全事件次数；事故性停工时间。

(4) 以供应商和合伙人为中心的测量指标。

供应商/合伙人满意：每个供应商的平均花费趋势；保留供应商的平均时间；通过单一货源购买的价值比例；要求的预测精确水平；过期支付供应商报酬的次数；供应商账单的出错次数。

供应商/合伙人贡献：合伙人对收入和成本节约的贡献；对供应商不满的程度；产品质量不符合要求的程度；送货迟到次数；售后出现问题的次数；由于供应商失误顾客要求担保的次数；供应商提出的改进建议的贡献程度；供应商贡献的经济价值。

相关的战略：制定购买战略；建立企业合资目标；与计划相比总的购买费用；外部采购的现金流比例。

相关的流程：供应商数量；对授权的供应商支持的比例；已完成的供应商审查；供应商发票的处理数量；合伙人发生争论的次数；合伙人通过决议的次数。

相关的能力：折扣率；供应链中的存货水平；供应商的财务稳定性；网络交易的比例。

■ 案例分析

案例 11-1 基于 BSC 框架的 MTO 机械制造企业绩效评价

案例 11-2 SHHL 绩效三棱镜的应用案例

案例 11-3 企业盈利质量的四维评价模型及应用

案例 11-4　绩效棱镜在 SZGD 公司的应用案例
案例 11-5　上市公司盈利质量的金字塔模型

案例 11-1

案例 11-2

案例 11-3

案例 11-4

案例 11-5

课后练习与实验操作

讨论题

1. 什么是绩效和绩效评价？绩效评价的理论基础是什么？
2. 如何理解绩效评价系统的设计原则？
3. 利润各层次的概念分别反映了哪些经营管理的内容？基于利润的绩效评价指标是否存在值得改进和完善的地方？
4. EVA 为什么成为当今最重要的绩效评价指标之一？不同行业和不同企业在运用 EVA 进行绩效评价时是否应该区别对待？
5. 什么是战略和战略绩效评价？基于战略的绩效评价体系或模式对于一个企业的发展意味着什么？不同行业和不同企业应该如何选择适合本企业的战略绩效评价模式？

计算分析题

1. 某公司 2014~2017 年有关 EVA 计算的各财务指标如表 11-9，请根据所给资料分别计算税后净营业利润（NOPAT）、加权平均资本成本、资本成本和 EVA，并对照各年净利润做简要分析（经测算该公司债务资本成本为 4%，权益资本成本为 6%）。

表 11-9　某公司 2014~2017 年 EVA 计算相关财务指标

项目	2014 年指标	2015 年指标	2016 年指标	2017 年指标
有息负债	531 705	483 649	569 570	401 586
股东权益	297 735	351 390	358 668	494 142
利润总额	37 744	42 621	47 255	52 832
息税前利润（EBIT）	51 550	53 201	52 127	54 829
所得税	14 679	17 234	19 283	22 437
净利润	23 065	25 387	27 972	30 395

2. 巨龙公司 2017 年资产负债表和利润表的有关数据如表 11-10、表 11-11 所示，根据巨龙公司的报表数据做相关分析。

表 11-10　资产负债表（单位：万元）

资产	金额	负债和所有者权益	金额
货币资金	200	短期借款	280
短期投资	120	应付账款	320
应收账款净额	400	长期借款	400
存货	800	应付债券	600
长期投资	240	实收资本	1 200
固定资产净值	2 000	资本公积	380
无形资产	240	盈余公积	800
		未分配利润	120
合计	4 000	合计	4 000

表 11-11　利润表（单位：万元）

项目	上年数
一、营业收入	8 000
减：营业成本	4 000
税金及附加	1 000
销售费用	400
管理费用	600
财务费用	200
二、营业利润	1 800
减：所得税费用（税率40%）	720
三、净利润	1 030

要求：
(1) 结合财务管理等相关课程所学知识，计算巨龙公司的销售净利率、总资产周转率、投资报酬率、权益乘数以及净资产收益率。
(2) 与巨龙公司处于相同行业的巨虎公司的净资产收益率为45%，权益乘数2.5，销售净利率为2%，试根据上述资料评价两家公司的经营绩效。

实验操作题

1. 运用平衡计分卡，设计一个钢铁生产企业的绩效评价体系。
2. 运用绩效三棱镜，设计一个酿酒企业的绩效评价体系。
3. 从巨潮资讯网（http://www.cninfo.com.cn/）下载一个企业的财务报告，对该企业进行绩效评价，分析该企业在该行业中的地位。
4. 请用思维导图绘制本章知识要点。

■ 参考文献与推荐阅读

[1] Robert S Kaplan, David P Norton. The Balance Scorecard—Measures that Drive Performance [J]. Harvard Business Review, 1992, September-October.
[2] 安迪·尼利. 战略绩效管理 [M]. 北京：电子工业出版社，2004.
[3] 陆庆平. 以企业价值最大化为向导的企业绩效评价体系——基于利益相关者理论 [J]. 会计研究，2006（3）.
[4] 温素彬. 基于可持续发展的企业绩效评价研究 [M]. 北京：经济科学出版社，2006.
[5] 温素彬. 基于科学发展观的企业三重绩效评价模型 [J]. 会计研究，2005（4）.
[6] 温素彬. 利益相关者价值取向的绩效评价——绩效三棱镜的应用案例 [J]. 会计研究，2009（4）.
[7] 温素彬. 企业三重绩效的层次变权综合评价模型——基于可持续发展战略的视角 [J]. 会计研究，2010（12）.
[8] 温素彬. 绩效立方体：基于可持续发展的企业绩效评价模式研究 [J]. 管理学报，2010，7（3）.
[9] 盛继明. 工业和信息通信业管理会计案例集（2018）[M]. 北京：电子工业出版社，2018.

前沿篇

第 12 章　战略管理会计
第 13 章　环境管理会计

第 12 章

战略管理会计

由于大量非会计人员涉及成本管理过程,这将增强对管理会计信息的需求(对知道如何使用信息的人而言),并且将减少对传统管理会计人员的需求。

——罗宾·库珀

总成本领先战略、差异化战略和专一化战略对每一个公司而言必须是明确的,徘徊其间的公司将处于极其糟糕的战略地位。而相继采用三个战略注定会失败,因为它们要求的条件是不一致的。

——迈克尔·波特

■ **学习目标**

1. 了解战略管理会计的发展背景;
2. 了解战略管理会计的内涵、特征与基本内容;
3. 了解战略管理会计的主要方法。

■ **重点与难点**

1. 公司总体战略、经营竞争战略的定位与类型;
2. 价值链分析、战略成本动因、竞争对手分析。

■ **导入案例**

惠普和IBM:一个未来,两条道路

从表面上看,惠普(HP)和IBM有许多共同之处。两家公司都鼎鼎大名,都拥有大量塑造现代高新科技格局的宝贵财富。两家公司都在同时与诸多大型企业和小公司合作,帮助它们解决技术问题。两家公司还在争夺云计算、海量数据等具有大好增长前景的新兴市场。两家公司的成功愿景相差无几,不过,它们也都面临着相似的挑战——萎靡不振的全球经济形势和不断涌现的颠覆性新技术。

尽管历史底蕴非常相似,但惠普和IBM的发展道路大不一样。惠普现在仍处于为期多年的复苏转型中，而 IBM 却在实施多年前就已制定好的长远规划。两家公司的发展道路在很大程度上都不是其现任首席执行官制定的。为什么？首先，他们对硬件和软件在未来 IT 发展中的定位不同；其次，他们的企业并购策略也不一样。

近十年来，IBM 的管理层非常稳定，而且一直着眼于长远目标。在历史上，IBM 以大型机制造商而著称；而现在，它是 IT 咨询和软件服务的标志性厂商。2004 年，IBM 以 17.5 亿美元将 PC 业务部出售给联想（Lenovo），从而开始摆脱对硬件制造的依赖。

和 IBM 一样，惠普早在多年前就已经意识到，作为科技巨头，未来的发展不仅仅在于向企业出售大型机，更重要的是参与管理客户日益复杂的硬件设备和种类繁多的技术。但与 IBM 不同，惠普坚信硬件在技术外包业务中仍将继续扮演关键角色。2002 年，惠普投入重金，以 250 亿美元收购了康柏（Compaq）。

收购康柏后，惠普持续增长，营业收入从 2002 年的 570 亿美元增长至 2012 年的 1 270 亿美元。相比之下，IBM 的增速相对较慢，从 2002 年的 810 亿美元营业收入增加至 2011 年的 1 070 亿美元。过去 10 年，惠普通过激进的收购策略，在营业收入增长上一举超过了 IBM。在 2006 年到 2010 年的 5 年时间里，惠普投入巨资收购了多家大型科技企业。例如 EDS（139 亿美元）、3Com（27 亿美元）、Palm（12 亿美元）和 3Par（24 亿美元）。李艾科接替赫德后，惠普又耗资 16 亿和 110 亿美元分别收购了 ArcSight 和 Autonomy 两家软件企业。

相比之下，虽然 IBM 在出售 PC 业务后也进行了多起收购，但只有一次金额超过 20 亿美元，即 2008 年以 50 亿美元收购商业软件提供商 Cognos。相反，IBM 在此期间进行了多起 10 亿美元级别的收购，如 Internet Security Systems（16 亿美元）、数据分析公司 Netezza（17 亿美元）、Sterling Commerce（14 亿美元）等。

从惠普过去 10 年的并购案例来看，这家科技巨头已形成在硬件和软件两方面齐头并进的战略，它显然将未来同时押宝在两大业务上。相比之下，IBM 则更看好软件，认为它比单纯的物理硬件更为重要。

12.1 战略管理会计概述

12.1.1 战略管理会计的形成与演进

20 世纪 50 年代以前，大多数企业的经营处于一个相对稳定的外部环境中，这时管理会计的主要功能是向内部管理人员提供有助于经营决策的相关信息，并未关注企业的外部环境及其变化。然而，随着科学技术以及社会生产力的迅猛发展，企业内外部环境发生了剧烈变化，企业的管理思维、管理方式随之发生了深刻的变革，对管理会计的理论与方法都提出了新的要求和挑战。尤其是进入了"创新时代"以后，需求结构从传统的大批量、标准化的、为满足基本消费品需求的生产向小批量、高质量的、满足个性化需求的生产过渡，科学技术水平的提高，推动产品与制造工艺的发展，加剧了企业间的竞争。现代化通信与交通的发展，全球市场的开放，为企业提供了新的机遇，为资本输出、跨国经营、全球化生产创造了条件，同时给企业带来了巨大的竞争风险。垄断行为、环境污染等这些由于企业过分追求利益最大化而造成的负面影响引发了社会、政府、民间组织、顾客对企业的不满，企业也必须面对来自外部的压力甚至法律的制约。为适应这一时代的特征，各企业纷纷改变管理方式，从仅要求遵循规章制度的刚性管理转变为以人为本的柔性管理，建立弹性制造系统、采用全面质量管理、实行小批量多样化的生产，以满足顾客多样化、高质量的需求。近几年来，新出现的灵捷制造系统（Agile Manufacturing System）更是集中先进的生产制造技术、动态的组织结构、快捷的网络技术以及高素质的、协作良好的员工等优势，打造快速适应市场的制造体系。

为了顺应上述发展趋势，战略管理应运而生。它以强调外部环境的影响、重视内外协调和面向未来等为特点，在短短二十几年间已为许多世界500强企业所采用，旨在寻求企业持之以恒的竞争优势，帮助企业在提高内部效率的前提下，对抗来自外部越来越多难以预料的却又攸关生死的挑战。就如20世纪40年代盛行的成本会计未能把20世纪50年代已开始流行的决策分析理念纳入其体系，管理会计因其决策相关性而取代成本会计成为一种新的决策指导。而战略管理这一新的理论的蓬勃发展，使人们开始重新审视现行管理会计的理论与方法，并普遍认为其缺乏战略相关性，不能为战略管理提供强有力的决策分析信息支持。因此，自20世纪80年代以来，人们开始将战略的因素引入管理会计的理论与方法中，从而将其逐步推向战略管理会计（SMA）的新阶段。发展战略管理会计成为现行管理会计理论与方法的一个必然发展趋势。

相关链接

IBM 的核心竞争力

核心竞争力是20世纪90年代以来最为热门的战略管理主题。一个企业在研发、供应、物流、经营以及市场营销方面不可能是全能冠军，一个企业更需要根据其自身最为优越的资源和组织能力建立起自己的核心竞争优势。

作为行业巨擘，IBM公司解剖每1元钱的成本，看看它到底是如何构成的。经IBM公司全球各机构统计调查和研究分析，在采购、人力资源、广告宣传等各项营运开支中，采购成本显露了出来。为此，IBM建立了"全球采购部"，用专家做专业的事情，完全摆脱过去采购的"土办法"。当"中央采购"系统随风潜入IBM公司内部并平稳运转后，效果立竿见影。简化业务流程方案实施后，在5年时间内总共节约的资金超过了90亿美元，其中40多亿美元得益于采购流程方案的重新设计。现在IBM公司全球的采购都集中在该中央系统中，从电子采购系统的推广角度而言，供应商更欢迎简便快捷的网络方式与IBM公司进行商业往来，一起分享电子商务的优越性，从而达到一起降低成本、一起增强竞争力的双赢战略效果。

12.1.2 战略管理会计的含义

战略（Strategic）一词源于希腊语"Strategos"，其含义是"将军指挥军队的艺术"。自1965年美国学者安索夫（H. I. Ansoff）系统地提出公司战略以来，"战略"一词已经广泛应用于企业管理之中，关于企业经营战略的研究也日益深入。那么何谓战略管理会计？由于战略管理会计属于一个新的研究领域，对于如何界定其概念以及如何进行操作等问题，目前尚无统一定论。"战略管理会计"一词的首创者是被公认为战略管理会计之父的英国学者西蒙兹（R. R. Simmonds）。在他1981年出版的《战略成本分析——从管理会计到战略会计的演进》一书中将战略管理会计定义为"对关于企业及其竞争者管理会计指标的准备和分析，用来建立和监督企业战略"。他对传统管理会计理论的挑战在于，他不再从企业内部效率的角度看待利润的增长，而是从企业在其市场的竞争地位这一视角，重新看待这个问题。布朗维奇（Bromwich）等学者在其研究报告中着眼于最终商品市场，将战略管理会计定义为"对企业的产品市场、竞争者的成本和成本结构等财务信息进行的提供与分析，以及对企业及其竞争者一定期间内在这些市场上的战略所进行的监督"。Wilson 在《战略管理会计》中则强调战略管理会计的外部指向（outward looking）和前瞻性（forward looking）。我国在 20 世纪 80 年代就对管理会计的发展较为关注的余绪缨教授认为，"战略管理会计"是为企业战略管理服务的会计，它可从战略的高度，围绕企业、顾客和竞争对手组成的"战略三角"，提供顾客和竞争对手具有战略相关性的外向型信息，也对本企业的内部信息进行战略审视，帮助企业决策层知己知彼地进行战略的制定和实施，借以最大限度地促进本企业"价值链"的改进与完善，保持并不断创造竞争优势，以促进企业长足、健康发展。这些定义都有一个共同点，体现了战略管理会计的一些基本特征，即重视外部环境和市场，注重整体性和前瞻性，注重企业长期发展，从而为企业的战略管理与决策提供信息。

综合上述定义，战略管理会计是适合企业战略管理需要的管理会计信息系统和重要的决策工具，即服务于战略比较、战略选择和战略决策的一种新型管理会计，它是管理会计向战略管理领域的延伸和渗透，具体而言，战略管理会计是会计人员运用专门方法，对企业提供自身内部和企业外部市场以及竞争者的信息，通过战略分析、比较和选择，帮助企业管理当局制定、实施战略计划以取得竞争优势的手段。

战略管理会计是以传统管理会计为基础，为适应当代企业保持和创造长期竞争优势的决策要求而做出的新的改良与探索。尽管战略管理会计是为了弥补传统管理会计的缺陷而产生的，但这并不意味着传统管理会计已失去其存在的必要性。现代管理会计应由战略管理会计和战术管理会计组成。传统管理会计注重内部控制，从战术的角度提高企业的内部效率；而战略管理会计则追寻高屋建瓴式的决策理念，站在全球竞争的角度，思考企业与其外部宏观与微观商业环境的关系，同时使用财务信息与非财务信息，采取长期性、全面性、前瞻性、外向性的理念，采用新的绩效评价方法，运用诸如价值链分析方法、成本动因分析方法、产品生命周期成本法、经验曲线等灵活多样的管理会计的新方法。因此，战略管理会计是管理会计从微观到宏观的扩展与补充，两者是相辅相成的。

12.1.3 战略管理会计的特征

随着战略管理的推广，战略管理会计已发展成为一种从战略的高度，收集、加工与企业相关各方面的经济信息，帮助企业管理层对内进行战略审视，对外做出战略决策，最大限度地协调企业现实与经济环境之间的关系，保持其长期竞争优势的决策支持系统。战略管理会计是对传统管理会计的一次开拓性发展，具体表现有如下的特征。

1. 战略管理会计具有明显的外向型特征

战略管理会计是站在战略的高度，跳出了单一企业这一狭小的空间范围，关注企业外部环境的变化，面对竞争对手，分析企业自身所处地位，以企业取得竞争优势作为主要目标，因而具有明显的外向性。外向型的战略管理会计不仅仅要收集、分析企业内部的数据信息，更要走出企业为本企业提供外部市场环境和竞争者信息以及分析整个经济市场、自然环境和竞争对手的变动对企业战略目标的影响，做到知己知彼，以求在市场竞争中立于不败之地。它拓展了管理会计对象的范围，由内向型向外向型发展，以适应战略管理的需要。

2. 战略管理会计更注重企业长远目标和整体利益

与传统管理会计注重本企业短期利益的最大化不同，战略管理会计主要服务于企业的长期战略计划，追求企业长久的竞争优势，立足长远目标，不断扩大市场份额，从长远利益角度来分析、评价企业资本投资。站在战略的高度，企业投资开始倾向于以智力投资为主，在人力资源、科技开发、新产品开发等方面多投入资金，以求保持企业长久的竞争力。这样，在战略管理会计中，对企业投资方案的评价不再局限于财务效益指标，而必须同时考虑非财务效益方面的指标，如引进人才的未来效益、引进高新技术的未来效益及新产品的市场份额等；投资决策不仅要采用定量分析法，还要辅之以定性分析法。战略管理会计应用于企业集团，则注重全局利益，它的信息分析完全基于整体利益考虑。为了长远利益，它会考虑放弃短期利益；为了顾全整体利益，它甚至会放弃某个成员企业的利益。企业的经营成果不仅要反映在利润指标上，还要反映在企业价值的增加上。相比之下，战略管理会计注重长远性、整体利益的最大化以及超前性等。

3. 战略管理会计提供更为全方位、多元化的企业信息

企业要想获得持续的竞争优势，单靠优良的财务绩效来衡量是远远不够的，它还必须依仗众多的非财务指标，因此，战略管理会计必须提供与战略有关的财务与非财务信息，具体包括战略财务信息、经营绩效信息、前瞻性信息、背景信息和竞争对手信息等。信息来源除了企业内部的财务部门以外，还包括市场、技术、人事等部门，以及企业外部的政府机关、金融机构、中介顾问、大众媒体等。多样的信息来源和信息种类需要多种信息分析方法，因此，战略管理会计所采用的不仅是财务指标的计算方法，而且结合了环境分析法、对手分析法、价值链分析法、生命周期分析法、矩阵定位分析法、预警分析法、动因分析法等多种方法，这无疑是对现代管理会计方法的极大丰富。战略管理会计突破了传统管理会计只提供财务信息的局限，在提供信息的内容和处理信息的方法上都进行了拓展，帮助企业管理层掌握更广泛、更深层次的信息，全面研究分析企业的相对竞争优势，做出正确的战略决策。

4. 战略管理会计更注重动因分析

战略管理理论认为，企业持续竞争优势的源泉在于企业内部与外部各个层面相关因素的共同作用，核心能力分布于组织内部，跨越组织边界，把企业的各项业务紧密地编织成协调一致的整体。管理会计应通过对影响企业绩效的相关因素进行深入分析，剖析影响企业运行的动因，发现存在的问题，为改善经营决策提供信息。战略管理会计中的作业成本法和平衡计分卡正是这一思想的具体体现。作业成本法把成本的计算深入到作业层面，不仅是为了提高成本信息的准确性，更重要的是通过成本动因的分析，为优化成本管理、控制成本提供了一条有效的途径。平衡计分卡站在企业全局和战略的高度，分析构成企业核心能力的各个因素和方面，深入剖析影响企业竞争优势的动因，为改善和优化企业的价值链提供方法和依据。

5. 战略管理会计更注重全面的、综合性的管理

战略管理会计既重视主要的生产经营活动，也重视辅助活动；既重视生产制造，也重视其他价值链活动；既重视现有的经营范围内的活动，也重视各种可能的活动。因此，战略管理会计应高瞻远瞩地把握各种潜在的机会，规避可能的风险，包括从事多种经营而导致的风险，由于行业产业结构发生变化而导致的风险，由于资产、客户、供应商等过分集中而产生的风险，由于流动性差异导致的风险等，以便从战略的角度最大限度地增加企业的赢利能力和价值创造能力。

12.1.4 战略管理会计的基本内容

从战略管理会计的发展过程和特点来看,战略管理会计的体系内容应该是围绕着战略管理展开的,主要包括以下五个方面的内容。

1. 制定战略管理目标

战略管理会计首先要协助企业管理者制定战略目标。企业的战略目标可以分为三个层次:公司总体战略目标、经营竞争战略目标、品牌战略目标。公司总体战略目标主要是确定经营方向和业务范围方面的目标;经营竞争战略目标主要研究的是产品和服务在市场上竞争的目标问题;品牌战略目标所要明确的是在实施经营竞争战略过程中,当产品具有很强的同质性、消费者面对纷繁复杂的产品信息往往无法做出正确的选择时,企业应该主要依靠品牌战略定位来确立竞争优势。战略管理会计要从企业外部与内部收集各种信息,提出各种可行的战略目标,供企业管理者决策。

2. 战略管理会计信息系统

战略管理会计信息系统是指收集、加工和提供战略管理信息资料的技术与方法体系。战略管理会计作为战略管理的决策支持系统,面对的是复杂多变的外部环境和大量半结构化、非结构化的战略决策问题,因而它所需要的信息来源、数量、特征和加工处理都与传统的管理会计有着明显的不同,需要重新对原有的管理会计信息系统进行设计和改进,战略管理会计信息系统的设计必须符合以下要求:① 有助于战略决策;② 能消除信息沟通隔阂,通告决策用户参与程度;③ 及时提供与特定战略决策相关的信息;④ 应变能力强。

战略管理会计信息系统提供的信息主要包括:有关企业基本情况的说明信息;对企业分析、预测以及与竞争对手进行比较的信息;客户方面的信息;对竞争对手的分析、评价及发展趋势进行预测的信息;政府政策、市场情况、国际形势及可能影响到企业发展方面的信息;企业自愿披露的其他信息等。战略管理会计信息的来源除了企业内部的财务部门外,还包括市场、技术、人事等部门,以及企业外部的政府机关、金融机构、中介顾问、大众媒体等。

3. 战略成本管理

成本管理是企业管理中的一个重要组成部分。在成本管理中导入战略管理思想,实现战略意义上的功能拓展,便形成战略成本管理。在战略思想指导下,战略成本管理关注成本管埋的战略环境、战略规划、战略实施和战略绩效,可表达为"不同战略选择下如何组织成本管理"。成本管理服务于企业战略的开发和实施,实质上就是成本管理会计信息贯穿于战略管理循环,成本分析与成本信息置身于战略管理的广泛空间,与影响战略的相关要素结合在一起,通过从战略高度对企业成本机构和成本行为的全面了解、控制与改善,寻求长久的竞争优势。战略成本管理与传统成本管理相比存在很大区别,具体见表 12-1。

表 12-1 战略成本管理与传统成本管理的区别

	传统成本管理	战略成本管理
目标不同	以降低成本为目标/局部性/具体性	以企业战略为目标/全局性/竞争型
范围不同	较狭窄(考虑近期的成本效益原则)	较长远(考虑长期的战略效益)
时间不同	短期的(每月、每季、每年)	长期的(产品生命周期)
效果不同	暂时性/直接性	长期性/间接性

(续)

	传统成本管理	战略成本管理
对象不同	表层/直接成本动因	深层次/表现在质量、时间、服务、技术创新等方面的动因
概念不同	仅指产品的短期成本	质量成本、责任成本、作业成本等
重点不同	重视成本结果信息/事后信息	重视成本过程信息/实时信息
观念不同	注重内部成本管理,较少联系宏观政策、外部竞争对手、环境资源等进行分析,难以超越会计主体的范围	注重外部环境,分析企业的市场定位,提供预警信息,及时调整企业竞争战略。可超越会计主体的范围

战略成本管理的基本框架是成本驱动因素,运用价值链分析工具,明确成本管理在企业战略中的功能定位。价值链分析、战略定位分析、成本动因分析构成了战略成本管理的基本内容。价值链分析主要是从原材料供应商起,一直到最终产品消费者之间一系列相关作业的整合,是从战略层面上分析如何控制成本的有效方法。战略定位分析是帮助企业在市场上选择竞争武器以对抗竞争对手的工具。企业要对自己所处的内外部环境进行周密的调查分析,在此基础上,进行行业、市场和产品方面的定位分析,再确定以怎样的竞争战略来保证企业在既定的产品、市场和行业中站稳脚跟,击败对手,以获取竞争优势。成本动因是指导致成本发生的因素。从价值的角度来看,每一个创造价值的活动都有一组独特的成本动因,它用来解释每一个创造价值活动的成本。作业影响动因,而动因影响成本。

4. 战略投资决策

传统的管理会计采用项目的净现值或者内部收益率等指标作为评价投资项目是否可行的标准,然而,这些传统的评价方法存在如下问题:首先,与项目相关的成本或收益难以界定。传统管理会计成本或收益是可以量化的并且可以用货币表示,但战略管理会计的观点认为有些成本或收益是不能量化或者不能用货币表示的。战略管理会计将成本和收益分为三类:① 可以直接用货币表示的;② 可以换算为货币表示的;③ 不能用货币表示的。因此,传统管理会计只考虑第一种成本是不全面的。其次,传统管理会计没有考虑某个项目的接受与否是否与公司的整体战略相吻合。例如一家公司应客户要求,为了短期效益生产了一批质量较低的产品,尽管接受这个订单在经济上是可行的,但却可能影响公司在顾客心目中注重质量的形象,从而降低企业的竞争优势。这实际上也是接受该项目的一种成本,只是这种成本不能得到量化或货币化。再次,传统管理会计没有充分考虑风险在项目执行中的影响。在项目的执行过程中存在各种风险,尽管净现值法在使用时考虑了市场风险因素,但风险不仅仅在市场环节中出现,而是贯穿项目执行的全过程。因此,按照战略管理会计的要求,投资评价需要突破上述传统管理会计的不足,发展更为有效的决策工具。

5. 战略绩效评价

战略绩效评价是战略管理会计的重要组成部分。从战略管理的角度来看,绩效评价是连接战略目标和日常经营活动的桥梁。良好的绩效评价体系可以将企业的战略目标具体化,并且有效地引导管理者的行为。

所谓战略绩效评价是指结合企业的战略,采用财务性与非财务性指标结合的方法来动态地衡量战略目标的完成程度,并及时提供反馈信息的过程。战略绩效指标应当具有以下基本特征:① 全面体现企业的长远利益;② 集中反映与战略决策紧密相关的内外部因素;③ 重视企业内部跨部门合作的特点;④ 综合运用不同层次的绩效指标;⑤ 充分利用企业内外部的各种绩效指标；⑥绩效的可控性；⑦将战略绩效指标的执行贯穿于计划过程和评价过程。战略绩效计量与评估需要财务指标与非财务指标之间求得平和，它既要能肯定内部绩效的改进，又要借助外部标准衡量企业的竞争能力；既要比较战略的执行结果与最初目标，又要评价取得这一结果的业务过程。

平衡计分卡和标杆法是用于战略绩效评价的有效方法。由卡普兰和诺顿提出的平衡计分卡是从财务、顾客、内部业务以及创新和学习四个方面来进行绩效评价，而标杆法则是从企业个体的外部寻找绩优企业作为标准，评价本企业的产品、服务或工艺的质量，以便发现差距，并持续、系统地加以改进。

12.2 战略定位分析

20世纪90年代以来，随着经济全球化进程的加快，企业经营环境剧烈变化。从外部环境看，技术创新加剧，市场竞争日益激烈，顾客需求呈现多样化趋势；从内部环境看，员工素质普遍提高，自我发展意识增强，组织趋向扁平化，这些变化给企业带来前所未有的挑战。一个企业能否在这种极具挑战的市场竞争中，选择恰当的竞争战略成为企业成功的必要前提。战略定位分析就是对企业的内外部环境进行分析，帮助企业选择适合自己的公司战略。

12.2.1 战略定位的内涵

定位原本是市场营销学中的一个概念，最早出现在1972年艾·里斯和杰克·特劳特联合发表在美国《广告时代》上的文章《定位时代》。文章发表后，产品定位、市场定位、品牌定位、文化定位相继成为企业经营的热点问题。从战略角度研究定位问题的代表人物是美国哈佛商学院的迈克尔·E.波特（Michael E. Porter）。20世纪80年代，以波特为代表的定位学派（positioning school）曾经是企业战略理论的主流观点（Henry Mintzberg and Joseph Lampel，1999）。波特在理论界和企业界的研究与实践基础上，提出分析产业结构和竞争对手的理论与方法，形成了著名的定位学派。波特认为，战略定位（strategic positioning）是企业竞争战略的核心内容，形成竞争战略的实质就是要在企业与其环境之间建立联系。尽管企业环境的范围广泛，包含着社会的、政治的、经济的、历史的、文化的因素，但企业环境的最为关键的部分就是企业投入竞争的一个或几个产业，产业结构强烈地影响着市场竞争规则的建立以及企业竞争战略的选择。因此，一个企业的战略目标就在于使企业在产业内部获得最佳位置，并通过影响和作用于各种市场竞争力量来保护这一位置（Michael E. Porter，1980）。

1991年，波特深入阐述了战略定位之于企业竞争制胜的重要性。他认为，企业战略的目标是为了企业获得成功，成功取决于企业是否有一个有价值的相对竞争地位，而有价值的相对竞争地位来源于企业相对于竞争对手的持续竞争优势，竞争优势有成本优势和特色优势两种基本类型，选择何种优势类型是企业战略定位的一个重要内容。另外，企业竞争优势必然要涉及竞争范围（包括产品、顾客、区域等），因此，竞争范围的选择也就成为企业战略定位的一个重要内容。企业在追求几种优势类型或不同竞争范围的时候，通常可能存在逻辑上的冲突，因而战略定位就成为企业竞争战略的核心内容（Michael E. Porter，1991）。1996年，波特针对理论界和企业界存在的关于战略定位的种种认识误区做了深刻的分析，进一步丰富和发展了企业战略定位的理论与方法（Michael E. Porter，1996）。他明确指出，战略定位的目的首先在于创造一个独特的、有价值的、涉及不同系列经营活动的地位，从本质上讲，战略定位就是选择与竞争对手不同的经营活动或以不同的方式完成类似的经营活动等。在同一产业中，战略定位——相对于竞争对手的战略和结构上的差异，往往是企业持续竞争优势和超额利润回报的重要来源（Christine Oliver，1997）。

企业的战略定位是有层次性的。对于企业来说，组织的任务和目标是战略定位的前提和基础。所谓组织的任务，就是指导一切行为活动以达到的最为基本的目的。组织的目的是一种明确的、可以计量的目标。根据组织的任务，企业管理当局确立一系列的经营目的。例如，一家服装制造公司，其任务就是供应优质的男女衬衫，为其业主赚取利润。这家公司的目的就可能包括：赚取相当于其平均总资产10%的年利润；维持每年发放每股2元的普通股股利；进一步提高在顾客心目中超过平均质量水平和服务水平的良好企业信誉；为本区域内的居民提供稳定的就业机会，并且能达到环保标准等。一般来说，企业的任务和目标应高度概括、通俗并简单明了，表12-2列示了几个成功企业的任务和目标。在企业的组织任务和目标的指引下，企业进行战略定位的首要任务就是确定"从事什么行业"，即产业选择的问题，而业务、产品与品牌的定位问题，则应该是企业在确定具体要从事的业务之后才去考虑的事情。

表12-2 企业的任务和目标

企业名称	组织任务和目标
福特汽车公司	让每一个家庭拥有一部汽车；公司要成为低成本、高质量的产品和服务的提供者，为顾客提供最佳价值
通用电气公司	公司参与的所有行业中，市场占有率成为第一或第二位，从而成为最具有竞争力的公司
柯达公司	在化学和电子影像方面成为世界上最佳的公司
IBM	成为世界上最成功的IT企业
通用汽车	成为运输产品和相关服务的世界领导者。通过公司员工的团结、团队工作和创新达到持续改进，从而赢得顾客的热情
达美乐比萨饼公司	在30分钟内向成百万的家庭递送比萨饼
可口可乐公司	为公司所有者创造剩余价值
苹果公司	改变人们的行为方式

12.2.2 战略定位的方法

准确地判断企业所面临的竞争环境，是企业确定战略定位的关键，其中包括宏观层面的政治、法律和经济等环境，市场层面的行业发展状况、供应商和销售商的议价能力、竞争者的优势以及企业自身的核心竞争力、内部所具有的强势与劣势等。因此，战略定位方法就是通过对于战略环境的调查分析，使企业明确其自身在竞争市场中所拥有的机会、面临的威胁和企业本身的强势和劣势，以此来确定企业的竞争战略。战略定位分析的方法主要有行业吸引力分析模型和SWOT分析法。

1. 行业吸引力分析模型

行业吸引力分析模型是美国著名管理大师、哈佛大学商学院著名教授迈克尔·波特提出的。在行业吸引力分析模型中（见图12-1），影响行业吸引力的因素包括外部环境力量和行业内部力量。外部环境力量包括政府管制、社会环境、科技环境、全球化以及经济形势。首先要考虑哪些环境因素对企业未来发展具有重大影响，然后把这些因素分别按政治、经济、社会、技术和全球化五个方面进行分类，并分析它们对企业发展的中长期影响，从而正确定位企业所要采取的竞争战略；而行业溢价（投资收益与资本成本间的差额）则是由五种行业内部竞争力量所决定的，两个来自于纵向的竞争（买方的议价能力和卖方的议价能力），另外三个来自于横向的竞争力量（替代产品的威胁、原有同业公司的竞争和新进入者的威胁）。上述的内外部影响因素相互作用，共同决定了在某一时点某一行业的吸引力。行业吸引力代表了该行业的价值创造潜力。行业价值创造潜力对企业价值创造有巨大影响，处于上升行业的企业，创造更大价值的概率就大，即使在该行业中经营一般，也会由于该行业的上升而获益。相反，如果处在一个下降的行业，创造较大价值的概率就小，要创造与上升行业中相同的价值，必须付出更大更多的努力。另外，要想提高公司价值创造的潜力，还得关注公司在所处行业中的竞争地位。只有占领一个恰当的竞争地位，才能轻松面对来自客户、供应商、替代产品以及同业公司的负面影响。

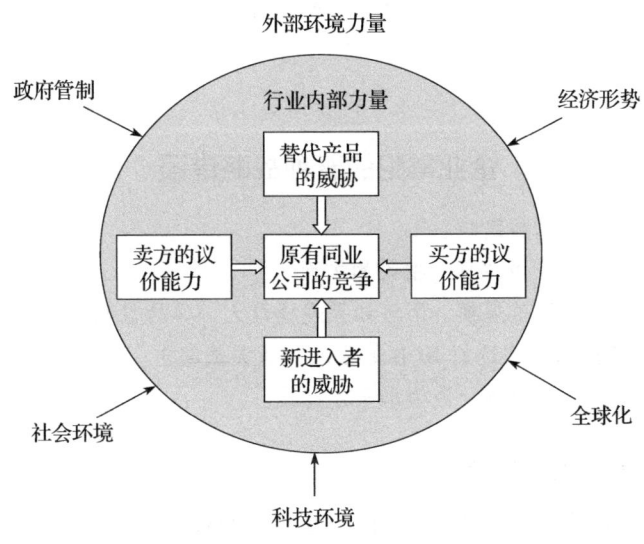

图 12-1　行业吸引力分析模型

2. SWOT 分析法

SWOT 分析法又称为企业的竞争能力分析法，是对企业所处的内外部环境综合分析的方法，SWOT 分别是指优势（strength）、劣势（weakness）、机会（opportunity）和威胁（threat）四个方面的内外部环境要素。其中，机会与威胁是属于企业外部环境要素，而强势与劣势是属于企业内部环境要素。优势是指企业拥有的比其他企业更多的技术和资源，它是企业建立总的竞争优势的基础，也是企业克敌制胜的法宝。与此相反，劣势说明企业与竞争对手相比，缺乏重要技术和资源。机会是指企业环境中存在的对企业有利的情况。与此相反，威胁是指企业环境中存在的对企业不利的情况。运用该分析法进行战略定位分析，首先要确认企业各项业务经营面临的优势与劣势、机会与威胁要素，并据以选择业务战略方法，其理论基础是有效的战略能最大限度地利用业务优势和环境机会，同时，使企业劣势和环境威胁降到最低。

SWOT 分析法将企业面临的外部机会和威胁与企业内部具有的优势和劣势进行对比，得出四种组合方式，分别以四个区域表示，如图 12-2 所示。从图中可以得出：SO 是最理想的组合，企业面临大量机会同时又具有多方面优势，应采用积极发展战略；ST 组合是指企业利用自身具备的优势，减轻企业外部威胁，可采用分散战略；WO 组合是指企业所经营业务具有较大的市场机会，同时内部劣势也较明显，可采取退出战略；WT 是最不理想的组合，企业外部面临威胁同时企业内部劣势也较明显，企业宜采取防御战略。

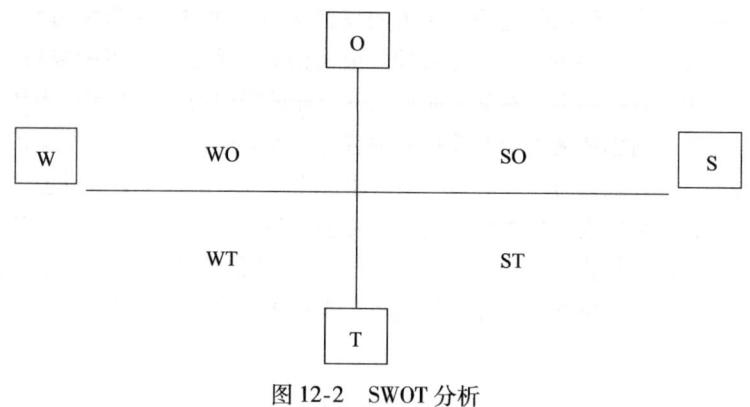

图 12-2　SWOT 分析

🌐 相关链接

企业常犯的五种战略错误

错误 1：混淆了市场营销和战略。
错误 2：混淆了竞争优势和"你所擅长的方面"。
错误 3：最大的追求目标是规模，因为如果规模最大，你的盈利就更多。
错误 4：认为"增长"或"达到 10 亿的收入"就是战略。
错误 5：关注的是高增长市场，因为那里才有钱。

12.2.3　战略定位分析的框架

企业在确定公司的组织任务以及与此相适应的组织目标的基础上就可以对自己的战略进行战略定位。菲利普·科特勒认为，定位就是对公司的产品进行设计，从而使其能在目标顾客心目中占有一个独特的、有价值的位置的行动。"市场如战场，竞争如战争"。从三个层次的战略定位来看，从总体战略定位到经营竞争战略定位，再到品牌战略定位，其竞争的激烈程度是依次加强的。以下，将从公司总体战略定位、公司经营竞争战略定位以及公司品牌战略定位三个方面探讨战略定位分析的一般框架。

1. 公司总体战略定位

公司总体战略定位是企业基于长远发展的需要，在综合分析外部环境机遇与内部资源能力的基础上确定企业的经营重心，规划企业的总体行动，追求企业的总体效果。它所确定的目标和发展方向是一种原则性和总体性的规定，是对企业未来的总体谋划，而不是纠缠于具体的细枝末节。当内外环境发生重大变化时，企业会在慎重思考的基础上对总体战略定位进行调整，如改变服务对象，或者从原来的行业转变到新的行业，以及转变企业原来的资源投向，形成新的经营模式。说得具体一点，就是企业在公司理念与市场定位的指引下，"选择进入或退出哪些行业，专业化还是多元化"，而这将最终决定企业的边界。

公司的组织任务决定了企业"追求什么"，市场定位则表明了企业所面对的市场机遇，但是企业在决定进入某一些行业时，还必须考虑一个问题，即自身所拥有的资源是否可以把握这一机遇。资源基础论（resource-based view）认为，企业的资源包括三个方面：有形资产、无形资产和组织能力。有形资产包括房地产、生产设施、原材料等；无形资产包括声望、品牌、文化、技术知识、专利、商标，以及日积月累的知识和经验；组织能力则是企业资产、人员与组织投入产出过程的复杂结合。这样，在公司理念不变的前提下，企业依据市场需求以及自身资源就可以做出"进入或退出某一些行业，专业化还是多元化"的决策。综上所述，企业总体战略定位主要是进行"行业的选择"，并在组织规模不断扩张的过程中确定一个合适的公司界限。

2. 公司经营竞争战略定位

公司经营竞争战略定位是指企业的某一战略业务单元（SBU）在其所进入的行业或细分行业内确立其市场地位和发展态势，主要解决如何在市场上与竞争对手展开竞争、资源如何分配等问题，其关键点在于如何获取"相对竞争优势"。由此看来，经营竞争战略定位，即我们通常所说的竞争战略定位。竞争战略定位所针对的是与自己处于同一行业或细分行业的竞争对手，如果没有竞争对手，企业也就不需要竞争战略。因此，竞争战略定位的唯一目的就是使SBU能够尽可能高效地获得相对竞争对手的持续优势。需要指出，我们并不需要追求完美的定位，我们只需要与竞争对手相比具有那么一点点优势的定位即可。克劳塞维茨在他的名著《战争论》中指出，最理想、最安全的策略是"在各方面都强"。但是，这种情况无论对军队还是对企业而言都是极其罕见的。因此，克劳塞维茨又提出了在军事战争与商业竞争中最为常用的策略：在"关键点"集中力量。由此看来，我们无须处处都比竞争对手强，我们不需要绝对实力，只需要相对实力。企业内部的劣势或低效率在一定时期内总是可以容忍的，但是相对于竞争对手的状况恶化则可能危及企业的生存。

许多专家学者提出了各自的竞争战略，例如，大前研一（1982）提出了获取竞争优势的四种基本战略：① 基于关键成功要素的经营战略；② 基于相对优势的经营战略；③ 基于积极进取的经营战略；④ 基于战略自由度的经营战略。

MIT斯隆管理学院的阿诺尔多·海克斯则依据国际上近来兴起的复杂科学理论以及对上百家公司的研究提出了获取竞争优势的三种战略：① 最佳产品战略；② 顾客解决方案战略；③ 系统锁入战略。

最为著名的三种竞争战略是由迈克尔·波特提出的，即成本领先战略、差异化战略、专一化战略。这三种竞争战略是相互联系的。成本领先战略保证了利润，体现了效率；差异化战略保证了市场份额，使企业在成本方面的高效率转化为高效益；专一化战略强化了低成本与差异化的优势。

（1）成本领先战略。成本领先（cost leadership）战略也称为低成本战略，是指企业通过提供比竞争对手成本更低的产品和服务来超过竞争对手的一种竞争战略。成本领先者通过降低产品成本，能够在较低的价格下维持适当的利润，进而通过价格之战，挤垮竞争对手。这种战略常常在广泛的产业内谋求竞争优势，成本领先者通常拥有相当大的市场份额，尽量避免局部市场，使用低价格占有较广的市场。当大多数公司试图为降低成本而努力时，成本领先者可完全将精力放在降低成本上，从而在市场上取得有利的成本和价格优势。

成本领先战略是三种竞争战略中最明确的一种，其主题是如何使企业成本低于其竞争对手。在激烈的市场竞争中，成本领先企业在全部五种竞争力量的威胁中具有强大的防御作用。如果企业能够创造和维持全面的成本领先地位，那么它只要将价格控制在产业的平均水平或接近平均的水平，就可以获取优于平均水平的经营绩效。与竞争对手的价位相比，成本领先者的低成本地位将转化为高效益。成本优势的战略性价值取决于其持久性，如果企业成本优势的来源对于竞争对手来说是难以复制或模仿的,其持久性就会存在。企业可以通过控制成本动因和重构价值链这两种方法来获取成本优势。

实行低成本战略必须避免一种倾向,即降低产品成本的同时可能会降低产品的需求,原因是减少了产品的功能。只有在消费者认为企业的产品和服务与竞争对手的相同(至少差不多)且竞争对手的价格更高时,成本领先战略才能奏效。

(2)差异化战略。差异化战略又称别具一格战略,是指通过产品研究开发,力求就客户广泛重视的方面在产业内独树一帜、别具一格,或在成本差距难以进一步扩大的情况下,生产比竞争对手功能更多、质量更优、服务更好的产品,以获得竞争优势的竞争战略。简言之,就是要标新立异、提供与众不同的产品或服务,满足顾客的特殊要求。如果一个企业能够提供给顾客某种具有独特性的东西,那么它就具备有别于其竞争对手的经营差异,经营差异化减少了竞争,保证了其市场份额,使企业可以得到价格溢价的报酬。因此,差异化战略是获得超常收益的战略,可有效防御五种竞争力量。

实行差异化战略必须避免一种倾向,即可能试图降低产品成本而忽视产品的宣传和研发的投入。通常实行差异化战略的企业为使消费者认识到产品或服务的独特性,必须进行能够持续的、大规模的产品宣传,否则差异化战略的作用就会降低。如果企业的产品或服务在消费者心目中的独特性不再重要时,低成本竞争对手的产品对消费者的吸引力就会加大。另外,企业产品或服务的独特性具有一定的暂时性,因而需要不断的研发投入、持续地进行创新方可维持差异化战略。

(3)专一化战略。专一化战略是指企业选择特定细分市场实施成本领先战略或差异化战略,即选择特定的地区或特定的购买者群体提供产品和服务,获取成本或差异化竞争优势的竞争战略。前两种战略,即成本领先战略和差异化战略是面向全行业,在整个行业的范围内进行活动,而专一化战略是企业集中有限的资源以更高的效率、更好的效果为界定的顾客或市场区域服务,从而超过服务于更广阔范围的竞争对手。专一化战略有两种形式,成本领先专一化战略与差异领先专一化战略,前者寻求在目标市场上的成本优势,而后者追求目标市场上的差异优势。

实行专一化战略需要注意的问题是,企业所处的特定市场可能会由于行业技术的改变或消费者消费倾向的变化,优势突然消失。如一个对高级咖啡有专长的公司,当消费者的口味转向别的饮料时,该公司的日子就比较难过。因此,采用该战略时,要求企业必须密切关注市场消费者的动态,适时调整产品的生产以满足消费者的消费需求,从而不断积累竞争优势。

以上三种竞争战略的特征可见表12-3。企业通过比较、借鉴来选择和制定适合自身发展的竞争战略。

表12-3 三种竞争战略比较

战略 项目	成本领先战略	差异化战略	专一化战略
战略目标	广阔的市场	广阔的市场	狭窄的市场
竞争优势	整个产品市场中的低成本	独特的产品或服务	特定细分市场中产品或服务的独特性、低成本,或二者兼而有之
产品品种	产品品种有限	产品品种较多	产品品种可能较多,也可能很有限
生产	在保证产品质量和其基本性能的基础上尽可能地做到低成本	力求生产创新,生产出差异化的产品	生产适应特定市场的产品
营销	低价格	价格较高	根据特定市场的具体状况灵活定价

3. 公司品牌战略定位

当产品具有很强的同质性时，消费者面对纷繁复杂的产品信息往往无法做出正确的选择，此时企业应该主要依靠品牌战略定位来确立竞争优势。例如，日本彩色胶卷行业中富士公司与樱花公司的竞争就说明了这一点。樱花公司在20世纪50年代处于市场领先地位，但后来富士公司却不断超越它并最终占领了市场。考察结果表明，问题不是出在产品质量上，而是出于其名称上，樱花这一名称使人联想到模糊、略带桃红色的图像；而富士这个名字则让人自然地想起富士山上的蓝天和白雪。百事可乐在挑战可口可乐霸主地位的时候，也主要是从包装、设计、广告宣传等品牌传播领域进行战略进攻的。

定位理论创始人艾·里斯和杰克·特劳特认为，定位从产品开始，可以是一件商品、一项服务、一家公司、一个机构，甚至于是一个人，但定位并不是要对产品做什么事，定位是对未来的潜在顾客心智所下的功夫。而在当今社会，树立形象、建立品牌则是在顾客心智中进行定位的最好方法。因此，品牌战略定位的最终目标是在顾客心智中树立起良好的品牌形象，这个品牌形象既包括企业形象，也包括产品形象。

综上所述，总体战略定位是在整个商业活动空间中为企业自身进行定位，即选择企业要进入或退出的行业，是进行专业化还是多元化经营，或者在专业化的基础上进行多元化；经营战略定位是在所进入的行业或细分行业中为企业的 SBU 确定位置，以便更好地与竞争对手展开竞争；品牌战略定位则是在目标市场消费者的心目中为企业的产品寻找一个独一无二的位置，以实现企业的销售目标。从对抗的角度看，总体战略定位在于挑战企业自身，其他企业能做的事情，本企业能否做得更好，其他企业做不了的事情，本企业能否做；经营战略定位在于挑战竞争对手，与竞争对手相比，或者以不同的方式做同样的事情，或者直接做不同的事情；品牌战略定位则在于挑战消费者，对于挑剔的消费者以及庞杂的产品信息，如何让自己的产品信息深深地印在消费者那只能存贮数量有限信息的大脑中。

相关链接

测试战略的 10 项指标

10 项永不过时的测试可以帮助你检查自己的战略是否存在问题，并能在整个企业中提升战略对话水平。

第1：你的战略会战胜市场吗？
第2：你的战略发掘了优势的真正来源吗？（位置＋能力）
第3：你的战略是否精细化地定义在何处参与竞争？
第4：你的战略能否使你领先于趋势？
第5：你的战略是否基于独到的洞见？
第6：你的战略是否考虑到了不确定性？
第7：你的战略能否在承诺与灵活性之间保持平衡？
第8：你的战略是否受到偏见的影响？
第9：你对按照自己的战略采取行动有足够的信心吗？
第10：你是否将自己的战略转化成了行动计划？

12.3 战略管理会计主要方法

作为一门新兴的学科，战略管理会计在传统管理会计的基础上，逐渐发展起一系列比较完善的战略管理会计方法，例如价值链分析法、战略成本动因分析法、竞争对手分析法等。随着战略管理会计研究的持续拓展以及实务的不断发展，战略管理会计将更多地吸取相关学科的最新研究与实务方法的精华，逐步壮大战略管理会计的方法体系。

12.3.1 价值链分析

美国学者波特在20世纪80年代中期提出了著名的价值链理论，将企业的经营活动定义为一条由一系列相互关联的价值增值活动组成的链条，链条上的所有环节分为基本增值活动和辅助增值活动，每一项活动都有不同的成本投入并带来相应的价值增值。实质上，现代企业可以看成是为满足顾客需要而建立的一系列有序作业的集合体。在诸如产品设计、工作准备、市场营销、存货收发等作业之间，形成一个始于供应商、经过企业内部、最后为顾客提供产品的作业链，所以现代企业就是一个由此及彼、由内到外的作业链。企业每进行一项作业都要消耗一定的资源，而每完成一项作业也必然产生一定的价值，并且随作业转移而转移到下一个作业上去，照此逐步结转下去，最后凝结到最终产品，提供给顾客，所以现代企业又是一个价值链。公司的内部价值链通过采购作业又与其供应商的内部价值链发生联系，这样直到原材料供应商；同时又通过销售及售后服务作业与其客户价值链发生联系，直到最终用户，由此形成了行业价值链。

价值链是将一个企业分解为与战略相关的许多活动，企业正是通过比其竞争对手采用更低的成本或更出色地展开这些重要的战略活动来赢得竞争优势的，价值链分析是企业创造和保持竞争优势的基本途径。价值链分析是分析价值链中对产品成本和差异化有重要战略影响的各种活动的结构化分析方法，其中心思想就是把从原材料到最终消费者的活动链分解为战略上相关联的部分，以便解释成本变动形态和识别出企业形成差异化优势的源泉。

价值链分析已成为一种用来全面分析企业的竞争优势，帮助企业制定、实施和检测竞争战略的方法，同时通过区分企业增值的关键环节、不增值环节和低效环节并进行改进，从而达到降低成本、取得竞争优势的目的。价值链分析提供了一套系统科学的分析方法，使得企业能够透过纷繁复杂的经济现象，抓住经济活动的关键，并结合本企业价值活动的特点采取相应的战略，从而创造出不同于其他企业的竞争优势。

在战略管理会计中，运用价值链分析就是要通过从战略角度对行业价值链进行分析以了解企业在行业价值链中所处的位置，对企业内部进行分析以了解自身的价值链，对竞争对手的价值链进行分析以了解竞争对手的价值链，从而做到知己知彼。企业通过从战略角度进行价值链分析，不仅可以从企业内部了解价值产生的全过程，也可以从行业价值链分析中了解自己与上下游价值链之间的关系，并通过对竞争对手价值链的分析来了解自己与竞争对手的差异。通过以上价值链的分析，最后再来决定企业应采取的竞争战略。

1. 行业价值链分析

每一个企业从最初原材料投入到最终产品到达消费者手中，要经过一条较长的价值链，企业本身即位于这一行业价值链的某个阶段。行业价值链分析能让企业明确自己在行业价值链中的地位，分析利用上下游价值链的各种可能性，以实现最佳的行业价值链。现以造纸行业"价值链系统"的简图为例进行分析，如图 12-3 所示。

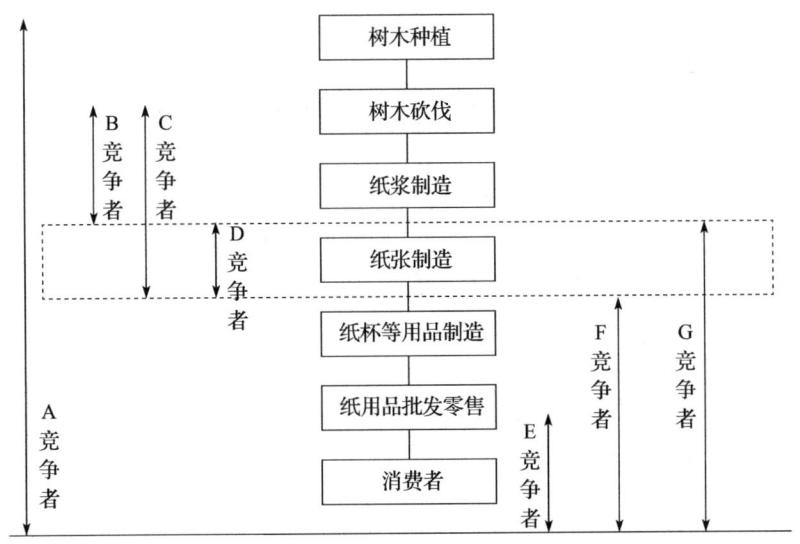

图 12-3 造纸行业价值链

图 12-3 中共列出了七位竞争者。A 公司的经营范围最广，包括整个行业价值链，是该产业中最大而全的企业。B 公司进行专业化的木材砍伐和纸浆制造，属上游企业。C 公司是产业中的中心企业（造纸），向其上游延伸包括木材砍伐和纸浆制造。D 公司是一种高度专业化的造纸企业，在整个产业中居于中心地位。E 公司的经营范围只包括最下游的批发零售至最终消费者。F 公司是产业中的下游企业，专门从事纸制品制造和销售。G 公司是产业中的中心企业，向其下游延伸到纸制品的加工和销售。

由于在行业（产业）价值链中各个企业所处位置、作业链不同，所以采取的策略也就不同，如上游企业宜以产品为中心，通过技术、组织、管理等方面的不断创新，使企业生产具有鲜明特色的优质产品，以此扩大销售，增加产品的顾客价值，取得高于竞争对手的盈利，并注意与其相关企业的互利协作，做出自制或外购的战略决策。下游企业则应以顾客为中心，这是由于纸制品的需求量是和不同顾客群体的文化修养、兴趣和爱好直接相关的，为此必须做到有的放矢，从而开拓销售渠道。

行业价值链中的 B、C、D、E、F、G 公司也可以利用产业价值链分析决定其往上游或下游的并购策略。同时也可以利用产业价值链分析去确定每一作业活动的成本动因，并对供应商和主要顾客加以分析，找出最佳的竞争策略。A 公司对每一阶段的产业价值链作业活动进行分析，可以看出哪一活动较具有竞争力、哪一活动的价值较低，以便决定将其外包或者将一些价值低的作业活动予以出售等。

行业价值链分析对企业在进入某一市场时如何选择入口，以及在现有市场中如何制定外包、并购、整合策略等都有极其重要的指导作用。它反映了企业与供应商及销售渠道的价值链之间的相互依存关系，企业可以通过考察供应商或销售渠道是如何影响每项活动的成本的，来识别这种相互依存关系。

供应商价值链和企业价值链之间的各种关系为企业增强其竞争优势提供了有利条件，战略管理会计主张会计人员应分析企业上游供应商的价值链，通过影响供应商的价值链结构，或者通过改善和供应商价值链之间的关系，使企业和供应商双方受益。但有时企业应提高成本，即提高付给供应商的价格,以弥补供应商的成本,这就需要会计人员做出具体的成本和利润分析,以确定这一行为是否有利可图,并确定企业与供应商谈判时应遵循的标准。

2. 企业内部价值链分析

企业内部存在许多价值链,既有各业务单元之间的价值链,也有各业务单元内部的价值链。进行价值链分析首先要找出基本的价值链,然后把基本的价值链分解为单独的价值作业。通过考察各作业所占成本的大小和增长趋势及竞争对手进行该作业时的成本,并通过价值链重组和创新来最大限度地消除不增加价值的作业,以降低作业成本。企业内部价值链分析表明产品通过在企业内部价值链上的转移完成了价值的逐步积累和转移,最后转移给企业外部的顾客,企业凝聚在产品上的价值转化为顾客的认知价值,即顾客价值具体表现为顾客对所取得的产品愿意支付的价格,由此形成了企业的收入。

战略管理会计认为通过优化"价值链",尽可能提高顾客价值是增强企业竞争优势的关键。企业价值链中的作业可以分为可增加价值的作业和不增加价值的作业,因此优化价值链就是要尽可能消除不增加价值的作业,同时对可增加价值的作业也要尽可能提高其运作效率,并减少其对资源的占用和消耗。优化内部价值链要求会计人员协助企业管理人员做好如下工作:找出能够产生顾客价值的主要作业,剔除不增加顾客价值作业,决定最佳的竞争优势策略。无论采用什么方法,企业都应始终围绕增加顾客价值这一中心,对顾客需求做出迅速反应。如果企业在优化内部价值链方面取得了优于竞争对手的成果,就能更好地满足顾客需求,即赢得竞争优势。

企业内部价值链分析可以分为两个部分:内部价值链成本分析和内部差异价值分析。

(1) 内部价值链成本分析。企业内部价值链成本分析的主要步骤有三步:第一,找出企业价值产生的主要作业活动。企业内部价值链的主要作业活动一般包括新产品研发、产品设计、原材料购买、生产制造、仓储运输、销售与顾客服务。但每个公司根据其竞争优势所采用的价值链,并不一定包括上述的所有作业活动。如铅笔销售公司的价值链就不包括售后服务,而电脑销售公司则注重售后服务。第二,对每一主要作业活动进行成本动因分析。从战略分析的角度看,单一的业务量无法覆盖成本形态的丰富内涵,因为在形成顾客价值的过程中,不同的价值作业通常受不同的成本动因影响。因此,企业应对每个主要作业活动记录其成本、收入及投入资产额,并对成本动因加以分析。第三,进行竞争优势分析。竞争优势分析是为了寻找各种降低成本的可能途径以达成竞争优势。降低成本的方式很多,比如:福特汽车公司改进产品设计与工程程序而降低生产及顾客服务成本;IBM 电脑公司利用较小及较精密的磁碟机和主机板使其运送费用降低一半。将某些作业活动外包也可以降低成本,如联合包裹(UPS)将其顾客服务中心撤销而改为外包,节省了不少费用。另一种节省成本的方法是将工厂迁至接近原材料供应商或市场消费地。

(2) 内部差异价值分析。企业内部差异价值分析的主要步骤也分为三步:第一,找出产生顾客价值的主要作业活动,比如生产各种金属类罐头盒的公司,其价值链主要作业活动包括购买钢和铝等原材料、仓储存货、设计工程、制造、成品存货、运输、销售、售后服务等,食品和饮料罐头加工业为两大主要顾客,占该公司金属类罐头盒销量的 80%。第二,评估增加顾客价值的各种差异化策略,主要有五种方式:优良的产品特性,奔驰汽车公司就运用高品质策略获得了成功;采取良好的行销通路,沃尔玛百货公司和其供应商间用电脑连线以缩短通路时间,从而降低成本,即采用了此策略;强化消费者服务,一些银行纷纷开设 ATM 自动取款机及电子商务服务,采取的就是强化消费者服务的策略;品牌或优良形象策略,美国运通信用卡公司就采用此策略而收取了较高的会员年费;各种价格差异策略等。第三,决定最佳的差异化策略。前面所提金属类罐头盒制造公司做出了用高品质的锡镀钢来制造罐头盒而不采用铝质材料的决定，同时只供应给饮料业顾客而不供应给食品加工业顾客，并决定增加生产设备投资以减少机器置换成本。公司生产的罐头盒以顾客需求的款式为主。

3. 竞争对手价值链分析

行业中往往存在生产同类或相似产品的竞争者，其与企业处于同一价值链环节，或者跨越价值链的几个环节。对竞争对手进行价值链分析就是要通过对竞争对手的价值链进行调查、分析和模拟，测算出竞争对手的成本，从而与之进行比较，制定出能够战胜竞争对手的战略。价值链分析是确定竞争对手成本的基本工具，也是运用战略管理会计制定本企业竞争策略的基础。竞争策略主要有低成本策略和差异性策略。采用低成本策略的企业可采用低价格来扩大市场占有率，差异化策略主要是使消费者认为本企业的产品或服务的某项特性优于其他企业。会计人员应制作本企业与主要竞争对手的"价值链成本分析比较表"，找出与竞争对手在作业活动上的差异，扬长避短，选择适合本企业的竞争策略。

12.3.2 战略成本动因分析

战略成本动因是与战略管理有关的成本动因，它是成本动因的一种。成本动因（cost driver）是引发成本的一种推动力或成本的驱动因素，也就是引起成本发生和变化的原因，多个成本动因结合起来决定一项既定活动的成本，一项价值活动的相对成本地位取决于它相对于重要成本动因的地位。按照成本动因涉及的层面和领域，成本动因可分为微观层面的生产领域成本动因和宏观层面的经营战略成本动因。生产经营成本动因普遍存在于企业生产经营过程的有关作业之中，如采购订单构成采购作业的成本动因，订货单构成销售作业的成本动因等。而战略成本动因是从企业整体的、长远的宏观战略高度出发所考虑的成本动因。从战略的角度看，影响企业成本态势的动因主要来自企业经济结构和企业执行作业程序，这就构成了结构性成本动因（structural cost driver）和执行性成本动因（executional cost driver）。两类成本动因的划分，从不同的战略角度影响企业的成本态势，从而为企业的战略选择和决策提供支持。

1. 结构性成本动因分析

结构性成本动因是与企业基础经济结构有关的成本驱动因素。结构性成本动因具有以下特点：这些因素的形成常需较长时间，而且一经确定往往很难变动，因此对企业成本的影响是持久的和深远的；这些因素往往发生在生产之前，其支出属资本性支出，构成了以后生产产品的约束成本；这些因素既决定了企业的产品成本，也会对企业的产品质量、人力资源、财务、生产经营等方面产生极其重要的影响，并最终决定企业的竞争态势。结构性成本动因一般包括构成企业基础经济结构的企业规模、业务范围、经验积累、技术和厂址等。

（1）企业规模（scale），指对研究开发、制造、营销等活动进行投资的规模。企业规模适度，有利于成本下降，形成规模经济；企业规模过大，扩张过度，会导致成本上升，形成规模不经济。可见，规模的战略选择必须把成本作为一个基本因素加以考虑。

（2）业务范围（scope），是形成成本的又一结构性动因。它是指企业垂直一体化的程度，而水平一体化则与上述经济规模有关。企业业务范围属于整合的范畴，体现企业的整合程度。企业整合分为垂直整合与水平整合，前者与企业业务范围有关，后者与企业规模经济有关。垂直整合按其整合的取向分为前向整合与后向整合，可纵向延伸至供应、销售、零部件自制，这完全取决于企业和市场对垂直整合程度的要求。企业垂直整合的程度，即业务范围的扩张程度，对成本产生正负双面影响，业务范围扩张适度，可降低成本，带来整合效益；相反，业务范围扩张过度，则会提高成本，使效益下滑。企业可以通过战略成本动因分析，进行整合评价，确定选择或解除整合的战略。

（3）经验（experience）积累，它是一个重要的结构性成本动因，指企业是否有过生产某产品的经验。经验是影响成本的综合性基础因素，经验积累，即熟练程度的提高，不仅带来效率的提高、人力成本的下降，同时还可降低物耗，减少损失。经验积累程度越高，操作越熟练，成本降低的机会越多，经验的不断累积和发展是获得"经验－成本"曲线效果，形成持久竞争优势的动因。经验来自对实践的不断总结和学习，前者为直接经验，后者为间接经验。在技术更新、全球经济环境变化迅速、竞争加剧的情况下，加大学习力度将获得"学习曲线"的明显效果。因此有人提出"未来最成功的企业将是学习型企业"。学习效应在企业初建时尤为明显，成熟企业的学习效应相对不够明显，价格敏感性强的企业学习效应显著，它可拉动需求，加大产量，推动学习，降低成本。可见，学习策略的选择也有一个权衡的问题。

（4）技术（technology），是指在企业价值链的每一个环节中运用的处理方法。它体现企业生产工艺技术的水平和能力，是从技术结构上影响成本的动因。先进的技术和技术水平的提高，不仅直接带来成本降低，而且还可改变和影响其他成本动因从而间接影响成本。鉴于技术开发与应用付出的成本较高，技术更新迅速，开发技术被淘汰的风险较大，企业在选择能获得持久性成本优势的技术创新时，其革新的成本应与取得的利益保持平衡。技术领先或技术追随的策略选择，应视条件而定，能形成独特的持久领先技术，或获得独占稀有资源优势，可采用技术领先（领导）策略，否则，应予放弃。

（5）厂址（address），厂址的选择和转移是影响成本的结构性动因。工厂所处地理位置对成本的影响是多方面的。比如，所处位置的气候、文化、观念等人文环境对成本带来影响；地形、交通、能源及相关基础设施则对企业的产、供、销成本带来影响。工厂地理位置的改变和转移，可以带来成本降低的机会，当工厂处于不利的地理位置时，企业可利用地理位置这一成本动因，改变地理位置来获得成本优势；地理位置的改变和转移也可导致其他成本上升，在有形成本降低的同时可能造成无形资源的流失，如厂址转移到工资水平较低的地区，在降低工资成本的同时造成人才流失。可见，厂址的改变或转移，须权衡利弊，合理选择。

2. 执行性成本动因

执行性成本动因是与企业执行作业程序有关的动因，即影响企业成本态势并与执行作业程序有关的驱动因素。其具有以下特点：与结构性成本动因相比，执行性成本动因属中观成本动因，即这些成本动因是在结构性成本动因决定以后才成立的成本动因；是非量化的成本动因；这些成本动因因企业而异，并无固定的因素；其形成与改变均需较长的时间。执行性成本动因通常包括参与、全面质量管理、能力应用、联系、产品外观及厂址布局等。

（1）参与（participation）。人是执行作业程序的决定因素，每个员工参与执行与成本相关，员工参与的责任感是影响成本的人力资源因素。企业取得成本优势而采取的组织措施，包括人力资源的开发管理，可促使员工积极参与，从而带来成本的降低。

（2）全面质量管理（total quality management，TQM）。质量与成本密切相关，质量与成本的优化是实现质量成本最佳、产品质量最优这一管理宗旨的内在要求。在质量成本较高的情形下，TQM更是一个重要的成本动因，能为企业带来降低成本的契机。

（3）能力应用（capacity utilization）。在企业规模既定的前提下，员工能力、机器能力和管理能力是否充分利用,以及各种能力的组合是否最优,都将成为执行性成本动因。如进行技术改造、采用先进的生产管理方法,都会使能力得到充分发挥,从而带来降低成本的机会。

(4) 联系 (linkages with suppliers or customers)。这是指企业各种价值活动之间的相互关联,包括内部联系和外部联系。内部联系通过协调和最优化的策略提高效率或降低成本;外部联系主要指与供应商和顾客的合作关系,上下游通力合作、互惠互利的"临界式生产管理"是重视"联系"的典范,它同时让企业和供、销方获得降低成本的机会,从而成为重要的成本动因。

(5) 产品外观 (product configuration)。这是指产品设计、规格、样式的效果符合市场需要。

(6) 厂址布局 (plant layout efficiency)。这是指厂内布局的效率,即按现代工厂布局的原则和方法进行合理布局。

两类成本动因对企业的扩张战略选择具有不同的意义。结构性成本动因涉及企业规模、范围、技术、经验和厂址的合理选择,但并非越多越好。盲目扩大规模、范围或进行技术开发和迁移厂址会对成本带来负面影响,于企业发展不利;放弃发展战略,固守原有规模、范围、技术和不利的地理位置,甚至故步自封,也必将处于竞争劣势,不利于企业的生存和发展。所以,从结构性成本动因看,归根到底是一个扩张战略目标的选择问题。执行性成本动因涉及全面质量管理、能力利用、联系、厂内布局、产品外观的全面加强,而非"选择"的问题。可见,结构性成本动因分析有助于扩张战略目标的选择,而执行性成本动因分析有助于全面加强管理,以确保战略目标的实现。前者旨在优化基础资源的战略配置,后者旨在强化内部管理,完善战略保护体系。

12.3.3 竞争对手分析

战略管理会计的主要特点之一是其超越了会计主体的限制,可以在与竞争对手对比的基础上提供比较性的管理会计信息。企业要取得竞争优势,便需要了解竞争对手,分析竞争对手。

分析竞争对手首先应明确谁是企业真正的竞争对手。企业实际的和潜在的竞争对手包括向目标市场提供相似产品或服务的企业、经营具有相互替代性的同类产品或服务的企业、在市场上试图改变或影响消费者的消费习惯和消费倾向的企业等。在第一类竞争对手之间,由于产品的性能相同且基本稳定,它们之间的竞争主要表现在价格和服务质量上,竞争的核心是成本和营销手段。第二类和第三类竞争涉及消费者的消费习惯和消费能力,价格的差异会使消费者在不同的消费品市场之间转移。分析竞争对手应该以第一类竞争对手之间的分析为主,其中又以最具有竞争力的对手分析为主。

分析竞争对手的价值链是确定竞争对手在竞争中的相对地位的基本工具,在明确所要分析的竞争对手之后,分析竞争对手的重要步骤是识别竞争对手的价值链,判断竞争对手是怎样进行价值活动的。对竞争对手的价值链分析与企业对自己价值链的分析过程相同。在实践中,由于没有竞争对手的直接信息,要评估竞争对手的价值链和成本通常极其困难,这需要采用一定的方法取得竞争对手的资料。如根据竞争对手在公开市场购买中间产品的市场价格评估相对的成本差异;根据汇率的相对变动判断海外竞争对手的成本变动趋势;根据竞争对手生产场所的地理位置和销售渠道计算其在特定市场的销售成本;根据竞争对手的技术设备判断竞争对手的生产效率;根据竞争对手的生产能力和市场份额判断竞争对手的生产能力利用率;通过与竞争对手的分销商、供应商以及其他人士交谈来评估竞争对手的某些价值活动的成本;根据竞争对手公开的财务报告、行业分析报告、内部刊物等资料提供的数据对竞争对手的成本和价值链情况做出判断。另外，也可以委托专门的咨询服务公司调查评估竞争对手。

分析竞争对手较为有效的方法是标杆法。标杆法是通过将企业的绩效与行业已存在的最佳绩效进行对比，寻求不断改善企业经营活动、提高绩效的有效途径和方法的过程。标杆分析的用途是多重的。第一，它是进行企业优势与劣势分析的有效手段。企业的优势与劣势是相对而言的，特别是相对于竞争对手而言。利用竞争标杆确认竞争者中的最佳实务者以及促使他们取得最佳实务的因素，为准确地确定企业的优势与劣势提供了有力的方法手段和资料来源。第二，标杆分析可以用来改进企业的实务。标杆分析是模仿成功企业实务的实践。第三，标杆分析为绩效的计量提供了一个新的基础，以最佳实务为标准计量绩效，使各部门的目标确定在先进的水平之上，使绩效计量具有科学性，起到指针作用。

■ 案例分析

案例 12-1　基于客户的总成本领先战略

案例 12-1

■ 课后练习与实验操作

讨论题

1. 试论与传统管理会计相比，战略管理会计在哪些方面取得了突破？
2. 一个企业应如何开展战略定位工作？
3. 在我国应如何推行实施战略管理会计？

实验操作题

1. 产业价值链分析：已知某成衣工厂的整个产业价值链如图12-4所示，假设成衣产业存在 A、B、C、D、E、F 六个竞争者。

要求：对该产业的价值链进行分析，并探讨每个竞争者可能采取的竞争战略。

2. 请用思维导图绘制本章的知识要点。

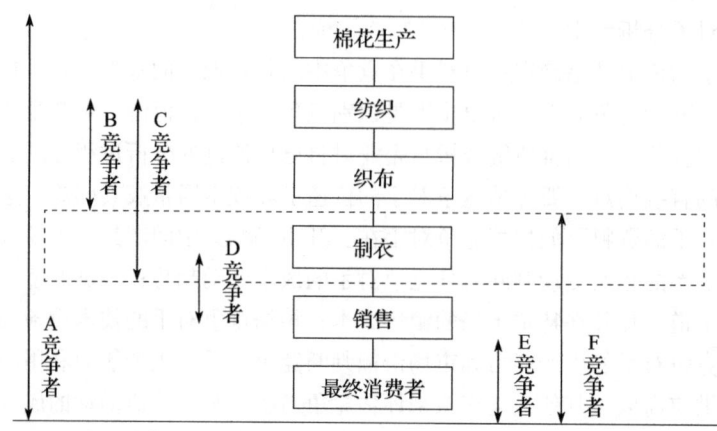

图 12-4　制衣行业价值链

■ 参考文献与推荐阅读

[1] 王斌,顾惠忠.内嵌于组织管理活动的管理会计:边界、信息特征及研究未来[J].会计研究,2014(1):13-20.

[2] 于增彪,桑向阳.为什么业务流程管理总是败多胜少?——一个管理会计的视角[J].会计研究,2014(6):48-56.

[3] 朱炜,綦好东.基于价值链分析的价值链会计:数据系统改进、范式变迁、框架设计[J].当代财经,2016(1):121-128.

[4] 诸波,李余.基于价值创造的企业管理会计应用体系构建与实施[J].会计研究,2017(6):11-16.

[5] 沙秀娟,王满,钟芳,等.价值链视角下的管理会计工具重要性研究——基于中国企业的问卷调查与分析[J].会计研究,2017(4):66-72.

[6] 耿云江,娄阳,刘明.中外管理会计研究热点的可视化分析[J].审计与经济研究,2017,32(6):79-89.

[7] 穆林娟,贾琦.价值链成本管理为基础的跨组织资源整合:一个实地研究[J].会计研究,2012(5):67-71.

第 13 章

环境管理会计

> 春三月,山林不登斧,以成草木之长;夏三月,川泽不入网罟,以成鱼鳖之长。
>
> ——《逸周书·大聚解》
>
> 人类应享有与自然和谐的方式过健康而富有成果的生活的权利,并公平地满足今世后代在发展和环境方面的需要,求取发展的权利必须实现。
>
> ——联合国环境与发展大会《里约宣言》

■ **学习目标**

1. 了解环境管理会计的历史沿革、概念与内容框架;
2. 了解环境管理会计的基本方法;
3. 掌握环境成本会计的基本理论与方法;
4. 掌握环境绩效评价的基本理论与方法。

■ **重点与难点**

1. 完全成本法、寿命周期成本评价法和寿命周期成本计算法、环境质量成本计算;
2. 多标准评价法、全部成本评价法、环境风险评价与不确定性分析;
3. 利益相关者价值分析法;
4. 融入环境绩效的综合绩效评价体系。

■ **导入案例**

世界观察研究所(Worldwatch Institute)的报告称,目前在中国总体能源结构中,包括水电和核电在内的可再生能源约占 9%,其余的 91% 均来自化石燃料。然而,中国政府最近承诺,要在 2020 年前将非化石燃料提供的能源占比提升至 15%(预计其中一半以上将来自新增水电项目)。据联合国统计,2011 年中国对清洁能源的投资高达 520 亿美元,居世界首位。中国已是世界最大的风力发电国之一,并在太阳能领域居于全球领先地位。

中国的节能工作取得了重大进展。官方数据显示,1980~2011 年,中国的能源消耗年均增长 5.82%，却支撑了 GDP 年均 10% 的高速增长。2006~2011 年间，中国的能源消耗总量下降了 20.7%，相当于节约了 7.1 亿吨标准煤。中国的众多企业正在能源生产和输送分配的诸多领域内致力于科技创新。美国《外交》(*Foreign Affairs*) 杂志日前刊文称，中国科技部下辖的 100 多家学术机构都在研究清洁能源技术。中国的各大能源企业，如华能集团、新奥集团、神华集团、国家电网和中海油集团，均利用国家拨款和自身资源，积极从事薄膜太阳能技术、生物燃料、电池、风能技术、节能汽车、煤炭气化、碳捕获技术、页岩气开采、智能电网技术等领域的开发。例如，三峡电厂目前安装了 32 台水力发电机，每台机器能产生 700 兆瓦的电力。根据水量变化，它们每年运转 4~6 个月，发电量居世界第一。设备在发电的同时本身自然会发热，因此对冷却的要求极高，而传统的水冷或空气冷却系统无法满足需要。为此，三峡电厂新近安装的两台发电机均使用了中国国家电力研究所开发的创新型冷却系统。每台发电机中使用 3.5 吨 Vertrel XF（杜邦 Vertrel XF 是一种不可燃的氢氟烃液态剂，具有零臭氧消耗和低全球变暖潜值的特点）。当发电机变热时，Vertrel XF 就从液态气化，从而吸收大量的热量，令机组保持恒温。随后，气体通过冷凝器重度变成液体回流到发电机中，开始下次循环冷却过程。

中国的经济成长离不开能源行业的发展。打造可持续的、基础广泛的能源产业，为国家经济增长和人们更加美好的生活提供动力，是中国当前所面临的重大挑战。作为一个超级经济体，中国在全球能源使用中的占比会越来越多，从而影响全球能源价格及生态系统。为此，国际社会有充分的理由协助中国开发创新性和可持续的解决方案，以满足其能源需求。

资料来源：杜邦公司，以可持续的能源推进中国的发展，《财富》，2013。

13.1 环境管理会计概述

13.1.1 环境管理会计的产生与发展

1. 环境管理会计产生的背景

进入工业社会以来，由于人类在生产活动中无限制地滥用资源，随意向外界环境排放污染物，导致环境不断恶化。近 30 年来，环境恶化严重威胁着人类的生存和发展，引起了人们的普遍关注。从 20 世纪 70 年代起，在环境经济学的指导下，许多国家的政府纷纷采用法律和经济手段对企业滥用资源的行为进行干预。80 年代末 90 年代初可持续发展理论的提出，使人们对环境、经济和社会发展之间的辩证关系有了新的认识。1989 年，皮尔斯（Pearce）在《绿色经济蓝图》中首次阐明了将环境因素融入政府政策和企业经营的重要性。政府对环境的管理，除依靠法律和经济手段外，还依赖环境技术的进步，即由尾端治理技术向综合治理技术转化，实现全面控制，鼓励企业推行清洁生产技术，减少对环境的不良影响。企业的利益相关者环保意识高涨，对企业环境责任的期望值增加；保险机构希望企业改善环境行为，减少环境负债；金融市场的评级机构对企业生产经营的可持续机会和风险进行评估，供投资者投资时选择；消费者则以选择绿色产品的方式来表明其为环境负责的行为。在这种形势下，环境因素已成为影响企业战略和经营活动的主要因素，并使企业的管理发生了重大转变。人们认识到，仅仅做到符合环境法律的要求是不够的，企业必须超越符合性要求，考虑其行为对当前和未来的环境影响，考虑其长期的成本和收益。如果在决策中不考虑对环境的影响和利益相关者需求的变化，可能给企业与社会带来巨大的损失。

在这种形势下，企业的经营目标开始从为股东负责，追求股东价值最大化，转为为众多的利益相关者负责，追求利益相关者价值最大化，为实现经济可持续发展目标服务。为此，企业必须承担起为环境负责的义务，有效利用资源，减少对环境的不良影响，将环境目标融入企业的战略目标、经营决策和会计等信息系统中。这样，环境管理会计应运而生。

2. 环境管理会计的发展演进

环境管理会计是伴随着环境会计的发展而不断演进的，因此，对其发展的回顾，必然同时兼备考察环境会计的发展。20 世纪 70 年代正是第一次环保革命时期，从 1971 年起，一些企业有意识地披露其在社会责任方面的信息。由此引起了一些学者对社会会计问题的探讨。这些学者做了一些实证研究和规范研究，并试图建立模型。不过当时环境问题只是作为社会责任的一个部分而存在，并未独立出来。然而，环境经济学中关于成本效益分析法，对外部性计量的观念也开始引入到会计研究中。1976 年，Ullmann 提供了一个完全针对环境的模型，即公司环境会计系统（CEAS），该系统采用非货币计量手段以反映与环境有关的投入和产出，是较早的环境会计方面的研究。同年，Estes 也建立了一个模型，以反映组织对环境的影响，并通过社会影响报告来反映社会效益和社会成本。就此，环境会计已经初露端倪。

从 1980 年起，对社会会计和环境会计的研究出现了一些专门化的倾向，例如 20 世纪 80 年代初期出现了员工报告、增值报告等专门的社会责任报告，并开始突出环境问题的研究。这一时期由于环境问题的严重性，人们在社会会计的研究中更加突出了环境会计的地位。这主要是围绕环境会计在披露企业环境活动方面的作用、环境问题的本质以及报告类型来进行的。

从 20 世纪 90 年代起，受布伦特兰报告和联合国《21 世纪议程》的促动，对环境会计问题的研究进一步深入了。Gray（1990）的报告研究了环境问题对会计的启示和会计界可对环境保护所做的贡献，从而表明了环境会计开始独立于社会会计。联合国（1992）下属跨国公司与管理分部、经济与社会发展署发布了一份报告，讨论了当前的环境会计问题、跨国公司的实践，并提出了可持续发展会计模式的发展趋势和计量国民收入账户中的环境影响问题。Schaltegge（1996）提出了环境会计的框架，揭示了环境会计与生态会计的关系。可持续性的概念也开始引入环境会计。环境管理系统（EMS）的发展使人们意识到，要促进变革，需要组织的高级领导层的支持。Elkington 和 Jennings（1991）列出了开发环境管理系统所需步骤，并将其视为全面质量管理的一部分。同时，在战略管理的研究方面也开始关注社会责任和环境问题，而重点放在环境问题上。人们逐渐意识到，最终做出环境决策的是管理当局而不是会计人员，必须从管理与决策的角度出发，建立环境管理系统来解决环境问题，从而把环境会计的研究推进到环境管理会计的研究阶段。

进入 20 世纪 90 年代以后，各国政府环境管理的策略发生了改变，开始推行预防性的综合环境管理手段，强调与企业之间的合作，企业界也积极配合。在这种情况下，在企业决策中如何考虑环境因素、如何实施与环境有关的企业管理等问题逐渐为人们所重视，对环境管理会计的研究也开始了。美国环保局（USEPA）于 1995 年颁布的《作为企业管理工具的环境会计入门》，提出了基本的环境会计概念，并对其内含进行了界定。在资本预算方面，USEPA 还设计了全部成本评价法（TCM），对投资项目进行财务评价。2000 年，USEPA 还公布了其对环境绩效和财务绩效关系进行研究的结果，在《绿色股利——企业环境绩效与财务绩效的关系》中，对如何通过环境战略改进企业的财务绩效进行了探讨，并提出了推行环境战略以增加企业价值的建议。加拿大特许会计师协会（CICA）于 1997 年在《环境角度的全部成本会计》中，对全部成本会计法的本质、范围及应用加以确定，特别是提出了内部成本和外部成本的计量和信息的取得方法，为环境成本会计的发展提供了指南。CICA 与加拿大标准委员会、可持续发展国际机构（IISD）同加拿大财务经理机构合作，提出了《环境绩效报告》，将企业对股东的财务托管责任扩展到社会责任和环境责任，提出了环境报告框架，其中包括了环境管理系统和环境绩效分析。

虽然环境管理会计是近年来迅速发展起来的管理会计学的新领域，目前尚未形成各国一致公认的理论与方法体系。然而美欧等发达经济体都根据各自的特殊实践提出了各种适合自己环境管理需要的理论与方法体系，并以各种强制的或非强制的手段促使企业在不同程度上将其运用于环境管理实践中，且都取得了令人瞩目的成功。

相关链接

碳交易——环境保护中的商机

碳交易是一种利用市场手段来实现温室气体减排以应对气候变化的方法。它的原理是，A 为了降低减排成本，可以在碳市场上购买 B 产生的碳减排量。在这项交易中，碳减排量被当作一种商品。在这个市场内外，都充满了以保护环境为目的的"商机"。

碳交易是为了拯救气候而生的。地球的气候正在滑向失控的边缘。政府间气候变化专业委员会（Intergovernmental Panel on Climate Change）的科学报告指出，要避免气候变化导致的最严重的灾难，需要将全球升温控制在 2 摄氏度以内。这就要求全球的温室气体排放到 2050 年减少至少 80%。气候问题的紧迫性和严重性已经不容置疑。20 世纪末开始，大部分国家已经在寻求应对气候变化的方案。这些方案既需要保证温室气体的减排，还要以最低的成本来实现，这就要创造出可以盈利的机会，以经济利益来调动私人企业的积极性，吸引它们参与进来。出于这种需要，碳交易作为一种灵活的机制应运而生。

为了让各个国家更有效地实现碳减排目标，《京都议定书》提供了三种灵活性机制：清洁发展机制（clean development mechanism，CDM）、联合履约（joint implementation，JI）和排放交易（emission trading，ET）。

2013 年 12 月 19 日，广州碳排放权交易所鸣锣开市，广东省碳排放权交易市场正式启动，与此同时完成广东首笔碳排放权交易。首笔交易由广州大学城华电新能源有限公司向阳春海螺水泥有限公司出售 2 万吨碳排放权配额，成交单价为 61 元/吨，成交金额为 122 万元。相关专家认为，首笔交易价格适中，符合目前市场预期。

据广东省发改委主任李春洪介绍，广东将电力、水泥、石化、钢铁行业的 202 家控排企业和 40 家新建项目企业纳入了首批碳排放权管理和交易范围，同时广东还将研究把家庭水电气、绿色出行、低碳产品的购买等普惠制纳入碳排放权交易体系中。

13.1.2 环境管理会计的概念

对环境管理会计的理解，存在着各种各样的定义或解释。美国环境保护署虽没有给出明确的定义，但在其报告中称，环境会计可以在国民收入会计、财务会计和管理会计等不同背景下使用。在管理会计的背景下使用环境会计概念，指将环境成本与环境绩效的信息用于企业的经营决策中，如在成本分配、资本预算和流程/产品设计中考虑环境成本和效益。加拿大管理会计师协会在《管理会计指南》第 40 号中指出，环境管理会计是"对环境成本进行确认、计量和分配，将环境成本融入企业的经营决策中，并在此后将有关信息传递给公司的利益相关者的过程"。国际会计师联合会 IFAC 认为，环境管理会计是利用会计和相关信息为内部管理提供支持，其定义是"生成、分析并利用财务和非财务信息以优化公司环境和经济绩效，实现可持续经营的系统"。联合国于1999年统一定名环境管理会计，但并未统一其定义。在2001年的报告中广义地将其定义为"为满足组织内部进行传统决策和环境决策的需要，而对实物流信息（如材料、水和能源流量等）、环境成本信息和其他货币信息进行的确认、收集、估计，编制内部报表并利用其进行决策"。尽管提法不同，但环境管理会计要为企业的管理决策提供面向未来的信息（包括财务信息和非财务信息）则是相同的。

那么，我们应如何理解环境管理会计的概念呢？首先让我们了解一下管理会计的定义，管理会计是指在当代市场经济条件下，以强化企业内部经营管理、实现最佳经济效益为最终目的，以现代企业经营活动及其价值表现为对象，通过对财务等信息的深加工和再利用，实现对经济过程的预测、规划、控制、责任考核等职能的一个会计分支。实质上，环境管理会计与管理会计在内涵上具有相似之处，只不过前者更强调适应组织经济目标的转变和为环境管理服务的方面，这是在环境问题严重、环境管理成为企业管理的一个重要构成的形势下，为促进企业的可持续性和改进生态经济效率，由管理会计与环境管理相结合而发展起来的。在环境管理战略中，管理者需要考虑与环境相关项目的投资决策、产品的定价、废物的管理、资源的利用、员工绩效的评价等方面。环境管理战略能否成功，很大程度上取决于获得的信息的质量。然而现有的管理会计系统未充分确认环境成本、全面考虑投资信息，无法使管理者做出相关决策，从而需要环境管理会计对现有管理会计系统进行改进和拓展。但是，环境管理会计与传统意义上的管理会计仍存在一些主要的差异，如环境管理会计特别强调环境成本的重要性，不仅包括环境和其他成本信息，也包括诸如材料、水资源和能源等实物流量的信息。环境管理会计信息可以用于各种类型的企业管理决策，但更适用于将产生重大环境影响的管理决策。环境管理会计一方面对传统会计系统进行修正，主要以货币形式计量与环境有关的活动对企业的财务影响；另一方面则采用非财务指标反映企业的活动对环境的影响（环境绩效），帮助企业管理者进行相关决策，从而实现环境效率和经济效率的统一，最终为实现企业经营可持续性服务。联合国在对环境管理会计进行定义的同时，也提出了其内涵的框架（见表13-1）。

表13-1 环境管理会计的内涵

	货币单位核算	实物单位核算	
	环境管理会计（EMA）		
传统会计	货币计量环境管理会计（MEMA）	实物计量环境管理会计（PEMA）	其他评估手段
	公司层次的数据		
传统簿记	从账本和成本会计资料中转换出环境信息的部分	公司的物质、能力和水流动的实物流量的余额	其他环境评估、计量和评价的手段
	在企业中的应用		
供内部统计、计算指标、节约额、预算和投资评价所用	供内部统计、计算指标、节约额、预算和投资评价所用	供内部环境管理系统绩效评价和标杆管理使用	用于企业内部其他的清洁生产项目和生态设计
外部财务报告	环境支出、投资和负债的对外披露	对外报告（环境报表、公司环境报告、可持续性报告等）	向统计机构、当地政府等机构提供的其他外部报告
	在国民经济中的应用		
供统计机构计算国民收入	在国民收入统计中计算行业的投资、年度环境成本和外部性	国家资源会计（国家、地区和部门的实物流量余额）	—

资料来源：联合国可持续发展委员会，《环境管理会计框架》，UN，2001。

由表 13-1 可以清楚地看出，环境管理会计在以货币计量的方面和传统管理会计具有较大的共性，而在实物计量的方面则与传统管理会计存在着较大的区别。

13.1.3 环境管理会计的内容框架

环境管理会计的内容框架大致可以用图 13-1 来表示。在图 13-1 中基本包括三个大部分：① 输入，包括非财务数据和财务数据（主要取自环境会计系统、环境管理系统和财务会计系统）；② 环境管理会计核心，该核心部分对数据进行加工处理，并产生与决策相关的信息；③ 输出——可持续经营目标。环境管理体系是企业管理系统的一部分，企业行为的环境影响和财务影响将反映为财务和非财务信息。企业的日常经营活动通过财务会计系统进行记录和反映，并最终形成财务报告，主要包括资产负债表和利润表。这是企业环境管理会计系统的主要财务数据来源。通过利润表，可以取得已消耗资源的数据，如材料、人工、折旧等。资产负债表提供有关的资产和负债（特别是可能的环境负债的信息）。卡普兰和诺顿强调，非财务信息在管理会计的所有领域都是一个重要因素，对于环境管理会计而言更是如此。环境管理会计需要获得有关材料和能源在组织内流动、储存和对环境产生影响的信息，这是通过经营记录、材料采购计划、排废的监控等非会计部门活动收集的信息反映的。借助这些财务和非财务数据，经过加工、处理和改进，形成对决策有用的信息，供管理系统进行决策。同时，将决策的结果形成预算，并通过绩效评价来确保决策得到执行。从决策到执行，始终是围绕着利益相关者的价值分析而进行的。环境管理会计生成的信息反馈于管理系统（含环境管理系统），实现企业财务绩效和环境绩效的改进，二者相互影响，相互促进，最终实现可持续经营目标。

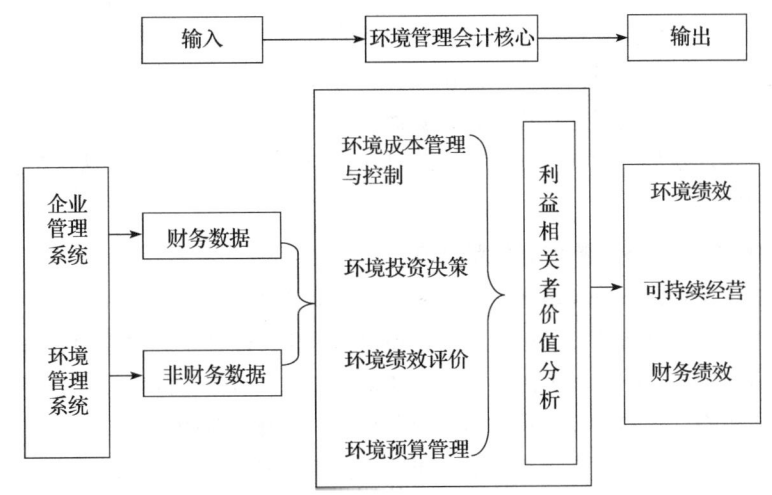

图 13-1 环境管理会计的内容框架

资料来源：许家林，孟凡利．环境会计［M］．上海：上海财经大学出版社，2004．

13.1.4 环境管理会计的作用

现有的管理会计系统难以提供与可持续性经营目标相关的信息，因而管理者无法做出相关决策。环境管理会计通过对现有管理会计系统进行改进和拓展，为企业管理者进行相关决策，从而提高环境效率和经济效率，最终实现企业经营可持续性服务。许多内部管理决策都可以从考虑环境成本和效益而获益。环境管理会计的信息主要是面向未来的，而不是历史的，主要作用是向企业内部的管理者提供进行管理决策所需要的与环境有关的信息,而不是向外部的利益相关者提供关于企业的环境和财务状况的环境报告和财务报告。

1. 环境管理会计对环境管理体系的作用

会计一直是企业的核心信息管理工具,企业管理的所有活动都或多或少地依赖于会计所提供的信息,环境管理也不例外。环境管理会计是服务于公司环境管理的一个重要手段。环境管理系统的实施需要耗费一定的代价,如人员的培训费、技术改造费、认证费等,环境管理会计的建立,有助于企业认识其所发生的环境成本以及推行环境管理系统的效益,从而容易获得最高管理当局的支持,保障环境管理系统的建立与实施。在对企业经济活动的环境影响进行评价时,环境管理会计可以将结果转化为可计量、可理解的指标,并进行报告,从而使企业根据自身的实际情况确定合理可行的环境方针。环境管理体系是根据全面质量管理持续改进的原则而建立的,这就要求建立可计量的环境目标和指标。在确定优先事项、制定环境目标和指标时,不能不考虑被选方案的成本和效益,而这离不开环境会计手段提供环境成本和效益的信息,通过确定与环境目标(如废水的治理、资源的回收处置等)有关的成本,可以使企业制定出既符合法规要求又能降低成本的环境目标。而在实施和运行中,环境会计又能发挥控制作用,对环境管理系统的状况进行检测,指出偏离目标的差异,并提供改进的建议,从而实现持续改进的目标。环境管理所采取的一些控制手段,如寿命周期成本计算、质量成本计算、作业成本计算等,是由传统会计、全面质量管理等方法发展而来的,它们对环境管理特定功能的发挥具有特殊作用。环境管理会计是会计方法(如信息的管理、分析和沟通)在环境管理中的应用,只有将环境管理会计融入综合管理体系,才能将不同的信息用于建立目标、计划、实施和沟通等环境管理活动,而旨在取得某些实质进展的综合环境管理活动也必须依赖环境会计。环境管理会计为环境管理提供信息支持,对环境的财务影响信息和非财务影响信息进行归集、分析和决策,形成决策支持系统,根据这些信息做出合理的环境决策,并将其付诸实施。在实施过程中,信息在不同的管理者之间进行传递,为确保目标的实现,还建立环境评价指标,包括环境绩效指标和财务绩效指标,解决环境管理目标和财务管理目标的矛盾,从而提高生态经济效率,达到可持续经营目标。

2. 环境管理会计对企业管理系统的作用

管理会计系统为实现企业的经济目标服务,而环境管理会计则为提高企业的生态经济效率服务。环境管理会计系统通过提供相关的信息和控制手段,保证了环境管理战略的实施,成为服务于公司环境管理的一个重要手段。有效的环境管理信息可以帮助企业充分确认和计量环境成本,降低环境风险,改善与外部利益相关者的联系,提升企业的形象,并改善企业的财务绩效。而对于包含环境活动的特定管理决策,如环境管理系统的决策、清洁生产机会的辨别、产品或流程的环境绩效分析、法律遵循性的决策等,环境管理会计更是有用。环境管理会计信息可以是面向历史的,但更主要是面向未来,其主要作用是向企业内部的管理者提供进行管理决策所需要的与环境有关的信息,广泛地应用于企业生产经营的各个方面。其主要内容包括以下几个方面。

(1) 在传统会计领域中对环境相关成本和收入进行单独确认,借以发现削减成本改进绩效的机会。

(2) 提供财务和非财务信息系统和控制系统,促进对环境有利的管理决策。

(3) 更好地理解环境成本和流程及产品的绩效,借以更准确地进行成本计算和产品的定价。

（4）拓展和改进投资评价程序，以考虑潜在的环境影响。

（5）为企业整体的环境管理系统的建立提供支持，向利益相关者提供改进环境绩效的保证，树立企业形象，增强企业的竞争优势。

环境管理会计除了能满足企业内部成本核算、资本预算和绩效评价等内部决策的需要外，也为对外财务报告奠定了基础。在企业层面上应用的环境管理会计，同时也为国民经济层面的环境核算打下了基础。

13.1.5 环境管理会计的实施

现有的管理会计系统是为实现企业的经济目标服务的，而环境管理会计则是为提高企业的生态经济效率服务的，二者虽有不同，但也是相通的。当企业提高能源和材料的使用效率，减少了环境成本，其经济效益也会得到提高。因此，环境管理会计系统与现有的管理会计系统是有其相通之处的，没有必要另外建立一套平行的用于计划和控制的信息系统。企业环境管理水平的不同，对信息的需求也不同。环境管理会计的核算主体，可以是个别的生产线或生产过程、个别部门（如废水处理、包装）、个别车间、个别地区的分部或整个公司。因此，环境管理会计的建立也不必一步到位，而是可以在个别部分先展开试点，再逐步地沿着价值链进行扩展，最后发展到产品寿命周期的各个阶段。

环境管理会计的实施必须得到最高管理当局的支持，同时也需要不同职能部门之间的通力合作。会计人员要与工程师、化验师、设计师、生产部门经理、财务人员、环境部门经理、采购人员等人员合作，突破不同职业和职能部门之间的界限，实现信息的共享。例如，AT&T 在其绿色会计的实践中就依靠了跨部门的合作。

13.2 环境成本会计

环境成本会计是环境管理会计的一个重要组成部分。环境成本会计要对环境成本信息进行确认、加工、分析、利用和报告，以供决策使用。环境成本信息可以用于短期经营决策，例如对产品组合的选择，对产品投料的选择，对产品的定价和对同一企业的不同产品的成本的比较和控制，对废弃物的管理，安排环境管理措施的优先顺序和评价预防污染的机会等。此外，环境成本信息还是进行资本预算和绩效评价的基础。

13.2.1 环境成本的定义与分类

由于目的不同，环境成本存在如下几种有代表性的定义。

联合国国际会计和报告标准政府间专家工作组第 15 次会议文件《环境会计和财务报告的立场公告》中指出，环境成本是"本着对环境负责的原则，为管理企业活动对环境造成的影响而被要求采取的措施的成本，以及因企业执行环境目标和要求所付出的其他成本"。这一定义主要考虑的是为治理污染所采取的措施的成本，而对环境造成污染所带来的损失，如罚款、罚金、赔偿等是不包含在内的。由于该定义是从财务报告上确认环境成本的需要出发的，所以必须同时考虑公认会计准则的要求。

荷兰国家统计局（CBS）为了反映企业环境管理的成本，从 1979 年起对环境成本进行登记。其对环境成本的定义是环境保护的成本，而环境保护的定义是"出于防止对企业的环境造成不利影响的目的所采取的环境行为"。按该定义,环境成本的范围比较窄,带来净财务效益的环境活动是排除在外的,以保护周围社区住宅安全为目的的行为也是排除在外的。只有当企业的环境管理仍处于被动地位和遵守环境法规阶段时才适用。当企业开始主动地利用环境决策减少环境成本、争取竞争优势时,对环境成本就要另作定义。

从企业环境成本的定义来看,环境成本主要是企业经营活动对环境造成的影响所引起的,这种影响贯穿于企业的整个生产经营过程。根据环境成本的形成,对环境成本可进行如下分类。

(1)企业在生产过程中直接降低排放污染物的成本,主要包括产生废弃物的处理、再生利用系统的运营、对环境污染大的材料替代、节能设施的运行等成本。

(2)在生产过程中为预防环境污染而发生的成本,包括环保设备的购置、职工环境保护教育费、环境负荷的监测计量、环境管理体系的构筑和认证等成本。

(3)企业对销售产品采用环保包装或回收顾客使用后与环境污染有关的废品、包装等所发生的成本。

(4)企业有关环保的研究开发成本,如环保产品的设计,对生产工艺、材料采购路线和工厂废弃物回收再利用等进行研究开发的成本。

(5)有助于企业周围实施环境保全或提高社会环境保护效益支出的成本,包括企业周边的绿化、对企业所在地区域环境活动的赞助、环境信息披露和环境广告等支出。

(6)其他环保支出,主要包括由于企业生产活动造成对土壤污染、自然破坏的修复成本及支付的公害诉讼赔偿金、罚金等。

根据环境经济学的分类方法,将其分为外部环境成本(社会成本)和内部环境成本(私人成本)。外部环境成本(社会成本)指的是成本的发生与某一主体的环境影响有关,却由发生成本或获得利益以外的主体承担的成本。某一活动对环境造成了影响,而产生影响的企业却不为此承担责任(通常外部不经济性指的就是外部成本)。例如,企业排污对下游水系造成了影响,产生了环境成本,但按目前的法律体系,企业却不负担这部分成本。外部成本减少了经济的总体效益,但在产生外部成本的主体的传统会计领域中是不反映的。内部成本则是在发生成本的主体中进行会计反映的成本,如按当前法律体系应由企业支付的排污费等。内部成本与外部成本之间的界限并不是固定的,随着环境问题压力的增大,一些政府正试图将外部成本内部化,随着污染者付费的原则(3P原则:polluter, pays, principal)的实施,一些外部成本将转为内部成本。这种转化极大地影响了管理者所做的决策。上述两种成本的关系如图13-2所示。

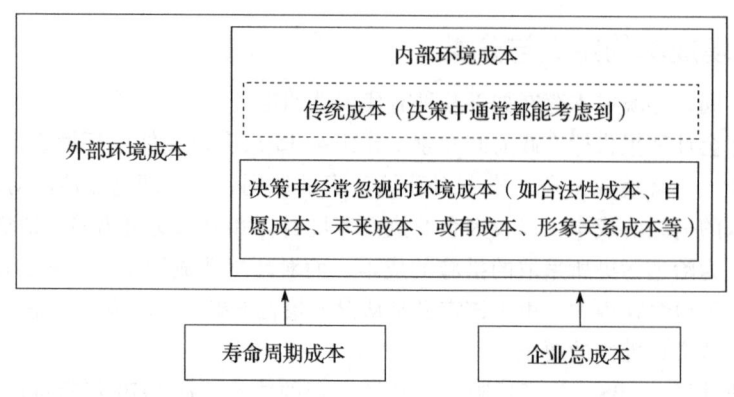

图13-2 外部环境成本与内部环境成本

13.2.2　环境成本的会计分析

环境成本的确定可以为企业提供相关的环境信息，同其他信息一样，环境信息也会对企业决策的制定产生影响。深化环境会计研究与应用的关键也是如何对这些有用的信息进行分析整理，从而确定环境成本。这个问题可以通过两个方面进行解决：一是将外部成本内部化，二是将内部环境成本进行归集与分配。

1. 外部环境成本内部化

环境保护要求减少企业对自然环境的破坏，减少向外部环境排放有毒有害物质，降低环境污染。但企业为了增加盈利，就要最大限度地降低成本，放弃采取必要措施控制其环境影响。要解决这一矛盾，可以建立某种具体机制将企业的外部环境成本加以确认、计量，将其加入企业的成本进行核算，这就使企业为其行为承担起了经济责任与社会责任，也就是将外部环境成本予以内部化。各种外部环境成本一旦转化为企业内部成本，就会作为企业的成本被列入财务报告，对企业利润产生影响。企业作为以盈利为目的的社会组织，为了提高利润必然努力降低各类成本因素，其中当然包括环境成本。于是这种机制就会促使企业在以追求利润最大化为动机组织生产经营的同时，还兼顾了环境保护的要求。目前由于企业缺乏自我约束其环境行为和控制其环境影响的内在动力，要实现外部环境成本内部化这一目标就必须对企业施加外部压力作为必要的激励机制，其中最直接与常用的方式是加强和完善有关环保的立法和执法。

我国现在已颁布了包括《中华人民共和国环境保护法》在内的一系列环保法规，迫使企业按照其要求采取必要的措施，使自己的生产经营活动符合法规要求，那么为此而发生的成本自然作为企业的内部成本反映在企业的财务报表中。这样企业造成的外部环境影响本属于外部成本，现在由于企业支付了一定成本消除或减少了这种影响，也就是说外部成本被内部化了。未来，我国企业必然面临更严酷的竞争，为了提高自身竞争力，企业势必要采取一定对策使自己得以生存和发展。其中，按照国际环境标准认证体系 ISO 14000 系列标准组织生产经营活动就是一项有效的可取方案。按照 ISO 14000 的要求，企业必须建立环境管理系统。这种认证虽然不是强制性的，但为了提高竞争力，企业会积极主动地实现其要求。一旦通过了这种认证，外部环境影响就会被降低，为达到这种标准认证而发生的所有投入就被转化为企业的内部环境成本。另外，随着我国经济的进一步开放和与国际接轨，企业自觉采取行动使外部环境成本内部化的动因也将不断增强。

2. 内部环境成本的归集与分配

同要将企业的生产成本对象化类似，企业的内部环境成本也要最终计入产品成本，其计算结果会影响企业管理者的产品决策，所以关键问题在于如何合理地将各种内部环境成本进行归集并分配给相应产品。对于这一问题，可采用作业成本法予以解决，即以作业为核算对象，通过成本动因来确认和计量作业量，进而以作业量为基础分配环境成本。在划分作业成本库和确定成本动因时，可根据企业的具体情况，将产生环境影响的作业专门设立，形成专门的环境作业成本库，通过对企业所有作业活动进行跟踪反映，分析其成本发生的前因后果，准确地将成本分配给引起环境成本发生的产品，从而为企业提供客观、真实、准确的环境成本信息。另外，运用作业分析，还可发现企业环境成本管理中存在的问题，消除或降低具有环境影响的作业的影响程度。通过挖掘企业潜力，采取有效措施，重新制定产品决策等手段，降低环境成本，进而降低产品生产的总成本，最终提高企业的利润。

13.2.3 环境成本的计量方法

环境经济学的丰富理论与实践，为我们提供了环境会计的计量方法。常用的方法主要有直接市场法和替代性市场法。直接市场法是度量被评价的环境质量到环境标准之间的变动，然后直接运用货币价格这一变动的条件或结果进行测算，直接市场法是建立在有充分信息和明确现有的因果关系基础之上的，所以评估结果比较客观。具体包括以下几种方法。

1. 恢复费用法或重置成本法

在被评环境质量低于环境标准要求时，假如无法治理环境污染，则只能用其他方式来恢复受到损害的环境，以便使环境质量达到环境标准的要求。将环境质量恢复到标准状况所需要的费用就是恢复费用——重置成本，显然，此时环境价值为负值。

2. 防护费用法

当某种活动有可能导致环境污染时，人们可能采取相应的措施来预防或治理环境污染，用采取上述措施所需费用来评估环境价值的方法就是防护费用法。防护费用的负担可以有不同的方式：它可以采取由污染者购买和安装环保设备自行消除污染的方式；可以采取建立专门的污染物处理企业来集中处理污染物，而由污染者支付处理费的方式；也可以采取受害者自行购买相应设备，而由污染者给予相应补偿的方式。

3. 市场价值或生产率法

环境质量的变化对相应的商品市场产出水平有影响，因而可以用产出水平的变动引起的商品销售额的变动来衡量环境价值。如果环境质量变动影响到的商品是在市场机制的作用发挥得比较充分的条件下销售的，那么就可以直接利用该商品的市场价格进行计算。

$$P = P_1Q_1 - P_0Q_0$$

式中，P 为根据某种商品产出变动所测算的环境价值；P_1 为商品在被评估环境质量下的市场价格；P_0 为商品在标准环境质量下的市场价格；Q_1 为商品在被评估环境质量下的产出量；Q_0 为商品在标准环境质量下的产出量。如果选定的商品是在市场机制不够完善的条件下销售的，那么，就需要对市场价格进行调整，甚至用影子价格来取代市场价格。

4. 人力资本法或收入损失法

环境质量脱离环境质量标准对人类健康有着负面的影响。这种影响不仅表现为劳动者发病率与死亡率变化而给生产直接带来的损失或收益（可用前述市场价值法加以估算），还表现为医疗费开支的变化等，该方法就是专门评估反映在人身健康上的环境价值的方法。为避免重复计算，人力资本法只计算因环境质量脱离环境标准而导致的医疗费开支的变化，以及因为劳动者生病或死亡的提前或推迟而导致的个人收入变化。

13.2.4 环境成本管理方法的改进

环境成本会计要对环境成本进行辨别、分配和计量。获得环境成本信息的主要来源是企业的会计系统。然而，在传统的会计系统中，考虑的是内部环境成本，且分散在不同的成本和费用项目中。传统的产品成本构成可能包括变动成本（原材料、辅助材料、能源、直接人工、包装费、废水处理费）和固定成本（固定性工资、折旧、一般管理费、部门的制造费用等）。根据产品成本报告，直接确认的环境成本如废水处理费等，可能为决策者所考虑。而其他大多数相关的环境成本则因隐藏在其他的费用项目，甚至没有反映在会计系统中而未能得到考虑。因此，企业要做出对环境负责的经营决策，必须在决策中考虑环境成本因素，并不断改进环境成本管理的方法。

1. 环境成本分配——作业成本法

环境成本确定之后，一个重要的工作是进行成本分配。成本分配的主要目的在于为管理当局提供对决策有用的信息，并促使其利用相关信息极力组织成员采取有利于环境的行为。然而，在传统会计领域，环境成本通常是归集在制造费用中，并采用某种武断的分配标准，如将直接人工、机器工时等分配到不同的产品或过程中，由于成本的发生与费用分配标准之间缺乏直接的因果关系，往往会导致成本信息的扭曲，使企业进行错误的决策。

如果对成本计算系统重新设计，使其反映成本动因的影响，则可以促进企业对产品进行重新设计或改变生产流程，从而减少对环境的损害。这种新的成本计算系统，通常采用的是作业成本法（activity-based cost accounting，ABC）。作业成本法是成本管理会计中采用的按作业对成本进行归集并将成本分配到有关的产品或流程上的方法。应用作业成本法对环境成本进行分配，能更好地使环境成本与产生这些成本的作业相联系，有助于企业采取减少环境影响和预防污染的决策。

下面举例说明污染预防设施（焚化炉）环境成本的确认和分配过程。某工厂生产的 A、B 两种产品，需要通过三个生产步骤（成本中心 1、2 和 3）。每经过一个生产步骤时都排放废物，所有这些废物在厂区的一个焚化炉中集中处理。本例子主要说明焚化炉中的相关环境成本如何分配到产品上去，焚烧废物的直接成本如处理费等为 1 600 元，工厂一般性管理费用如行政管理人员工资等为 9 000 元。焚烧废物的直接成本是由焚烧废物的作业产生的，而废物在三个生产步骤产生。因此，采用作业成本法，首先要把这部分成本按成本动因分配到各个生产步骤中，再分配到两个产品上。由于废物是各个生产步骤中产生出来的，也占用了生产资源，因此，也要对废物所消耗的一般管理费用按通过各生产步骤的废物量占全部加工量的比重进行分配，再转到产品中（见表 13-2）。

表 13-2 作业成本法举例

	成本中心 1	成本中心 2	成本中心 3	合计
加工的原料重量（千克）	1 000	900	850	2 750
占总量的百分比（%）	36.36	32.73	30.91	100
各成本中心分配的管理费用（元）	3 273	2 945	2 782	9 000
经过中心加工的废物（千克）	200	100	50	
废物占加工的原料的百分比（%）	20	11.11	5.88	
因废物产生的管理费用（元）	654.5	327.2	163.6	1 145.3

这样按照作业成本计算法，可以确认废物应分担的管理费用（间接环境成本）为 1 145.3 元，加上直接环境成本 1 600 元，总的环境成本为 2 745.3 元。而如果按照传统的成本计算方法，直接环境成本 1 600 元容易确认，其分配往往根据各个成本中心的机器工时或直接人工进行，与各个中心的废物排放量无直接联系，而间接环境成本则往往与其他非环境成本一起进行分配，看不到其与废物生产的关系，从而使决策者未能意识到环境成本在其生产中的实际构成，从而影响决策。应用作业成本计算必须考虑到，这里的环境成本只考虑了内部成本，包括传统的成本和隐藏的成本，尚未考虑或有成本和形象与关系成本。在实际应用中，根据决策目

的的不同，可能需要扩大成本范围。成本资料的取得，不仅需要通过传统会计系统，还需要利用其他渠道。表13-3列出了不同环境成本的可能数据来源。对于外部成本，可能要借助环境经济学的手段进行计量。

表13-3 环境成本的可能数据来源

环境成本	资料来源
许可证费用和罚款	法规文件、管理当局估计
环保设施维修费	维修记录、服务合同
除产品以外的产出	对排废的估计、生产记录
处罚和强制停工的成本	经营记录
折旧费用	资产账户记录
监测费	工程技术人员和管理人员的估计
环境审计费用	管理人员估计、合同
培训费用	员工培训记录、管理人员估计

在确定了哪些项目作为环境成本后，要对造成这些成本的作业进行分析，以选择适当的成本动因，如排污费可能和排放量、排放的有毒物含量、排放物的增量对环境影响、处理不同排放物的成本等有关，选择时主要考虑因果关系。表13-4列出了与处理危险废物作业有关的环境成本和成本动因。此例是借助生产流程和物质平衡理论来确定成本动因和成本动因量。投入企业的物质，必然转化为某种形式的产出。通过流程分析，可以了解投入产出之间的转化，从而获知材料在各个步骤的损耗量，发现一些隐藏的环境成本。

表13-4 作业、环境成本与成本动因

作业	环境成本（为符合法律要求而发生的部分）	环境成本与作业关系（成本动因）
产生危险废物	获取排放许可证的费用	单位废物中有害物质的含量
	对废物进行检查和检测的费用	每个工厂的废物数量
	向环保部门报告的成本	单位废物中有害物质的含量
	填表和记录的成本	单位废物中有害物质的含量
	员工培训费用	接受培训的员工数量
	处置废物前的储存成本	单位废物中有害物质的含量
	危险废物的运输和处理费用	废物量
	紧急应变措施的成本	产生废物的流程数量

作业成本计算所确定的环境成本，要与企业的其他管理系统如全面质量管理（TQM）、环境设计（DE）、作业成本管理（ABM）相联系，才能为决策发挥作用。例如，将确认和分配的环境成本应用到质量成本模型中，确定符合性成本，再通过源头削减、回收利用、处理等方式来减少符合性成本。上例中可以看到，环境成本是由生产工艺流程产生的废物带来的，可以通过环境设计，改进工艺流程，提高原料转换率，或是改进用料、减少废物的产出量，或是对废物进行再加工处理、使其变成有价值的产品等来减少相关的环境成本，从而减少对环境的影响。和作业管理相结合，可以将环境作业分为增值和不增值的作业，并分析其对环境的影响。根据企业的生态经济效率目标，不能带来经济增值并对环境造成不利影响的作业要尽快消除，能带来经济增值并且对环境产生有利影响的作业要加以保护或扩展。上例中，产出废物这一作业不会给企业带来增值，必须尽快进行更正、减少或消除。

2. 完全成本会计法

在成本管理会计中对完全成本会计法（full cost accounting，FCA）的论述是和变动成本法相对而言的，指的是在存货基价、盈利性分析和定价决策中，将所有的直接和间接成本都分配到产品或生产线上的方法，但在环境会计中，这个方法的含义有所扩展。

根据加拿大特许会计师协会的定义，从环境角度看，完全成本会计法指的是"将与企业的经营、产品或劳务对环境产生的影响有关的内部成本（包括所有的内部环境成本）和外部成本综合起来的方法。"换言之，从环境及其利益相关者的角度看，与某一主体的经营、产品或劳务有联系的所有成本包括所有的内部环境成本（包括已分配到产品上和未分配而作为费用处理的部分）及由企业的活动产生但由其他主体承担的外部成本。外部成本在当前可能不必加以确认、计量甚至无法准确地归属到某个企业。但是，应用完全成本会计法时，只要可能，就要对外部成本用货币指标进行量化，不然也要提供定性的信息。

为管理当局提供完全的内部环境成本，如采用传统的管理会计方法获得数据，这将使管理者难以辨别产生环境问题的产品、服务、流程或投入，也就难以发现改进的机会，并采取相应的措施。为此，采用完全成本会计法时，对内部环境成本的分配，管理人员通常不依赖现行的会计系统，而是另外成立特别的工作组，以其他方式获得相关成本信息。比较常见的确认内部环境成本的方法有作业成本法、生命周期成本法等。而当前的环境成本系统中，外部成本内部化是个难点，更是个重点。外部环境成本信息可以帮助管理者在评价长期的战略决策、资本预算时，充分考虑其对外部环境的影响，促进经济和环境目标的实现，所以完全成本会计法的核心难点就在于对外部环境成本的确认和计量上。

对于与污染有关的环境影响的外部成本的货币化，一般有两种方法：控制成本法和损害函数法。控制成本概念源于环境经济学，是指由于控制活动而放弃的选择方案的价值，即企业在实行或不实行污染控制措施时，今后若干年生产成本的现值的差异。控制成本法通过计算比较容易估计的将污染控制在既定标准下环境控制技术的安装运行和维护成本来替代难以计量的环境损害成本。其依据是这样计算出来的，该成本反映了企业为避免环境负担，从而避免对人体健康、土地、农作物、建筑物产生影响的成本，而愿意支付的数额。控制成本取决于污染控制标准和控制技术，一般地说，控制标准越高，控制成本越大，而不同技术条件下所能达到的控制标准和控制成本也是不同的。所以在应用中必须考虑合适的控制标准和控制技术，这可以从有关的协会、行业中获得数据。

损害函数法通过模型技术和经济计价方法来估计从特定地方产生的一个或多个污染物造成的损害的实际成本。它通过环境模型技术计算特定地点的环境活动对环境的影响，再利用经济计量方法将实物量表示的影响转换为货币指标。首先利用模型技术，如以计算机为基础建立的排放物扩散模型，可以用来估计既定污染物在离其源头的不同方向不同距离的浓度，从而计算出空气质量水平，并以此为依据预计对受体（人体健康、湖泊、土地、建筑物等）的影响，然后估计在受影响地区受体的物理反映，如呼吸系统疾病、建筑物老化褪色等。再接下来才利用统计和经济计价方法来计算不同环境影响的货币价值，例如用市场价格来计算农作物的损失，用医疗系统的成本来计算人体健康损失等。

控制成本法不考虑与特定地点有关的环境影响，认为不同地理位置采用同类环境控制技术的生产设施的外部成本的估计可能是一样的，实际未必如此。位于城市和位于郊区的工业生产设施对环境的影响可能是不同的，其环境成本也应该不一样，该法应用时只能考虑现有的对污染物的控制技术。而损害函数法考虑的则是与特定地点的环境影响相关的环境成本，对决策比较有用。

完全成本会计的设计与实施，将使企业内部的决策得到有用的信息，并最终提出面向外部使用者的报告，其特点在于对外部环境成本进行确认和计量，但这一工作在实务中却难以开展。要推广完全成本法，需要比较长的时间。企业可以根据自身情况逐步推进。在开始时，企业可以只关注所有符合其定义的内部成本和效益，将完全的内部成本包括在决策中。接着采用比较合理的分配方式，如作业成本法，将内部环境成本分配到与产生这些成本有关的产品、流程和项目上去。接下来，可以对企业认为最重要的可计量的外部环境影响进行确定、计量和货币化，当有关计量方法逐步完善，相关数据库建立时，就可以考虑越来越多的环境影响成本，最后实现真正的完全成本计算。在此发展过程中，从不考虑外部性，到考虑对企业长期绩效会产生影响的外部环境影响，最后再考虑所有的外部影响。在计量上，则从定性描述，发展到实物计量，再发展到货币化计量。

作为帮助企业有效进行环境成本计量的工具，完全成本会计法存在着许多变形。一种是只对企业打算内部化的外部成本进行货币化计量，其他的外部成本则在可能的时候加以量化，不具备条件时则进行定性分析。不过在战略和经营决策中都要考虑所有的外部性。另一种变形是将环境分为三类：明显属于外部成本的、明显属于内部成本的和无法确定是外部成本或内部成本的。计量和货币化的重点放在第三类。如果对这类成本的计量实施得好，可以给企业带来长期的经济和环境效益。忽视这些成本可能导致因法律的新要求使外部成本内部化时企业无法承受。

3. 寿命周期成本评价法和寿命周期成本计算法

在对有关决策方案进行分析时，往往需要用到寿命周期的概念，寿命周期是指一个产品（过程或作业）从"摇篮到坟墓"的过程，包括原料的取得和加工、生产运输、销售、使用、再使用和维护，回收和分解以及最后的处置。环境会计中采用了几个与寿命周期有关的方法：寿命周期评价法、寿命周期成本评价法和寿命周期成本计算法。按照美国环保局的定义（USEPA，1995），寿命周期评价法（LCA）是对产品（过程或作业）在整个寿命周期的环境影响进行辨认并确定实现环境改进机会的综合性方法。它本身更关注的是整个价值链对环境的影响（以实物量表示）、成本以及增值。寿命周期评价法包括以下四个步骤。

（1）设定目标：确定特定的产品或过程在其寿命周期的各个阶段的主要问题。

（2）寿命周期清单分析：对寿命周期内的所有能源、材料投入和排放到环境的废水、废物等产出进行分析。

（3）影响分析：对上述清单中污染物对环境、人体健康的影响以及造成的经济成本和效益进行分析。

（4）改进分析：对寿命周期内的各个阶段可能改进机会（如产品设计、原材料的投入、生产流程等）进行分析，考虑产品或过程中环境弱点与优势。

寿命周期成本评价法（LCAM）强调寿命周期评价中的成本因素，它是对通过环境影响进行辨认并将环境影响货币化而对产品、生产线、系统或工厂的寿命周期成本进行评价的系统方法。它可以用来评价减少寿命周期成本和优化资源利用的方案。

寿命周期成本计算法（LCC）就是对产品（过程或作业）在整个寿命周期里的所有成本进行确认和计算的方法。这里的成本可以只集中在内部成本，也可以将内部成本和外部成本结合起来考虑。寿命周期成本计算法考虑产品的购买价格，也考虑顾客购买后的使用、维修和处置成本，寿命周期成本计算和寿命周期评价、寿命周期成本评价往往是结合在一起的。对寿命周期成本进行管理，可以使企业关注价值链的作业以实现长期的竞争优势。例如，德国要求在其境内销售产品的公司回收其包装物，这种做法把处置产品和元件的成本转移到生产商身上。企业必须对寿命周期终了的处置成本进行确定、分配并计算，以保证产品在使用期满后得到适当的处置。寿命周期成本计算将成本计量的会计主体和会计期间都扩大了，这对实现整体的竞争优势具有重要作用。但是，其所需资料有时难以取得，或者难以保证资料质量，因为涉及企业以外的价值链的其他方面,如供应商等。不过,在利用寿命周期成本计算进行成本控制时,也可以不对整个公司进行分析,而只是截取其中的某一环节进行寿命周期成本计算,待时机成熟后再扩大应用范围。

4. 环境质量成本计算

全面质量管理是企业管理的一种方法,它通过持续的改进来满足顾客的需求。企业通过建立质量成本模型,将成本划分为符合性成本和非符合性成本,前者包括预防成本和鉴定成本,后者则包括外部损失成本和内部损失成本。通过降低符合性成本来提高质量水平,最终实现高质量、零缺陷,并使总的质量成本下降。全球环境管理促进会(GEMI)采纳了全面质量管理的思想,将其应用于环境管理中,试图提供持续改进环境绩效的系统方法,这就是全面质量环境管理(TQEM)。将环境的污染和损害都视为缺陷,持续改进环境绩效,就是要减少或消除这些缺陷,以不断满足客户的需要。这里客户的含义包括了所有的利益相关者,其中也包括了环境。按照全面环境质量管理的思想,持续改进是通过 PDCA 循环(戴明循环)来实现的。每经过一次循环,就得到一次改进,从而使环境绩效持续提高。通过全面质量环境管理体系,企业可以因提高环境质量而增强客户的满意程度,因减少废物和污染而提高组织的效率,因减少对环境的损害、增加客户价值而增强公司的竞争能力。

环境质量成本计算(environment quality costing,EQC)通过建立质量成本模型来帮助实现全面环境质量管理。环境质量成本模型与质量成本模型相似,将环境质量成本分为两大类:符合性成本(符合严格的环境绩效标准的成本)和非符合性成本(违反这些标准的成本)。污染的预防、环境的评价监测成本等都是符合性成本。非符合性成本包括内部和外部损失成本。当污染预防机制失效时为减少对环境的损害而产生的成本(如废物的处理成本)属于内部损失成本,而因污染而丧失的客户和在社区的良好形象所受到的破坏的影响,则属于外部损失成本。在一定的条件下,符合性成本随着质量水平的上升而增加,非符合性成本随着质量水平的上升而下降。环境质量管理要求将环境质量成本控制在最低,这首先是通过增加符合性成本的支出,提高质量,从而减少非符合性支出来实现。当达到最优的环境质量水平后,通过改进技术的方法,减少了污染,可以使为符合环境标准而发生的符合性成本下降,如使监测成本下降从而使符合性成本也出现下降的趋势,最终实现环境成本的总体下降和环境绩效的不断改善。

13.3 考虑环境因素的投资决策

在企业面临环保压力日渐增大的今天,企业的投资决策必须考虑环境影响。传统的投资评价方法往往没有考虑环境因素的影响。而要把环境因素纳入投资决策,就必须对传统方法进行变革。当投资决策分析中考虑了环境因素后,其分析模型也随之发生相应的变化。

13.3.1 环境管理会计投资决策框架

企业在新产品的投资开发、环境项目的投入和产品战略经营战略等长期决策中需要进行投资决策。投资决策恰当与否,对企业具有长远的影响。如果项目期长,则决策一旦做出,企业在较长时期里将采用同种技术承担同类的环境影响。如果环境法规发生变化,往往需要追加成本才能对技术进行调整,使产生的环境影响符合新法规的要求。随着环保意识的增强,企业环境管理系统的推行,每年企业都要进行一些以控制、减少或预防污染为目的的投资(环境投资)。这些投资有些是法律强制要求的,如污水排放前的处理,有的则是企业自愿采取的,如对水的回收利用。

企业在投资决策中考虑的环境成本主要是那些比较明显且容易计量的成本,如现场的污染监测成本、污染预处理、处理成本、环保费用,而那些比较不明显的、或有的、不易计量的成本,如环境罚金、公司形象损失、对自然资源的损害等,则较少考虑。很多企业环境投资项目与一般投资项目的评价采用了不同的方法。对环境投资项目主要考虑的是法规的要求,如果该项目是法定要求的,总能获得通过。而其他项目则采用传统的资本预算标准,如对内部收益率、回收期等进行评价。对一个投资项目进行评价时,往往需要考虑技术、环境和财务等因素,企业对于强制性环保投资项目,往往将其视为必需,很少对各种可能的备选方案都进行评价,通常只是考虑技术和法规的要求,对财务评价并未充分进行。至于超出环保法规要求的资源投资项目,往往又缺乏对环境成本和效益的全面考虑,从而使其因通不过财务分析对投资报酬率的要求而被放弃。而一旦新的环境法规通过,那些被放弃的项目可能正是最优的项目。对环保投资项目难以进行财务评价或者其财务评价结果难以和一般投资项目抗衡的主要原因是,与环保投资项目有关的成本和效益一般不明显,存在不确定性,而且要经过较长时间才能显现出来,如果财务评价不考虑时间性的影响,环保投资的财务效应就难以体现。这就使得环保投资与一般投资项目评价建立在不同的基础上,难以保证资源的有效分配。

要在投资决策中充分考虑环境因素,对环境投资项目进行经济评价,必须考虑以下几个方面。

(1)扩大企业的成本范围,使其全面包括直接和间接环境成本和非环境成本,并考虑可能的收入,如或有负债、设施运营人员的培训、产品公司形象的建立。这可以利用环境成本的分类和环境成本会计来确认和计量环境成本。

(2)正确进行成本分配,要求正确了解企业的生产过程,以使原来归属到费用项目的成本,能够通过采用适当的成本动因分配到特定的过程和产品线上(如采用作业成本计算法进行分配)。

(3)延长项目评价的时间范围,以便更好地反映项目的全部成本和效益。环保项目带来的效益,如产品质量提高所增加的收入、公司和产品形象的改进、减少的健康医疗费用等,只有通过考虑时间因素的财务指标才能更好地体现出来。

(4)采用考虑货币时间价值的项目评价指标,如净现值法、内部收益率法、折现回收期等进行分析,以使结果更符合现实并反映投资的实际成本或效益。

相关链接

三重底线

1997年,英国学者约翰·埃尔金顿(John Elkington)最早提出了三重底线(triple bottom line)的概念,他认为就责任领域而言,企业责任可以分为经济责任、环境责任和社会责任。经济责任也就是传统的企业责任,主要体现为提高利润、纳税责任和对股东投资者的分红;环境责任就是环境保护;社会责任就是对于社会其他利益相关者的责任。企业在进行企业社会责任实践时必须履行上述三个领域的责任,这就是企业社会责任相关的三重底线理论。

成立于1802年的杜邦公司是一家科学企业,致力于利用科学创造可持续的解决方案,让全球各地的人们生活得更美好、更安全和更健康。杜邦公司以制造火药起家,在世界大战结束以后，杜邦做了一些科技研发，先后发明了尼龙、橡胶、有机物等，发明了很多至今甚至还在广泛使用的材料。早在20世纪七八十年代，面对资源环境的新问题，杜邦就提出了可持续发展战略，如提出"零战略"，追求零事故、追求零排放，做到循环使用、保护自然资源多样性。例如，杜邦提出，到2010年要将温室气体排放减少到65%以上；2010~2011年，在不增加能源使用的前提下提高营业收入6%以上；在2010年，杜邦致力于其用于生产的能源的10%和原材料的25%是来自可再生能源。在接下来的时间中，通过采用改进过程控制、节能新技术以及使用替代能源和改进制造工艺，杜邦降低了能源使用并将产量水平提高了30%。在全球范围内，杜邦的温室气体排放量下降了72%，据杜邦公司的估计，这些措施帮助公司节省了约30亿美元。

据统计，《财富》全球最强企业中50家最具可持续性的企业在股东回报方面也同样超过其他企业。其5年的股东报酬率比ESG（环境、社会、公司治理）排名靠后或居中的企业分别高出38个和21个百分点。

13.3.2 考虑环境因素的投资决策方法

考虑环境因素的投资决策方法主要是在传统的投资评价基础上，从以上几个方面进行改进，主要的方法有全部成本评价法、多标准评价法、环境风险评价与不确定性分析、利益相关者价值分析法，以下将分别进行介绍。

1. 全部成本评价法

全部成本评价法（total cost assessment，TCA）是由美国环保局新泽西分局设计的。它是在资本预算分析中综合考虑环境成本的一种方法，是对项目的全部成本和收益进行长期的综合的财务分析。Tellus Institute为全部成本评价法的应用做了许多研究工作，它归纳出了全部成本评价法的四个基本要素：成本清单、成本分配、时间范围和财务指标。

（1）成本清单。在拟议的投资项目中应包括所有的成本和收益，即直接和间接成本、未来负债成本、无形效益和非环境成本。这就要求采用寿命周期的观点，对项目的整个寿命周期在价值链的各个环节上的成本和效益进行充分考虑，包括外部成本和外部收益。具体可以利用环境成本会计来获取相关的成本信息，有些外部数据要借助相关的行业统计资料来获取。

（2）成本分配。必须了解生产过程以便使组织把所有的成本分配到特定的产品或生产流程中。这就要求改变将环境成本归集到同一制造费用中再按一定人为的标准分配到各个产品或流程的做法，而是采用作业成本计算进行分配，以使项目分配到与该项目相关的成本。

（3）时间范围。考虑投资项目期，对环境投资项目而言，时间要长，包括项目的寿命周期，以充分反映所有成本和收益。只有延长时间，考虑这部分成本和效益，才可能促使企业在项目进行之前就考虑生产技术的改进以便减少未来终了时的成本，从而减少对环境的影响。

（4）财务指标。通常采用的是折现现金流量法，包括净现值法、内含报酬率法和净现值系数法。

全部成本评价法对传统资本评价法的改进主要体现在延长了评价时间、扩大了成本和收益的范围上。它采用的财务指标对现金流量进行贴现，这是因为，投资项目的成本和收益是在不同时间实现的，由于时间偏好的影响，具有不同的价值。如果不进行贴现，则无法反映真实的经济效益。但是，对于长远时期发生的成本和效益，其金额难以计量，贴现后的数值很小。这表明人们对未来福利的重视低于对当前福利的重视，这与资源保护的生态观念存在矛盾，结果有可能使人们重视短期收益,忽视未来的损害。所以有人认为,应当对环境投资项目采用较低的社会贴现率。

此外,全部成本评价法归根到底仍是一种财务评价的方法,存在促使管理者采取短期行为的趋势,一般对于短期投资项目比较适用,对于长期或战略性投资项目则未必。环境法规发生变化时往往要求企业对生产流程或产品进行创新,在使企业增加支出的同时也给企业带来了改善绩效的机会。企业可能由此获得市场份额,改变产品的相对成本,或为其他竞争者进入市场设置障碍,从而获得竞争优势。财务评价往往不考虑投资方案的战略影响,所以还需要借助其他方法(如多标准评价法)进行投资评价。

2. 多标准评价法

多标准评价法(multi-criteria assessment,MCA)可以帮助公司系统地根据不同的或不可计量的多重标准评价方案。对于考虑环境因素的投资决策方案,我们可以从两个方面来考虑:一是直接投资于环境资产,二是在评价一般投资决策方案时,考虑环境因素。但无论从哪个方面考虑,都会与传统的决策方法有所区别。常规方案进行决策时,主要考虑经济效益因素,如成本效益法,只要投资收益大于投资成本,方案就可行。但考虑环境因素后,这时的投资决策会涉及经济、社会、环境、生态等多方面,而社会与环境等影响难以使货币数量化,因此,考虑环境因素的投资决策就构成一个多目标决策问题,需要应用多目标决策方法来进行评价和分析。

多目标投资决策可以帮助公司系统地根据不同的或不可计量的多重标准评价方案。多目标决策分析首先要明确目标。这些目标通常处在不同的层次上,最高层次的目标为总体目标,如企业与社会的可持续发展,这实际上是长期的战略目标,定义比较模糊,因而可操作性不强。但这一层次的目标可以分解为更具可操作性的较低层次的目标,如增加企业经济收益、改善环境质量、提高企业综合竞争力等,使目标的实现情况可以进行实际评价。然后,对各分解的具体目标给予相应权重,再根据不同标准对备选方案进行打分,最后加权计量出方案的总体得分,从中选出较好方案。

3. 环境风险评价与不确定性分析

(1)投资项目的不确定性。

投资项目存在着风险和不确定性。考虑环境因素后,由于未来法规变化的不确定性,使项目的现金流量类型更加难以预测,因此不确定性更为显著。存在不确定性时,事件发生的概率是未知的。投资项目考虑环境因素的风险和不确定性,主要是由分析期间和现金流量两个因素造成的。第一,对于投资决策而言,方案一旦选定,其影响就比较长远,在一定时期里企业所采用的技术和特定的环境影响将是既定的。如果要做出改变,必然需要耗费大量的增量成本,从而使项目的获利能力下降。因此,管理者必须对项目的分析期间做出合理的预计。通常这取决于项目的类型。不过,计划时间越长,其根据新法规变化进行调整的能力就越差。对于长期的项目,有些企业通过对未来可能实施的环境法规进行预计,并尽可能地考虑其对成本收益的影响,采取优于现行环境标准的方案。这可以视为对未来不确定性的一种防范措施。通常这样做有助于在社区和消费者当中树立企业的良好形象,从而构成企业竞争性战略的一部分。第二,由于未来现金流量具有不确定性,因此也给投资决策带来困难。在项目初期发生的现金流量比较容易预测,但是,对较长远时期后发生的现金流量要做出准确预测则比较困难。特别是项目终了时的清理关闭费用,在项目建立时就已经知道要发生,但要到项目终了时才会支付。而且,随着环保法规的变化,其金额还可能增加。因此对其计量就存在不确定性。

(2) 环境风险与不确定性的评价方法：方案评价法。

对于投资所包含的环境风险和不确定性，可以通过敏感性分析进行评价。除此以外，还可以利用方案评价法进行评价。方案评价法实际上是向决策者提供所有的可能备选方案，以帮助决策者根据各方案的相对有利程度来采取措施。一般包括三个步骤。第一个步骤是提出备选方案。这是根据成本效益，对决策的相关性和环境影响来确定的。先要画出流程图，确认主要的环境问题，再定义方案，选出最可行的方案以供进一步评价。第二步骤则对方案进行排序。排序时要对方案的经济和环境影响进行量化，通常进行货币化，并包括经营和投资成本的变化净额。然后将方案按照相对权重和各自的成本效益的重要性在方案图上排序。最后一个步骤要求设立目标，确定资源和责任。

4. 利益相关者价值分析法

在以可持续发展为目标的经济中，企业的经营活动越来越受到诸多利益相关者的影响，这些利益相关者的价值观与期望对企业的资本项目产生日益深刻的影响，使决策的不确定性增大，并可能影响投资决策的成败。如果在决策中能够预先考虑利益相关者为方案所定的价值，则可以了解方案的全部价值而避免不确定性的影响。而不同利益相关者对方案的看法，有的是可以货币化的，有的是无法货币化的。这就需要建立一套决策模型，以将财务分析和非财务分析综合在一起，为决策提供支持。这种方法，就是利益相关者价值分析法（stakeholder value assessment，SVA）。

图 13-3 为利益相关者价值分析法模型。该方法主要包括以下三个部分。

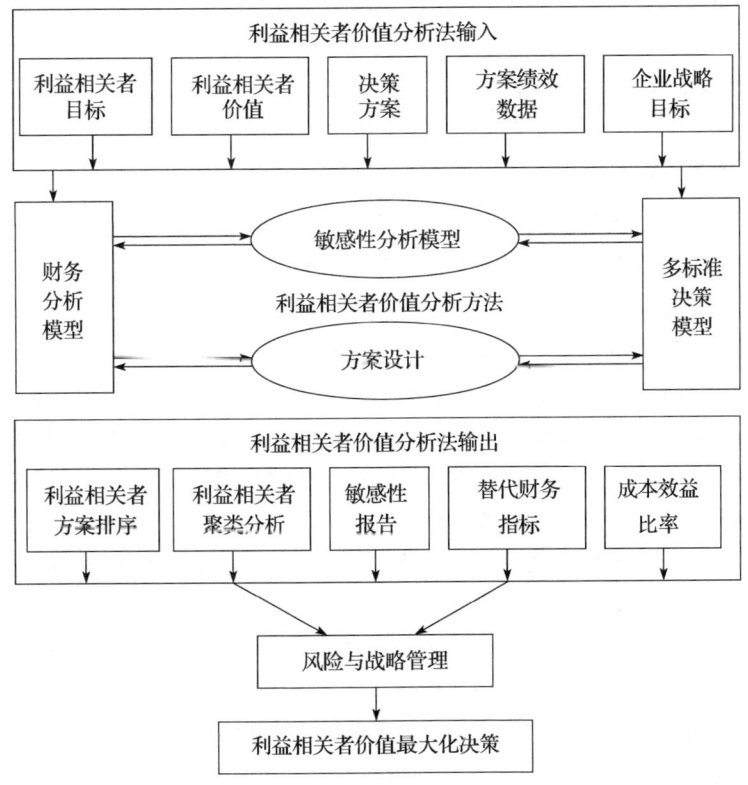

图 13-3　利益相关者价值分析模型

（1）模型的数据输入。这需要综合考虑利益相关者目标、企业战略目标、利益相关者价值、决策方案、方案绩效数据。

（2）模型的决策与分析子模型，包括财务分析模型、多标准决策模型和敏感性分析模型。财务分析模型可以为 PARAS 财务模型，它与全部成本评价法的扩大成本和收入清单的原则相似，考虑一个方案对不同部门的可能影响及对价值链的可能影响。例如在新产品设计中，要考虑该设计对研究开发部、产品设计部、生产部、销售部和公共关系部可能的影响，要考虑在公司内部设计生产的影响，也要考虑未来回收时的影响。但最主要的不同在于对不同的成本和收益都计量其期望货币价值，以此反映和特定成本和收益相联系的风险，最后将期望货币价值进行加总计算净现值或内部收益率。多标准决策模型是对上述多标准评价法的改进。它首先对不同的利益相关者进行确认，再对其进行归类分组，接着设计价值数，即通过调查了解不同利益相关者认为在决策分析中应该考虑的相关目标和具体的绩效指标，并按重要性分别给予不同的权重，用影响聚类分析等统计方法对各个利益相关者的价值数加以汇总，形成代表利益相关者整体价值的价值数。再对各个方案根据价值数中的具体指标进行评分，分值与权重层层加总最后获得各个方案的总价值。敏感性分析则是用来检查多标准分析模型中的两个变量——权重和分值的敏感性。

（3）模型输出以供风险和战略管理决策使用。包括成本效益比率、敏感性报告等，最终选出利益相关者价值最大的决策。利益相关者价值分析法对不同的成本和收益分别计量其风险，克服了贴现财务指标评价的不足，而在权重的确定中考虑了利益相关者的期望，而不是根据管理者的喜好来定，这样，在长期的环境投资项目中，财务指标的权重就可能下降，而环境绩效指标的权重可能增加，从而使决策结果与利益相关者的要求一致，保证了企业可持续经营。

13.4 环境管理会计的绩效评价

13.4.1 环境绩效评价概述

绩效评价是对个人、团体或组织是否实现设定目标的评价，是企业管理控制系统的一个重要组成部分，利用绩效评价信息，管理者可以制定战略目标，制订和修正实施计划，对员工进行奖励和激励，从而使企业的战略得以贯彻实施。环境绩效评价，是"旨在以持续的方式向管理当局提供相关和可验证的信息，以确定企业的环境绩效是否符合组织的管理当局所制定的标准的内部过程和管理工具"，主要包括：帮助了解企业的环境绩效，提供有意义的环境报告；确定重要的环境影响和目标、指标的量化；追踪环境活动和方案的相关成本和收入，揭示企业环境管理的重点、企业的环境风险；提供部门间进行绩效比较的信息；为组织内不同团体和个人提供激励机制及提供投资评价的参考指标。

大量研究表明，企业的环境绩效与财务绩效之间存在着一定的正相关关系。企业把环境目标作为其战略目标后，就必须实施。在不同的实施阶段，环境绩效都与财务绩效有一定的联系。通过遵守法规，企业减少了违法的罚款，减少了环境风险和负债。通过在决策中综合考虑环境因素，企业改进产品设计，为其他企业进入市场设置绿色壁垒，从而增加自己的市场份额，创造价值。通过综合考虑环境绩效，企业实现可持续战略目标，创造了长期的价值。

企业制定了战略，确定了影响企业成功与否的关键成功因素，接下来必须加以计量，只有计量了，才能使其得到实施，而一旦实施了，就应该得到奖励，只有奖励了，才说明这是重要的。当企业把环境责任作为战略目标之一，制定了环境政策，并通过考虑环境因素而在决策中反映了环境目标的要求后,要保证决策目标的实施,就必须将环境目标的要求也体现在绩效评价中。如果企业确实认为实现环境绩效是重要的,希望在环境方面保持领先地位,就必须将环境绩效评价作为对企业责任中心和个人的绩效评价的一个组成部分,并在个人的奖金报酬计划中体现出来。否则,责任中心和个人就会缺乏实现环境决策的动力,最终使制定环境功能目标和决策成为纸上谈兵。

13.4.2 环境绩效评价指标

1. 环境绩效指标的分类

(1)财务指标和非财务指标。财务指标是指以货币单位计量的指标,非财务指标是指以货币单位以外的单位计量的指标。企业的战略目标往往分解成经营目标,再转化为以货币单位反映的经营预算。企业的环境绩效,可以用财务指标来计量,如废弃物的成本、违反环境法规的罚金、排污许可证的支出等,也可以采用非财务指标来计量,如污染物的排放量、排放浓度、采用的清洁技术数量等。

(2)过程指标和结果指标。结果指标反映的是企业活动的结果,可以是财务指标,也可以是非财务指标。过程指标则控制流程中发生的活动,可以在结果发生之前就使管理者了解到存在的问题,通常是采用非财务指标。例如在废水排放前未进行预处理,则可以使管理者了解到可能将造成污染环境以及罚款、赔偿的后果,从而事先进行改正。

(3)内部指标和外部指标。内部指标如能源的消耗量、污染物的处理率、污染治理成本等,外部指标如利益关系人的满意程度、向董事会提交环境报告的次数等。只重视内部指标而忽视外部指标,有可能影响企业的形象,最终影响企业的持续经营。

2. 主要环境绩效指标体系:ISO 14031 环境绩效评价体系

国际标准化组织颁布的环境管理体系的 ISO 14000 系列标准中,包括了 ISO 14031 环境绩效评价体系。该体系包括环境状况指标(ECI)和环境绩效指标(EPI),环境绩效指标又包括经营绩效指标(OPI)和管理绩效指标(MPI),环境绩效指标体系如表 13-5 所示。

表 13-5 ISO 14031 规定的主要环境绩效指标

管理绩效指标(MPI)示例	
1. 方案和政策的实施 　实现的目标和指标数量 　实现环境目标和指标的组织单位个数 　负责特定环境责任的管理人员级别 　参与环境方案(如提建议、参加回收、参加清洁活动、受到奖励或表彰)的员工数量 　接受培训的员工数与需要培训的员工数量之比 　员工提出的改善环境的建议数 　曾经了解过环境问题的供应商或合同商的数量 　可以拆卸、再回收利用的产品数量	2. 合法性 　遵守法规的程度 　违法次数 　处理环境事故的反应时间 　解决和未解决的改进行动的次数 　违法罚款支出 　执行的环境审计次数
3. 财务绩效 　与环境方面有关的经营性或资本性成本 　环保项目的投资报酬率 　通过减少消耗、预防污染和废物回收实现的节约 　由于满足环境绩效要求或设计目标而设计的新产品或副产品带来的收入 　与环保有关的研究开发资金 　可能对企业环境状况产生重大影响的环境负债	4. 与社区的联系 　环境绩效报告数量 　为社区提供的环境教育和材料次数 　为社会环保活动提供的支持

(续)

经营绩效指标（OPI）示例	
1. 材料 　单位产出使用的材料数量 　加工、回收和再用的材料 　单位产出丢弃或再使用的包装材料 　单位产出的用水量 　单位产出的循环用水量 　生产过程中使用的危险材料量	2. 能源 　每年或每单位产出的能源用量 　单位服务或顾客的能源消耗量 　所用各种类型能源的数量 　节能方案节约的能源量
3. 支持企业经营的服务 　承包商使用的危险材料量 　承包商使用的可回收可再用材料量 　承包商产生的废物种类	4. 厂场设施、供应和送货 　交通工具的平均油耗 　生产占用的土地面积 　采用了减少污染措施的交通工具数量 　通过其他交通方式减少的交通次数 　生产单位能源占用的土地面积
5. 产品 　开发的具有较少危险属性的产品数 　可回收和再使用的产品数量 　废品率 　产品使用寿命期 　附有保护环境安全丢弃说明的产品数量	6. 组织提供的服务 　每平方米使用的清洁品（清洁公司） 　油料消耗（运输公司） 　产品售后服务中使用的材料数量
7. 废物 　每年或单位产出的废物量 　待处理的废物总量 　现场存储的废物量 　须获得许可证处理的废物量 　每年转化为可销售产品的废物量	8. 排放物 　每年特定排污物的排放量 　排放到空气中的废能
9. 向土地或水的排放 　每年排放的特定物质 　单位产品排放到水中的特定物质 　单位产品排放到土地中的材料量	10. 其他排放 　一定范围内测到的噪声 　释放的放射物质量

资料来源：ISO 14031, Environment Performance Evaluation, Appendix, ISO, 1998.

环境状况指标直接计量环境质量，反映对某地、某区、全国性和全球性的环境状况的影响，如污水排放对生产地点附近水域的影响，排气对当地空气质量的影响等。由于环境问题是由多种因素造成的，企业的环境状况通常是由政府部门监控的，除非企业是对当地环境造成影响的主要污染源，否则环境状况指标很少在个别企业中采用。但是这类指标与企业的环境方针结合，可以有助于企业选择其环境绩效评价指标并确定指标的优先顺序。

经营绩效指标反映组织经营活动的环境绩效信息，各个企业都可以使用该指标，可以作为环境绩效评价的基础。该类指标反映组织与以下三个方面有关的经营活动的环境绩效：① 企业厂场设施的设计、运营和维护；② 与企业厂场设施有关的材料、能源、服务、废弃物、排放物；③ 向企业的厂场设施提供的材料、能源和服务，以及从厂场设施产生的产品、服务和废弃物。其中又包括：原料、能源和劳务等投入、投入的供应、厂场设施的设计、安装、经营和维护、产品和劳务等产出、废弃物和排放物及产出的配送等。

管理绩效指标反映管理当局对组织的环境绩效所做出的努力的信息，包括组织的不同层次上的政策、人员、计划活动和程序等。它又包括方案和政策的实施、符合性、财务绩效和与社区的联系四类，具体例子如实施环境审计的次数、员工培训次数、违法事件次数、已获得认证的场所数等。这些指标反映的是环境管理活动的努力程度，但并不能反映企业的内外部环境影响,甚至可能掩盖实际影响,因此必须配合其他指标一起使用。

对评价企业环境绩效和影响的需要而言,三类指标中,最重要的是经营绩效指标,环境状况指标和管理绩效指标是次要的。

3. GRI 环境绩效指标

全球报告倡议组织(Global Reporting Initiative,GRI)是由美国环境责任经济体联盟(CE-RES)和联合国环境规划署联合倡议,于 1997 年成立的,其目的在于提高可持续发展报告的质量、严谨度和实用性,该组织于 2002 年 6 月成为一个独立性国际组织。倡议行动启动后,来自商界、非营利团体、会计机构、投资者组织、工会以及许多其他团体的代表都对其表示积极支持,并热心参与了相关活动。GRI 致力于建立一套通用的可持续报告指南,希望获得全球认同和采用。之后其陆续推出了 GRI 1.0、GRI 2.0、GRI 3.0、GRI 4.0 等。最新的 GRI 标准(2016)于 2016 年 10 月 19 日正式发表,包括 GRI 普遍标准 GRI 101、GRI 102、GRI 103 和特定议题标准 GRI 200、GRI 300、GRI 400。最新的 GRI 环境绩效指标如表 13-6 所示。

表 13-6　GRI 环境绩效指标

绩效指标	指标内容
物料	
EN1	所用物料的重量或体积
EN2	采用经循环再造的物料的百分比
EN3	产品及包装物的回收率
能源	
EN3	初级能源的直接能源消耗量
EN4	初级能源的间接能源消耗量
EN5	通过节约和提高能效节省的能源
EN6	提供具有能源效益或基于可再生能源的产品及服务的计划,以及计划的成效
EN7	减少间接能源消耗的计划,以及计划的成效
水	
EN8	按源头说明总耗水量
EN9	因取水而受重大影响的水源
EN10	循环及再利用水的百分比及总量
生物多样性	
EN11	机构在环境保护区或其他具有重要生物多样性意义的地区或其毗邻地区,拥有、租赁或管理土地的位置及面积
EN12	描述机构的活动、产品及服务在生物多样性方面,对保护区或其他具有重要生物多样性意义的地区的重大影响
EN13	受保护或经修复的栖息地
EN14	管理对生物多样性影响的战略、目前的行动及未来计划
EN15	按濒危风险水平,说明栖息地受机构运营影响,列入国际自然保护联盟(IUCN)红色名录及国家保护名册的物种数量
废气、污水及废弃物	
EN16	按质量说明直接和间接温室气体总排放量
EN17	按质量说明其他相关间接温室气体排放量
EN18	减少温室气体排放的计划及其成效
EN19	按质量说明臭氧消耗性物质的排放量
EN20	按类别及质量说明氮氧化物(NO)、硫氧化物(SO)及其他主要气体的排放量

(续)

绩效指标	指标内容
废气、污水及废弃物	
EN21	按重量及排放目的地说明污水排放总量
EN22	按类别及处理方法说明废弃物总重量
EN23	严重泄露的总次数及总量
EN24	按照《巴塞尔公约》附录Ⅰ、Ⅱ、Ⅲ、Ⅷ的条款视为有毒的废弃物经运输、输入、输出或处理的重量,以及运往全世界的废弃物的百分比
EN25	受机构污水及其他(地表)径流排放严重影响的水体及相关栖息地的位置、面积、保护状态及生物多样性价值
产品和服务	
EN26	降低产品及服务的环境影响的计划及其成效
EN27	按类别说明,售出产品及回收售出产品包装物料的百分比
遵守法规	
EN28	违反环境法律法规被处重大罚款的金额,以及所受非经济处罚的次数
交通运输	
EN29	为机构运营目的而运输产品、其他货物及物料以及机构员工交通所产生的重大环境影响
整体情况	
EN30	按类别说明总的环保开支及投资

4. 环境绩效指标的选择

环境绩效指标多种多样,计量方式也很多。环境绩效评价指标的选择主要考虑以下几个方面。

(1) 企业所处行业和经营业务的特点、设立的环境目标以及有关法规的要求。在选择中要考虑环境管理系统的发展状况和应用环境绩效指标的目的,在以遵守法规为目的第一阶段,指标的选择主要考虑环境风险管理和环境负债的信息,以能源的消耗、污染物的排放、违法的次数、罚款等指标为主。在建立了环境管理体系的第二阶段,以环境管理系统的效率为主要计量内容。而在环境管理与企业战略环境全面融合的阶段,则以综合性的环境绩效指标为主,考虑环境绩效与财务绩效的综合,考虑寿命周期的全过程的指标。

(2) 企业组织结构的特点。企业为高级管理当局所制定的绩效评价指标与经营单位所制定的绩效评价指标,由于其控制的责任不同而应有所不同,而且还要把战略性的环境绩效指标沿着组织结构等级自上而下,层层分解,落实到人。例如当企业以废物的产出量作为工厂的绩效指标时,在生产线上,工人可以通过压力、温度来调节废物的产出,为此,可以把每班的废物产出量作为生产线工人的绩效评价指标。

(3) 信息成本和可比性。不同的指标需要不同的收集方式,有的可以从生产记录中获得,有的需要专门技术手段进行监测,有的需要进行加工处理。因此,指标必须简明扼要,便于理解,具有可比性,计算基础必须前后一致,计算必须及时。

13.4.3 融入环境绩效评价的综合绩效指标体系

企业的传统绩效评价体系以财务评价为主,但财务指标是综合性的指标,其改进受到许多非财务指标的制约,其中也包括了环境绩效指标。

1. 综合绩效指标体系的组成

包含环境绩效的综合绩效评价体系,要将企业的环境绩效与其他财务绩效和非财务绩效相结合,这可以有许多的组成方式。

(1) 生态经济效率指标。可持续经营是经济、环境和社会目标的结合。世界可持续发展企业理事会(WBCSD)提出以生态经济效率(eco-efficiency)来反映可持续经营目标,将环境指标与财务指标相结合,以较少的环境影响实现较大的财务效益,最终促进企业的可持续发展。生态经济效率指标的基本计算公式如下

$$生态经济效率 = 产品或服务的价值 \div 环境影响$$

该指标在形式上与 ISO 14031 所确定的相对指标是一样的,反映的都是投入和产出的对比,但其产出是以最终的产品或服务的价值来表示的。常见的产出指标包括销售总额、销售净额、增加值、毛利润、息税前利润和税后利润等会计上的指标,而环境影响指标则又包括创造产品或服务的过程中对环境的影响及产品或服务的使用过程中对环境的影响两大类,每一类又分为几个计量内容及若干的计量项目(见表13-7)。

表 13-7 生态经济效率指标的类别与计量内容

类别	计量内容
产品或服务的价值	数量、金额和功能
创造产品或服务的过程中对环境的影响	能源消耗、材料消耗、自然资源消耗、除产品以外的其他产出、意外事故
产品或服务的使用过程中对环境的影响	产品的特性,包装中产生的废物,能源的消耗、使用或废弃时产生的排放物

为了便于企业根据实际情况构建生态经济效率的框架,WBCSD 还将指标分为通用指标和专用指标两种。通用指标与全球的环境问题或企业的价值有关,几乎对所有企业都适用,其计量的方法已经形成并且得到公认。不过,由于不同企业的不同产品和生产流程存在不同的环境问题和价值,因此还需要有专用指标,这类指标可以根据 ISO 14031 的指南或前面介绍的其他方法来确定。

生态经济效率指标的意义是相对指标所无法比拟的。企业要提高该指标值,就必须以较少的环境影响实现较大的价值,为此,必须通过引进新技术、开发新产品、减少材料能源的消耗等手段,在实现价值的同时减少对环境的不利影响,实现环境目标与财务目标的双赢,最终实现可持续发展。

(2) 平衡计分卡。平衡计分卡是 1992 年由卡普兰和诺顿提出的综合计量绩效的指标体系。平衡计分卡强调四个概念:经营单位的绩效、因果关系、财务指标和非财务指标的结合及将公司的战略分解到员工。该指标体系的设计要使企业的管理者能够认识到在实施企业的某项政策时,不同变量的绩效是如何同时变化的,某一方面的改善是否以牺牲其他方面的利益为代价。当今的管理者要把环境因素融入不同层次的经营决策中,这就要把环境因素融入其战略中,并设计出相应的绩效指标来反映其事实情况。平衡计分卡的绩效指标体系包含了企业经营的四个方面:财务、顾客、内部业务、创新和学习。其要点是,改进顾客满意度可以提升财务指标,而业务流程的改进将提升顾客的满意度。环境绩效指标和综合绩效指标的结合,可以使环境指标体现在平衡计分卡的顾客方面,也可以单独作为第五个方面来反映,以突出环境绩效日益增加的重要性。

2. 综合绩效评价体系的建立

企业绩效评价体系的建立，是一个持续改进的过程，包括确定关键成功因素，选择需要计量的经营过程或经营结果，确定进行绩效计量的目的，确认计量指标的特征，选择特定的计量标准，选定计量标准的目标，评价实际的绩效和对绩效计量系统进行改进等几个步骤。环境绩效的绩效评价体系在构建过程中，应主要考虑几个方面的问题。

（1）选择关键成功因素。绩效指标可以有许多，但影响企业成功经营的绩效指标是有限的。在进行综合绩效指标设计时，首先要考虑企业的战略目标，选择至关重要的影响因素，并设计相应的指标以确保在这些重要方面做出突出表现，从而实现企业的战略目标。

（2）管理当局要选出关键成功因素中需要加以计量的特定因素。这就要根据不同等级的职责来选择需要计量的经营过程或经营结果。选定的计量指标要考虑财务指标与非财务指标、短期指标与长期指标、过程指标与结果指标的结合。

（3）评价实际绩效时要选择合理的评价标准。这些绩效标准可能是企业的历史水平、预算水平，也可能是行业的平均水平或是最优水平，但不论是何种标准，必须做到明确和能够实现。

■ 案例分析

案例 13-1　在塔塔钢铁公司实施可持续发展
案例 13-2　GRI 环境绩效评价工具及应用
案例 13-3　全球报告倡议 GRI 的最新发展及应用
案例 13-4　ISO 14031 环境绩效评价工具及应用

案例 13-1

案例 13-2

案例 13-3

案例 13-4

■ 课后练习与实验操作

讨论题

1. 与传统管理会计相比，环境管理会计的特点有哪些？
2. 试论在我国实行环境管理会计将会对企业有何影响？
3. 我国当前的绩效评价体系有何缺陷？如何建立企业的环境绩效评价体系？
4. 企业的环境成本应该包括哪些内容？

实验操作题

1. 查阅钢铁生产企业的生产流程资料，并以此为基础，设计一个钢铁生产企业的环境绩效评价指标体系。
2. 在可持续报告倡议组织的网站上（http://www.globalreporting.org/）下载 GRI 报告指南第三版（G3），在宝钢股份公司和中石油股份公司的网站上下载这两家公司公布的可持续发展报告。要求：

(1) 比较中国企业可持续发展报告与 GRI 的异同。

(2) 重新设计宝钢公司和中石油公司的可持续发展报告框架和绩效指标。

(3) 请用思维导图绘制本章的知识要点。

■ 参考文献与推荐阅读

[1] 何平林,石亚东,李涛.环境绩效的数据包络分析方法——一项基于我国火力发电厂的案例研究[J].会计研究,2012,20(2):11-17.

[2] 吉利,苏朦.企业环境成本内部化动因:合规还是利益?——来自重污染行业上市公司的经验证据[J].会计研究,2016(11):69-75.

[3] 郭晓梅.环境管理会计研究——将环境因素纳入管理决策中[M].厦门:厦门大学出版社,2003.

[4] 冯圆.基于环境经营的排污成本管理研究[J].会计研究,2016(3):72-78.

[5] 肖序,熊菲.环境管理会计的PDCA循环研究[J].会计研究,2015(4):62-69.

[6] 肖序,刘三红.基于"元素流-价值流"分析的环境管理会计研究[J].会计研究,2014(3):79-87.

[7] 周守华,陶春华.环境会计:理论综述与启示[J].会计研究,2012(2):3-10+96.

[8] www.wbcsd.org.

[9] https://www.globalreporting.org/Pages/default.aspx.

课后习题参考答案

获取课后习题参考答案请扫以下二维码。

课后习题参考答案